未来已来

—— 全球领袖论天下 ——

朱 民 – 主编

中信出版集团 | 北京

图书在版编目（CIP）数据

未来已来：全球领袖论天下 / 朱民主编 . -- 北京：中信出版社，2021.3（2023.9重印）

ISBN 978-7-5217-1885-0

Ⅰ . ①未… Ⅱ . ①朱… Ⅲ . ①国际政治－研究②国际经济－研究 Ⅳ . ① D5 ② F113

中国版本图书馆 CIP 数据核字（2020）第 085435 号

未来已来——全球领袖论天下

主　　编：朱　民
出版发行：中信出版集团股份有限公司
（北京市朝阳区东三环北路 27 号嘉铭中心　邮编　100020）
承 印 者：宝蕾元仁浩（天津）印刷有限公司

开　　本：880mm × 1230mm　1/32　　印　　张：15.75　　字　　数：410 千字
版　　次：2021 年 3 月第 1 版　　印　　次：2023 年 9 月第 5 次印刷
书　　号：ISBN 978-7-5217-1885-0
定　　价：68.00 元

服务热线：400-600-8099
投稿邮箱：author@citicpub.com

前　言

未来悄然已至

2016年仲夏，我在国际货币基金组织任职期满，婉拒了国际货币基金组织总裁拉加德的数次挽留，谢绝了众多金融机构和学术机构发出的邀请，又一次打点行李登上了回国的航班，落地清华大学国家金融研究院。回到我一直热爱和迷恋的学术生活，喝茶、教书、做研究、带学生，回顾历史、细究当下、探讨未来，忙得不亦乐乎。

回到北京后，之前结识的世界各国的朋友来访时总会相邀会晤。几番喝茶之余，我突然想到为什么我不请这些国际大师到清华大学给学生和教师们讲讲他们看到的世界和他们的人生经历呢？清华大学的学生历来欢迎世界的视角和对未来的展望，我则可退居其后作为主持人。想法甫一成声，就得到清华大学五道口金融学院和国家金融研究院的支持以及清华学子的欢迎。

我在国际货币基金组织工作时已经深切感受到了全球经济结构的变化，观察到了传统金融市场结构的裂变。回国后更体会到全球地缘政治环境的恶化，感受到科技创新的颠覆。而特别令我震动和敬畏的是变化的速度，未来正在以令人眩目的速度扑面而来，冲击全人类的生活、工作、文化与思维。世界正在悄然变化，未来已经悄然而至。我请演讲嘉宾着眼未来，并把系列讲座命名为“未来已来——全球领袖论天下”。

未来已来，终有风起青萍。

我们的第一讲从未来世界大格局开始，请了彼得·毛雷尔作为演讲嘉宾。他现任红十字国际委员会主席，为人和蔼，做事坚定，是我多年的朋友。他也是世界经济论坛的董事，在每次董事会期间，我都能感受到他对世界面临的冲突和人类面临的灾难的深切关切。我们的讲座就从他访问北京开始，我请他讲未来的冲突格局，他的讲座充满了人道主义的悲悯之心，我们都非常感动。

他开宗明义，提出未来在冲突方面有五个关键趋势。第一，冲突持续的时间越来越长，并更多发生在城市中。因此，人们的需求也在转变，除了药、水、食物等，人们还需要手机、电力、互联互通等。第二，对国际法律与原则的不尊重越发普遍。平民成了被攻击的主要对象，政治交易日益肆虐，人道主义追求的平等和尊重正在消失。第三，社会短期的冲突越发受到长期结构性发展问题的影响。贫穷是社会问题的根源，一旦贫穷与暴力和冲突汇集到了一起，社会就会濒临崩溃。第四，全球、地区和地方层面的权力动态日益紧密地联系在一起。孤立性的冲突越来越少，每一个地方的冲突都与地区甚至全球冲突有关。第五，第四次工业革命正在带来崭新的人道主义挑战和解决方案。一切都在日益虚拟化。所有这些都在加速发生，面对未来，他发自肺腑地呼吁人类回到遵守国际人道主义法的基准，反思我们的过去，构建新形式的多边主义伙伴关系。不幸的是，今天，彼得·毛雷尔当时讲到的都在我们眼前发生，我相信也将继续演化，直到全世界都能恪守国际人道主义的基准。

我认识道格拉斯·彼得森多年，他是标准普尔全球总裁兼首席执行官，待人亲和，专业细致，讲话严谨。标普长期以来评估全球、区域、国家、产业以及公司的风险，因此，道格拉斯·彼得森对风险和风险的变动有着深刻的理解，他全方位地为我们解析了全球金融风险的结构性变化，见解非常深刻。

他敏锐地指出，全球金融危机以来，标普观察的全球重要风险因子——利率、债务、地缘政治、科技创新以及气候变化等，都已经开始发生质的变化，并将对实体经济和金融市场产生重大的影响。利率是金融市场最为重要的变量，但零利率使利率因子正在发生根本变化。金融危机以来，全球流动性泛滥，各国纷纷采取量化宽松的政策，央行资产负债表不断扩张，多国的名义利率下降至低位，很多地区甚至出现了零利率。央行总要收回流动性，全球总要进入加息周期，利率的回升将对市场造成极大的压力。债务因子也发生了变化，长期政府债务不断增高，许多国家的政府债务水平过高，与 GDP 的比值已经超过了 100%，在这种情况下，如果利率上升，就会触发债务危机并引发社会动荡。地缘政治的因子也在变化，贸易保护主义和民粹主义逐渐在全球多个国家和地区抬头，并对美国大选和英国“脱欧”产生了直接影响。未来民粹主义会进一步影响地缘政治。科技创新的因子也有所变化，世界已进入技术创新大大加快的冲击期，新技术随时可能颠覆现有商业模式、需求结构和供给结构，产生经济、社会和政治问题。气候变化因子是一种非常重要的长期风险。全球所有国家和公民都应该更加关注气候变化和环境变化，并将 ESG（环境、社会与公司治理）因子纳入考虑问题的范围，以便更好地应对全球风险。道格拉斯·彼得森演讲那天，来了不少专业人士，大家都听得很用心，我记得会场特别安静，讲者细细剖析，听众认真严肃。他当初提出的全球风险的结构性变化是如此深刻，今天全球的金融市场正在受到这些结构性变化的冲击和影响，这些冲击和影响还将延展到未来。

吉塔·戈皮纳特是国际货币基金组织首席经济学家，我们在国际货币基金组织共事的时间不长。在加入国际货币基金组织之前，她已经是哈佛大学经济学系的新星，我多次聆听她的学术报告，也多次和她同台发言辩论。在她访问北京之际，我请她对全球经济金融格局做一个展望。这一次，经济学界的很多专业人士也赶到了清华大学。

秉承国际货币基金组织的国际视野，吉塔·戈皮纳特向听众展示了一幅全景式的全球经济金融展望图。她首先指出，由于政策高度不确定，全球经济增长整体偏于下行。全球贸易普遍不振，全球范围内制造业、商品贸易、工业活动均呈疲弱态势，只有服务业和消费者情绪相对稳定。发达国家通胀率保持在低位，经济增长缓慢、动能不足。名义工资的上涨并未导致物价上升，消费者物价指数仍然很低。经济增长乏力，通胀疲软且低于央行通胀目标。在这种环境下多国央行均通过降息放松货币政策，各主要央行也下调了利率，全球金融条件变得更宽松。在发达国家实行货币宽松政策的情况下，大量资本将流入新兴市场国家和低收入国家。新兴市场国家的资本流动对全球金融周期非常敏感，尤其是外国投资者敞口更大的国家。全球金融周期波动会导致资本流入和流出波动。

她同时指出，特朗普政府挑起贸易摩擦的理论基础薄弱。美国进口商在中美贸易摩擦中承担了最大比例的损失（高达 80%~90%），而且加税无助于美国改善贸易赤字。当前全球贸易呈现两个主要态势：一是贸易总量在减少——不仅中美之间贸易量在减少，全球商品贸易年均增速也在下滑；二是制造业贸易和服务业贸易出现了分化——制造业下滑迅猛，但服务业维持了此前的上升势头。汇率对贸易的影响，相对关税的影响要小得多，在全球价值链分工深化的情况下，汇率贬值会促进出口的假设已经不能成立。因此，动用货币武器来应对贸易摩擦绝非政策的明智之选。一年多过去了，吉塔·戈皮纳特担忧的经济疲软和货币宽松的格局正在继续恶化。

中美关系是影响未来世界大格局的最为重要的国际政治和经济关

系，劳伦斯·萨默斯是讨论这个题目的不二人选。他曾是克林顿政府的财政部长，奥巴马政府的国家经济委员会主席，也曾担任哈佛大学校长。他在哈佛大学教授了多年的经济学，曾是哈佛大学最年轻的经济学正教授，他学术功底深厚，经济、金融和政治融会贯通，观察细致，观点犀利。我在世界银行工作时，他是世界银行的首席经济学家，我们就发展中国家的增长模式问题有过多次探讨，此后我们经常在多种场合见面，也相互参加对方的活动。在他参加中国发展论坛之际，我也请他来清华大学演讲，讲讲中美关系的未来。他的演讲引起了各方面的关注，演讲那天，礼堂早早就被挤得满满当当的。

劳伦斯·萨默斯首先指出，中美两国的政策选择不仅关系到两国经济增长和金融稳定，也将影响全球经济发展、和平与安全。他作为中国的朋友，祝贺并钦佩中国过去40年取得的巨大进步，希望中美两国能共同找到明智的解决争端的方式，为未来几十年的繁荣和人类福祉做出贡献。

他指出，基于中美双方经济实力对比的变化，今天，中美经贸关系出现了一些摩擦，这很正常，需要及时沟通和调整。展望未来，双方有竞争的领域，也有合作的领域。在竞争的领域要明确规则，增加透明度，进行公平、开放的竞争。在国际事务方面，世界需要中美双方合作，双方也有合作的空间，例如气候变化、全球卫生和健康、贸易、网络空间安全等。双方的合作也需要构建新的基础。他特别强调，中美双方各有不同的利益诉求，为了避免破坏性影响，需要加强沟通和交流。他的发言非常到位，对中美关系的变化观察细致入微，他看到了中美之间的摩擦，也是最早从正面提出积极建议的人。

哈佛大学教授格雷厄姆·艾利森是公共政策研究领域的权威，他的经典作品《决策的核心要素》是公共管理专业学生的必读之作，我在普林斯顿大学上学时，就细读了全书，赞叹不已。之后我去哈佛大学找过他，也和他在不同场合有过多次争辩。他也是研究“修昔底德陷阱”的权威。“修昔底德陷阱”是指古希腊军事家和历史学家修昔底德跟踪观察伯罗奔尼撒战争后得出的结论，即“当一个崛起大国挑战原有统治大国的地位时，产生的结构性压力会导致战争”。格雷厄姆·艾利森教授在他的《注定一战：中美能避免修昔底德陷阱吗?》一书中总结了历史上 16 个“崛起大国挑战原有统治大国地位”的案例，发现其中 12 个以战争收尾。

但是，格雷厄姆·艾利森教授指出，在进一步细致分析后，他发现历史同样表明，在“修昔底德陷阱”的动态中，战争并非不可避免。实际情况是，历史上鲜有哪个崛起大国或原有的统治大国希望发生战争，战争往往是由一些第三方因素诱发的。因此，管理和控制第三方因素引发的冲突就变得特别重要。

他认为中美两国正处于“修昔底德陷阱”的动态中，中国是正在崛起的大国，而美国是原有的统治大国，但是中美之间并不一定会爆发战争。中美双方的领导人多次强调并采取行动维护世界和平。习近平主席提出的共建人类命运共同体就是一个开明且积极的倡议。因此，需要探讨建立大国之间的新型关系，构建一个“多元化的、安全的世界秩序”。要积极探索限制恶性竞争的方法，双方在必须合作的领域制定共同的目标，让大家都生存下去。他对此持积极态度。

金融界的来访者也很多，世界最大的对冲基金桥水基金的创始人瑞·达利欧也是我多年的老朋友。他称我为下棋的伙伴，我在国际货币基金组织工作时，他若来华盛顿，总会到我的办公室坐坐，谈谈世界的大棋盘上发生了哪些变化，我若去纽约，也常去他家吃早餐，在他的中国式小院里慢慢地喝龙井茶聊天。他访问中国时找我喝茶，我当然要请他做讲座。达利欧的《原则》中文版问世后，影响很大。他的讲座海报刊出后，报名的听众不断增加，我们数度更换演讲场地，最后搬到了清华大学的大礼堂，上千人的礼堂座无虚席。达利欧虽然是亿万富翁和名人，但他丝毫没有架子，他的开场演讲结束后，进入我和他的对话阶段时，要临时在台上加两把椅子，舞台太大，我们的工作人员稍稍慢了一点，他看到舞台边角的沙发，便自己走过去，把笨重的沙发高高抱起，搬到舞台中央，引来全场的掌声和笑声。

达利欧的演讲从他坚信的经济运行基本原则开始，他认为经济是由四股基本力量的变动主导的，即生产力变动、短期债务周期变动、长期债务周期变动以及政治变动。他认为维持宏观经济稳定必须维持三个非常重要的平衡：第一，债务的增长必须要和收入的增长相匹配；第二，股票的预期收益需高于债券的预期收益；第三，债券的预期收益需高于现金的预期收益（按适当的风险溢价计算）。

他认为当前我们经济所处的状态其实跟 1937 年非常像，货币宽松是当前最需要关注的环节。债务问题最严重的国家有大量以外币计价的债务，并对外国资本高度依赖，在货币方面通常都存在显著的弱点，容易受到冲击。央行印了很多钱，股市的价格不断上升，在这个过程中，富人持有资产，所以他们会进一步推高资产的价格，而这会进一步拉大贫富之间的差距。因此，民粹主义就会大行其道。这会从经济问题演进成政治问题。今天在中国和美国之间存在紧张的局面，其实就是中美竞争力发生了变化所造成的一种结果，也是不同的历史长周期随着时间演进的运作方式。目前，短期债务和长期债务周期都差不多在顶点。往后走就会有很多风险。现在民粹主义高涨，地缘政治环境恶化，资产价格在高点，经济也在高点，那么经济恶化的情况很有可能引发政治危机。

他认为中国的基本面非常好，包括不断改革、经济有序发展，以及国家、企业和个人都有很强的责任感。中国在未来发展中面临五重挑战，这些挑战同时也是中国继续改革和发展的机遇：第一，债务重组的挑战；第二，资本市场重组的挑战；第三，经济结构调整的挑战；第四，保持收支平衡以及货币稳定性的挑战；第五，地缘政治环境恶化的挑战。达利欧有着非常矛盾的两面。一方面，他坚定不移地相信经济和金融的运行是有规则的，是不断往复发展的。但另一方面，他同时注重短期的扰动和震荡。而人类的智慧就是，在适当的时点和市场理解两者的交融，因此他也是乐观主义者。今天看来，他在讲座中提出的状况都在发生，而他看似矛盾的两面，在他的乐观主义下，恰恰是最迷人的地方。

雅各布·弗兰克尔是摩根大通国际董事长，也曾任以色列央行行长和国际货币基金组织经济顾问和研究主任。他在国际金融方面集理论、政策和市场实践于一身，他从市场看政策的角度，以及从政策看市场的思维框架，既独特又丰富。他是我多年的好朋友，总是对我爱护有加，每有见解，他总愿意先和我分享。他听说了我们的讲座，不请自来，自告奋勇要来做报告。

他敏锐地指出，短期看，通货膨胀是影响未来全球经济金融走势的最主要且最不确定的变量。因为老龄化和经济增长缓慢，就业市场低迷，通货膨胀保持在低位。而全球央行都设置了 2% 的通货膨胀目标，例如美联储就希望能够实现 2% 的通胀目标，只要没达到，美国就会继续印钞。欧洲央行、日本央行、英格兰银行也是如此，这些央行一致同意将 2% 作为通胀目标，达不到就继续实行货币宽松政策。随着时间的推移，如果不论怎样印钞通胀率都达不到 2%，金融稳定性就会受到威胁。

长期来看，他特别提到人口老龄化的挑战，他提出，到 2050 年，美国、欧洲、日本、中国、拉丁美洲都会步入老龄化社会。非洲的人口将增长强劲，会比现在新增 13 亿人口，而且大多数是年轻人。世界需要考虑全球人口结构失衡问题，即有就业机会的地方缺劳动力，有劳动力的地方就业岗位不足。移民政策将是最为重要的全球政策。老龄化将改变需求结构，也将连带改变供给结构和金融结构，这也就代表着巨大的机会。雅各布·弗兰克尔多年前就一直呼吁要关注人口老龄化和结构变化对全球经济金融的影响。他认为这是不以人的意志为转移的，我们必须接受，同时也可以把它看成机遇，在新的人口格局下，找到新的发展模式。

2008 年全球金融危机时，哈维·施瓦茨是全球著名的金融公司高盛集团证券部门的全球销售主管。回顾历史，他认为金融危机带来了两个教训：一是人们对系统性风险的认知，二是国际政策协调合作的重要性。2008 年由次贷危机触发的全球金融危机实际上是多年危机累积的结果：不断下调的利率，日益放松的金融监管，全球化趋势，依赖技术创新的金融市场，居高不下的杠杆率，以及全球去杠杆进程中面临的经济放缓困扰和挑战，一起催生了 10 年前席卷全球的系统性金融危机。危机最重要的经验教训就是，必须重视全球合作。国家间的合作以及各国央行间的政策协调，对于危机后稳定金融体系、建立新秩序意义非常重大。

利率环境的变化以及量化宽松政策是金融领域需要密切关注的两个要点。展望未来，市场利率从零利率环境中恢复，以及逆量化宽松政策都将对全球金融布局带来系统性重大影响，需要密切关注。中美未来的金融合作对全球金融稳定意义重大。作为当时高盛集团证券部门的全球销售主管，哈维·施瓦茨从最微观的层面看到了全球金融危机最宏观的问题，他提出的理解与把握金融系统性风险和全球金融合作，毫无疑问是全球金融最为重大的命题，振聋发聩。

苏马·查克拉巴蒂是欧洲复兴开发银行的第六任行长，我在国际货币基金组织工作时，除了负责对多个国家的宏观经济金融进行督导和制定全球政策外，也负责与所有多边组织合作的工作，因此和他有工作上的交往。他思维缜密，改革大胆，我们每年都有多次见面的机会，我总能从和他的交谈中了解欧洲和中亚的经济金融情况，并学到在国际组织中推进改革的经验。

那几年，多边开发银行的工作整体上都是为了实现可持续发展目标，在吸引更多的发展中国家和新兴市场国家参与时，融资成为挑战。基础设施、能源、气候变化等都需要大规模和多来源的投资，仅靠国内资源、捐赠资金和公共部门投资是不够的。2018 年我参加二十国集团全球金融治理名人小组工作时，我们的报告强调了需要“实现系统内整体商业模式的重要转型，以有效推动私营部门投资”。但引入私人投资介入公共部门项目是一个让国际多边组织和金融市场困惑多年的老问题。当时我就和苏马·查克拉巴蒂讨论过这个问题，他表示赞同，并提出要在欧洲复兴开发银行闯出一条路。这次他来到清华大学，带来了他的实践成果，他提出了解决之道的两个非常重要的原则，即良好的政策环境和市场定价。演讲一如他既往的发言，严谨且有原则，有创新，有市场运营的实践，非常精彩！

未来总是由创新者书写的。我也请了一些在科技界和企业界大胆创新的朋友。我一直对科学发展有兴趣，当年差点考了复旦大学的物理系。注意到近年来人工智能的再度崛起，我也关注人工智能的发展，应深圳市政府之邀我们做了《深圳市人工智能发展战略》的调研报告。在这个过程中，我自知存在不足，每遇科技界人士，总黏着讨教学习，由此结识了不少科技界的朋友。洪小文就是其中的一位，他是微软全球资深副总裁，下辖 1 500 名科学家。他是人工智能专家，毕业于有金字招牌的卡内基梅隆大学计算机系，是人工智能之父约翰·麦克阿瑟的直系弟子，他本人有多项人工智能专利。我多次向他请教人工智能的发展，也就人工智能的认知能力与他有过激烈争辩。他的演讲有着科学家的底蕴，逻辑清晰，大量举证，我们和他一起在人工智能的世界里遨游了一番，真是快意！

大科学家总从简单的东西开始，他首先构建了一个智能和人工智能发展的金字塔，从简单到复杂，把智能分为计算和记忆力、感知、认知、创造力与智慧五个阶段。他认为目前人工智能的发展已经越过“感知”阶段，计算机视觉和语音识别等技术已经成熟。目前已经进入“认知”阶段，人工智能已经开始具有理解、洞察、推理、计划和决策等能力。因为认知的进化主要来自反馈闭环，而人工智能在闭环中扮演重要的分析与决策角色，所以自然语言的突破是一个飞跃。

他强调人工智能与人类智慧仍然有边界，目前人工智能主要是黑盒模式，它是基于大数据模式识别推理的，可以解决“是什么”，但不能解决“为什么”的问题。而人类认知更多是白盒推理，能够进行因果分析，还可以举一反三，在不同白盒系统间实现认知和推理。已有人工智能的发展已经产生了足够的应用，将促进人类生活的彻底数字化，从文字、数据库、交易、信息知识再到物联网、数字孪生等方面都有所体现。应对未来，企业数字化转型尤为重要，其基础是以人工智能的强大算法、海量数据以及大规模的计算三个要素组成的人工智能平台。洪小文在科学家严谨态度的基础上对人工智能未来的乐观想法，感染了我们在场的所有听众。

正如他的名字，陆奇在业界有奇才之称。他是科学家，对计算有极高的悟性，但同时他对科学创新的商业运作也有敏锐的眼光，对科技的社会冲击和影响也有独特的见解。巧的是，陆奇还是我在复旦大学的校友，我请他专注讲讲数字化的未来，他发给我的题目是“数字化的长潮与巨浪”，我不禁拍案叫绝。

虽然陆奇的语言平实质朴，但一开场他就语惊四座，把我和听众都镇住了。他说人类永远在追求获得更多的能源，用更多的信息来减熵，这是人类技术手段的最终核心的核心。数字化是达到这个目的最好的工具，数字化可以帮助我们更好地追求我们想要的东西。数字化的驱动力永无止境，不可阻挡，因为它是基于大历史，基于物理世界、化学世界、生物世界运转的现实，基于人类社会作为一个复杂智能体系的存在的根本。

他几乎预言性地指出，任何一代技术一旦有交互上的突破，就必将引爆大规模的商业价值产生。新的交互的出现，意味着数字化的广度和深度的提高。通过把握数字化演进中的“不变要素”以洞悉未来，“交互”永远是需要首要关注的，因为交互定义了数字化的行为。AI（人工智能）和5G（第五代移动通信技术）把整个物理世界、人类活动数字化，打通所有的交互通道。在AI/5G的计算平台时代，定义性的能力是深度学习带来的，它是一种新的计算基础，用重叠向量来代表信息，信息则可以被高速表达成一种简单的形式。物理世界和数字世界会逐步融合在一起，这是一个在本质上与以往任何一次科技革命都不同的机会。

面向未来，陆奇提出，中国的数字化一定要注重建立一个健康的、大家共赢的商业生态，避免恶性竞争。一定要有好的、可持续的商业模式，让生态中的每一员都可以获得盈利。历史上一再被印证的一条规律就是：健康的商业生态是让科技大规模发展起来的环境。国家的角色越来越多元，对这些角色的准确定义有待摸索，但又颇为紧迫。当前，隐私保护、数据安全成为普遍关注的问题，需要在政策上、基础设施建设上有创新举措。他特别强调，今天的企业特别是高科技的企业对社会有着很大的影响，在很多未知的领域，企业不能等政府来规范，而应该凭着自己的良知和本心来判断、取舍与付诸行动。他也由衷地希望更多的年轻一代可以从事科研、从事创业，站在历史正确的一边，拥抱数字化浪潮带来的机会，不惧数字化大浪带来的挑战。陆奇的演讲是震撼的。他从人工智能进入最为深刻的科学基础，从而提出人工智能发展的长浪的趋势。他又从科技创新衍生到商业模式，并从商业模式谈到生态和治理机制。如此复杂的课题和深奥的基础理论，他都信手拈来、游刃有余。陆奇确实揭示了人工智能发展的趋势：数字化的长潮与巨浪。

苏世民是黑石集团的董事长，他不仅是华尔街的传奇，也是美国乃至全世界的一个传奇。我认识苏世民多年，我们在各种会议上相遇，喝茶聊天。我若去纽约，也常去他的办公室吃早餐。他工作勤奋，每天都早起锻炼，我们的早餐通常从早上 7：30 开始，当纽约的第一抹阳光射进他小小的办公室时，他已经精神抖擞地进入工作状态。他是一个执着的人，曾反复向我强调，每个人在生活中拥有的时间都是有限的，只能把自己的努力放在一两件真正伟大的事情上，然后全力投入。

他的商业自传《苏世民：我的经验与教训》中文版在 2020 年疫情期间上市，但甫一上市就登顶畅销书榜。我约他在网上聊聊他的书，他的人生经历和他对疫情后经济金融走势的判断。这是一次跨洋线上对话，他在佛罗里达州海滩边的家中，同样是早上 7：30，身后有一抹阳光斜射在墙上。我多次提出疫情对全球经济金融的冲击和对以后的展望。苏世民则强调，无论是疫情之前还是疫情之后，变化是必然的，我们也必须根据相应的变化来应对，但原则上，做人做事，全凭综观大势，全局在胸，志向远大，目标坚定，专注刻苦，过程灵活，这是不变的。真是精彩！

小米首席执行官雷军的气场很强，各界人士都来聆听他的演讲，会场座无虚席，现场的每一个角落都能感受到热烈的气氛。雷军特别强调企业的文化和原则，他强调小米的初心和理念是做“感动人心、价格厚道”的好产品，即产品品质达到顶级的同时，用户还能享受国货的实惠价格。他承诺：小米每年整体硬件业务的综合净利率永远不超过 5%，如果超过都将回馈给用户。我是小米的忠实用户，喜欢它简洁的设计和良好的适用性。回国后，我的空气净化器等家用电器都是小米的产品，当雷军讲到小米的第一台空气净化器预计成本为 899 元，他要求一定要把销售价压到 699 元时，我在台下脱口而出：“是呀，我就在这个价格上买了两台，不贵又好使。”台上台下顿时笑翻了。雷军随即补上一句：

“性价比不是战术，而是一种价值观，是一种商业模式，一种核心能力，背后是对效率的极致追求和死磕自己的决心。”掌声又一次响起。

如何做到既高质量又有厚道价格呢？靠严格的管理。雷军把理念具体化成一整套管理措施，从减少市场推广及广告费用、销售及渠道费用来削减成本，到将绝大部分资金投入产品研发设计，不断提高品质。雷军说：“创新决定我们能飞多高，品质决定我们能够走多远。”全场掌声雷动。展望小米未来，雷军的口号是“未来十年，增长十倍”。到底怎么增长？创新驱动。“手机 +AIoT（人工智能物联网）”就是增长计划背后的重要逻辑。小米始终坚持做“感动人心、价格厚道”的好产品，让全球每个人都能享受科技带来的美好生活。这就是创办小米的目标，就是一群互联网行业的人，喜欢消费电子产品，喜欢做硬件，希望用自己掌握的科技、经验和方法来提升中国制造业，造福全球每一个人。讲到这里，雷军开心地笑了，全场又一次响起掌声。

鱼谷雅彦是日本著名化妆品公司资生堂的全球总裁兼首席执行官，毕业于哈佛大学商学院，在日本的商界、学界和政界都以国际化和改革创新闻名。我和他相识多年，深感他身上日本文化和哈佛教育的融合之自然。他为人谦逊，做事果断。

他的演讲从他个人在资生堂的经历开始。他接任资生堂的董事会主席时，资生堂的利润和股价都在下跌。市场把资生堂比作一个睡美人：资生堂是一家很好的公司，拥有高品质的产品和良好的口碑，然而是一个睡美人，不够活跃，创新和改革不够大胆。如何唤醒资生堂这个睡美人？他理念先行，先用了半年的时间，在公司内部，从高层到员工，层层研究产品，分析市场，研判国际发展局势，最后统一思想：改革、创新和国际化是资生堂的唯一选择。战略明确并统一后，他随即分三个阶段缜密而严格地推进改革。第一阶段，2015—2017 年，重建企业基础，尽快清理所有的历史遗留问题，强化企业基础。在这个阶段，并不期待利润的增长，重要的是整顿和改革，这是公司接受“手术”的阶段。第二阶段，2018—2020 年，是加速增长阶段，重点关注产品创新、市场营销、人才和组织建设。第三阶段是国际化，从 2019 年开始。随着改革措施落地，资生堂的利润和股价也大幅攀升。

话锋一转，他提到办企业的三项原则。第一，让产品说话。这意味着你需要有高质量的产品和创新。第二，让产品带有个人体验。化妆品的精髓就在于要让消费者产生情感，这要求公司有创造力和设计能力。第三，企业必须国际化、全球化。不仅是品牌、市场和生产的全球化，更重要的是要有国际化的思维和视野，这是今天办企业特别重要的原则。由此，企业家要有快速的反应，多样化的产品和市场也是关键。真是至理名言。

演讲嘉宾都是各自领域的改革者、推动者、创造者、思想者和实践者，演讲场场精彩无比，嘉宾个个经历丰富。他们站在世界的制高点观看全球，又从身边发生的真实故事引出细节。演讲视野开阔，观察细致，角度独特，格局宏大，案例生动，娓娓道来，妙语连珠，深入浅出。每场演讲都是一场精神的盛宴，时时有满场笑声和掌声，旋即又极其安静。我作为主持人，面对全世界的大师，他们的演讲题材广阔，细节林立，思考深邃，不免紧张。每次我都认真准备，大量阅读。而每次，我也都从演讲者身上学到大量的思维方式和独特的角度，学习他们对历史的钩沉和对细节的把握，亲和的语言和犀利的思想。

在 2020 年新年的曙光中，我拟订了新一年“未来已来——全球领袖论天下”系列演讲的安排，动身去达沃斯参加世界经济论坛的年会。2020 年达沃斯一周无雪，凌晨结束最后的晚餐辩论后我走在结满冰凌的大街上，天空一片黝黑，群星闪烁，雪山一派青黛，逶迤沉寂。如此静谧，也涌动着隐隐的不安。2019 年世界经历了整整一年的焦虑，先是经济增长速度放缓，中美贸易摩擦谈判反复，后是美联储降息推动股市债市双牛市，年终中美贸易谈判总算达成第一阶段协议，英国“脱欧”

靴子落地。虽然美伊冲突和世界各地的民粹和示威暴力活动交织，把世界拖入对地缘政治的恐忧，但人们普遍认为2020年将是经济金融的“平庸”之年，唯气候变化和地缘政治是最大的不确定性和风险。站在2020年的时点展望未来，达沃斯充满了对未来的期盼和不确定性的涌动。我主持了闭幕大会“全球经济展望”论坛，参与讨论的嘉宾有国际货币基金组织新总裁格奥尔基耶娃、欧洲央行行长拉加德、美国财长姆努钦、德国副总理兼财长舒尔茨、日本央行行长黑田晴彦。出乎意料的是，气候变化、科技创新和地缘政治成为热点，拉加德和姆努钦在台上公开辩论，整节讨论高潮迭起。

然而仅仅几天之后，一场突如其来的新冠肺炎疫情席卷全球，人类开始痛苦地和死亡竞赛。隔离、封城，全球生活停摆；停工，关店，全球经济断崖式下跌；暴跌、暴涨，全球股市经历近百年来未有的大幅震荡。原先安排的“未来已来——全球领袖论天下”系列讲座不断延期，最后都取消了。封城在家，思想奔腾，我突然想到，为什么不把“未来已来——全球领袖论天下”系列已有的演讲整理成文，让更多的人得以分享这些信息呢？我们的团队很快行动起来，给各位演讲嘉宾发函请求发表，在疫情的危机下，没有什么比传播正能量信息更重要的了。大家都很支持，很快，同意的信函从世界各地飞来，我们的团队开始着手整理材料，开始了一场“‘未来已来’的抗疫行动”。

又一次，新冠肺炎疫情从一个侧面揭示出我们生活在一个有巨大不确定性的世界里，未来就在眼前，变化的速度和规模史无前例。我们能做的唯有谦卑，唯有拥抱未来。

谨此，再次衷心地感谢演讲嘉宾和所有与会者，是你们成就了本书。

朱　民

2020年12月31日

目录

未来全球经济金融

创新书写未来

未来世界格局

道格拉斯·彼得森（Douglas Peterson）

现任标准普尔公司全球总裁兼首席执行官。他于2011年加入标准普尔，担任评级服务业务的总裁，2013年当选标准普尔全球总裁兼首席执行官。此前，彼得森在花旗集团工作了26年，在此期间推动花旗银行业务转型，并引领投资和公司银行、经纪、资产管理、私募股权以及零售银行等多个业务板块的发展。他还曾在花旗集团的拉丁美洲和亚洲分部任职，离任前担任花旗银行COO（首席运营官）。彼得森是美国联邦存款保险公司的系统性解决方案咨询委员会成员，同时也是世界经济论坛“塑造长期投资、基础设施与发展的未来”行动倡议的牵头人。

彼得森于1985年获得沃顿商学院的工商管理硕士学位，于1980年获得克莱蒙特·麦肯纳学院的文学学士学位。彼得森现任克莱蒙特·麦肯纳学院董事会董事，同时还是保罗泰勒舞蹈团的理事。

全球主要风险因子的深刻变化与应对 *

一、标普全球

我在花旗集团工作了 26 年，有 10 年时间任职于花旗拉丁美洲分部，6 年时间在花旗日本分部，其余 10 年主要在纽约。我在公司金融和投资银行担任过多个职位，从花旗的项目经理逐渐升任区域主管，离任前我担任 COO，后加入标准普尔（以下简称标普）。

7 年前加入标普时，公司正处于转型期。标普的数据分析工作始于第一次工业革命时期，也就是人们常说的“蒸汽机时代”。蒸汽机的出现改变了世界，信息传递出现了新的形式，货物和服务开始面向世界各地。标普的创始人亨利·普尔先生，在 1860 年出版了一本有关铁道和运河公司财务信息的数据汇编书。

在过去的 160 年间，标普不断发展，时至今日成为一家数据分析公司，所有业务的核心都在于为市场提供数据信息和行业基准。

标普全球评级为包括中国市场在内的全球市场提供债券评级。标普全球市场财智通过 Capital IQ 数据库、SNL Financial 数据库以及 Compustat 数据库等多种不同的企业和金融机构的财务数据库，为全球市场提供数据分析。标普道琼斯指数为全球投资人提供用于基准参

---

* 演讲时间：2018 年 11 月 9 日。演讲地点：清华大学主楼接待厅。

考和建立资产组合的重要信息。最后是标普全球普氏，旨在为能源和大宗商品市场提供数据分析和基准价格。我们知道油市每日有不少原油合同结算，很多结算价格是基于普氏价格的。

标普在全球 31 个国家和地区有两万多名员工，其中有大约 1 500 名信用分析师负责信用评级工作。标普数据库拥有约 2 500 亿个数据点，这些数据点包罗万象，不仅有传统的资产负债表数据、公司金融中的各类企业信息，比如股利支付、并购、资产剥离等，而且还有大宗商品和原油市场的数据。

标普在全球有三万多名客户，世界十大银行和《财富》全球 100 强中的 97 家都是标普的客户。

二、影响全球发展的重要议题

我和公司董事会成员、管理委员会成员经常一起讨论，我们都认为这些议题将在战略上左右公司未来的投资和人才方向。

这些议题包括：不确定的地缘政治、人工智能和数据处理、复杂的供应链和“千禧一代”。其中，因全球化产生的多边货币结算机制和多种对冲策略使得供应链日益复杂。而“千禧一代”是数字化的一代，他们的思维和工作方式与上一代截然不同。

债券市场、大宗商品市场、监管格局和被动投资模式都随着各种趋势变化而相应改变。大宗商品市场因供应链的复杂化而变得更为波动，监管格局在 2007—2008 年的次贷危机和金融危机后发生了许多变化，而被动投资的兴起也正在逐步改变原有的资产管理模式。我和其他公司的高管或者经济学家经常聚在一起讨论全球宏观经济。

三、全球经济发展趋势

首先我们来了解一下全球经济的全貌。全球经济在金融危机发生后的几年（2008—2011 年）里非常疲软，美国和欧盟的 GDP 维持着每年 1%～2% 的低增长率，对多数国家来说，它们的经济增长率都远低于潜力。全球经济增长率在近几年呈现上升的趋势。2018 年和 2019 年的全球 GDP 平均增长率达到 3.7%～3.8%。经济增长会催生更多的投资机会并创造更多的就业岗位。日本的 GDP 增长率有所好转，在 2017 年达到了 1.7%（见图 1.1）；拉丁美洲经过了几年低增长，尤其巴西还经历了经济衰退后，也都在逐渐恢复；美国 2018 年第三季度的 GDP 年化增长率达到了 4.2%，在过去的 15 年中这一数据还从未达到过 4%。作为世界经济的重要一环，美国的经济增长展现健康的态势将对全球经济体系产生积极的影响；印度虽不在图 1.1 中，但其也是标普全球的一个重要市场。作为拥有 12 亿人口的重要新兴市场，印度正在经历金融体系和银行体系的改革。近几年印度凭借超过 7% 的 GDP 增长率，对世界经济增长发挥着重要影响。

图 1.2 展示了 2015 年第四季度到 2018 年第二季度几个主要国家和地区的 GDP 增长率，这几个主要国家和地区没有发生经济衰退，并且呈现出了比较同步增长的态势，在 2018 年第二季度，一些国家和地区的 GDP 增长率都有一定程度的下降。虽然中国的 GDP 增长率从 6.9% 下降到了 6.7%，但由于中国庞大的市场体量，即使增长放缓幅度不大，绝对值差额也还是巨大的。

全球主要经济体都处在复苏当中，GDP 增长率都大于 0。而全球 GDP 增长率复苏，其实是由多方原因引起的。我想先介绍美国方面的因素。我们会用一个标准化的方法来观察美国的企业信心指数。

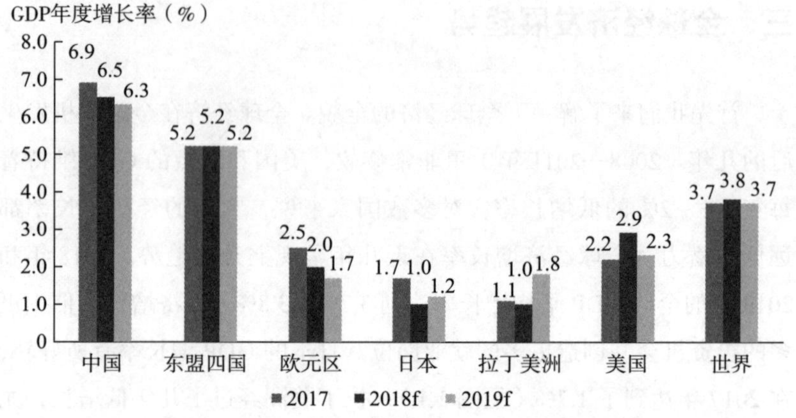

图 1.1 标普全球经济展望：GDP 年度增长率比较

注：世界和拉丁美洲增长率是国家增长率的加权平均数。东盟四国包括印度尼西亚、马来西亚、菲律宾和泰国。

资料来源：标普全球评级经济学家，标普全球评级信用状况委员会。

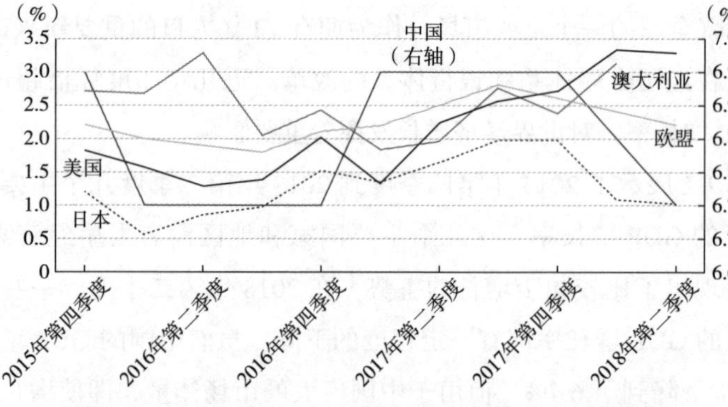

图 1.2 2015—2018 年主要国家和地区的 GDP 增长情况

资料来源：牛津经济研究院。

图 1.3 通过制造业和非制造业的信心指数呈现了过去几年美国经济的趋势。我们知道信心指数 50 是企业信心的荣枯线，在 2015 年，企业的信心指数从荣枯线上掉到了荣枯线下。经历了一段低潮之后，企

业信心指数回到了荣枯线上并呈现了正增长的趋势。造成这种现象的主要因素有税务改革以及去监管化等。在过去2~3年内，美国政府推进去监管化和税改的举措降低了企业税率,增加了企业现金流水平。另外，页岩气行业的进步使美国的能源行业富有竞争力。美国的石油和天然气行业的增长也非常迅速，各类石油和液化天然气产品出口到世界各地。这些积极因素使得美国在过去两年有着非常良好的市场情绪。

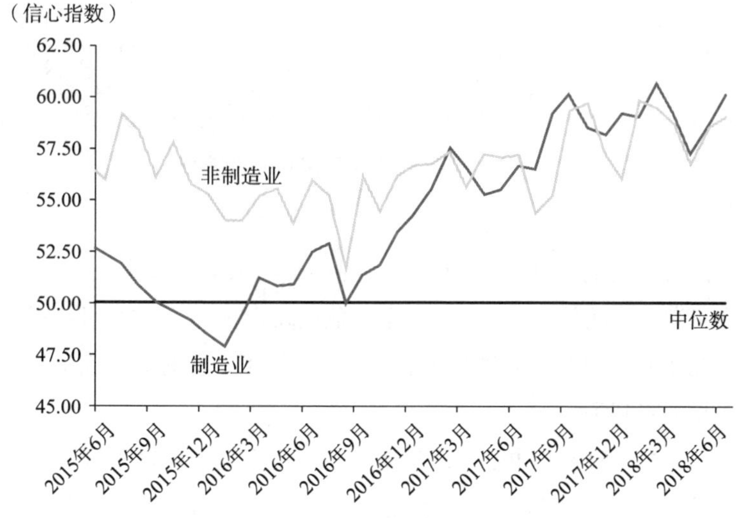

图1.3 美国的商业情绪表明经济正在扩张

资料来源：美国供应管理协会。

下面来观察另一个很重要的指标——消费者情绪。如图1.4所示，在第一阶段，消费者情绪在2008年金融危机时跌到了谷底。在金融危机之后开始的第二阶段，消费者情绪呈现出了很强的上升趋势。经济学家通过分析这些先行指标对未来给出一定的预期。对标普的经济学家来说，这些也是非常重要的预测经济形势的指标。

图 1.4　美国消费者购买大件物品的走势

资料来源：美国经济分析局。

接着，我们来聊聊美国经济学界面临的最大难题之一 —— 失业率和工资水平的关系。在 2008 年金融危机高峰时，美国的失业率是 8%，后来几年间下降到 5% 并在该水平上下维持了一段时间，而最近几年进一步下降到了 3.7%。

图 1.5 展示了 LFPR[1]，即劳动力参与率在近十年间的变化。在美国比较奇怪的一个现象是，劳动力参与率呈现出萎缩的态势。劳伦斯 · 萨默斯的研究认为，在 1965 年，每 20 个 25 ~ 55 岁的成年人中有 1 人处于劳动力市场不参与的状态。换句话说，有 19 人是处于参与状态的。现今这个数据变成了每 20 人中有 3 人处于劳动力市场不参与状态，17 人处于参与状态。我们可以得出一个结论，即更多人离开了劳动力市场。图 1.5 中劳动力参与率从 2007 年的约 66% 降到了近期的不足 64%。人们对这个情况感到十分好奇。为什么这些人，尤其是成年男性，离开了劳动力市场？失业率居高不下的原因之一是虽然人们开始重新工作，但是市场上的劳动力也更少了，有些人并没有

回来工作。我们看到，2017 年劳动力参与率出现微小上扬。另外除了经济因素，我们还要从社会学和人类学的角度来思考为什么人们离开了劳动力市场。

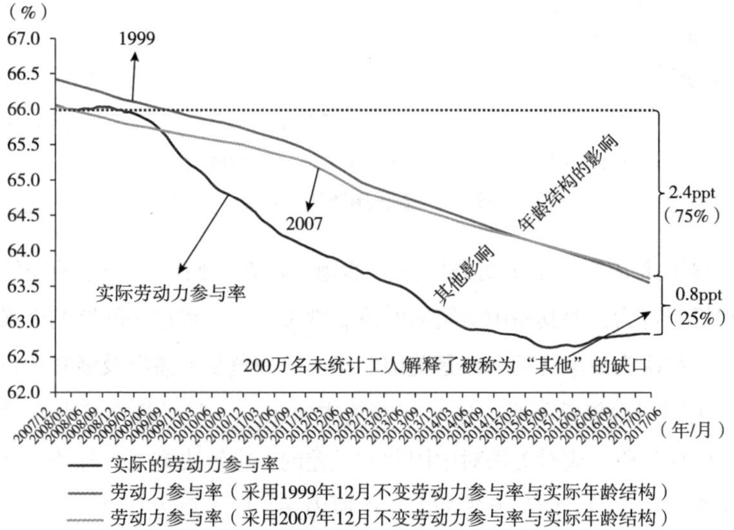

图 1.5　美国的充分就业

注：ppt 为 percentage point（百分点）的缩写。

资料来源：美国劳工统计局和标普计算（S&P Calculations）。

图 1.6 展示了 2016 年、2017 年和 2018 年的美国国债利率期限结构。通常银行家或者投资者会关注短期收益率和长期收益率之间的差异。2016 年的短期利率，或者说隔夜拆借利率，与 30 年长期利率的差值非常大。2017 年和 2018 年的利率曲线更为扁平化。许多经济学家认为，利率期限结构展现扁平化特质意味着经济出现衰退的可能。但从工资水平、失业率、消费者情绪指数、商业情绪指数等方面分析，美国首席经济学家不认为未来美国经济会出现衰退。我们预计未来 12 个月美国经济出现衰退的概率为 15%～18%。

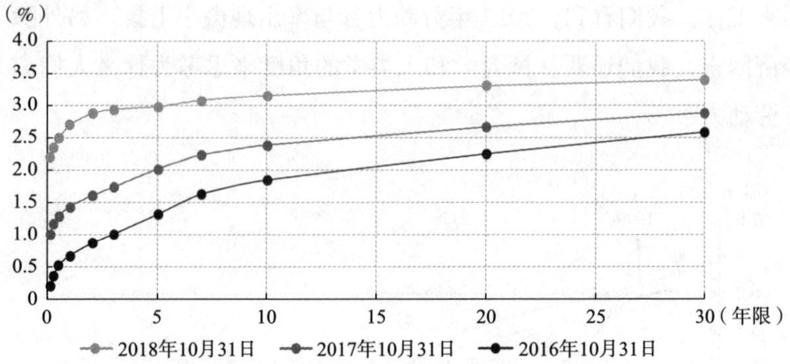

图 1.6　美国国债利率曲线

接下来是有关中美贸易摩擦的话题。现在人们对于全球的经济扩张和投资行为，尤其是中美贸易摩擦非常关注。导致这一问题的因素有很多，被认为最重要的一点是美国对华的巨额贸易逆差以及经常项目逆差。美国国内储蓄不足，这意味着资本流出。一些经济学家和政客认为，施加关税是应对美国对中国贸易逆差的一个解决方案。标普经济学家认为，导致中美贸易摩擦的深层次原因是，要求双边有对等互惠的投资机会、更开放公平的市场准入以及行之有效的知识产权保护。

在这一框架下，当前形势会如何演变呢？表 1.1 中展示了四种潜在的可能情景。第一种可能是中美双方迅速签署某种协议，在有限的条件下达成共识，这种情况对现有体系不会有特别大的影响。而第四种可能则是，双方展开深远而有效的会谈，做出承诺和改变，达成某种共识并为双方带来巨大的利益。我本人是乐观主义者，希望中美双方的走势会是上述两点中的其中一点，双方能在未来建构更好、更稳定的贸易体系，或者至少回到过去那种稳定状态。我希望这件事不会影响到全球经济复苏，更不希望看到两败俱伤的局面。

表 1.1　中美经贸摩擦的四种可能情景

在有限的条件下达成共识	影响全球经济复苏
· 在一方或双方让步的前提下，某方获得所谓“胜利” · 对双方没有或者几乎没有造成永久损失	· 双方互不相让，全球经济增长和投资者信心受损 · 在此基础上逐渐生成一种新的中期或者长期基准
达成购买协议，但深层问题依旧存在	**在共同利益的前提下达成共识**
· 中国同意从美国进口更多货物 · 达成短期共识，但问题没有得到根本解决	· 中美关系的重要性得到重新认识 · 双方再次进行战略性经济对话，力求从根本上解决问题

四、六大全球性风险

包括标普在内的很多机构都非常关注全球性风险。

第一个风险是零利率市场环境。2008 年金融危机发生后，长期积累的房贷和信贷泡沫破灭，全球经济需要复苏。全球各国的财政政策组织、国会、议会、政府机构本应关注财政政策或结构化改革，但在金融危机后其并没有做太多实质性的工作，填补这一空白的是世界主要央行的政策制定者们，他们才是过去十年我心目中的英雄。他们采用了一些新的工具和方法防止经济深度衰退并逐步推动了全球经济复苏，比如采用量化宽松政策，并提供前瞻性指导，在分享某些假设和未来方向上对于市场更为开放，我们看到主要央行都扩充了资产负债表。

图 1.7 展示了近几年和未来预计的美国的资产负债表结构。我们发现美联储从 2009 年开始购买房地产抵押债券、国债以及其他抵押债券等金融产品。资产负债表的规模，从 2009 年不到 1 万亿美元，到最高峰时达到 4.5 万亿美元。传统央行政策不会如此大规模扩表，美联

储近年来从市场上购买了海量债券，从而释放了大量流动性，但也带来了前所未有的风险。我这里用“史无前例”这个词来描述这一事件，全球主要央行资产负债表在历史上从未达到如此之大的规模。同时，美国、欧洲、日本和许多其他国家及地区都采用低利率。我们用这类货币政策，而非财政政策来刺激经济。在这里我想提出一个问题：当各个国家和地区的央行开始回收流动性，增加基准利率时会发生什么情况呢？在几周前我们可能见证了这个答案：美国股票市场出现了大幅回落，股票价格平均下跌20%。央行进行如此规模的扩表，现在又开始进行流动性的回收，这些过程对我们来说是一次前所未有的体验。

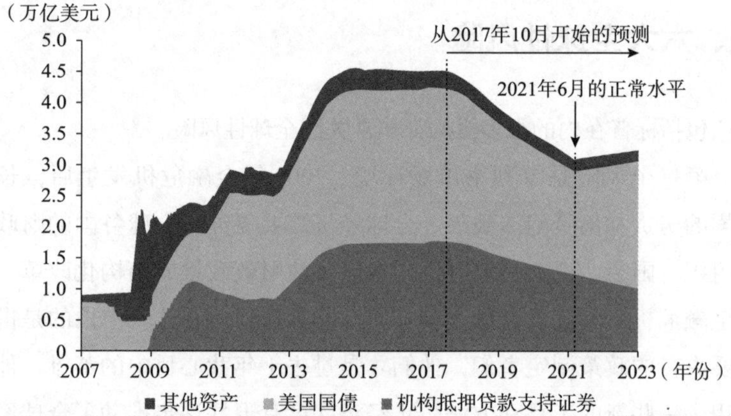

图 1.7　美联储的资产负债表

资料来源：美国圣路易斯联邦储备银行和标普全球计算。

接着我们看看世界主要国家和地区的资产负债表情况。如图 1.8 所示，英国央行的资产负债表扩张为原来的约 4.5 倍，欧洲央行也扩张为原来的约 4.5 倍，日本央行扩张为原来的约 5 倍。这种大规模的扩表给市场提供了大量流动性。现在的问题是，各个国家和地区的央行是否会持续扩张？以后这种行为会成为新常态吗？各个国家和地区的央行会采取一些缩表的动作吗？我不是一个预言家，也并不知道最终会产生何种结果，但我认为，伴随着缩表，利率会上涨，这对全球经济产生帮助的同时也会带来一定风险。资产估值会产生变化，一些机构的资产负债表端再融资也会出现问题。

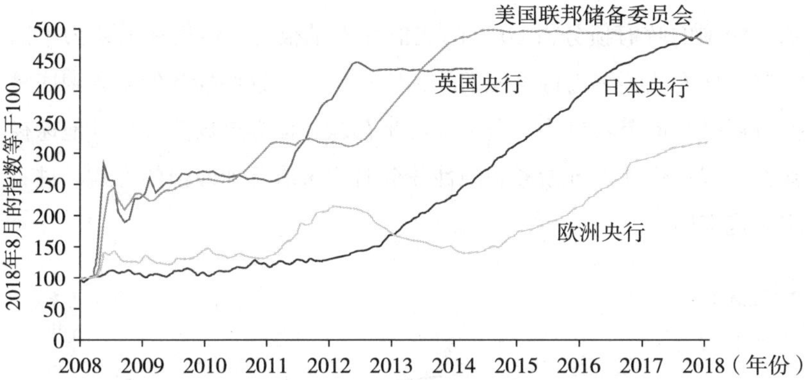

图 1.8 金融危机以来主要央行的资产负债表扩张

注：月末资产总额未按本币季节性调整。英国央行数据截至 2014 年 9 月。

资料来源：日本央行，美国联邦储备委员会，英国央行，欧洲央行。

第二个风险是长期政府债务。政府债务规模最大的前两名是日本和美国，这两个国家有着十分庞大的资产负债表。我们将政府债务占 GDP 的比重作为衡量指标，美国这一指标已经高于 100%。如果把地方债券和市政债券计算在内，日本则超过了 200%。其他多数国家的数据集中在 20%～100%，其中欧洲国家的指标大多集中在 60%～70%，意大利是个例外，它的指标是 100% 多一点。中国是 60% 左右。

政府债务问题是很重要的风险，而这个风险与人口问题息息相关，人口问题在一定程度上决定国家债务规模的大小。以养老保险基金和医疗保险为例，当社会的人口老龄化问题加剧时，我们需要从各种渠道为这些基金进行融资。像美国这类高负债的国家届时能否继续承受这种压力呢？日本也面临类似的问题。日本的人口持续老龄化，所以长期政府债务也是一个很大的问题。标普全球的一个研究重心就是人口老龄化对主权债务和主权债务评级的长期影响。

下面我们来看看中国的债务情况（见图 1.9）。政府的统计数据显示，中国的政府债务占 GDP 的比值并不是很高，但很多人认为中国需要对地方债领域进行更仔细的调研，包括：这些债务的来源到底是银行还是其他金融机构？资金来源是存款、债券市场抑或是其他途径呢？中国在管理地方债务和隐性债务时应采取更加谨慎的方式，进一步规范市场。

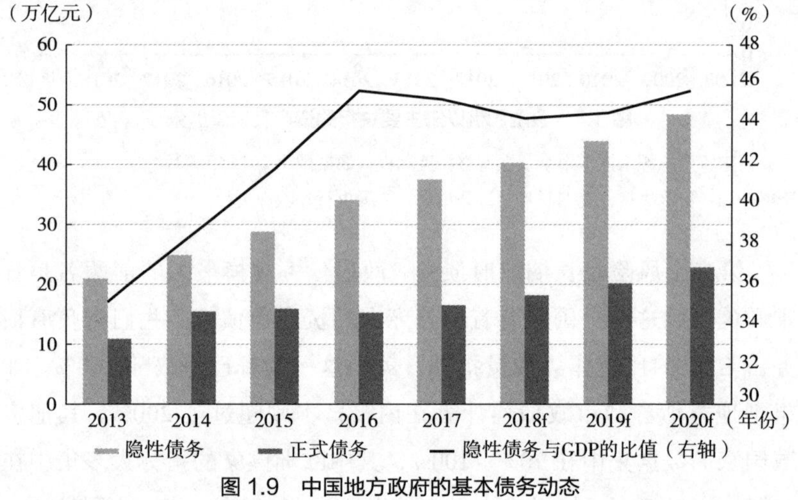

图 1.9　中国地方政府的基本债务动态

资料来源：Wind（金融数据和分析工具服务商），中国财政部，中国各地方政府财报，标普全球评级。

第三个风险是地缘政治。投资人、企业以及董事会成员在考虑商业决策风险时都会把地缘政治视为重点考量的因素。我们先看看民粹主义和民粹主义情绪。两年前特朗普竞选活动的一部分就是聚焦移民政策、贫富差距和日益严重的不平等议题的民粹主义。英国脱欧也是一个典型例子。伦敦是除纽约之外的一个世界主要金融中心，就规模而言，纽约可能更大，但伦敦一直是全球金融市场真正的纽带。它不仅是世界最大的外汇交易中心，而且对欧洲、中亚和非洲发行人来说还是最大的债券市场。英国脱欧公投的事件使我大吃一惊。虽然欧盟的经贸活动给英国带来了无与伦比的好处，但英国民众仍然选择投票离开欧盟。英国脱欧还有一个因素是对移民的质疑和畏惧，然后是朝鲜问题。许多人不一定能够理解朝鲜问题及其潜在后果，其实朝鲜问题对于全球地缘政治有着重要的影响。

回到美国，我刚才讲了一些贸易和移民的话题。我把这称为“两个国家的故事”。图 1.10 展示了美国收入前 1% 和后 50% 人群的税前收入占 GNI（国民总收入）的比重。我们看到在 1975 年，前 1% 富人和后 50% 穷人的税前收入分别约占国民总收入的 11% 和 20%。但在 2014 年的时候，前 1% 富人的税前收入占比已经达到了国民总收入的 20%，而后 50% 穷人的税前收入只占到国民总收入的 12%。许多美国人把贫富差距扩大归咎于移民问题，归咎于中国的崛起。但我认为教育、技术和全球化的供应链才是贫富差距不断增大的主因。美国政府是否在教育方面投入了足够的资金呢？美国政府是否以技术为导向培训美国员工以促进其就业呢？也有人认为，美联储在金融危机之后向市场注入很多流动性，推高了资产价值，最终使得富人更加富有。但我们从图 1.10 可以看出，早在 20 世纪 80 年代，贫富差距就已经在不断增大。20 世纪 80 年代正是个人电脑兴起之时，科技和网络逐渐改变了全球供应链。综上所述，造成贫富差距增大的因素有很多，如果这一趋势最终没有改变，势必引发极端的政治事件。

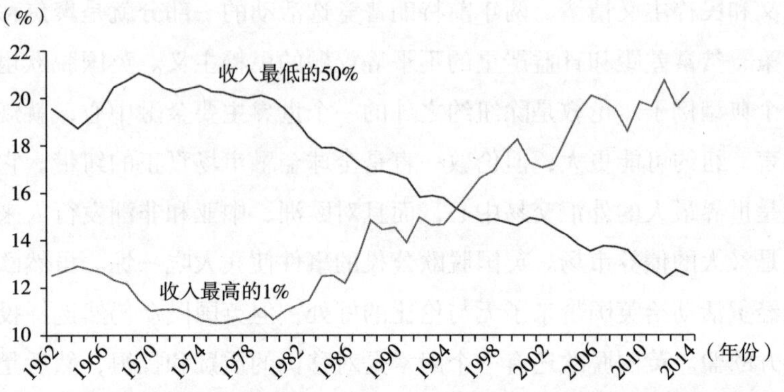

图 1.10　1962—2014 年美国收入前 1% 和后 50% 人群税前收入占 GNI 比重

注：单位为已成年的个人，其中已婚夫妇收入已在婚姻双方间进行了平均分配。

资料来源：托马斯·皮凯蒂、伊曼纽尔·塞斯和加布里埃尔·祖克曼合著的《分配国民账户：美国的方法和估计》。

第四个风险是贸易保护主义。为什么人们会担心贸易的问题？为什么人们担心贸易会影响经济增长？有人认为国家之间按照比较优势的原则生产产品，然后进行贸易，但实际情况会更加复杂。下面我们来看一下中美之间的贸易摩擦。我们知道全球贸易的体量以及流动性和过去三四十年完全不一样了，中国逐渐成为全世界最成熟的制造中心。中国不但生产手机和电子设备，还利用精密机器人制造最高端的工业制成品。早年设在中国的耐克鞋和服装的流水线已经逐渐转移到了越南、印度尼西亚等国家。美国近年正在重拾制造业，不断下调石油和天然气等能源的价格，这对美国来说是一个让制造业回流的好机会。对中国来说，随着财富的不断积累，劳动力成本不断上升。现在许多制造商说把工厂设在美国或者墨西哥成本会更低，这些更深层面的问题都会对中美贸易摩擦的走向产生一定影响。

第五个风险是技术革新。我刚才讲到了科技的重要性，它改变了人们工作的方式，并且在一定程度上解释了生产率差距和贫富差异加大的原因。让我们从另一个角度看这个问题：科技改变了我们的商业模式，我们将最新的科技整合到我们的商业模式之中，把客户的需求与最新的科技整合到一起。同时，技术变革也对传统模式产生了颠覆性的风险（见表 1.2）。现在许多公司都采用轻资产运营模式，它们不需要去买地建厂房，不需要去开放很多不同的东西。实际上，有些公司甚至可以借助一些应用程序，并将这些 API（应用程序接口）整合起来，建立起全新的商业模式。这样的公司有很多，以 Uber（优步）为例，它本质上就是一个整合了网络支付、地图和调度的应用程序。这些 API 模块被连接在一起，满足了人们对于交通出行的需求，这就是一个典型的颠覆式技术。

另外，我们的业务有可能遭到诸如知识产权盗窃等各类外部因素的影响。有人可能蓄意进入你的公司网络获取重大非公开信息并用于交易。在美国,很多公司都拥有零售客户信息,包括客户的信用卡信息，这些信息可能受到网络攻击而被泄露出去，并用于盗窃等行为。抵御网络风险已经成为近些年全球性公司财政支出的重头。美国银行的高管告诉我，他们每年在网络安全方面的支出从 3 亿美元逐渐上升到了 8 亿美元。

表 1.2　科技因子

颠覆风险	网络风险
颠覆性趋势和驱动力正在影响 金融产业，金融信息的偏好也在发生变化	日益增长的科技依赖性、全球联动性以及技术飞速变化意味着网络风险具有系统性影响

科技的发展非常迅速，图 1.11 展示了几种高科技产品和应用达到 5 000 万用户所花费的时间。收音机用了 38 年，电视机用了 13 年，互联网用了 4 年，脸书用了 3.5 年，Instagram（照片墙）是 6 个月，《宝

可梦 Go》这款手机游戏只花了 19 天就拥有了 5 000 万用户，我们现在有微信、亚马逊、谷歌这样的平台，获得 5 000 万用户的时间已经快到可以用分钟来计算了。在中国这样的人口大国，新科技平台可以在短短几秒钟内获得数百万客户。印度有一家手机公司在几年内就拥有了 3.5 亿用户，并且每天还可以获得 30 万 ~ 50 万新用户。你们能否想象现如今，一种创新的、颠覆性的商业模式可能只需要 19 天就可以与传统的商业竞争？

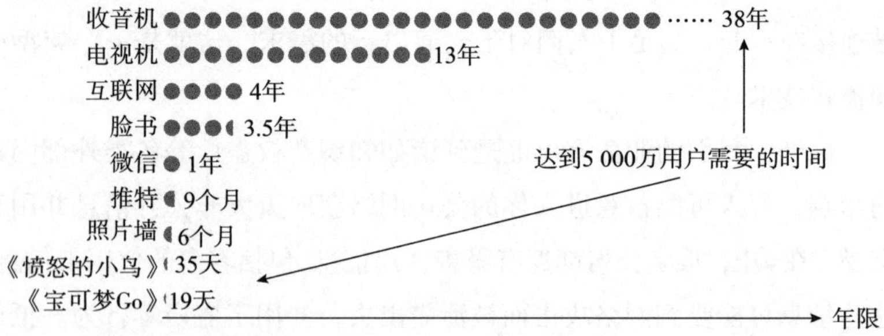

图 1.11　科技产品和应用的创新与采用的变化率呈指数级增长

资料来源：贝恩德 · 莱格尔，Localytics（移动接入平台）2013 年 5 月 13 日发布的市场研究报告《20 个最新的移动趋势》。

第六个风险是一个长期风险——气候变化。气候变化是人们传统认知上经常忽略掉的一个风险，人们认为气候变化带来的影响不会持续很长时间，但实际上许多客观的研究和测量表明，气候变化给人类带来了许多损失或变化。在大多数情况下，人们并没有真正意识到气候变化问题的严重性，也没有把气候变化因素纳入决策当中。我们所说的气候风险一般是指极端天气、洪涝灾害、异常气候等情况（见表 1.3）。

近年来，相关的气候风险逐渐引起人们的重视。如果未来全球海平面上升，像迈阿密、佛罗里达这样曾经是大片沼泽的地区会如何？

有预估认为，迈阿密在气候变化上的预计支出会达到25亿美元，纽约会达到20亿美元，新奥尔良会达到10多亿美元，以上这些估值都是每年的成本。中国也面临着类似的情况。广州、天津这些海拔较低的地区可能有着最高的气候变化和洪水风险。而对于孟加拉国来说，整个国家估计都会受到洪涝灾害的影响。

表1.3　气候变化带来的风险

极端天气	洪涝灾害	异常气候
对于公共设施的供需基本面有着间歇性的影响	对人群、农业和矿业产生经济影响	飓风、台风和海啸等
气候相关风险		
气候变化会继续增加长期和突发天气事件发生的频率和严重性，政府和企业防范气候风险的意识正逐渐加强		

在科研领域，很多地质学家、气象学家、生物学家和其他科学家开展了很多研究来了解气候变化的影响。与气候变化相关的金融市场有哪些呢？2011年成立的可持续会计准则理事会（Sustainability Accounting Standards Board，旨在帮助公开上市公司向投资人提供重大公开信息并向美国证券交易委员会报备），此外还有气候相关财务信息披露工作组（TCFD，旨在向投资者、借款人、发行方和股东自愿、连续地披露气候相关的金融风险事件），由英国央行行长马克·卡尼和纽约前市长迈克尔·布隆伯格共同发起成立。这些团体希望能够制定一种更标准化、更一致的业界标准来度量气候变化带来的潜在影响，从而可以对不同公司进行比较。

五、环境因素、社会因素和企业治理

过去，当人们进行资产组合、股票、债券和证券投资时，会主要考虑现金流、管理层质量、分红付息率等传统指标。而许多投资者会关注更多的宏观因素，包括行业情况、行业间竞争力、技术方面的投资情况等。如今世界上的许多国家，尤其是挪威、瑞典等斯堪的纳维亚半岛地区的北欧国家的投资者对 ESG 因素十分重视。我认为 ESG 在未来的 5～10 年将成为投资者在投资过程中的核心考量因素。在斯堪的纳维亚半岛地区，ESG 概念已经发展得相对成熟，而在美国有关 ESG 的概念则刚刚起步。

ESG 中的 E 指环境因素。之前提到的 TCFD 就是一个与气候变化相关的财务信息披露工作组，但气候变化领域并没有统一的行业标准。如果以碳排放量为指标，航空公司和能源公司可以统计排放指标，但对标普全球这样的轻资产数据类公司来说，统计碳排放指标相对来说不太容易。但不论是重资产类企业还是轻资产类企业，碳排放指标在未来都会占据越来越重要的位置。如果以用水量作为指标，以农业用水为例，我们是否有统一的过滤水的清洁标准？我们是否会对污水排放有一个限制标准？我们能否确保污水排放不会对土地和周围环境产生影响？如果以废弃物作为测量标准，还是以农业为例，我们如何处理农业生产残渣？这些废弃物去往何处？综上所述，我认为水指标、废弃物、碳排放将会是衡量环境因素的三个重要指标。我也期待在不久的将来有更多人参与到 ESG 的话题讨论当中。

ESG 中的 S 指社会因素。现阶段对社会因素的理解最少，同时对其考量也相对较少。社会因素包括性别，如董事会或高层管理者中的男女比例。又如，供应链中有没有雇用廉价劳动力？供应链中有没有对劳工的歧视性条款？工作环境中有没有发生过员工的性骚扰事件？是否为员工提供了一些相应的福利？是否会组织员工对社区进行回馈？总的来说，社会因素关乎管理者是否以良好的方式对企业进行运营。

ESG 中的 G 指企业治理。企业治理是关于管理质量和组织监督的议题。一些国家已经制定了非常清晰的公司治理要求，比如董事会和独立董事的职能、公平交易准则、报告披露准则、公司高管减持公告等。如今企业治理的标准正在不断上升，许多治理标准并不十分完善的地区也在全球投资者的监督下进行了改善。举个例子，有些国家的法律并不要求公司 CEO 和公司董事会主席必须由不同的人担任，但投资者们会提出相应的要求。

绿色债券市场便是对上述 ESG 概念的一个应用。顾名思义，绿色债券募集资金所投资的项目必须满足一定的绿色环保标准，比如可再生能源或者减少碳排放的项目。中国是全球绿色债券最大的发行国。在过去几年间，全球绿色债券市场增长迅速，目前已经有 40 个国家发行了约 600 种绿色债券，发行规模约达 3 000 亿美元。虽然体量相较于传统市场还十分微小，但我们看到 ESG 概念正逐渐引起投资人的重视，未来市场对绿色债券的需求会日益增大。我认为绿色债券相较于传统债券有许多优点，我们会在未来见到越来越多的绿色资产金融工具，绿色投资也将作为投资选项被纳入未来的 ESG 资产组合之中。

朱民对话彼得森

朱民：您以全球的经济状况作为切入点谈到了世界面临的最主要的六大风险，这份全面的报告非常具有标准普尔风范。然后您谈到了环境因素、社会因素和企业治理问题，这也是近年来非常重要的话题。现在请让我们回到经济展望这一部分。美国2018年的经济增长率是2.9%，2019年预期是2.3%，这个预期是十分合理的，因为激励措施产生的效果在2018年达到峰值，之后会略微回落。随后您又讲到了商业情绪和消费者情绪，这属于微观经济的范畴了。商业情绪呈现出上涨趋势，消费者对于汽车和住房这类大宗消费的支出也呈现出比较强劲的上涨趋势，两者都呈现了上涨趋势。我真正的问题是，微观经济的先行指数体现出经济形势的好转，宏观GDP的预期则是小幅回调，您是如何将微观经济数据的上升和宏观经济预期的下调联系到一起的，这两者矛盾吗？

彼得森：美国2019年的经济增长率预期下调到2.3%，造成这种下调的因素有两个。

因素一：财政政策刺激。财政政策刺激的效果会随着次数的增加而减弱。第一次财政刺激叠加税改政策的效果是最好的。

因素二：基准利率上升对于汽车和住房的销售，以及企业的资本性投资产生了一些负面影响。

总体来说，我们标普的团队对于未来的美元走势和美国经济状况是持乐观态度的。美国经济从金融危机的低谷一路走来，经历了税改、去监管化，消费者情绪正在不断增加。加息的预期会使得美国经济有一定的放缓，经济学家也不希望经济增速过快而失去控制，而且通货膨胀也会在一定程度上拉低经济增长预期。总体来说，4.2%的季度年化增长率虽然很不错，但很大程度上是由于政府推行的去监管和税改政策引起的。这些政策导致了离岸资本回流，使人们获得了更多的退税，但这些政策的刺激效果会越来越弱。

朱民：有一种观点认为美国的经济增速会放缓，另一种观点则认为美国的经济增长非常强势，因为消费者和商业情绪指数非常高。所以当这两种观点一起出现时，您将如何解释这种现象？经济增长略有放缓，但情绪指数反而升高了。

彼得森：从细分行业来看，每个行业的表现都是不一样的。举例来说，零售业和餐饮业的表现就十分疲软，我们管这个叫作亚马逊效应。不光是亚马逊，像沃尔玛、Target（塔吉特）等许多老牌零售商的销售模式都逐渐由线下实体店转向线上销售，导致实体店的日子都不太好过。但仍有一些老牌公司，比如玩具反斗城和西尔斯，它们还没有做出线下至线上销售的转型。然后是餐饮业。人们认为网络订餐及送餐服务的兴起有助于提升餐饮行业的利润，但事实和认知是有出入的。餐饮行业的主要利润来源是酒水饮料，而不是食物本身。线上订餐大幅减少了餐厅的酒水饮料利润。总体来说，零售业和餐饮业的表现都很差。

相反，交通运输行业的表现却不错。这些行业包括了大型的汽车制造公司、机械制造公司和飞机制造公司，比如卡特彼勒、波音等。另一个表现强劲的行业是科技领域。科技领域正在吸引海量的投资，亚马逊、谷歌，以及金融科技类的各种创业公司都在吸引越来越多的本土和国际投资的涌入。

朱民：您提到了被动投资，您认为被动投资改变了传统的投资模式。那么，被动投资的优势是什么呢？

彼得森：标普 500 是被市场广泛用于被动投资的一个指数。主动投资的管理费用是很高的，一般投资人要付给资管方管理资金总额的 80 个基点甚至更多作为管理费，而对于被动管理式的 ETF

（交易型开放式指数基金），我们只需要支付5~15个基点的管理费。我认为主动的被动式投资改变了投资模式，将会成为未来投资的趋势。主动式管理基金不再有价格优势，如果主动式投资和被动式投资的回报率差别不大，投资者们就更倾向于选择管理费更低的那一个。

朱民：这是否意味着机器交易会取代传统交易员的工作？

彼得森：投行交易员仍然扮演着重要的角色，但不可否认的是，科技革新使投行业务发生了巨大的变化。我听说高盛的国际证券部门在鼎盛时期有6 500个交易员，现在已经减少到1 500个。我记得早年在花旗银行的时候，假设一个客户想卖出100万股股票，首先他要打电话给花旗银行，然后花旗银行联系交易员，交易员再去尝试联系20个客户，让他们每人认购5万股股票。现在这些操作通过机器几秒钟就可以完成了。

朱民：您刚才用到了一个很有趣的名词——主动的被动式投资。您是否认为这将成为未来的一个趋势？

彼得森：是的，我认为这将是未来的趋势。在中国这个模式还不太流行，但在美国这已经是一种常用的模式了。在欧洲，主动的被动式投资正在逐渐被投资者接受。

朱民：图1.6中的国债利率曲线趋于平缓，意味着长短期利差收窄，未来可能会产生经济衰退，但您似乎并不这么认为。

彼得森：我来解释一下我的看法。如果我们把过去10年间的利率曲线，从2006—2007年开始都考虑进来，那么这条平均利率曲线还需要向上平移大概150个基点。所以虽然这条利率曲线展示了平缓的趋势,但它的绝对数值还处于历史低位。历史数据表明，美国30年长期国债的收益率是4.5%左右，图1.6的数值只有3%左右，还是比较安全的。

朱民：这说明美联储还有一定的升息空间。我们继续讨论六大主要风险。您讲到了各国的长期政府债务规模仍在不断上升，美联储现在又进入了加息通道，您是否担心未来会产生债务危机呢？

彼得森：关于这个问题我想比较仔细地分析一下。我们知道2018年的夏天全球发生了两起债务危机，分别是在土耳其和阿根廷。这两个国家都有着非常鲜明的特点，它们都在低利率时期借了许多外债，以美元为主。

朱民：是的，因为前几年利率很低，借贷成本很低。

彼得森：而且这两个国家都是大宗商品期货出口国。当美联储处于加息通道中时，美元在不断升值。对出口国来说，出口的压力就变得越来越大。而当大宗商品的价格不断下降的时候，所有的不利因素叠加到一起，导致了阿根廷的债务危机。当然，债务危机是全球性的话题，但土耳其和阿根廷是最先出现问题的两个国家。

朱民：我们知道大宗商品的价格下降等于国家逐渐失去偿债能力。再加上美元的利率不断上升，借贷方需要偿还的数额更高了。

那么您是否也在企业制造部门发现了类似的利润率下降问题？

彼得森：我认为对企业制造部门来说，影响利润率最大的因素是技术革新，我给大家举两个例子。假设a公司受到了某种新技术的冲击，它的竞争对手以低于市场20%的价格出售同一产品，此时我们必须匹配这个价格，大幅削减公司的利润率。换个角度来看，假设b公司用新技术生产同样的产品并大幅削减了劳动成本，那么b公司的利润率就会上升。所以我们认为利润率的高低主要受技术革新的影响。但总体来说，利润率会受到多方因素的挤压。

朱民：能请您预测一下未来两年经济会是什么情况吗？

彼得森：我并不是一个经济学家，所以，我不太好做这个预测。不过您介意我跟大家聊聊美国的中期选举吗？我认为最近的中期选举有很多有趣且值得关注的要点。我们回看一下过去两年的华盛顿，总统是由共和党人士担任的，参议院和众议院也是由共和党领导的。在这种情况下，共和党可以顺利推进诸如税改一类的改革。但中期选举之后，共和党丢掉了众议院，在这种情况下，推进任何一种法案的通过都是十分困难的。在过去两年，税改和去监管化确实帮助到了美国的经济发展。未来两年问题的关键在于参议院和众议院能否携起手来继续推动改革，诸如医疗、移民、教育、基础设施等许多方面的改革都需要双方的协同合作。一旦两党没有办法和谐共处，转而开始内斗，比如民主党重启对于总统的调查，未来两年白宫将无法推动任何改革，没有任何新建基础设施项目，那么届时投资人会对美国市场失去信心，我们将有更大的概率看到美国经济出现衰退风险。

朱民：所以您认为，如果美国两党协同合作，可以保证美国经济的稳定和增长；如果两党陷入内斗，经济衰退的概率会大大增加。

彼得森：我想您应该知道，民主党和特朗普总统之间总是火药味十足。所以我认为两党内斗的概率比较大。

朱民：您切入问题的角度十分新颖。您刚才也讲到了气候变化和技术革新，这两点都是会影响全世界的长期风险。

彼得森：技术革新其实是风险和机遇并存的。刚才我并没有详细地谈论这个话题，主要是因为我本人并不是这个领域的专家。我知道许多专家正在科技领域付出大量的努力。不论是在美国还是其他国家，我在多个场合都会问同一个问题：我们能否给予学生足够的教育，使得他们可以充分应对未来工作上的各类挑战？现在的大多数工作都是蓝领类工作，不需要太多的专业技能，而未来的工作岗位主要会以技能为导向，人们需要熟练的电脑操作能力和数据判断能力，而且人工智能可能会彻底取代一些人的工作，同时也将创造许多新的工作岗位。我们回顾过去可以发现，在工业革命和技术变革进程中，娱乐业和旅游业等行业成为全新的行业，吸收了大量的劳动人口。

朱民：您对标普的未来有什么预期吗？未来标普员工的人数会增加还是减少？

彼得森：我认为标普正面临激动人心的发展机遇。我们利用人工智能工具、建模工具来拓展分析师的分析能力，帮助他们更好地进行大宗商品交易，进行评级工作。这些新工具可以有效提升分析师获取信息的速度。在过去，分析师也许只能通过资产负债表中的一些前瞻因素来预测数据，现在他们可以直接从二级期货的供应链数据中，或者从其他三方资料库中找出某组价格数据。我们的目标是使分析工作更具有挑战性和创新性，让分析师从中找到更多乐趣。在不久的未来，纯数据录入类的工作会越来越少，我们将会部署更多能够利用到高阶数据工具和人工智能工具的工作。总体来说，我认为工作的性质将发生变化，高阶数据分析工作的比例会增加，但工作总量不会有太大变化。

朱民：您已经是全球优秀的领袖了，您对年轻人的职业规划有什么建议吗？

彼得森：我想分享几个想法。当我们从大学毕业进入职场时，一定不要停止学习。我在职业生涯中始终秉持每天都可以学到新知识的信条。我每接触一项新工作时，都会主动去挑战这项工作中最难的部分，因为我希望尽可能学到新知识。所以，我对年轻人的第一个建议是保持求知欲，不断学习，在已有技能的基础上培养新技能。我愿意去雇用有求知欲、对学习和工作充满热情的人。第二个建议是在离开大学以后立刻着手建立个人的技能库。如果想进入金融行业，那么可以学习信贷、股权、金融、并购、经济学等专业知识。请记住，一定要紧跟时代的步伐，建立一套完备的专业知识框架体系，使之贯穿未来你的整个职业生涯。

朱民：您刚才提到，人工智能将会取代一些现有的技能和岗位。为了适应未来的变化，今天的年轻人应该学习哪些技能呢？

彼得森：我认为销售技能永远不会过时。关于销售，我想谈两点。一是商业销售能力。我认为销售人员是人工智能无法取代的。在销售过程中，销售人员需要与客户建立商业合作关系。二是人际沟通能力。不管推销的产品是什么，哪怕只是向客户推销一个概念，销售人员都必须具备沟通能力。你需要有领导团队的能力；你需要将你的项目推介给客户；你需要将你的想法传递给领导和下属，让大家认为你的方法是最可行的。所以沟通能力和销售能力都是非常重要的技能。我想举一个我熟知的例子。在标普公司内部，我们有一套被称作“敏捷技术开发方法”的项目开发流程。在这个流程中有一个“拼抢”或者“争球”的环节，项目开发部门人员会轮流向其他部门进行演讲和答辩，来为自己的项目争取更多的经费。项目开发部门的程序员不是销售人员，但他们也都需要学习销售技巧，去尝试说服别人相信自己的项目有最多的优势，值得最高数额的投资。总体来说，不论你的工作是什么，销售能力永远是一项非常重要的技能。

现场问答

提问：您好，我叫马特，毕业于清华大学。现在我和同事们正在经营一家有关全球加密货币评级工作的创业公司，我们在北京和帕洛阿托设有分部。我想问的是，人们认为区块链技术会在未来改变我们的行业标准，创造出无限的可能；但还有一些人认为这个领域充斥着违规情况和骗局。我想请您谈谈对区块链和加密货币的看法。

彼得森：我对这个问题也非常感兴趣，我来简单分享一下我的想法。先插一句，当我们进入职场时，一定要与时俱进，学习最新的市场技术。回到这个问题，我先抛出我的前提：加密货币和区块链技术是有很大区别的。我认为加密货币只是一种热钱投资和跟风炒作行为。加密货币想获得成功，即变为法定货币（Fiat Currency），它必须要取得某种背书。这可能是一种政府信用的背书，或者是由政府背书的某种加密货币的背书，或者受到大银行或金融机构的担保。我感觉加密货币很难达成上述任何一个条件，它们也很难成为主流货币。而且当加密货币有如此之高的波动率时，人们会把它当作一种投机工具。但区块链技术就不一样了。我认为区块链技术是可以与许多日常技术整合在一起的。以微软 Excel（电子表格软件）为例，我们经常会用到它。区块链技术有很高级的加密逻辑和数据存储能力，未来其可能会应用到现有的 Excel 之中。我再举一个标普全球的例子。我们在阿联酋的富查伊拉港有一处区块链技术的应用，我们在这个港口的石油期货监控系统中加入了区块链技术。我认为区块链技术会广泛应用于未来的物流供应链中，我会对这个技术保持长期关注。

提问：刚才您提到美联储正在尝试缩表，我想问一下您对这件事的看法。这会给我们带来什么风险吗？此时是否是推动人民币国际化的一个好时机呢？我还想知道您对资本市场和地缘政治最关注的部分是什么？

彼得森：我有一个梦想，或者说有一个愿景。我还记得前几年朱民院长从中国人民银行离职来到 IMF 工作，他推动了人民币纳入特别提款权（Special Drawing Rights）。可以说这是推动人民币国际化的进程中，将人民币纳入全球资本市场最重要的一步。现在中国在全球供应链中占据着重要的地位，成为世界第二大经济体，中国也有意愿在全球供应链中承担更多的责任。为了达成这些目的，中国政府有许多工作要做，其中就包括建立一个更精准、流动性更强的政府债以及企业债市场。未来中国的债券期限结构将与图1.9更加接近。政府还需要建立更加细致的信贷政策及相应的信用曲线。随着以上工作的不断完善，中国最终会建立完整的外汇市场。外汇市场主要针对远期和即期利率的利差进行操作。[2]所以我希望，随着时间的推移，在未来的3年、5年甚至10年里，中国政府会采取适当的措施逐步开放资本市场。我想这个进程会给世界带来积极的影响，会带来崭新的金融市场和更多的就业机会。我为金融行业奉献了毕生精力，我热爱银行业，热爱投资管理工作。现在我来到了标普，它不是一家传统的金融资产企业，但我们仍然在为金融市场贡献着自己的力量。中国将在未来逐步建立完善的资本市场，为全球金融市场提供更多机会，作为金融从业人员，我对此感到十分激动。

提问：特朗普总统的中期选举失利会对中美的产业合作产生什么影响？

彼得森：对于这个问题我本人也十分关注。我可以给大家几个视角。首先是美国商界的视角，诸如商界的圆桌论坛等，他们大多希望中国能够进一步开放本土市场，给予外商更大程度的市场准入。商界现在对两国处理贸易摩擦的方式是持反对态度的。我认为，如果中国可以着手准备一些市场准入工作，发起一些知识产权保护工作，这些不论对外商还是中国本土公司都是十分有益的，都是国际市场非常欢迎的主题。其次是大家比较关注美国能否采取更加多边的策略，比如重新加入跨太平洋伙伴关系协定，或者与中国一起对WTO的框架进行一些修改。美国应当采取更加全球化的方式去应对贸易摩擦，不要四处抱怨，而是与其他国家一起合作。以上都是我个人的一些想法。另外，从短期来看，马上在阿根廷举行的G20峰会是中美两位领导人会谈的好时机。我无法对未来做出预测，只在这里简单谈一下我对贸易摩擦的看法。我在刚才已经强调，贸易摩擦中没有赢家，所有人都会被卷入向下的负螺旋。我希望双方采取理智的方法，尽快在短期内达成基本共识，再从中长期的会谈中找出一个有益于双方、有益于全世界的贸易改革方案。

提问：刚才听您说到美联储不希望看到经济增长过热，如果过热就需要对经济增长进行控制。我想请教一下，您认为美国的通胀数值在什么区间是比较合理的？中美两国的基准利率相差很大，中国已经或多或少表达出对本国数字的担忧。为什么美国现在就需要对基准利率进行调控呢？

彼得森：我们来聊一下传统经济学。我们知道名义利率等于真实利率加上预期通货膨胀率，而现在通货膨胀率一直很低。美联储有着双重使命，既要把通胀率控制在2%，又要保证充分的就业。现在美国社会基本实现了全面就业，就业率已略微超过饱和状态。图1.5中显示了劳动力参与率，有非常多的人离开了劳动市场，这张图也说明美国劳动市场已经饱和，有关提升就业率的工作部分已经完成了，但通胀率的水平还比较低，没有达到预期。美联储如果要通过调整利率对市场进行干预的话，会带来一个问题。图

1.6 呈现了美国国债利率曲线，现在的 30 年长期利率是 3% 多一点。在这种情况下，美联储的操作空间十分有限。如果长期利率水平可以达到 4.5%～5%，那么利率的调整空间是比较高的，届时美联储手头可动用的金融工具会比较多，它们可以通过调整利率的方式来达到预期的通胀率和就业率。但此时此刻，美联储没有太多的金融手段可用。我还有一点自己的看法，我认为除了传统的双重使命之外，美联储正在评估其动作会在全球范围内带来何种影响。以欧洲为例，如果欧元区维持着低利率政策而美联储加息，相对于欧元来说，美元将会走强，这种行为会对市场造成影响。总体来说，我认为如今美联储做决策时，也会在评估中对全球金融市场可能造成的影响予以考虑。

提问：美国方面总是指责中国在非洲的投资行为。我的问题是，您认为中国在非洲的投资中扮演了什么角色？中国在非洲的投资是一种互惠行为吗？

彼得森：中国的出口额大于进口额，所以中国有大量的可用于再投资的资本盈余。另外，中国有着世界领先的基建能力，包括电厂、隧道、铁路等。而非洲大陆有着全世界最大的面积和高速增长的人口，这吸引着世界各地的投资者。对中国而言，在发展本国经济的过程当中产生了盈余资本，便会将这些资本用于境外直接投资，中国对非洲的投资会使得非洲大陆受益。我认为境外直接投资的最大优点就是，能为被投资国家的发展提供长期的可持续性帮助，而中国企业可以考虑增加一些更加适合投资地区的本土化投资模式，将境外直接投资的优势发挥得更加充分。

朱民：我想总结三点。第一，全球经济增速有所放缓，但整体处于上行阶段。美国的GDP增速会从2.9%降到2.3%的预期，但消费者和企业信心指数仍旧高涨。国际方面，中国的GDP增速会从6.5%降到6.3%，整体仍旧向好，印度、日本等国家的经济也在慢慢复苏。我们认为全球主要经济体处在协同增长的过程之中，这是非常重要的宏观经济趋势。

第二，我们面临着六大主要全球风险。它们是零利率市场环境、各国的长期政府债务不断上升、地缘政治风险、贸易保护主义、技术革新和气候变化。我们需要考虑通过环境、社会和企业治理因素来应对这些风险。我们作为全球公民必须要协同合作，共同面对这些难题。

第三，彼得森给我们提供了他的许多切身经历和建议。年轻人要不断学习并为未来的社会变化做好技术和知识的储备。

（本文编译：高小相）

注释：

1. 劳动力参与率 =（有工作人数 + 正在劳动市场积极寻找工作的人数）/ 适龄劳动人口总数。

2. 不考虑分红和持有成本，利率平价公式为$F = S^*\frac{1+r_d}{1+r_f}$，其中，$F$为远期利率，$S$为即期利率，$r_d$为本币基准利率，$r_f$为外币基准利率。如将外汇视为商品，任何有关外汇的操作都可以通过对远期和即期利率的低买高卖实现。这其中最大的风险是，一旦中国开放外汇市场，将面临大量的市场需求，届时将有大量的外国资本参与中国市场（供需关系会受到严重影响）。

吉塔·戈皮纳特（Gita Gopinath）

国际货币基金组织（IMF）首席经济学家兼研究部主任。吉塔·戈皮纳特是美国哈佛大学国际研究与金融学讲席教授，她的研究领域为国际金融和宏观经济，在诸多顶级期刊上发表了多篇关于汇率、资本流动、贸易与投资、国际金融危机、货币政策的重要研究论文。

戈皮纳特目前是《国际经济学手册》的联席主编。此前，她还分别担任过《美国经济评论》和《经济研究评论》的联席主编和执行主编。曾任美国国家经济研究局（NBER）国际金融和宏观经济项目联席主任，波士顿联邦储备银行访问学者，以及纽约联邦储备银行经济顾问委员会成员。戈皮纳特是美国文理科学院和计量经济学会成员，获得过华盛顿大学杰出校友荣誉。2014 年 IMF 将她列为 45 岁以下的前 25 位经济学家之一，2019 年《外交政策》杂志评论她为全球最优秀的思想家之一。

戈皮纳特拥有普林斯顿大学经济学博士学位。此前在施里·拉姆女士女子学院（Lady Shri Ram College for Women）获得学士学位，在德里大学经济学院和华盛顿大学获得硕士学位。

全球经济展望、贸易及新兴市场的政策挑战*

一、全球经济展望

IMF 每季度都对全球经济做出预测和展望。2019 年 7 月 IMF 发布的《世界经济展望》报告认为，全球经济增长相对疲软。目前[1]，这一状况并未好转，全球经济仍处于疲软状态。

全球经济增长为何不振？首先映入脑海的是贸易摩擦及其带来的政策不确定性，但这只是原因之一，并非全部。想要了解世界经济全局，除贸易摩擦外，还应考虑其他因素。数据显示，贸易和投资均增长乏力。这种疲弱广泛存在，全球主要国家均面临这一问题。

风险方面，我们重点关注贸易和技术领域的风险，即贸易摩擦是否会加剧，科技领域的对抗是否会升级。我们还关注市场情绪的突然转变。情绪转变的风险可能会暴露多年来低利率积累的金融系统脆弱性。近年来，许多国家保持极低利率，低利率环境促进信贷发放，同时导致私营部门和公共部门的债务增加。若金融条件保持宽松，这种状况还将持续；而一旦坏消息导致金融市场情绪恶化，许多高杠杆国家的经济将会受到严重的负面影响。通胀持续处于低位，甚至可能进一步下降，这将影响相关国家的偿债能力。其他风险因素还包括：中

* 演讲时间：2019 年 9 月 5 日。演讲地点：清华大学主楼接待厅。

国经济放缓或比预期更严重，虽然中国目前经济形势稳定，但经济放缓速度可能加快；欧元区增长出现恶化，英国脱欧悬而未决。这些都是需要关注的风险。

我们的建议是让贸易摩擦逐渐降温，并缓解技术摩擦。如果经济出现严重的衰退，仅靠货币政策无法解决问题，还需要实行财政政策，尤其是那些具有财政空间的国家。同时，各国应该实行结构性改革，增强经济的韧性并提高长期的增长率。

下面来看几组主要趋势。图 2.1 反映出当前全球经济的一个重要趋势，即制造业与服务业的分化，以及企业情绪与消费者情绪的分化。

制造业 PMI（采购经理指数）走势表明全球制造业活动正在放缓，不管是美国、欧元区还是中国，制造业均增长乏力。图 2.1 的中图是全球服务业 PMI 走势，可以看到服务业表现并不差，相对比较稳定。图 2.1 的左图和中图展示了制造业和服务业之间的差别。服务业相对稳定，制造业尤为疲软，全球很多国家都是如此。

消费者与企业的情绪走势也出现分化。企业情绪相对比较悲观，消费者情绪则表现较好，虽然部分国家消费者情绪略有下滑，但仍远好于企业情绪。

图 2.1 表明，全球经济丧失活力的一个重要原因在于政策不确定性。因为政策不确定性拖累投资，而投资又与制造业紧密相连，例如作为制造业重要部分的资本品商品生产放缓。造成制造业放缓的另一个原因在于汽车行业。全球贸易放缓并不完全由贸易摩擦导致，对于德国和中国的汽车业来说，存在一些特异性的原因，例如采取更严格的排放标准。

首先来看第一个重要趋势。全球范围内制造业、商品贸易、工业活动均呈疲弱态势，而服务业、消费者情绪相对稳定。

全球贸易增长乏力是当前经济的重要特征。让我们看看商品贸易的情况。如图 2.2 左图所示，全球商品贸易较为疲软，增速更是跌入

图 2.1 增长乏力

资料来源：国际货币基金组织，全球数据资源和 Haver Analytics。

负值，2019 年初走势与 2015—2016 年相似。全球贸易增长率在 2019 年第一季度为 -0.5%，是自 2012 年以来的最低增速。2019 年 5 月，全球贸易增长率回升 0.1 个百分点，但仍为负值，为 -0.4%。

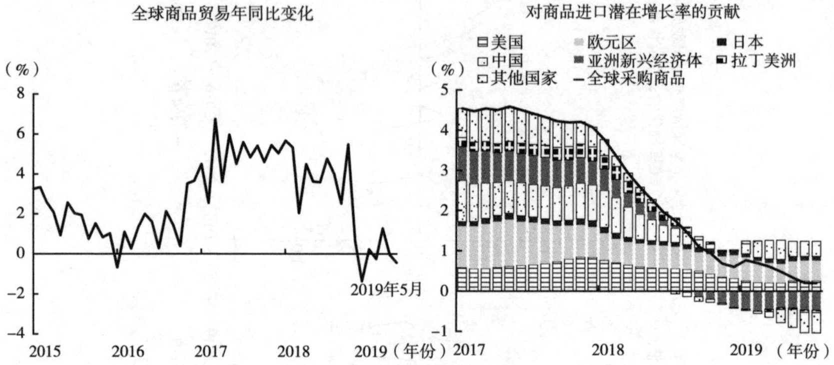

图 2.2　全球贸易疲软

资料来源：荷兰经济政策分析局（CPB）世界贸易监测中心和 Haver Analytics。

图 2.2 右图则表明贸易不振是普遍现象。可以看出各国进口增速都在不断下降。

其次来看第二个重要趋势。经济增长缓慢、动能不足，同时发达国家通胀率保持低位，这似乎有点难以理解。如图 2.3 所示，从美国、欧元区来看，当前失业率接近金融危机前的水平，可以说劳动力市场表现非常不错。那么，美欧劳动力市场收紧将导致工资上升。实际上，美欧确实出现一定程度的工资上涨，物价并没有太大变化。

也就是说，名义工资的上涨并未导致物价上升，消费者物价指数仍然很低，原因何在？取决于各国的具体情况。对美国而言，虽然名义工资上涨，但是劳动生产率也有所上升，所以单位劳动力成本得到控制，考虑生产率后的工资并没有上涨多少，因此核心个人消费支出变化不大也不值得奇怪。欧元区的情况则更令人疑惑，尽管欧元区的

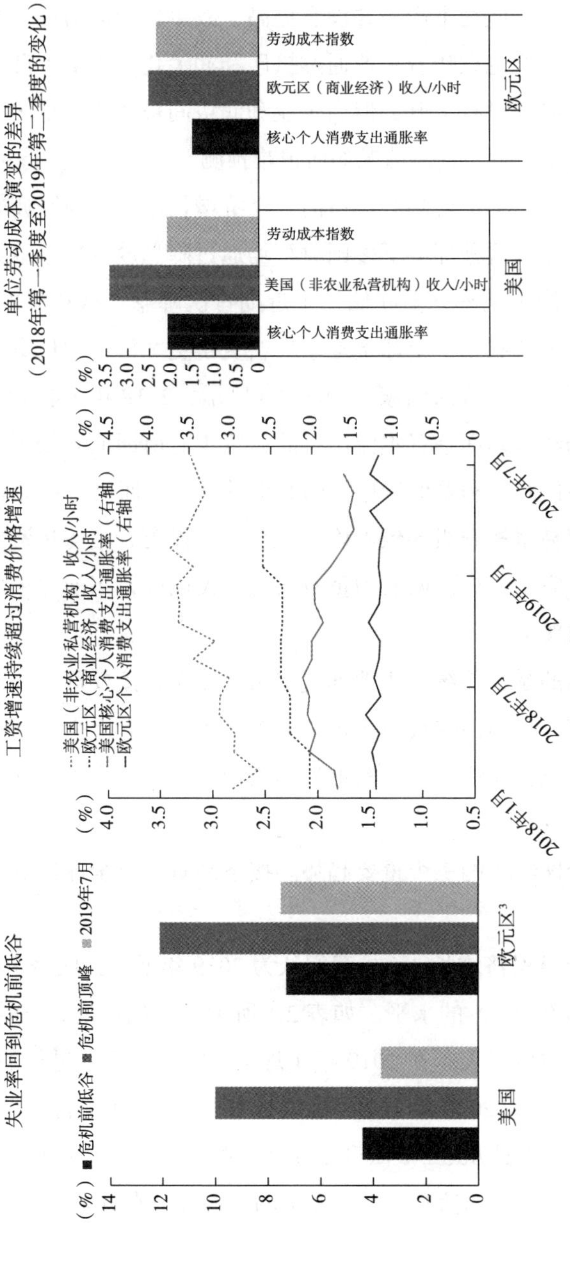

图 2.3　虽然劳动力市场收紧，但发达经济体通胀温和

资料来源：Haver Analytics，IMF 员工核算。

名义工资上涨了，但是生产率并没有提高，故单位劳动力成本基本与工资同步增加。这也意味着企业通过挤压利润消化了工资上涨。这表明即使现在通胀率没有上升，但当企业利润空间被消耗殆尽之后，未来可能出现通胀上行。具体情况如何很难预测，但应对此保持关注。

最后来看第三个重要趋势。目前，经济增长乏力，通胀疲软且低于央行通胀目标。这种环境下多国央行均通过降息放松货币政策，各主要央行均下调了利率，美联储也于近期首次降息。这意味着什么？一旦主要央行下调利率，全球金融条件会变得更宽松，大量资本将流入新兴市场国家和低收入国家。如图 2.4 所示，2018 年美联储加息期间，新兴市场经济体面临资本流出，此后资本有所回流并处于较为稳定的水平。为何此后利差保持稳定而非上升？一方面央行在降息；另一方面中美贸易摩擦升级导致不确定性加剧，投资者希望将资金投向发达经济体的安全资产。两股力量有所抵消，因此，当前并未出现大量资本流动的现象。

值得注意的是，传统上主要通过 FDI（外商直接投资）获得外资的低收入国家，目前面临很不稳定的资本流动，这看上去与新兴市场经济体类似。也就是说，一旦资本流动出现逆转，低收入国家将面临前所未有的挑战。

以上是全球经济的三个重要趋势。接下来看看对全球经济增长的预测。

2018 年全球经济增长 3.6%，我们认为 2019 年增速会放缓至 3.2%，2020 年会恢复到 3.5% 的水平。如表 2.1 所示，灰色行是 2019 年 7 月的更新预测，白色行表示在 2019 年 4 月预测的基础上所进行的调整，我们已将 2019 年和 2020 年全球经济增长率下调了 0.1 个百分点。

当全球经济增速从 3.2% 回升至 3.5% 时，经济复苏的动力从哪里来？我们对此有多大的信心？全球经济的薄弱环节在哪里？

图 2.4　新兴市场和低收入国家的资本流入并不稳定

资料来源：彭博社，EPFR（新兴市场基金研究公司）和 Haver Analytics。

表 2.1 发达经济体的增速预测（%）

	全球	发达经济体	美国	欧元区	日本	英国	加拿大	其他亚洲发达国家或地区
2018 年	3.6	2.2	2.9	1.9	0.8	1.4	1.9	2.8
2019 年 4 月以来所做修正	0.0	0.0	0.0	0.1	0.0	0.0	0.1	0.0
2019 年	3.2	1.9	2.6	1.3	0.9	1.3	1.5	2.3
2019 年 4 月以来所做修正	–0.1	0.1	0.3	0.0	–0.1	0.1	0.0	–0.1
2020 年	3.5	1.7	1.9	1.6	0.4	1.4	1.9	2.6
2019 年 4 月以来所做修正	–0.1	0.0	0.0	0.1	–0.1	0.0	0.0	–0.1

资料来源：国际货币基金组织 2019 年 7 月更新的《世界经济展望》。

首先，来看发达经济体。总体来说，发达经济体经济增速逐步下降，2018 年增长 2.2%，2019 年为 1.9%，预计 2020 年降至 1.7%。为什么预测增速将逐步下行？以美国为例，其经济增长很大程度源自财政刺激，而减税效应将会逐步衰退。发达经济体面临两个主要问题：一是人口老龄化，二是生产率增速较低。因此，未来发达经济体经济增长将处于较低水平，预计 2020 年后其经济增速将处于 1.6% 或 1.5% 的水平。表 2.1 显示了 IMF 对主要发达国家的预测，虽然我们上调了对美国的预测，但那主要源自 2019 年第一季度美国经济增长强劲。因此，我们认为 3.5% 的经济增长大部分由新兴市场国家贡献。

其次，来看新兴市场和低收入国家，如表 2.2 所示。新兴市场贡献了大部分经济增长。我们认为 2018 年、2019 年、2020 年的经济增长分别为 4.5%、4.1%、4.7%。新兴市场经济增长的薄弱环节在哪里？

中国仍保持较为稳定的经济增长，预测其2019年经济增长率达6.2%；印度增长放缓，我们下调了对印度经济增速的预测；同时也大幅下调对巴西2019年的增长预测；另外也下调了对俄罗斯2019年的预测。背后原因有哪些？贸易摩擦是一方面，但并非全貌。例如，下调对印度和巴西的预测主要源自国内需求因素。巴西的国内政策不确定性上升导致投资下滑；印度的国内需求放缓，消费者和企业均信心不足。俄罗斯的采矿行业、大宗商品出口行业出现供给冲击，导致我们下调预测。

需要明白的是，我们近期下调了对全球经济增长的预测，其中重要原因在于主要新兴市场国家的特异性因素，而这些因素与贸易摩擦无关。

表2.2 新兴市场和低收入国家的增速预测（%）

	全球	新兴市场和发展中经济体	中国	印度	巴西	俄罗斯	大宗商品出口经济体	低收入发展中国家
2018年	3.6	4.5	6.6	6.8	1.1	2.3	1.9	4.9
2019年4月以来所做修正	0.0	0.0	0.0	–0.3	0.0	0.0	–0.1	0.3
2019年	3.2	4.1	6.2	7.0	0.8	1.2	1.5	4.9
2019年4月以来所做修正	–0.1	–0.3	–0.1	–0.3	–1.3	–0.4	–0.5	–0.1
2020年	3.5	4.7	6.0	7.2	2.4	1.9	2.9	5.1
2019年4月以来所做修正	–0.1	–0.1	–0.1	–0.3	–0.1	0.2	0.0	0.0

资料来源：国际货币基金组织2019年7月更新的《世界经济展望》。

总体而言，我们预计全球经济将会出现复苏，这依赖于承压新兴市场经济体的表现，如阿根廷、土耳其、伊朗、委内瑞拉，甚至是墨西哥和巴西的复苏。这些国家是全球经济复苏的源泉。但很难预测这些经济体的经济增长，即使我们预测全球经济出现复苏，也谨慎地认为这种复苏具有不稳定性。

在当前全球经济所处的窘境下，近期会不会出现衰退？要考虑以下事实：一是虽然制造业和工业界表现如此疲软，但服务业和消费者情绪方面坏消息较少，表现更为稳定；二是全球主要央行普遍采取宽松的货币政策，当前全球金融条件非常宽松。这可能进一步导致金融系统脆弱性积累，却有利于提高信贷可得性，对经济复苏也是很重要的支持。因此，我们未将 2019—2020 年出现全球经济衰退作为基线预测，但我们强调存在明显的下行风险。

二、聚焦贸易风险

贸易是重要的下行风险因素。自从中美之间出现贸易摩擦以来，中美两国占对方的进口份额均不断下降。美国自华进口增速为负，但自其他国家进口增速仍为正；中国自美进口受影响更大。总之，中美两国贸易明显缩减。如图 2.5 所示，加征关税之初存在“抢出口”现象，但近期这一效应已消退。

类似的情况还有，金融市场和大宗商品市场均受贸易摩擦负面影响。对贸易敏感度高的公司，例如欧洲汽车公司、在中国销售额较大的美国企业、在美国销售额较大的中国企业，其股价表现比其他股票更差（见图 2.6 左图）。

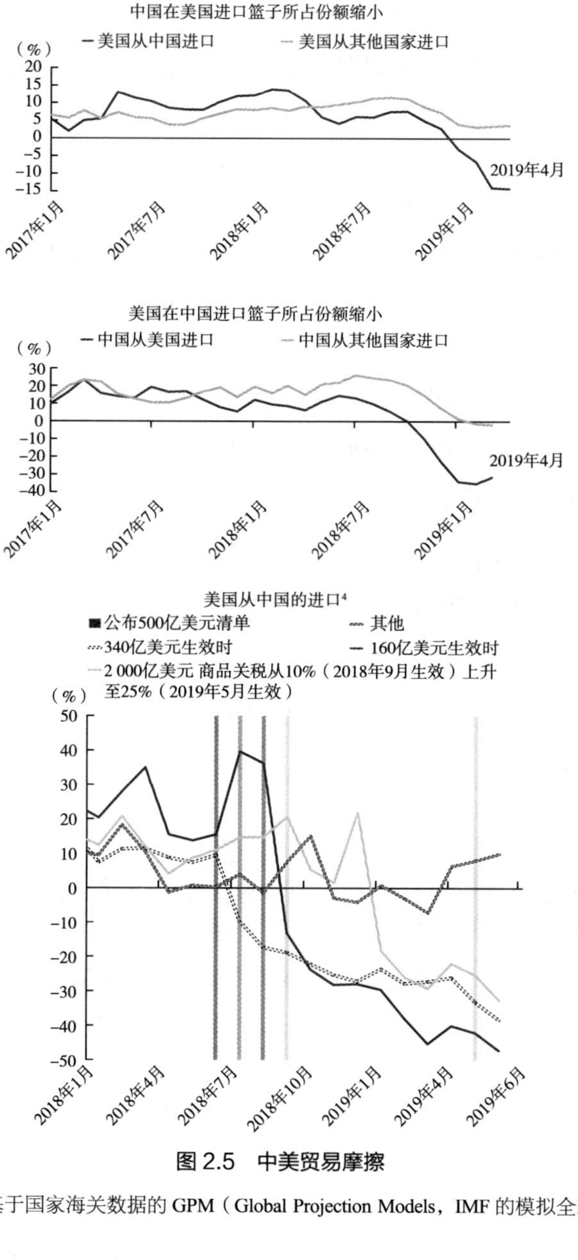

图 2.5　中美贸易摩擦

资料来源：基于国家海关数据的 GPM（Global Projection Models，IMF 的模拟全球经济的模

型）估算、中国国家统计局、彭博社、美国商务部、中金公司研究部，以及 IMF 员工核算。

贸易摩擦还导致价格扭曲。图 2.6 中的右图是美国和巴西的大豆价格走势，可见，中国对美国大豆加征关税前，两条线的走势非常相似。但中国对美国大豆征收 25% 的关税后，两者走势有了显著差别。美国大豆相对巴西大豆的价格出现了明显下滑。在中美贸易摩擦有所缓和（包括中国国有企业购买大豆）及市场套利（包括阿根廷进口美国大豆加工）之后，两者又出现趋同。随着中国进口商停止从美国购买大豆，两者差异又开始变大。

这些都是教科书中经典的加征关税所带来的影响：一是彼此贸易规模缩小；二是造成价格扭曲，既包括金融市场价格，也包括全球市场上各种商品的价格。

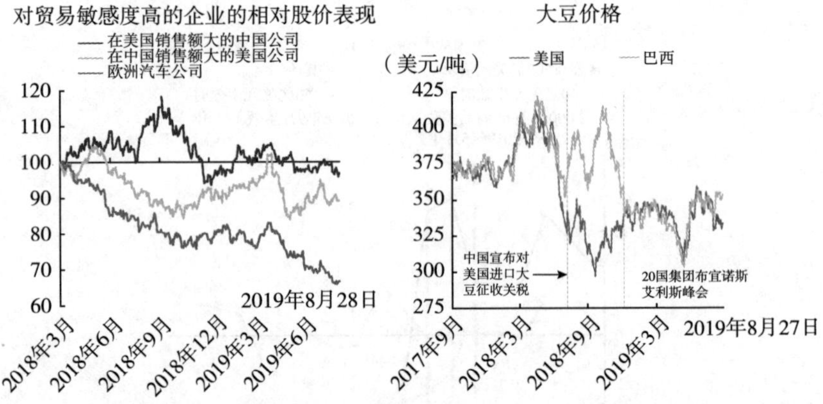

图 2.6　贸易摩擦对金融市场和大宗商品市场的影响

资料来源：彭博社。

中美互征关税导致了贸易转移。当中国和美国彼此缩减进出口规模时，贸易必然转移到其他国家。图 2.7 显示了 2018 年 8 月生效的 160 亿美元商品清单的贸易转移情况。可以看出，美国进口总额变化不大。但来自中国的进口大幅下降，而来自其他国家，尤其是墨西哥的进口量却在大幅上升。这表明，对华征收关税导致美国自华进口转移到世界其他国家，也有部分需求由国内产品替代。中美贸易摩擦对世界贸易的影响如图 2.8 所示。

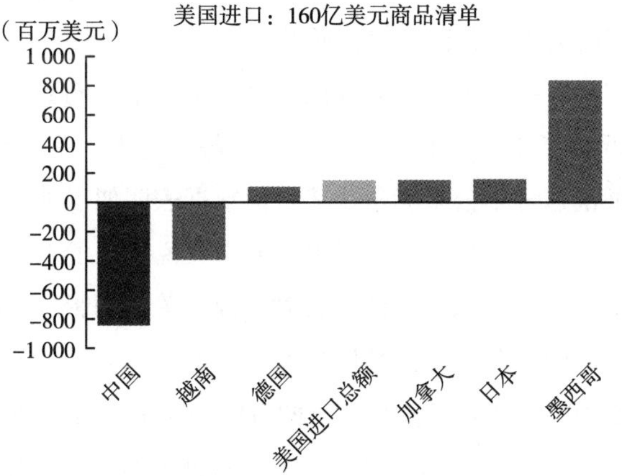

图 2.7　贸易转移

资料来源：中国国家统计局、彭博社、美国商务部、中金公司研究部和 IMF 员工核算。

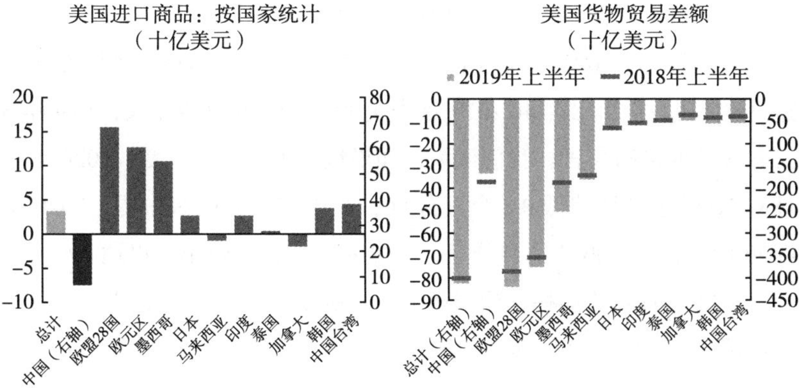

图 2.8　中美贸易摩擦对世界贸易的影响

资料来源：中国国家统计局、彭博社、美国商务部、中金公司研究部和 IMF 员工核算。

美国整体贸易差额是一个关键指标。相对于2018年，2019年美国贸易赤字变化不大；其对华贸易赤字有所减少，但幅度有限，并且美国仍对很多国家保持贸易赤字。这表明，双边关税在改善一国总体贸易差额方面作用非常有限。若美国的经济增长比其他国家更强劲，美国对贸易伙伴的商品需求将非常旺盛，只要美国对他国的需求超过他国对美国的需求，美国将保持逆差。

伴随贸易摩擦的另一个重要问题是货币汇率。例如，若贸易对手国的货币低估了10%，它会获得竞争优势。有人认为，增加10%的关税可以抵消这种不公平竞争优势。但数据表明似乎并非如此。如图2.9所示，过去10个月，美国对中国平均关税提高了10%，人民币兑美元贬值了10%。那么，贬值是否对冲掉了关税的影响？由于加征了关税，美国从中国购买的商品比之前贵了10%，但是美元相对于人民币也增值了10%，大家可能会认为两者影响相抵，货币升值10%将抵消10%的进口关税。但事实并非如此。数据表明，汇率变化对美国进口商品价格的影响非常小，美国进口商支付的价格几乎随着关税等比例上升。因此，汇率变化对商品价格的影响与关税对商品价格的影响完全不同。汇率传导与关税传导是不同的故事。

我们评估了取消中美互征关税对实际GDP的影响（见图2.10），这些关税包括2018年和2019年中美所有加征的关税，如2019年5月和8月的最新公告。我们认为，如果这些关税保持不变，2020年全球GDP增速将被拉低0.8个百分点；受影响最大的是中国，2020年GDP增速将被拉低2个百分点，美国受影响相对较小，也达0.6个百分点。随着时间的推移，相关影响将会越来越小。但考虑到我们对全球经济2020年GDP增速的预测仅为3.5%，该影响仍然显著。

美国对华商品关税与双边汇率[5]

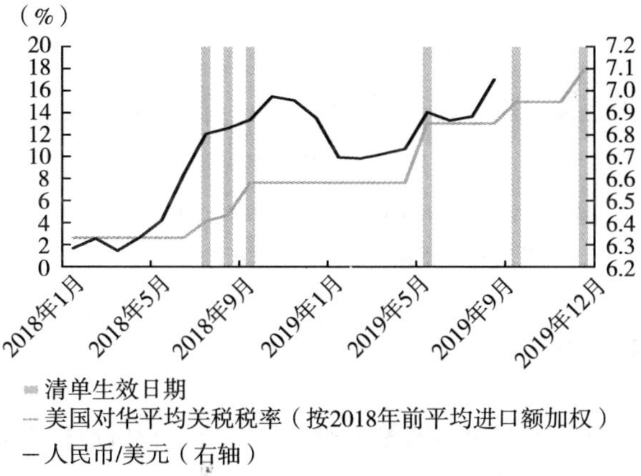

关税传导至价格

（美国进口货物记录平均对数价格；2018年6月=1）

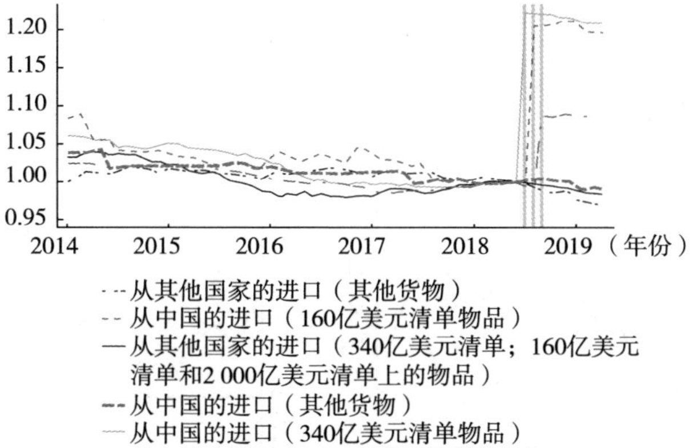

图 2.9 关税传导与汇率传导不一样

资料来源：Cavallo、戈皮纳特、Neiman 和 Tang 2019 年发布的文章《边境和商店的关税传导：美国贸易政策的证据》。

图 2.10 贸易摩擦对经济增长的影响 [6]

资料来源：Haver Analytics、人口普查局、国际货币基金组织、模拟全球货币基金组织、《世界经济展望》和 IMF 员工核算。

再次回到风险上。贸易政策不确定性上升、投资放缓都是需要关注的风险。如图 2.11 所示，贸易不确定性仍然很高，投资品 PMI 指数持续下行，还有其他数据都表明制造业产出有所放缓，例如机械设备的工业产出明显放缓。

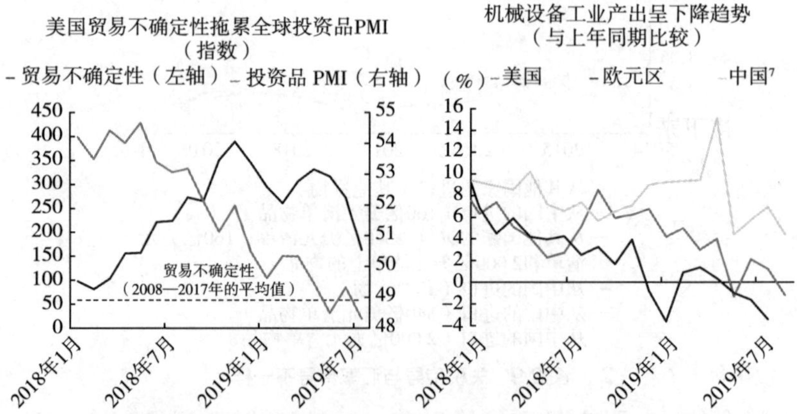

图 2.11 贸易不确定性增加，投资进一步放缓

资料来源：Haver Analytics、经济政策不确定性以及 IMF 员工核算。

风险不仅限于贸易领域，科技领域也受到影响。技术摩擦不仅会扰乱全球供应链，威胁全球技术扩散，还会对生产率产生负面影响（见图 2.12）。

以华为为例。在其相关技术领域内，华为的专利数量在美国排名前十，近期其排名仍在上升。从专利使用方面来说，不仅中国使用华为的专利，美国和全球其他国家及地区也在使用，这意味着促进了技术扩散。若技术摩擦延续，将对全球技术扩散产生不利影响，技术扩散恐成为新的受害者，尤其是在生产率低迷的环境下。

以上是对贸易问题的简单分析。总的来说，中美贸易规模在缩小。美国对华贸易赤字略有下降，但美国总体贸易赤字没有得到改善。虽然目前谈论全球供应链及其所受影响还为时过早，但贸易转移现象非常明显。贸易政策及其不确定性的影响巨大。最后，关税和汇率对价格的影响和传导完全不同。

三、新兴市场面临的挑战

接下来，我们看看贸易摩擦对新兴市场的影响。目前，全球经济正处于非常微妙和困难的时期。新兴市场存在资本外流的可能性，需要对此加以考虑。新兴市场资本流动对全球金融周期非常敏感，尤其是外国投资者敞口更大的国家，它们对全球金融周期敏感性更高。如图 2.13 所示，左边是债券市场，右边是股票市场。就中国而言，股票市场的敏感性比债券市场更高。

新兴市场经济体的资本流动对于全球金融周期非常敏感，其敏感度取决于一系列重要因素。若一国的经常账户赤字较大，其敏感性相比经常账户盈余状态更高。如图 2.14 中右图表示，外币债务头寸越大，

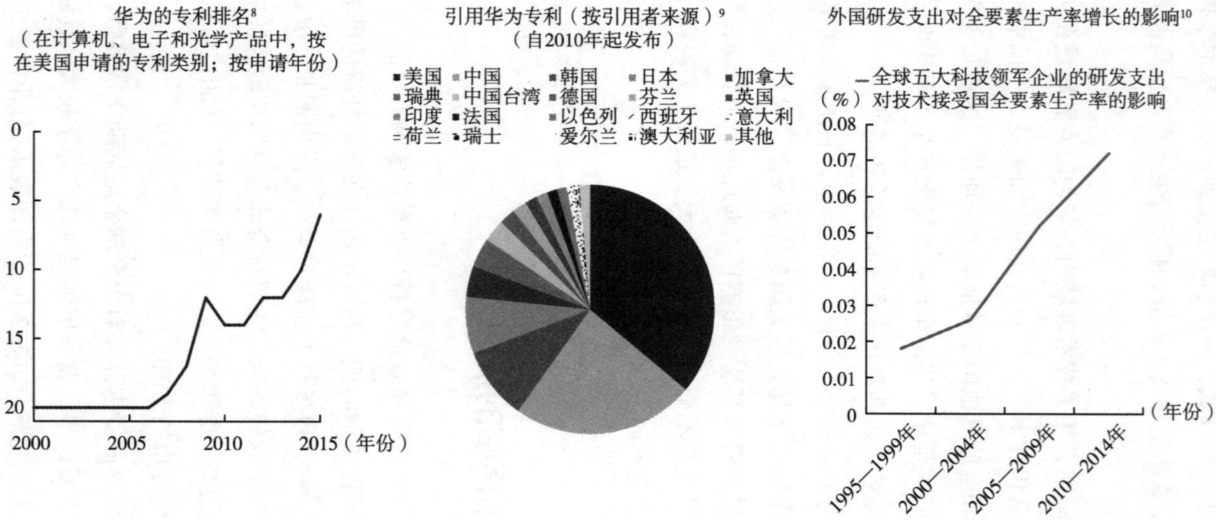

图 2.12　技术摩擦可能威胁全球技术扩散

资料来源：欧洲专利局、亚太统计局数据库、经济合作与发展组织，以及国际货币基金组织员工核算。

一国对全球金融周期越敏感。所以，一国经常账户越均衡，债务越多以本币筹集，则全球金融周期的波动对其影响越小。

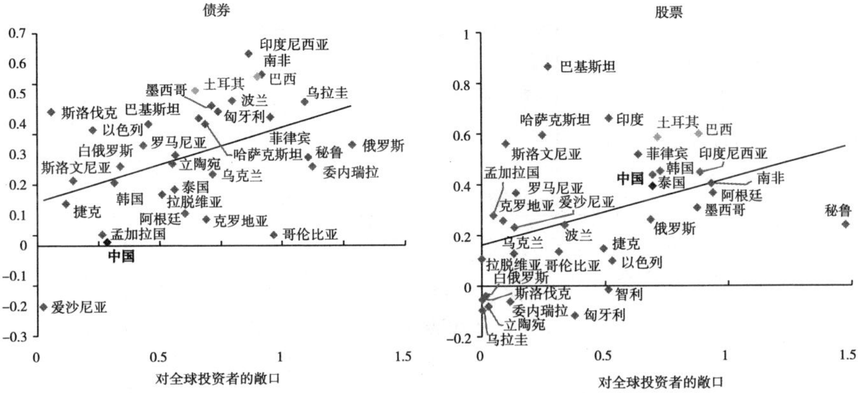

图 2.13　新兴市场资本流动对全球金融周期系数的敏感性 [11]

资料来源：Cerutti 和 Obstfeld（2018 年，IMF WP/18/253）。

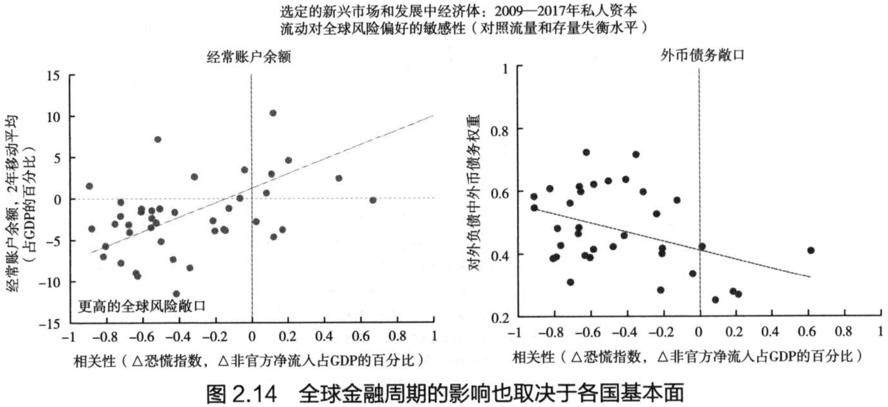

图 2.14　全球金融周期的影响也取决于各国基本面

资料来源：国际清算银行、FFA[12]、Haver Analytics 和 IMF 员工核算与评估。

全球金融周期波动会导致资本流入和流出，各国应如何应对？第一反应是通过汇率调整，但实践中各国会用到很多工具。例如图 2.15

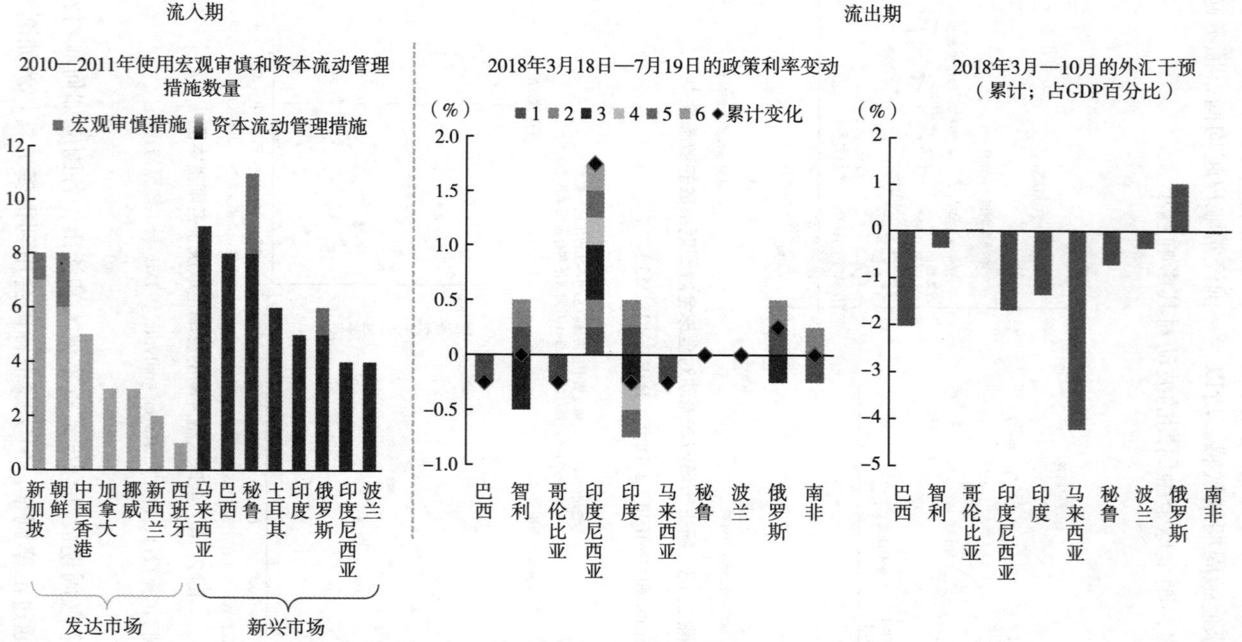

图 2.15　各国家和地区运用多种政策工具进行宏观管理

资料来源：Alam 等人（2019 年）；Haver Analytics；彭博社；国际货币基金组织，国际收支平衡；以及 IMF 员工核算。

中的左图代表一段小型开放经济体的资本流入期。2010—2011年，美联储实施量化宽松，有很多资金流入这些国家，大部分国家采用了宏观审慎措施，部分国家则对资本流动采取限制。当出现资本外流时，如2018年美联储开始加息期间，许多资金从新兴市场国家流出，部分国家通过上调利率防止汇率大幅贬值（即便通胀并不令人担忧），还有部分国家采取了外汇市场干预措施。与经典的蒙代尔－弗莱明模型不同（即实现均衡的最优路径是汇率自由浮动而非采取干预措施），实践中新兴市场经济体会使用很多其他工具。

为什么这很重要？蒙代尔－弗莱明模型取决于一些假设，而这些假设在现实中很可能不成立。其中有两点值得注意，即国际贸易和国际金融市场都是由美元主导的。

在国际贸易中，以美元计价的贸易占比相当于美国进口占全球比重的4.7倍，或美国出口占比的3.1倍。而以欧元计价的贸易占比是其进出口规模份额的1.2倍。这意味着很多国家的贸易都以美元计价，即便美国并非其交易对手。而以欧元计价的国际贸易中，大部分的情况下某一交易者在欧洲国家。美元在国际贸易中占据特殊地位。从国别数据可以看出（见图2.16），美元的使用非常广泛。浅色部分是用除本币与美元外的其他货币进行结算的（大部分时候这表示使用欧元），欧元区内贸易频繁的国家更多使用欧元结算。

除国际贸易领域，美元在国际金融市场同样占据主导地位。如图2.17所示，非金融企业外币债务中，美元计价的债务占比很高。外汇市场上，很多新兴市场经济体的外汇市场深度有限。外汇市场交易量方面，这些国家规模不大。部分发达小型开放经济体的市场深度较高，例如丹麦的外汇市场交易量占GDP比例超过30%，而印度和印度尼西亚这一比例则很低。

这表示，相对于蒙代尔－弗莱明模型假设，现实中各国面临的并非理想情形，与模型存在差异。实践中，国际贸易和国际金融市场中存在主导货币，也就是美元。

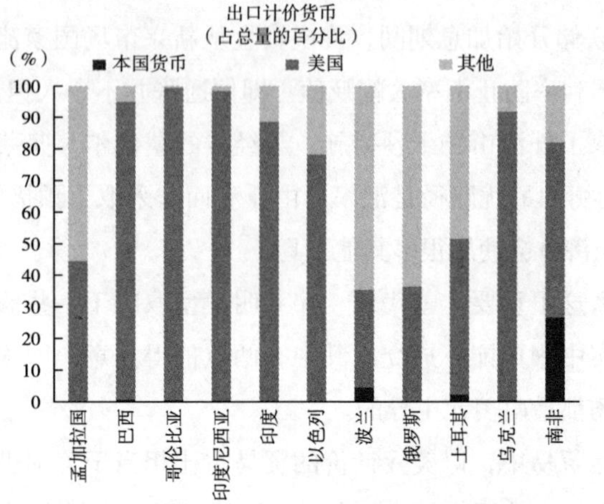

图 2.16　美元在贸易中的主导地位使贸易对汇率变动不那么敏感

资料来源：戈皮纳特（2016）、IMF 员工核算和国际清算银行。

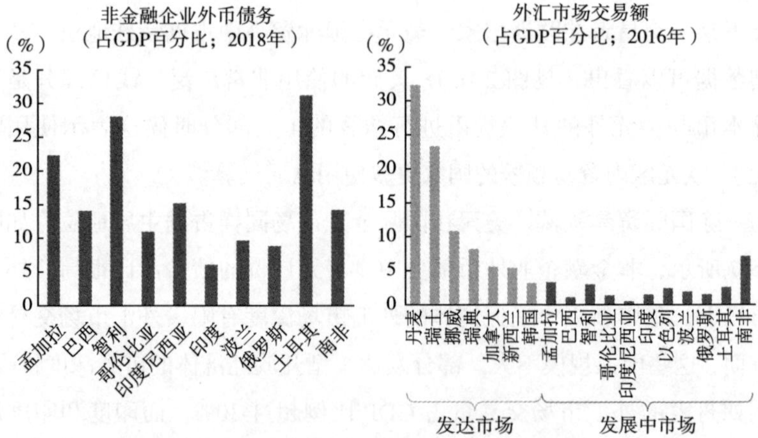

图 2.17　其他国别特征也可能影响政策选择

资料来源：戈皮纳特（2016）、IMF 员工核算和国际清算银行。

IMF 正在打造“整合的政策框架”，综合考虑货币政策、汇率政策、宏观审慎政策和资本流动管理政策的作用。与传统教科书中的蒙代尔 – 弗莱明模型不同，世界更为复杂，尤其是国际金融市场以及国际贸易体系由美元主导，这与假设不同。我们要考虑在综合使用这些政策工具时如何实现最优。因为使用一种工具将会对其他工具的效果造成影响。因此，需要对这些工具的使用进行全盘考虑。

图 2.18 是我们正在进行的工作。这是一个宏观经济模型，涵盖经济面临的各种冲击，包括实体冲击、金融冲击；各国有哪些特征，如是否为主要大宗商品出口国，贸易是否主要以第三方货币（如美元）计价，外汇市场深度如何，国内信贷市场发展水平如何等。一旦有了冲击和国家特征方面的信息，就可以分析政策的影响。这就是 IMF 研究部正在研究的“整合的政策框架”。当前全球金融条件非常宽松，一旦出现逆转，这一分析框架将发挥作用。

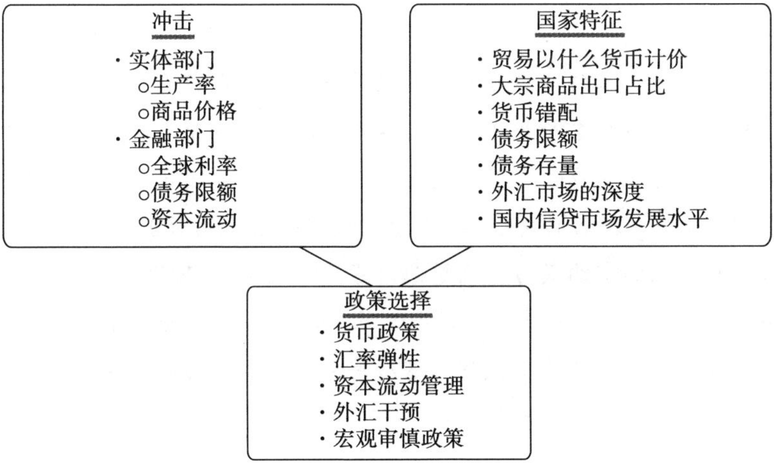

图 2.18　正在构建的一个宏观经济模型

朱民对话戈皮纳特

朱民：您提到目前存在很多下行风险，但并不会陷入衰退。还提到一些有意思却有点令人费解的现象，例如，制造业的PMI一直在下降，服务业的PMI却相对比较稳定；企业信心非常低落，消费者的信心却比较积极。为何有这样的现象？为何有这样的差别？可以看到这两个趋势差别很大。当然，我们知道贸易摩擦对供应链有一定影响，您觉得这个趋势还会继续下去吗？

戈皮纳特：在我看来，左右全球经济走向的主要因素，首先是当前政策的不确定性，这种不确定性有多个层面，一是国际贸易政策的不确定性，二是很多国家内部也存在政策不确定性。一旦存在不确定性，就不会进行长期投资，可能就会等，不去投资。有时甚至一些大额耐用消费品都不买了。可见政策的不确定性是一个重要因素。

其次是汽车行业自身的一些特异性因素。在我看来，随着排放规则的出台，汽车行业变得非常疲软，而汽车行业与制造业紧密相连，汽车行业的疲软会传导到制造业。德国、美国等国家，工资都在增长（虽然增长的速度不是很快，但是依然在增长），失业率非常低，所以人们有购买力并且愿意消费。但政策不确定性对任何长期决定都有很大的负面影响，包括对大额耐用品的消费决策，而汽车正是大额耐用品的典型代表，这对需要大额投资的制造业造成了更大的负面影响，雪上加霜。

朱民：是不是说，只要政策的不确定性依然维持在高位，这个趋势就会持续下去？

戈皮纳特：是的，我觉得会。如果政策的不确定性依然维持高位，这一趋势绝对会持续下去。

朱民：联想到刚才您展示的新兴经济体的一些数据，新兴经济体外债很高，其本币市场很小，因此新兴经济体还是有很高的金融风险。

戈皮纳特：是的，风险很高。鉴于目前利率水平如此之低，人们仍有兴趣将资金投向新兴市场，因为投向发达经济体没有回报，但这种情况也可能会很快改变。如果一个国家特别依赖外币借贷，那就有问题了。

朱民：您刚才提到利率，现在每个国家都在降息，您认为利率会继续下降吗?

戈皮纳特：现在，考虑到经济增长不太强劲，加之许多国家的通胀率都低于央行目标水平，我认为利率会在一段时间内保持在低位。

朱民：您觉得美联储会再一次降息吗?

戈皮纳特：这取决于未来的数据，我也不会对此进行推测，美联储立场较为宽松，但其决策是数据驱动的，所以让我们静观其变。

朱民：在低利率的情况下，资本流入新兴市场，但您说它可以改变，所以接下来的两年里，全球经济增长在很大程度上取决于利率政策和流向新兴市场的资本，对吗？

戈皮纳特：这是很重要的一点。资本流动逆转不会由主要央行加息触发，而是由风险情绪的变化导致。原因在于，即使是现在，虽然利率已经很低，但由于贸易的不确定性、地缘政治的紧张局势，资本并未大幅流向新兴市场经济体。过去三个月，资本流动大体是比较稳定的。什么情况下会发生改变？例如，欧元区经济增长放缓的速度比预想更快，全球经济增长放缓的速度也比预想要快，贸易政策和贸易摩擦出现更多坏消息，那时风险情绪将发生变化，就可能导致资本外流。

朱民：你们的研究显示，贸易显然对全球经济增长和市场情绪有着巨大的影响，例如美加问题，它只会推动美国的进口下降，其出口不会增加太多。您认为中美贸易摩擦将如何演变？您是不是很担心？

戈皮纳特：对。我们一直在强调这一点，我们 2019 年已经发布了三次《世界经济展望》报告，每次我们都强调贸易摩擦是首要风险。

朱民：您说到贸易摩擦对于全球的影响有 0.8%，这是相当大的影响，几乎使全球经济增长减少 25%。

戈皮纳特：0.8 个百分点确实幅度惊人。这考虑了已宣布的所有关税措施，预测包含了直接的贸易影响、信心渠道的影响以及金融市场风险的影响，这些共同导致全球经济增速减少 0.8 个百分点。当然，如果各国采取刺激措施，这种情形可能不会出现。我们的预测表明，中美贸易摩擦将显著拖累全球增长。

朱民：这也意味着如果贸易摩擦恶化，全球经济可能在2020年陷入衰退，是吗？全加起来我们也只有3.5%的增长。

戈皮纳特：如果我们界定全球经济增长率是2.5%就意味着衰退，那么显而易见，2020年3.5%的增长已经很接近这一水平了。然而，各国都会采用不同的措施刺激经济增长，我相信这会产生积极的效果。

朱民：您还提到，中美之间的摩擦，不仅是贸易摩擦，还包括技术摩擦，假设中美在贸易问题上达成了一定的协议，但技术摩擦仍在继续，这将如何影响全球增长呢？

戈皮纳特：还需要关于贸易摩擦的更多细节，但如果能扭转贸易关税，那么全球经济可以获得0.8%的增长。

朱民：理论上，技术摩擦是通过什么方式对全球经济增长产生负面影响的呢？

戈皮纳特：在这方面我们还没有具体的测算，因为这是一个特异性现象。但可以肯定的是，技术摩擦会对全球供应链产生巨大影响，也会对全球生产率产生影响，因为各国在技术创新方面依赖程度很高。这一影响非常显著，但目前我们没有具体估算。

朱民：总的来说，技术摩擦对全球经济的负面影响会超过贸易摩擦吗？

戈皮纳特：这也取决于更多细节。

朱民：通胀如此低，工资却在升高，就业率已经达到危机之前的水平，为什么会这样？

戈皮纳特：这也是目前大家都试图破解的谜团。当美联储在2018年开始加息时，它感觉通胀要来了，所以通过加息防止通胀高于目标水平，但后来美联储意识到事实并非如此。人们仍然担心，也许全球仍处于长期停滞状态，需求仍然不足，我们还没有看到通胀压力。虽然失业率看起来很低，但劳动力参与率可能上升，所以还没有那么大的压力。也有人会认为通胀即将来临。确实，这一现象让许多央行官员感到惊讶。

朱民：您认为通胀会在近期出现突然回升吗？

戈皮纳特：大多数经济学家认为，美国出台了财政政策刺激，又征收关税，失业率处于50年来的最低点，那么美国应该会遇到通胀。但事实上仍然没有。

朱民：您提到因为关税，美国消费品价格上涨了20%，这是很有趣的现象。

戈皮纳特：是的，美国进口商支付了中国商品的关税，但它们并没有进一步传导到消费者价格。

朱民：制造业产品价格有没有影响CPI（消费者价格指数）？

戈皮纳特：非常有限。比如洗衣机价格很快传导至CPI，但很多产品的关税成本被美国进口商承担了。进口商也在抱怨，这会越来越难以维持。

朱民：综观全球形势，大家谈论的一个重要问题是美国经济是否会遭遇所谓日本模式，低利率、低增长、低通胀，日本自1990年左右一直持续至今，欧洲从2013年、2014年起也处于这种状态，并且目前处于负利率阶段。您认为美国会出现这种情况吗？

戈皮纳特：当然会有这样的担忧。但如果看美国目前的增长速度，似乎近期不会变成那样。美联储之所以要加息，就是为了避免坏结果发生。但重要的是，我认为发达经济体整体面临的问题，就是发达经济体劳动生产率增长太慢，并且人口老龄化。如果这两个问题都没有解决方案，那么发达经济体的经济增长率可能位于0～1%，那时我们确实可能面临上述问题。

朱民：随着人口结构的变化，以及投资的疲软，似乎很难提高生产率，是这样吗？

戈皮纳特：人们都在谈论人工智能以及工作将由机器完成，那样或许会出现生产率大幅增加，但需要时间。从最初发明计算机到它大幅提高生产率耗时约20年。也许现在正处于这样的技术周期初期，但也需要很长时间。

朱民： 您担心负利率吗？今天的负利率资产高达 16 万亿美元，对吗？德国发行了 30 年期的负利率债券，这真是难以想象。

戈皮纳特： 的确，人们对安全资产的胃口很大，但机会不多。负利率不利于贷方，但有利于借方。

朱民： 负利率对宏观经济增长意味着什么呢？

戈皮纳特： 关键在于负利率能降到多低。负利率会带来两类问题，一是银行面临的赢利问题。银行的储蓄是负利率，但其必须给客户正利率，这会给银行业带来赢利压力。二是储户面临的问题。若储户的储蓄也是负利率，为了保持同样的消费水平，他们需要储蓄更多。这将导致事与愿违。负利率不但没有提高需求，反而减少了需求。所以对负利率的使用存在局限性。

朱民： 您认为负利率趋势在未来几年还会继续吗？我想会的，我们将看到更多机构发行负利率债券。

戈皮纳特： 肯定会持续，但不知道将持续多少年。除非出于某种原因出现通货膨胀，否则还将处于极低利率环境。

朱民： 这真是非常有趣的情况。

戈皮纳特： 的确。这就是为什么各国央行正在重新考虑它们的模型，因为它们使用的模型处理的是高通胀问题。

朱民：您是否认为历史上有与今天类似的情况？以前出现过这样的情况吗？还是这属于全新的问题？

戈皮纳特：有些方面似乎与20世纪30年代大萧条时期类似，但我认为这次不同。各央行在锚定通胀目标方面非常成功，目前没人预期会出现通胀，通胀已被政策锚定了。这就是为何目前出现对提高通胀目标的讨论，以及是否要用价格稳定目标替代通胀稳定目标。这是预期被完全锚定情况下出现的问题。

（本文编译：白晶晶）

注释

1. 指演讲当日，即2019年9月5日。

2. 总规模占全球GPM的60%。

3. 欧元区数据截至2019年6月。

4. 关税相关日期：2018年6月15日公布500亿美元清单，2018年7月6日生效（500亿美元清单中的）340亿美元；2018年7月10日公布2 000亿美元清单，2018年8月23日生效（500亿美元清单中的）160亿美元；从2018年9月24日起，对2 000亿美元征收10%的关税，升至2019年5月10日的25%。

5. 关税相关日期：2018年7月6日，初始340亿美元清单的25%；2018年8月23日，160亿美元清单的25%；2018年9月24日，2 000亿美元清单的10%，升至2019年5月10日的25%。最近宣布的对大约1 000亿美元的清单征收 10% 的额外关税将于 2019 年 9 月 1 日生效，其余 1 500 亿美元的清单将于 2019 年 12 月 15 日生效。2016—2017 年，美国平均关税是根据平均进口加权计算的。数据截至 2019 年 8 月 15 日。

6. 2018 年关税包括美国对中国约 500 亿美元（25%）和约 2 000 亿美元（10%）的双边关税，以及对所有国家的钢（25%）和铝（10%）的关税。2019 年关税包括 5 月宣布的美国对中国约 2 000 亿美元进口（15%）的双边关税，以及 8 月 23 日宣布的美国对中国近 3 000 亿美元进口（10%）的附加关税。

7. 工业产出增加值：通用机械制造、专用机械制造、电机设备制造加权平均数。

8. 包括专利系列，其专利与 NACE（Nomenclature of Economic Activities，欧洲经济活动分类的方法）版本最为密切相关。

9. 属于同一专利族的申请的引文只计算一次。如果同一专利族的申请有不同的申请人，则使用最常见的原产国。

10. 显示了全球技术领先者（美国、日本、德国、法国和英国）的专利引用加权外国研发存量对技术接受国国内全要素生产率的变化回归系数。见 2018 年 4 月发布的《世界经济展望》，第 4 章。

11. 权重高于（低于）1 意味着，相对于国际收支项下资本流动，一国在全球投资者资本流动中的比例过高（低）了。由于秘鲁国内最大的银行控股公司和秘鲁一家大型矿业公司在海外市场的特殊合并，秘鲁在股票市场对全球投资者的敞口方面是一个异常值。

12. FFA：Financial Flows Analysis，金融活动分析数据库。

彼得·毛雷尔（Peter Maurer）

红十字国际委员会主席兼首席外交官。在他的领导下，红十字国际委员会在80多个国家和地区开展人道工作。作为主席，彼得·毛雷尔对于当今主要的武装冲突援助，以及保护有需要的人类有独特的见解。他定期前往世界主要冲突地区，包括叙利亚、伊拉克、也门、南苏丹和缅甸。作为红十字国际委员会的首席外交官，基于红十字国际委员会的中立原则，彼得·毛雷尔定期会晤国家元首和其他高级官员，以及冲突各方，及时寻找解决人道问题的办法。

彼得·毛雷尔长期担任瑞士外交部国务秘书，也是瑞士驻联合国总部大使和常驻代表。作为一名外交官，他研究关乎人类安全的问题，包括排雷行动、小武器和轻武器的防治，以及各国在国际人道方面的责任。

全球人道主义面临的挑战与应对*

红十字国际委员会在应对全球的人道挑战时，需要得到包括中国在内的所有国家的大力支持。如今，我认为中国在这种支持中的角色越发关键。无论是在日内瓦，还是在我所访问的其他国家，我都会与中国政府的代表进行会谈，这是因为，在当今的国际体系中，中国扮演着至关重要的角色。事实上，两周前，我在视察红十字国际委员会在刚果民主共和国的工作时，就与中国驻刚果大使进行了深入讨论，讨论内容包括中国这样的人道参与者该如何切实促进当地社会的发展，并应对关键的人道挑战等问题。

红十字国际委员会是那些身陷武装冲突和暴力地区中的人民的救生索，也是 1949 年《日内瓦公约》的捍卫者。这份公约规定了战争应该怎么打，以及应该如何抑制战争对平民和其他人造成的痛苦。

红十字国际委员会是一个中立和独立的组织，这意味着它在冲突中不采取立场，并致力于提供人道救援与无歧视的保护。它不区分谁是受害者，也不区分你属于哪一阵营。它尊重各国的国家主权，同时也与冲突中的各方接触。因此，在当今世界，红十字国际委员会不仅与主权国家接触，而且还与非国家武装行动者接触，从而确保他们尊

* 演讲时间：2018 年 5 月 30 日。演讲地点：清华大学五道口金融学院 4–300 多功能厅。

重法律，尊重他们所控制的领土和居住于此的居民。我们试图通过谈判来获得接近这些居民的机会，从而为他们提供人道服务。

红十字国际委员会在全世界拥有100个分会，专注于解决武装冲突和其他情况下的暴力事件。与此同时，我们还是国际红十字与红新月运动的成员，这个运动是全球较大的社会运动之一，联合了6 000多万活跃的成员共同提供人道服务，其中包括来自世界各地的无偿志愿者和有偿职员。

2017年习近平主席在日内瓦的著名演讲中[1]，认可了人道行动原则的重要性，他着重强调："面对频发的人道主义危机，我们应该弘扬人道、博爱、奉献的精神，为身陷困境的无辜百姓送去关爱，送去希望；应该秉承中立、公正、独立的基本原则。"

红十字国际委员会至今已在全球80多个国家和地区开展了工作，并对导致不稳定、冲突和暴力的复杂因素有着深刻的认识。红十字国际委员会目睹了战争对平民的影响，并且非常清楚当今世界面临的人道挑战是多么巨大。

让我们通过一组数据来了解一下。

当前，全球有20亿人深受不稳定、冲突或暴力的影响；有6 500万人因战争和暴力而流离失所，而这是自第二次世界大战以来的最高数字。

据估计，2017年仅在阿富汗、伊拉克、索马里和也门这四个国家，就有2.6万平民在袭击事件中丧生或受伤。

据报道，因冲突导致的失踪人员数量巨大。例如，在伊拉克，有25万~100万人在过去和当前正发生的冲突中失踪。

在我们统计的16个国家和地区中，平均每天都会发生2起针对患者、医务人员和医疗机构等的袭击事件，袭击的次数和伤害的严重程度引起了我们的密切关注。

我们还发现特别是弱势群体的死亡率令人深感不安。5岁以下儿童的存活率再次迅速下降，并使得国际社会到2030年实现可持续发展目标的可能性受到了严峻挑战。

在当今的全球经济中，战争和冲突导致的经济损失每年为12万亿～14万亿美元，也就是说，当今世界中因社会暴力而产生的支出相当于全球GDP的12%~15%。

通过这些数据，我们可以想象一下，如果降低这些数字，世界将会是怎样的？

我想，世界无疑会有更好的经济发展和更多的机会。

近年来，我们在全球范围内见证了冲突形势的快速转变。在这里，我想分享五个可能影响未来冲突的关键趋势，并在最后提出三个可以解决其中一些挑战的重要途径。

一、影响未来冲突的关键趋势

第一，冲突的持续时间越来越长——我们称作“旷日持久的冲突”，并且这种长期的冲突更多发生在城市地区。

如今，在红十字国际委员会15次较大的行动中，我们平均花费了36年的时间，其中个别的行动甚至长达60年。想象一下，我们起初仅仅是作为一个应对紧急情况的组织而成立的，到今天，我们陪伴这些冲突受害者的平均时间实际上已经长达36年，这听上去并不像是一个短期的事业。

与此同时，我们看到，几十年的战争与不断违犯战争法的行为，摧毁了健康系统、供水系统、卫生系统等社会基础设施，严重阻碍了教育和经济的发展，它影响的已不仅仅是个人，而是整个社会。这是因为，世界正在城市化，冲突也在城市化，战争和暴力会首先发生在城市中心，这些城市中心往往会比开放的战场更加脆弱。这就是我们会看到经济损失和受害者的数字在不断累积攀升，同时也就是我们所说的产生“旷日持久的冲突”的原因。

例如，也门 2 700 万人中有 1 500 万人的生存依靠人道援助，930 万人急需援助，意思就是说，如果没有人道援助，他们将无法生存。2017 年，也门暴发了一场大规模的霍乱，这本来是一场完全可以避免的流行病，但我们所看到的却是霍乱在也门肆虐并夺走了很多人的生命，这是因为医院和诊所在战争中都已被攻击并摧毁，社会服务和卫生医疗体系再也无法运转，这就是战争和暴力冲突的直接后果。随之而来的是，今天有一半的人口仍需依赖人道援助，而这对人道工作造成了深远的影响。正如我刚才提到的，我们的组织成立之初是为了应对紧急情况，但事实上我们却坚持了数十年，所以我们必须要具备持续开展行动的能力，并且需要拥有既能援助个人同时也能援助整个体系的能力。我们的工作不但有短期的，还有长期的。我们必须在城市环境中工作，必须时刻准备好进入复杂的战场，而在这些地方，有时候与各方交战的前线，只有一街之隔。

面对“旷日持久的冲突”，人们的需求也在迅速转变。在我们存在的这 80 年里，每当我们询问人们什么是人道需求时，几乎每个人都会告诉我们，是药，是水，是食物，是庇护所，这些东西向来被人们视为人道需求；但今天的人们还需要手机，需要电力，需要知道他们的家庭成员在哪里，他们希望能互相建立起联系，希望能互相帮助。因此，我们看到人道需求正在转变。

数十年来，红十字国际委员会在冲突中的首要任务是处理外科手术，但今天我们要处理的还有战争带来的心理创伤，因为战争离人们越来越近，并已经影响了数十万人，致使他们身心都受到伤害。我们都看到了像阿勒颇[2]、拉卡[3]或摩苏尔[4]这些城市的可怕遭遇，整个城市被完全摧毁，并最终让许多无辜的人受到严重的影响。

第二，无论我们身在何处，都可以看到对国际法律和原则的不尊重，这种情况发展到了令人震惊的地步。

国际法律和原则的基础在于对平民和军队的区分。在战争中，你可以攻击军队，但绝不能攻击平民。但我们今天看到的却是严重违背《日内瓦公约》中的区分原则、比例原则和预防措施原则。由于这些原则是指导军事活动的关键，我们的组织始终对此保持着特别关切，我们的使命就是通过确保交战或冲突各方尊重国际法和国际人道法来保护平民。但我们今天看到的却是，平民成了交战国攻击的主要对象，而非保护的首要对象。我们看到了对国际法的不尊重，这令人深感不安。

我经常到访如今的战场，同样也面临着当今环境下交战方一套令人不安的说辞。许多武装分子、官方军队以及非国家武装团体，他们总是把尊重的重担放在我们身上。他们会说：

“你看，我们已经准备好尊重《日内瓦公约》了，但另一方却没有，只要你没有成功说服对方，我们就会继续轰炸我们想炸的任何东西。

如果我们知道对方不尊重被拘留者的基本人权，我们也将继续对被拘留者施以酷刑。

不应该是由我们来尊重公约，而是由您来确保另一方尊重公约。”

所以，我们面临的是对国际人道法的完全歪曲，因为国际人道法的核心源于交战双方对于法律的尊重。而我们今天看到的却是一种日益肆虐的交易精神——我们尊重公约，前提是另一方也必须尊重公约。

不幸的是，引发公众热议的还有第二种令人不安的说辞，那就是对对手的非人化对待。几个月前，我前往中东一位外交部长的办公室，当我对被拘留者没有依照《日内瓦公约》得到尊重而表示深切关注时，他说："我们对《日内瓦公约》没有任何意见，我们尊重它。但正如您所知，这是针对人类的人道惯例，而这些对手是动物。"这样的情况，已经不是第一次发生了。

第三，冲突中的短期需求越来越多地受到社会长期结构发展问题的影响。与此同时，许多不同类型的暴力，包括政治上的、犯罪的、社区间的，正在蔓延并交织成一团无法分割的混乱。

我们当下关注的许多冲突都发生在贫穷的社会。由此可见，贫穷是社会问题产生的根源。但除了贫困之外，暴力和冲突也对此具有深刻影响，而如果二者汇集到一起，社会结构基本上就会陷入崩溃。

我们还看到了与结构问题交织的不同形式和版本的暴力。在今天众多的冲突中可以看到，冲突不仅仅局限在军队之间，也会发生在军队与非国家武装团体之间，并且通常是极端主义的意识形态团体。而犯罪暴力也越来越多地登上了当今冲突的舞台，所以我们会看到由政治原因和犯罪原因共同引发的冲突。众所周知，当今冲突的重要参与者通过贩毒等非法活动来支持他们的武器和军队，他们同时也是犯罪分子，于是政治暴力与犯罪暴力就混杂在一起。而当我们研究例如缅甸这样的情况时，会越来越多地发现社区间的暴力。缅甸大规模的流离失所，正是缅甸军队与伊斯兰运动武装团体之间的政治和军事争议所共同作用的结果。与此同时，它也是罗兴亚人[5]和若开人[6]之间所爆发的社区间暴力的结果。在若开邦，穆斯林社区和佛教社区之间的社区冲突已经演化成激烈的暴力事件，导致数十万人逃难。这不单单是一个地方性问题，它还影响了国际议程并使得国际社会出现了分歧。在今天的若开邦，对穆斯林人口的人道援助和保护所迈出的每一步都会导致国际社会的政治两极分化。这些，都是我们今天正在面临的重要挑战。

第四，全球层面、地区层面和地方层面权力动态的关联日益紧密。

在当今世界，孤立性的冲突越来越少，地方性的冲突也越来越少。每一个地方冲突都与地区冲突甚至全球冲突有关。因此，如果我们想在也门、伊拉克或叙利亚发挥影响力，不能只与也门、伊拉克或叙利亚的政党交谈，还要与这个地区的大国交谈，也就是要与欧洲国家、美国还有中国交谈，因为我们知道有很多国家对交战方可以产生积极的影响。现如今再也没有处在偏远地区的孤立冲突。互联互通，使得冲突和外交的关系日趋紧密，而这也让我们在地方、国家、地区和全球层面之间的互动持续不断增多。

尽管如此，在全球范围内仍然缺乏结束冲突或减轻冲突影响的政治解决方案。这些日益关联的权力动态，不但使得政治解决方案变得难以捉摸，而且使得我们更加难以对人道保持中立。因此我们会看到人道行动是有争议的、政治化的，并且经常被用作争夺权力的谈判筹码。

第五，第四次工业革命正在带来崭新的人道挑战和解决方案。

第四次工业革命是人道领域的一个关键议题。在当今战场，无论是从武器还是从战场的角度，一个十分明显的发展趋势是日益虚拟化。

当前，暴力和战争正在进入虚拟世界，其特征就是自动化武器越来越多地进入实体战争[7]和真正的战场。机器人技术和人工智能（包括数据驱动的机器学习算法）的进步推动了武器系统的日益自动化，而这也带来了严重的风险，并引起了红十字国际委员会的关注。虽然人们普遍认为人类应该在自动化武器的运作中继续发挥作用，但国际社会（包括各国、技术产业和武器开发商）迫切需要就所需控制的武器类型和控制的程度达成一致。

除此以外，战争虚拟化的特征还表现为针对关键设施和民用设施的网络攻击，而这会导致各国的民用基础设施面临巨大的不安全因素。

所以，在很久以前，第四次工业革命就已经进入了战争和冲突中，而这也改变了人道者对当下环境的看法。

与此同时，由于互联互通，人道者今天的工作方式也已经发生了根本性变化。例如，如今每个人都有手机。十年前，我们仍有一些空白之处，但今天的受助者都与数字空间实现了连接，因此我们提供人道服务的方式也发生了巨大的变化。

二、解决人道挑战的重要途径

当今及未来人道挑战的严重性和难度都是令人深感难以面对的。在此，我想提供一些红十字国际委员会的应对方式。

第一，继续敦促各方加强对国际人道法的遵守。

红十字国际委员会面临的关键问题是如何改变交战者的行为和政策，我们通过对若干武装部队和非国家武装团体的研究，对此问题有了一些新的见解。我们发现，一线战斗人员更关心同伴的观点，而不是指挥官施加的惩罚。这意味着对违规行为的预防通常在战斗人员之间横向推动，或通过当地社区对战斗人员施加的压力推动，而不是垂直地由上级权威推动。

如果我们能够更好地理解约束的模式以及违规的模式，我想我们会为国际人道法赢得更多的尊重。

第二，反思我们与受影响人群的互动。

我坚信，保护平民及确保满足其需求是我们一切工作的中心，只有做到这一点我们才能做出更有效的人道应对。

前面我已提到，由于互联互通带来了重要的变革，人道者今天开展工作的方式已发生了根本性变化。因此，我们需要反思我们与各地受影响人群的互动。要理解当今人们的需求并不容易，但最重要的是，通过第四次工业革命，深刻认识到过去我们对标准需求采取标准操作式的人道应对的原因。

今天，人们的需求越来越分散，并且各种背景之下的需求也都各有不同。而由于互联互通，受助人随时可以通过不同的方式表达他们的需求。所以，作为一个人道行动者，我们必须以人为本，因为我们关心的主要对象就是人。这些人的需求日益不同，并且他们的需求会根据所处的环境发生变化，数字化改变了我们与人们互动的方式，使我们能够开展行动。数字化互联互通使我们能够根据人们自我认定的需求，设计出更有效的解决方案，并更有效地协调我们所提供的服务。在商业界和科学界的协助下，我们正在努力利用大数据来分析环境和需求，并测试新的合作平台。

但是要真正理解人们的需求并不简单，人们的需求从来都不是线性的，它们正变得越来越独特和不同。例如，我们会在靠近前线的地区工作，在那里人们被迫逃离家园。然而，就在几公里之外，可能就有一些人正试图重建他们的生活。前者需要住所、食物、毯子，而后者则需要电力供应和医疗服务。因此，我们需要了解当下正在发生的事情，并在需求变化的时候保持足够的灵活性。

总而言之，第四次工业革命和互联互通为我们开展人道行动的方式带来了重大变化，而这也是人道行动面临的一个全新挑战。

第三，我们正在形成新形式的多部门伙伴关系，以汇集各类专业技能和资源，从而使得人道工作更加有效、更加有影响力、更加创新。

互联互通最终带来的第二个结果就是，我们认识到今天需要建立越来越多的合作伙伴关系来满足那些彼此各异的需求。当我们环顾四周时，看到了越来越多的冲突和需求，同时也看到了冲突和战争中人们的需求与我们的应对能力之间有着越来越大的差异。当这些新需求出现时，当看到人们因互联互通而用不同的方式表达他们的需求时，我们也必须相应地改变原有的应对模式。于是我们认识到，如今人们正向红十字国际委员会和其他人道组织提出越来越多基本的，但又是我们无法独自实现的服务需求，而要实现这些，我们需要合作伙伴。

因此，一个新的需求模式出现了。例如，在过去，每个人都知道当冲突爆发时我们必须携带手术包到医院，因为我们有战争伤员需要治疗。然而在今天，主要的受害者不一定是战争伤员，而可能是因医院遭到轰炸，或因社会和卫生服务中断而产生的受害者。在过去的几年里，我们的医生看到越来越多的非传染性疾病、慢性病以及流行病在盛行。人们的核心优先事项不再是做外科手术，而是突然变成了应对非传染性疾病。所以你会怎么做？现在整个机构里的人大都是外科医生，突然间你需要的是非传染性疾病领域的专家。所以在这时，你需要合作伙伴。正是基于这些原因，在几周前，我与丹麦制药公司诺和诺德公司——一家世界领先的糖尿病药物研制公司——签署了合作协议。如今，作为战争带来的间接后果，糖尿病死亡人数日益增加，以至在冲突中导致死亡的最重要原因已不是子弹，而是糖尿病。因此，必须扩大我们的工作范围，而我们只能在合作中扩大。

如今，我们与私营组织的伙伴关系，在一段时间前就已经开始摆脱简单的捐助者与接受者关系。今天，我们拓展了越来越多的伙伴关系，把人道组织和企业技能及利益结合起来，以解决我们面临的难题。

很有意思的一点就是，这种伙伴关系并不是慈善性质的关系。并不是说我们可以免费拿到药物，然后分发给人群，而是我们以优惠的价格向企业支付这些药物的成本，然后向特别脆弱的地区配送药物。也就是说，我们建立了一个双层市场，我们从市场价格中隔离出了一个因为暴力和冲突因素而面临特别困难的地带，在这个地带，我们能够以优惠价格从企业那里买到药品，而这个价格可以保证企业收支平衡，同时也能帮助我们扩大行动范围。因此，我们正在越来越多地提供超出既有舒适区的人道服务。再举一个例子，我们与一家非常大的电气公司——瑞士 ABB（阿西布朗勃法瑞）集团合作开发一种小型电网，从而为在偏远地区流离失所的人们提供电力。事实上，电力确实是当今人道行动面临的重大挑战之一。一方面战争冲突地区往往有大规模的人员流动，而另一方面这些人又与能源供应脱节；又或者，一方面你需要满足大规模移民、大规模难民流动的能源需求，而另一方面又无法在短时间内建造核电厂或水电厂提供电力。因此，我们必须提供新的工具和方法，并且往往是与瑞士 ABB 集团这样的私营组织合作完成的。通过尝试采用新形式的独立小型电网，我们可以在短期内为 1 000 ~ 3 000 人提供电力服务。

与此同时，我们还开展合作，尝试采用创新的资金流，包括使用具有市场要素或基于市场的金融工具。我深信，如今为人道行动提供资金的传统模式已不再具有可持续性。传统的人道行动融资模式很简单，公民和国家会向人道组织提供资金，随后人道组织再将资金转化为人道服务并将其提供给有需要的人。这是一个线性的模型，但已不能满足当前大量的需求。事实上，由于当前的需求是如此巨大，我们再也无法去为这些需求筹集到足够的资金。虽然这个模型对于应对紧急情况仍然十分重要，但不可能 36 年都针对同样的人群花费同样的预算，并且还需要拥有可持续的融资。所以，这不是一个好的模式。

2017 年，我们首次向市场发放了人道影响力债券，试图借助私人融资创建一个新的资金流，为建立假肢康复中心提供资金。这是一个很小的试点项目，我们筹集到了 3 000 万瑞士法郎，帮助红十字国际委员会在非洲一些开展行动的关键地区建立假肢康复中心。我们达成了一项协议，如果五年后我们能够兑现项目的初始承诺，那么国家发展机构将为这些私人投资者返还投资，我们作为人道机构将会依据影响力给出投资回报。这是基于按成果付费的模式，并且纳入了私人投资者和政府。从某些方面来说，这对红十字国际委员会是激进的一步，但也是合乎逻辑的一步，因为我们不仅提供了现有的人道行动模式现代化的机会，而且尝试了新经济模式，旨在更好地帮助有需要的人群。

此外，我们也尝试去建立更可持续的金融模型。我们正在探索当今人道工作在某些方面的保险模式，即“再保险模式”[8]。我们正在研究新形式的市场融资，看看我们是否可以利用过去刚刚花掉的部分资金来完成预先支付，实现提前融资，并由此最大限度地降低人道工作的成本。目前，由世界银行、红十字国际委员会和世界粮食计划署合作成立的一个工作组正在考虑一项家庭保险计划，该计划将使我们能够在饥荒真正蔓延到全社会之前筹集资金并提前做出应对。由于我们可以提前采取行动，最终将能够以更少的开销达成更好的效果，而省下来的这笔钱则能够以可持续的方式再次投资于人道行动的融资过程。

事实上，我们的创新并不局限于技术和金融领域。在过去的几年里，红十字国际委员会与无国界医生[9]等人道组织以及其他合作伙伴合作，建立了人道谈判能力中心。这是一个十分有前景的全球网络，旨在培养相关从业人员在前线谈判方面的专业技能，并指导我们该如何拓宽人道空间，如何以安全的方式与交战方接洽，如何在我们当下所处的复杂和“旷日持久的冲突”形势下以最佳的方式保护民众。

预防与应对这个世界上的苦难，并最终从苦难中恢复过来，是一个巨大的挑战，而其解决方案同样也是复杂和多方面的。我深信，中国作为一个快速发展和负责任的世界大国，可以对全球的人道事业，特别是对红十字国际委员会的事业，做出巨大的贡献。

我上一次来中国是在 2017 年 5 月，当时我是在“一带一路”国际合作高峰论坛上发表讲话的国际嘉宾之一。“一带一路”倡议和红十字国际委员会之间的联系刚开始看可能不那么明显，但我们一直对它的发展有着浓厚的兴趣。红十字国际委员会已经在“一带一路”沿途的许多国家和地区展开了工作，有的甚至长达数十年，并对导致不稳定、冲突和暴力的复杂因素有着深刻的了解。这就是为什么我深信，“一带一路”倡议应当考虑到人道挑战，也就是发生在“一带一路”沿线国家和地区的冲突与其他情形的暴力。我们不仅需要一条绿色的“一带一路”，而且需要一条人道的“一带一路”。

红十字国际委员会是一个以人为中心的组织，旨在应对冲突和暴力中的受害者的需求，并且也是由来自世界各地的人们组成的。今天，总部设在日内瓦的红十字国际委员会，其行动范围已延伸到了世界各地，其团队由来自 130 个不同国家的约 16 000 人组成。但我们的员工中只有少数是中国人，因此我很高兴地向你们推荐红十字国际委员会，这里是一个十分适合展现能力和发展事业的地方。我们的工作人员涉及各个专业背景，我们不仅仅有医生和护士，还有工程师、拘留顾问、法医专家、后勤人员、心理专家、武器污染专家、数据专家等。我们需要具有不同背景的人来应对艰苦复杂的工作。

将走向社会的学生，你们不仅要考虑所学学科的学术问题，更要反复思考应该如何将这些学科应用于现实社会中。人道事业就是这么一个领域，在这里，无论你们所学的是技术类、金融类、法律类还是社会类学科，都可以充分发挥作用从而帮助到有需要的人。我鼓励你们不断思索，运用你们在大学里学到的知识，去帮助解决现实世界中的难题。如果有一天你们能够成为我们的员工、支持者或者合作伙伴，我相信红十字国际委员会将深感自豪。

现场问答

提问：世界上有很多声音，例如，中国正在帮助非洲国家和南太平洋国家，中国正试图促进经济发展，但美国或澳大利亚看待中国行动的态度实际上却非常消极。习近平主席提出了“一带一路”倡议，提出中国尝试造福全世界，让每个人都能改善自己的生活。那么欧洲人能给中国人什么好的建议吗？

毛雷尔：我不确定欧洲人能否给中国人很多好的建议。毫无疑问，我们认为人道工作应该是消弭各国分歧和政治分歧的工作。大家都知道，世界上存在各种不同的、关于世界和国际体系应该如何的政治观点。但我对美国、欧洲国家和中国领导人所说的话永远都是一样的：人道是基础，我们应该就一些基本原则、法律和活动达成一致。同时我必须指出一点，对于中国在“一带一路”倡议背景下所做的很多事情，欧洲人和美国人并没有持消极的态度，而是非常积极。我来中国之前，会见了红十字国际委员会最大的25个捐助国，其中大多数是西方国家。加拿大、澳大利亚、欧洲、美国以及海湾地区的一些国家，大家对于我前往中国都表示赞赏，每个人的态度都非常积极，我自己也会代表红十字国际委员会积极参与“一带一路”建设。

在今天的讨论以及此前同中国政府的讨论中，我们一直都非常积极，因为我们认为国家的发展解决了结构性问题并有助于预防人道问题，而且我们的努力与中国在“一带一路”倡议下所做出的努力十分接近，所以我对中国所开展的活动有一个积极的评价。我想说的是，许多西方国家和中国都会积极争取良好的发展，即使它们可能并不都采用完全相同的方法。我昨天在面向商界人士的演讲中提到一件我认为重要的事情，虽然我同意大多数中国领导人所说的发展是至关重要的，但我认为仅靠发展和投资也不会带来和平。我们还需要更多的外交沟通、更多的谈判、更多的软外交、更多地参与和平，我们需要的不仅仅是道路、机场和基础设施的建设。这也是为什么我之前说，我们不应该只把“一带一路”倡议当作国家基础设施投资和发展的一项事业，同时也应该关注其作为一条绿色的“一带一路”、一条人道的“一带一路”的方面，因为“发展”一词是具有包容性和广阔含义的，并且我认为这是需要各国共同做出努力的。

提问：我是一名非营利组织管理专业的研究生。您认为年轻人可以如何影响未来的人道活动？您能否为想要在人道工作中实现自身发展的年轻人提供一些建议？

毛雷尔：我想起了一句很著名的中国谚语：千里之行，始于足下。我认为对于年轻人也是如此。要迈出第一步，有很多不同的方式。作为红十字运动家庭的一员，我建议大家可以成为红十字会的志愿者，这是一条走进人道和社会工作的好途径。不过我也推荐那些“技术怪咖”去开发新的应用程序，让受害者、医生、护士接受培训，实现互动，解决人道问题。事实上，我现在所看到的一些比较成功的新奇项目，科技含量都很高。

我对年轻人的建议是，去做你最喜欢的事情，当你在做你最喜欢的事情时，想想你能为别人做些什么，以及你可以怎么来解决一些问题，然后你就会找到切入点。正如我之前提到的，你可以研究非营利组织，然后我会推荐你去找一份在非营利组织的工作；你也可以通过互联网平台帮助非营利组织众筹；或者去做一名志愿者；如果你是一名律师，可以思考关于未来网络战的法律框架，或者关于武器的法律框架；如果你是一名IT（信息技术）人员，可以想想如何更好地实现人与人之间的联络，如何在例如战争和人口迁移这样的情况下帮助家庭重聚。这些都是我们需要的，而且这些都是你们的机会。

提问：我是一名主修国际法的学生。我有两个问题。首先，您提到红十字国际委员会是为了应对紧急情况而建立的，当有冲突发生时你们会做出应对。红十字国际委员会有没有考虑过从源头防止冲突呢？比如通过与叛军领导人交谈，在冲突发生之前就实现阻止。其次，我对红十字国际委员会的了解主要是关于国际人道法的，但我很惊讶地发现，红十字国际委员会也做了许多其他工作，例如通信和技术方面。您认为这些广泛的活动会破坏红十字国际委员会的工作以及其对真正严肃的人道任务的专注吗？

毛雷尔：第一个问题很难回答。我可以告诉你，这个问题本身的历史至少得有155年了。我的意思是，当我们去回顾红十字国际委员会第一次会议的第一份议定书时，辩论的核心其实就是围绕着你刚才提出的第一个问题：我们是应该建立一个只是减轻战争和冲突影响的组织，还是应该建立一个试图禁止战争的组织呢？这对于我们的组织建立而言，其实是一个两难的选择。红十字国际委员会在过去的155年里，一直奋斗的事业涉及很多方面。首先是我们致力于推动对于国际人道法的尊重，就算无法阻止战争，至少也要降低暴力的程度和对人类的消极影响。我们采取的基本预防模式就是防止违犯国际人道法，减少法律不受尊重的情况出现，这样战争和暴力的负面影响就会有所减轻。所以，我认为我们是有一条途径的，而这条途径与我们参考的法律密切相关。但在过去的155年里,红十字国际委员会除了完成传统意义的任务外，在关键时刻也从未缺席。当战争各方同意我们扮演一定的角色时，我们发挥的作用就不仅仅是减轻战争的影响。我给你们举一个历史上的实例。

在20世纪60年代古巴导弹危机期间，红十字国际委员会为了阻止战争的爆发，在外交上非常活跃。当时红十字国际委员会认为，要想阻止核战争的爆发，同美国和苏联接洽要比保持中立更为重要。由此可见，这是一个十分具有政治意义的问题，我们不会让预防冲突成为红十字国际委员会的主要基本活动，因为如果我们这样做，我们的角色就会变得更具有政治色彩。但在极端情况下，我们总是不受限于此，我们试图发挥作为中立调解人的角色，这样至少能将冲突各方拉到一起并解决部分问题。

我并不担心技术发展会破坏或摧毁红十字国际委员会对基本使命的履行。我认为我们之所以能立足155年之久，是因为我们始终能够适应新的世界。我们接近战场、接近战争、接近受害者，倾听人们对社会发展的观察，并调整我们对这些新发展的应对措施。这些新的发展从根本上帮助了我们的存续，并最终为国际和平与安全做出了有益的贡献。因此，我不担心我们的基本工作会受到影响，或者新的发展会使我们的工作变得多余。我会认为，这些发展再好不过了，因为这样我们就能够在社会中实现和平发展。但目前我们还没有达到这个阶段。

你刚刚说你是法学院的学生，我还想提一点，就是创新在法律领域非常重要。在过去的几个月，甚至几年里，我们一直在思考如何创新，从而让法律得到更多尊重。在国际法的领域，你并不会看到警察的身影。你需要说服人们，这样法律才能得到尊重。但是怎么说服呢？你必须得和有影响力的人合作，必须了解武装力量和各个行动者的动态。我觉得对于律师而言，红十字国际委员会其实是一块很好的试验田，可以观察到法律是如何和为何得到尊重的。

我们应该拥抱现代科技、社会发展，并且倾听真正的需求，这样我们才能在社会中扮演一个有用的角色。当然，我们在未来需要更多像你一样的律师。

提问：我是清华大学的本科生，也是清华大学红十字会的成员。我们的组织主要做的是加强北京地区的同龄人教育和志愿者教学。在日常工作中，我们的一些志愿者会有这样的想法，觉得人道工作是否交由政府或非政府组织完成更好。我的问题是，您认为在中国这样的国家，这些人道工作是否应由政府或非政府组织来完成？

毛雷尔：这是一个非常具有政治色彩的问题。作为一个中立和公正的组织，我通常不会在政治问题上发表看法，我会尝试客观地回答你的问题。当今世界的每个国家，中国也不例外，基本上有三种选择来组织社会服务，有政府主导的选项，也有非政府组织主导的选项，而红十字和红新月的选项基本上是介于两者之间的，因为红十字和红新月也是一个社会运动，是由政府强制执行的，红十字国际委员会拥有各国的授权。我认为，针对你的问题，一个坦率的回答就是，在大多数情况下，各方角色都有各自的优缺点，所以大多数国家最后得出的结论是：综合的形式是最好的。我无法告诉你，对于中国来说什么是最好的工作方式，那要由中国的政治家自己去寻找。但我在中国看到的是，你们拥有一个日益条理化的社会，你们有非政府组织、红十字会，你们有国家，你们也有省。我认为更重要的是，不同的角色在紧急情况发生时该如何分工合作。如果这些不同的角色，互相有协调和合作规划，能够有效地提供援助，那就是好的。因此，无论是国家主导的、红十字会主导的，还是非政府组织或私营组织主导的，各国都各有偏好，也都各有优缺点。我确信，私营组织在很多方面也参与了人道行动，因为它们也提供了人道服务。因此，我认为一个国家应该考虑的是如何组织好各方，决定好由谁来做什么，而非一定要由国家自己去完成所有的事情。在大多数情况下，这种角色也可以由社会中的其他主体来完成。这就是最好的方案。

（本文编译：莫明墉）

注释

1. 习近平主席于 2017 年 1 月 18 日在联合国日内瓦总部发表的题为“共同构建人类命运共同体”的主旨演讲。

2. 阿勒颇，叙利亚西北部城市。

3. 拉卡，叙利亚中北部城市。

4. 摩苏尔，伊拉克北部城市。

5. 罗兴亚人，居住于缅甸若开邦的一个穆斯林族群。

6. 若开人，居住于缅甸若开邦的一个信仰佛教的族群。

7. 实体战争，英文为 kinetic warfare。

8. 再保险模式：保险人将自己所承担的保险责任部分地转嫁给其他保险人承保。

9. 无国界医生：一个由世界各地的专业医学人员组成的医疗人道救援组织。

劳伦斯·萨默斯（Lawrence Summers）

美国著名经济学家，在经济、公共财政、劳工经济、金融经济及宏观经济等方面做出了重要贡献，同时，他也活跃于国际经济、经济人口学、经济历史及发展经济学领域。

1993 年，他因在经济学界的杰出表现获得美国约翰·贝茨·克拉克奖。他还是首位获得美国国家科学基金会艾伦·沃特曼奖的社会科学家，也是美国计量经济学学会和美国艺术科学学会的成员。

1999 年 7 月至 2001 年，萨默斯在比尔·克林顿执政期间担任第 71 任美国财政部长。2001 年 7 月 1 日，出任哈佛大学第 27 任校长。2006 年，他成为卓越人士联席会议成员，负责监察联合国贸易及发展委员会的工作。

在 2008 年的美国总统大选中，他担任奥巴马竞选班子的经济顾问。2009 年，他被奥巴马任命为美国国家经济委员会（National Economic Council，NEC）主席，负责金融海啸后美国经济复苏政策的制订。

萨默斯支持多边主义，他关注国际时事热点，并积极参与讨论，贡献自己的智慧。

中美关系的十字路口

——美国视角下改革开放40年后的中国与全球经济*

一、从40年来的中国之行看中国经济增长

中国改革开放已经40年了，我也是40年前第一次来到中国。1979年的夏天，我作为一名游客来到中国。当时我去了上海，我走在上海的大路中间，大约每隔60秒，就会有一辆车经过，我不得不走到路边躲避汽车。而路边又有骑自行车的人。从很大程度上讲，上海就像暴风雪中的波士顿，我很难在路上非常轻松地行走。那时在上海只有一个地方可以打电话到美国。此外，当夜幕降临的时候，我在上海可以看到天空中的星星，就像在美国的乡村一样，因为那时上海的夜晚并不像现在这般灯火辉煌。

1991年，我以世界银行首席经济学家的身份再次来到中国，探讨中国的发展战略。当时的主要问题是中国是否有资格继续从世界银行获得优惠贷款，中国认为这一资格非常重要。那次，我去了中国农村。从北京出发行驶了近两个小时的车程，看到了很多贫困人民的生活场景，就像我在非洲以及世界其他地方旅行时看到的那样。我对当时中

---

* 演讲时间：2018年12月17日。演讲地点：清华大学。

国的印象可能反映的更多的是那时人们对中国的看法。

1992 年春，我接到了一个朋友的电话，这个朋友是纽约一家金融机构的 CEO（首席执行官），他说他有一个问题，因为想到我在世界银行工作，认为我应该可以回答这个问题。我问他有什么问题，然后他说："我有一个同事将会去中国，他到那里后，我能不能给他打电话？他在中国能不能接到我的电话？"我和他说："如果是 1979 年的话，你肯定没有办法和这个朋友打电话，但是 1992 年你肯定可以和这个朋友打电话。"我们可以看到，1979—1992 年，中国已经有了很大的发展。

六年之后，1998 年 1 月，我再次来到中国，此时正值亚洲金融危机[1]全面爆发的时刻，中美两国加强合作，为泰国、韩国、印度尼西亚等被金融海啸严重波及的国家带来信心。我与朱镕基总理就全球体系在维护金融稳定方面将奉行的战略进行了磋商。虽然正值一个非常困难的时期，但这一努力最终取得了成功。那次金融危机现在被铭记为亚洲历史上一段重要的插曲，但不是改变命运的转折点。

2000 年，作为美国财政部长，我有幸再次来到中国。我觉得 2000 年的中国之行是我迄今为止所有中国之行中最重要的一次，因为当时中国和美国之间的关系出现了一些问题，有一个很大的变化：中国要加入世界贸易组织（WTO）。我受克林顿总统之托，带给朱镕基总理一封信件，信中建议双方恢复会谈。

当时朱镕基总理正在兰州考察，因此我有幸和美国代表团一起乘坐中国军用飞机来到兰州，有人告诉我当时没有多少美国人能够坐中国军用飞机，所以对于我们来说这也是一个非常新奇的经历。

朱总理和我交流了近四个半小时，全面探讨了很多不同方面的问题。当时朱总理表达的内容非常明确，他说对于他来讲，最重要的就是中国可以加入世界贸易组织，并非中国会因此获取更多美国市场份额——因为他知道美国当时已经给中国提供了最惠国待遇，这意味着中国加入世界贸易组织后，除了个别行业外，并不会因此增加太多向美国的出口。但是，最重要的是世界贸易组织要求中国进行很多改革，这些改革会支持朱总理的一个使命——中国经济改革，使中国经济可以继续快速增长，发挥中国人民所具有的潜力。他的努力最后也成功了。美国最终支持中国加入世界贸易组织[2]，这也成为中国历史上一个非常重要的里程碑。

2000 年之后，我再次到访中国已经是担任哈佛大学校长以后的事情了。当时我也有幸和清华大学一起庆祝中国所取得的成就，并且我们可以进行更多学术上的交流。[3]

后来，我又参与了和经济外交相关的工作。2009 年，全球进入了经济衰退时期，美国和中国是全世界最重要的两个经济体。两个国家采取的积极行动，包括美国的财政刺激、重振银行业，中国的大型基础设施建设的投资项目、加强与国际金融机构的合作等，都对遏制甚至完全解决金融危机具有决定性作用。

二、中国崛起带来的中美关系变化

我看到的是一步一步的演变，也看到了人类历史上最大的经济变革。

从全世界看，在公元前 500—公元 1500 年，可以说经济水平基本没有增长。

此后 300 年（1500—1800 年），经济增长水平非常低，基本上每年 0.1%。所以，在这几百年当中，比如说在当时经济增长最快的英国，人们的生活水平可能只提高了 30%。

后来发生了工业革命，出现了包括蒸汽机等在内的生产工具，大幅提高了劳动生产率。在人类历史上，经济增长突然开始加速，人们的生活水平出现了非常明显的提升。当时人类的平均寿命大约是45岁，如果以每年1%的速度增长，人类寿命结束时的平均生活水平可能比开始时上涨50%，这也就是为什么我们把它叫作工业革命，它能够聚集这些力量。如果某人在19世纪末出生，可能在他去世的时候，他的生活水平相较于他出生的时候提高了4~5倍。

在40年这样的时间段内，中国人均GDP（国内生产总值）增长了30～35倍，这就意味着生活水平在人们40年的寿命当中提高了逾30倍。如果说这样的增长持续下去，即使是4%～5%这样比较温和的水平，我们也会看到在1979年出生的人的一生中，生活水平能够上涨100倍。同时，这种暴涨不是发生在某一个局部地区的一个特殊事件，也不是发生在只占世界人口1%的某个南欧小岛上，而是发生在一个占全世界人口总量1/5左右的大国。而且，如果只考虑中国沿海地区的人口，这个增长会更加惊人。

截至目前，这是人类历史上最大的经济成就。对于我们任何一个局外人来说，如果想要探讨中国、描述中国、建议中国、影响中国，就必须牢记这种非常了不起的成就。这样的一个成就是中国人民取得的成就，同时也是那些领导中国的领导人取得的成就，这是任何人都不能够预测到的，也是无法从中国1979年之前的发展趋势推导出来的。当然，西方的智慧、经济学的经验、农业学的经验、工程领域的经验、商业能力、向繁荣市场出口的能力，都对中国取得成功有着一定的影响。这是一个非凡的成功，是一个值得称道的非凡成就。

然而，伟大的成就很少是纯粹的成功，都是有后果的。在历史领域，军事安全的考虑总是多于经济方面。我在哈佛大学的同事格雷厄姆·艾利森教授曾指出，中美未来可能会面临"修昔底德陷阱"[4]。

历史记载，经济实力的大幅度增强必然会引起动荡和波动。熟悉19世纪美国历史的读者都必须意识到，英国对美国产生怨恨，恰恰是因为当时美国把英国的知识产权简单复制转载，留作自用。任何住在费城以西的人都体验过美国作为一个扩张主义国家，试图将其潜能发挥到极致，而加勒比海地区感受到了强烈威胁。最终，美国宣布了门罗主义[5]（Monroe Doctrine），美国人居住的地区，无论南北，都不应受到其他大陆的干涉，除了在某些特定的情况下。

因此，并不是说要去批评中国，而是要意识到历史上的这种必然性，也就是说中国的崛起将会给国际秩序方面带来非常深刻的变化，美国和中国也必须要意识到在整个国际秩序当中会有这种深刻的变革。为了能以双方都接受的有效方式来管理这种变革，我们必须拿出一个办法，这也必须是一个非常有吸引力的办法。不幸的是，现在这个办法可能随着时间的演进，变得越来越不准确了。想要实现双赢，我们必须意识到一个国家在有其他国家存在的世界中参与贸易行为时，它们都是彼此的客户，同时也是彼此的竞争者。

花旗集团和摩根大通是竞争关系。摩根大通对花旗集团而言是竞争对手，如果摩根大通更加有效率，就会从花旗集团那里抢走生意，花旗集团的利润就会下降，同时也就没有这么成功了，所以它们互为竞争者。

IBM（国际商业机器公司）和花旗集团则是另一种关系。IBM不是做金融服务的，也不会和花旗集团竞争，如果IBM更加成功，它其实能够更好地管理更多现金，它可能想贷款，想借更多的钱，或者说想参与一些金融交易，它其实是花旗集团的客户。所以，IBM越来越成功，对于花旗集团来说也是好消息。

中美之间的关系也是很类似的情况。中美两国其实是彼此的客户，与此同时，也是竞争对手。我们必须要认识到这个世界是这样运作的，随着时间的推移，有一点发生了变化。回忆一下我作为游客曾经来过的中国，或者说我作为世界银行首席经济学家来到中国的时候，那时候的中国和现在有很大的不同，当时的中国更大程度上是美国的客户，而不是竞争对手，因为在过去，中国的产品在世界贸易中没有什么竞争能力，并且都是一些廉价劳动力做出来的，是一些没有太多附加值的产品。当时中国用廉价劳动力生产不复杂的产品，购买用高价劳动力生产的复杂机械。就像是如果中国在T恤衫生产方面做得更好，这对美国是有好处的，因为这样美国人就有更便宜的T恤衫穿，而且在美国生产T恤衫的人并不多。如果美国在生产纺织机械设备方面做得更好，这对中国也是有利的，因为中国能以更低的价格购买设备。所以我们每个人都从彼此的成功中得到了利益。

但是，由于中国经济改革的成功，中国经济比我几十年前访问时要成熟得多，现在的情况是，美国和中国在很多的领域中竞争，好比花旗集团和摩根大通的关系。美国的成功是以牺牲中国的利益为代价的，而中国的成功也影响了美国的利益。当然，你需要知道，在美国并非所有人都从事一样的工作，而且那些主要从事体力劳动的美国人尤其容易受到来自低工资国家的劳动力的竞争，而这些低工资国家发展了更好的制造业。因此，我们必须认识到，中美双方的经济利益并不完全一致。在很多非常重要的领域，我们是竞争对手。但这不意味着我们不能引导这些问题的解决，我们可以努力避免有破坏性的一面，最大化有建设性的一面。

我认为，中美两方可以在如下方面对彼此有合理的期待。

在我看来，中国可以合理地期待国际贸易中的公平性，我们将讨论如何在国际贸易和竞争中定义公平。但对美国而言，阻止中国实现其经济潜力的做法并不合理。如果美国为了自己的利益而压制中国，中国有权不接受，任何主权国家都不应该接受。

在我看来，中国有权要求其政治制度服务于其社会组织结构，外部无权对其进行干涉。外界可以表达自己的观点，但无权去试图影响中国社会的内部结构。中国提出这些要求是合理的，如果美国采取某些行动使中国认为美国不接受这些东西，那么当中国坚持抵制时，这是正确的。

美国要求他国遵守世界贸易组织原则与商业公平规则，是相对合理的。美国坚持认为，经济的成熟随之带来经济行为的责任感。当中国还是一个极度贫穷、落后的国家时，有些做法还可以接受。但当中国成为世界上最大的经济体和前沿技术的主要竞争对手时，有些做法就不再被接受了。私营部门的商界领袖给我留下了深刻的印象，我认为他们是中国在美国最亲密的朋友。美国国际集团（AIG）前首席执行官莫里斯·格林伯格[6]和高盛前首席执行官亨利·保尔森[7]等人，都曾批评中国在补贴、知识产权和强制合资等领域的商业行为。如果中美两国关系要保持友善，这也是一个需要取得进展的领域。

我相信，中美两国会在未来五年而不是未来五个月，在以下两条路径中做出选择，不管未来 90 天内是否有贸易协议达成，都不会影响我们到底选择哪条路径。

一条路径是有序的竞争。中国坚持获得战略性保障，坚持要求自身经济不被压制，坚持置身于全球市场环境。而美国寻求中国的尊重，坚持中国尊重美国的内部权利和网络，要求中国作为一个成熟的经济体能够遵循商业规范，如果这些原则出现歧义或者模糊，可以通过谈判来解决，这就是那条战略性保障的道路，也是我们都希望选择的路径。

另一条路径是不受管制的竞争之路，没有规则、没有理解、没有制度、没有调解，只有斗争和竞争。这是一条相互逮捕对方公民以获取筹码之路，一条充满反复的商业入侵之路，一条网络攻击后否认乏力之路。我认为，这条路径将干扰我们两国经济的有效运作，减缓美国、中国乃至世界的经济增长。归根结底，经济安全与更广泛的安全是不可或缺的，割据的道路最终将破坏世界和平，而世界和平在一定程度上支撑了中国40年惊人的经济发展。我作为中国的朋友，祝贺并钦佩中国过去40年取得的巨大进步，希望中美两国能共同找到明智的解决方式，为未来几十年的繁荣和人类福祉做出贡献。

朱民对话萨默斯

朱民：您为未来的中美关系提出了一个新的模型。您清晰地指出了两条路径，一种叫作有序的竞争，另一种是不受管制的竞争，超越了合作这个概念。您看到中国在经历了40年成功的经济增长和发展之后，中美两国的竞争变得越来越激烈。

萨默斯：我认为，当两个国家进行贸易，生产出不同的产品时，它们各自变得更富有，达到双赢。当两个国家相互竞争，生产出非常相似的产品时，界限就会更加模糊。中国赶上美国，中美制造之间的重叠部分不断增加，从而产生更多的竞争。而在中国获得成功的领域中,竞争只会越来越多。所以我认为在这个时代，会有越来越少的美国人觉得“中国善于制造，中国是生产率更高的经济体，这对我们好，会让所有美国人生活得更好”。坦白说，美国的领导人和经济学家意图模糊这个概念，即“更好贸易的前提是你的伙伴更强更好”。但其实大家对这个概念自有判断，有的人并没有发现（竞争的）好处。俄亥俄州的人民就不一定觉得这是好事。在美国，支持全球化的观点因此受到打击。

朱民：我感觉现在的想法超越了贸易。也就是说无关 90 天的贸易谈判是否取得进展，当您考虑两国经济的未来模式和未来的新关系时，比如说 5 年、10 年，甚至 20 年，贸易背后的关键问题是什么？

萨默斯：我认为这是一系列的问题。最具讽刺意味的是，在某种情况下，美国如果得到了想得到的，马上就会后悔（搬起石头砸自己的脚）。如果美国让中国停止对“中国制造 2025”的补贴，中国的经济反倒可能更强更高效，更有可能成为美国的竞争对手。美国反倒成功地鼓励中国发展自己的技术，而不是依赖美国的技术，美国势力渐微，而不是增加对中国经济的影响。因此，我很不确定我们提出的某些要求，是否真正符合提要求者的利益，至少是提要求者自认为是其利益所在。我认为这是一个层面的问题。

另一个层面的问题是，我们需要建立前沿技术的规则边界。如果一个国家，在开发新的生物技术时没有对人体测试的伦理限制，会比对人体测试开展伦理限制的别国在开发该技术时行动更快。这样就铁定会引发重大冲突。同样，无视隐私而在人工智能方面取得成功也是有问题的。所以我认为有必要用框架式逻辑使两个国家表达各自的价值观，双方价值观或许不同，但应该保持公平的竞争，比如在生命科学、人工智能和大数据等领域。

朱民：这都是非常深度的思考，比起贸易您思考了更多的根本性话题，对吗？

萨默斯：是的。最终双方在贸易上总会达成一致，不管是 10%

的关税还是20%的关税，这无法预知，我也没有参与协商。我猜测，可能迟早会达成某种协议，这一协议可能会持续一段时间。但我认为，紧张关系涉及的根本性事实是，中国的人口是美国的4.5倍。当中国的人均GDP达到美国的约22%、33%、44%或无限接近于100%时，中国或将成为一个比美国更大的经济体。如果达到44%，中国的经济体量将会是美国的两倍。所以，美国和中国之间的互动关系将会变得非常不同，和传统的互动关系非常不一样。实事求是地说，中国的历史要比美国长多了，我们这两个国家有非常不同的历史背景，我们两个国家的历史都有极其孤立的阶段，同时，两个国家也都有一些阶段处于主导性的地位。但是中美两国都没有太多与其他国家建立双边对等关系的经验。在未来，我们需要的是一种有管理、有规范的世界，我们不能孤立自己，我们的利益不是100%一致的，我们也不会处在一个主导对方的位置上，这将是对中美两国战略想象力的一次考验。

朱民：这是一个战略性的问题，您超越了贸易的角度去看这个问题，向前看，有非常深入的思考。

萨默斯：我认为中国人可能犯的一个大错误就是，把所有这些戏剧性和紧张局势都归咎于特朗普总统。重要的是要认识到，在美国非常广泛的范围内，人们对中国的经济实践越来越感到失望，就像我前面提到的像保尔森和格林伯格这样的商业领袖。另一个迹象是，在奥巴马总统第一任期内，一群中国顾问撰写了一篇文章，基本上是说，基于已有协议的美国与中国关系的主流概念被证明是错误的。这些政策是基于完全不同的前提。因此，这与希望征收钢铁关税的特殊利益集团或希望获得更多市场准入的汽车公司无关。但这将是一场更大范围的讨论。

现场问答

提问：我是《环球时报》的记者。我们可以看到，这里有一个非常有意思的现象。十年前，美国相对于其他国家而言，确实更强大。美国更专注于通过建立多边机制来解决问题，比如推进G20（20国集团）的建设。但如今，美国采取了相反的战略。您觉得美国为什么会改变自己的外交政策？

萨默斯：我觉得特朗普总统和他同事的做法，以及他们对全球体系的愿景跟之前的美国政府不太一样，比如奥巴马总统、布什总统、克林顿总统、里根总统、卡特总统、福特总统等。特朗普总统更关注的是竞争性，我并不认为他这么做是有利的，因为这不利于维持国际秩序。我觉得现在不可避免的一点就是，随着时间的推移，美国将占全球经济更少的份额。尤其在这个阶段，脱离全球合作是不可取的。不过我赞同美国的一个说法，随着其他国家经济不断增长，在给国际机构提供资助和维护全球和平成本方面，其他经济增长的国家也应该能够肩负起更多的责任。但是美国现在离开多边体系的做法的确是非常错误的。

美国正拒绝多边体系以及追求狭隘的、激进的商业化自我利益，这样的尝试美国以前其实做过。在第一次世界大战之后美国就做过类似的事情，结果是极具破坏性的。所以，我觉得美国应该继续支持基于全球性机构的全球多边体系，或者说，支持一个比历史上出现过的系统更能快速适应变化着的经济情况的体系。

朱民：多边主义是最重要的。因为我们生活在这样一个联系紧密的世界里。

提问：我是清华大学的学生，也是来自央视国际网的记者。正如您提及的，现在很多美国人认为中国的一些商业行为让他们感到很沮丧。2018年中国出台了一些改革开放措施。我想问一下，有没有什么新的改革措施，是美国期待中国有的，但是中国现在还没有做的？

朱民：也就是说美国认为中国应该有什么样的改革措施，但是中国还没有。

萨默斯：我强调了中国长期的战略对于两国关系的重要性。第一，我觉得长期的战略非常重要。第二，过去的一些政府官员不应该参与现在的讨论。所以，我也不想评论到底哪一项市场开放措施是最重要的，或者中国近期应该做些什么。之前保尔森在新加坡的发言，包括格林伯格2017年8月在《华尔街日报》上写的文章，其实都是一些非常好的例子，表明了现在美国的商界人士对于中国某些商业行为的看法。

朱民：萨默斯教授不仅谈了贸易问题，也讲了一些基本的战略性问题。通过40年的改革开放发展，中国正在变得越来越强大。中美之间不仅仅是客户关系，同时它们也是竞争对手。世界正在改变，我们需要依据新框架、新规则来互动。萨默斯教授刚才也提到了建立一个新结构和两个可行的路径。很明显，萨默斯教授的观点是积极的。我们也希望能找到一个更好的路径使世界变得更加繁荣和平。我认为这也是一个长远的主题。

（本文编译：刘冉）

注释：

1. 20 世纪 90 年代，东南亚国家由房地产吹起的泡沫带来了大量银行贷款坏账，韩国由于银行向国内大企业发放大量低息贷款，遭遇企业经营下滑后，不良资产急剧膨胀。大量各类不良资产的存在，严重影响了投资者的信心。1997 年 7 月，亚洲金融风暴席卷泰国，不久便波及马来西亚、新加坡、日本、韩国以及中国香港等国家和地区。泰国、印度尼西亚、韩国等国的货币大幅贬值，同时造成亚洲大部分主要股市大幅下跌，冲击亚洲各国外贸企业，造成亚洲许多大型企业倒闭，工人失业，社会经济萧条，一些国家的政局也开始混乱。泰国、印度尼西亚和韩国是受此次金融风暴波及最严重的国家。

1997 年，克林顿政府开始重新定位世界政治格局，将中国视为战略合作伙伴，针对中国加入世界贸易组织的中美双边谈判由此加快了步伐。1997 年，亚洲金融危机促使中国开始实行扩大内需的积极财政政策，担心中国放弃加入世界贸易组织的克林顿政府开始加强与中国的沟通。萨默斯出任分管国际事务的美国财政部副部长时，曾于 1998 年 1 月和 1999 年 2 月两次访问中国。1998 年 1 月，即文中萨默斯提到的来华就亚洲金融危机政策问题与中方进行沟通。1999 年 2 月，作为美方代表，萨默斯率团来到北京，就中国加入世界贸易组织事项与中方开始正式的谈判。

1999 年 5 月 8 日，以美国为首的北约悍然轰炸中国驻南斯拉夫大使馆事件发生后，中美双方关于中国加入世界贸易组织的谈判中断。在中国加入世界贸易组织的谈判陷入僵局之际，1999 年 10 月，已担任美国财政部长的萨默斯来到北京参加第十二次中美联合经济委员会会议，他带来了克林顿的折中方案：中国先加入，美国国会在大选后再批准中国的无条件最惠国待遇。回到美国后，他在多个场合呼吁美国国会尽快给予中国永久性正常贸易关系地位。

2. 2001 年 12 月 11 日，中国成为世界贸易组织第 143 个成员。

3. 萨默斯曾于 2001 年 3 月底出席由中国国务院发展研究中心主办的第三届中国发展高层论坛。哈佛大学校长任内，他于 2002 年 5 月再次访华，受到时任中国国家主席江泽民的接见。

4. “修昔底德陷阱”这一概念源自公元前 5 世纪古希腊著名历史学家修昔底德，他认为，当一个崛起的大国与既有的统治霸主竞争时，多数会以战争的方式结束双方的竞争。修昔底德曾作为士兵服役，见证了挑战者雅典与当时占据希腊统治地位的军事政权——斯巴达之间的战争几乎毁灭了整个古希腊文明，并指出“令战争不可避免的真正原因是，雅典势力的增长以及由此引发的斯巴达的恐惧”。2012 年，艾利森教授在英国《金融时报》上撰文称“修昔底德陷阱已经在太平洋地区凸显”。自此，“修昔底德陷阱”的说法开始频繁出现在中美学界。

5. 门罗主义发表于 1823 年，表明美国当时的观点，即欧洲列强不应再殖民美洲，或涉足美国与墨西哥等美洲国家的主权相关事务。而对于欧洲各国之间的争端，或各国与其美洲殖民地之间的战事，美国保持中立。相关战事若发生于美洲，美国将视其为具有敌意之行为。

此观点由美国总统詹姆斯·门罗发表于第七次对国会演说的国情咨文中。演说开头迟疑，而后转为充满热情。这是美国涉外事务之转折点。此学说初由约翰·昆西·亚当斯等人构思而成，以宣布美国在道义上反对殖民主义；后经多方重新诠释为种种广义之说法；西奥多·罗斯福总统即以此作为行使美式殖民主义之许可，以门罗主义之罗斯福推论（Roosevelt Corollary）而知名。

美国国务卿克里 2013 年 11 月 18 日在华盛顿表示，门罗主义的时代已经终结，今天的美洲国家间关系建立在平等伙伴关系和共同责任的基础上，美国不再致力于干预其他美洲国家事务。

6. 莫里斯·格林伯格是美国保险业的传奇人物，他对美国保险业有着巨大影响，被称为“世界金融保险教父”，是美国保险业较有影响力的领袖之一。格林伯格 1925 年 5 月 4 日出生于纽约，曾经是一名战士，参加了第二次世界大战中的诺曼底登陆。从欧洲战场归来，格林伯格进入了迈阿密大学，在 1948 年得到了初级法学证书。后来格林伯格又一次从军，参加了朝鲜战争。军旅生涯对他的性格和管理风格有着重要影响。格林伯格于 1953 年进入保险业，1962 年出任美国家居保险公司总裁，1965 年被选为 C. V. 史带投资集团董事，1967 年起任 AIG 总裁兼首席执行官，1989 年至 2005 年 3 月，出任 AIG 董事长兼首席执行官，现任 C. V. 史带投资集团董事长兼首席执行官。

早在 1993 年，格林伯格就捐款 51.5 万美元，从法国私人收藏家手中购得颐和园万寿山佛香阁西侧铜亭宝云阁流失的 10 扇铜窗，并无偿送还中国。他是第一位将流失海外的珍品归还给中国的外国友人。1992 年，中国人民银行批准在上海成立友邦保险上海分公司（友邦保险是 AIG 的子公司），AIG 由此获得中国的第一张外资保险营业执照。20 世纪 90 年代，当中国为加入世界贸易组织几经挫折的时候，格林伯格奔走在华盛顿国会山庄和参众两院之间，敦促美国政府给予中国永久性最惠国待遇，并尽快完成与中国加入世界贸易组织的谈判，因此他一直被认为是主张加强中美关系的“幕后声音”。2018 年 12 月 18 日，莫里斯·格林伯格被授予“中国改革友谊奖章”。

格林伯格在 2018 年 8 月 21 日的《华尔街日报》上发表了一篇文章，引起广泛讨论，标题是“对中国领导人的一些友好建议：除非你做出回应，否则你不能期望继续获得有利的贸易和投资条款”。这篇文章的主要论点是，中国在开放之初作为一个新兴市场建立了贸易壁垒，以建立其新兴产业。出于战略原因，这对美国等国来说是可以接受的。“现在，中国的机构、政策、监管程序都存在一定的结构性障碍，这一切都需要改变。当中国不愿意回应时，中国不能指望在国外市场继续获得有利的贸易和投资条件。改革符合中国的利益，美国有权提升公平竞争力。中国不再需要与经济发展初期相同的优惠条件。重新评估双边贸易条款并使其更公平公正是有道理的，每个贸易伙伴都可以确保所有产业的市场准入平等且畅通无阻。”

7. 亨利·保尔森 1946 年 3 月 28 日出生于美国佛罗里达州。1964 年考入美国东部常春藤名校之一的达特茅斯大学，获得英语语言学位。1968 年，保尔森进入哈佛大学商学院，1970 年获得哈佛大学 MBA（工商管理硕士）学位。随后保尔森进入五角大楼，担任国防部长幕僚助理。尼克松总统在任期间，保尔森是总统幕僚助理和白宫内务委员会成员。“水门事件”后，他加入高盛芝加哥分部，担任银行业务助理。随后的岁月他连连高升，1996 年被任命为总裁兼首席运营官，1999 年 5 月，他正式出任高盛集团董事长兼首席执行官，2006 年 7 月就任小布什政府时期的美国第 74 任财政部长。

2018 年 11 月 6 日至 7 日，彭博创新经济论坛在新加坡举行，亨利·保尔森发表了关于中美贸易的主旨演讲。

保尔森在演讲中提到，“美国在中国加入世界贸易组织领域一事上起到了积极的作用。但在加入世界贸易组织近 20 年之后，在很多领域，中国还是没有完全对外资开放。合资和股权比例的限制依然存在。除此以外，在贸易和外商投资领域还有技术标准、政府补贴、办理许可证和管制等非关税壁垒。这是不可接受的，中国要加大改革开放力度。

在关于科技的议题上，保尔森表示美国正在形成一个共识：“中国正在通过一系列高科技领域自主创新方面的政策和战略来制定自己的技术标准并达到自力更生。因此，美国有一些人现在主张全面对华技术封锁。”

在对华贸易政策的可持续性上，保尔森表示：“美国民主和共和两党在中国问题上看法一致。对华贸易损害了部分美国工人的利益，他们已经通过选票表达了不满。当前的趋势很可能会在美国政策制定界长期持续下去。”

保尔森在演讲的最后建议中国：加大经济开放，取消政府保护和政府补贴行为；“积极主动地保护外国专有技术”等。

格雷厄姆·艾利森（Graham Allison）

生于1940年，拥有哈佛大学历史学学士，牛津大学哲学、政治学与经济学硕士，以及哈佛大学政治学博士学位。艾利森是哈佛大学教授及肯尼迪政治学院首任院长，至今在哈佛大学任教已达50年。2017年，担任哈佛大学贝尔弗科学与国际事务中心主任，该中心被评为全球“第一大学附属智库”。

艾利森是20世纪70年代以来美国较具影响力的国家安全和国防政策专家之一，曾先后担任里根政府的国防部长特别顾问以及克林顿政府的国防部长助理。他还曾担任国务卿、国防部长和中央情报局局长的顾问委员会成员。

艾利森著有《决策的本质：还原古巴导弹危机的真相》《注定一战：中美能避免修昔底德陷阱吗？》《李光耀论中国与世界》《核恐怖主义：可预防的终极灾害》等多本国际政治畅销书。

中美如何避免修昔底德陷阱 *

无论你们是否细心观察过中国与美国当下的关系，或者你们只是在手机上了解两国关系的变化，你们可能都会有些困惑，甚至毫无头绪，因为在过去两年里，全球对中美关系的看法产生了许多变化，比上一代产生的变化还要多。

如果你们最近关注了美国政府，那么你们一定知道，中国，这个在奥巴马卸任时被其官方宣布为美国“战略伙伴”的国家，现在却被特朗普政府正式认定为“战略对手”。简而言之，我们的朋友突然变成了敌人。尽管这是特朗普政府官方文件中采用的措辞，但不仅限于此，这一观点已经得到了美国政界，包括民主党和共和党人士在内的普遍认同。

“中国被认为是个麻烦。”你们可以观察到，诸如黛安娜·范斯坦[1]这样的领导人，此前曾一直试图建立建设性的中美关系，但现在却在贸易和其他领域对中国持有非常严苛的态度。

所以中国曾有一段时间在思索：为什么会发生这种变化？这种变化有多大，影响有多深？

为了让大家更清醒地认识、更好地理解当前发生的变化，我要提出一个“大假设”，以及一个前所未有的“大挑战”。

---

* 演讲时间：2019 年 3 月 20 日。演讲地点：清华大学大礼堂。

我要提出的"大假设"就是"修昔底德陷阱"[2]。修昔底德陷阱指的正是像中国这样的新兴大国和像美国这样的统治大国之间的竞争。而所谓的前所未有的"大挑战"，就是《注定一战：中美能避免修昔底德陷阱吗？》一书的标题。也就是说，我们如何才能管理好崛起的中国与统治的美国之间的关系，而不是以一场悲惨的战争告终。

很快领悟了这一想法并对此持有深刻见解的一位人士就是中国的领导人习近平主席。他在 2017 年 1 月达沃斯论坛上说的每一句话[3]，都令我首肯心折。现在，他正尝试建立一种新型大国关系。一位直接为他工作的人士最近与我交谈时向我询问："格雷厄姆，你认为习近平主席为什么要倡导建立一种新型大国关系？"那是因为习主席明白，几个世纪以来，旧形式往往都是以战争而告终的。

所以，正如他所说，我们必须建立某种新型大国关系，因为只有这样，我们才能避免陷入修昔底德陷阱，才能防止人人厌惧的战争。我们要建立新型的关系，就绝不能一切照旧，只有充分发挥我们的才智与创意，才能找到避免修昔底德陷阱的途径。

把《注定一战：中美能避免修昔底德陷阱吗？》这本书交给出版社以来，我就一直在研究这一问题。而且我也很想听听其他人，尤其是年轻人的想法，因为我认为这个问题未必只有在传统的国家安全和外交框架内才能解决，其他人也可以对此贡献价值。

我一般会先提出问题，然后做一个简短的回答，最后再做补充。

第一，"大假设"是什么假设？

答案是"修昔底德陷阱"。修昔底德陷阱是一种十分危险的动态，当一个崛起的大国（城邦），比如古希腊的雅典，或者当今的中国，将要取代一个统治大国（城邦），比如古希腊的斯巴达，或者当今的美国的时候，就会出现这种动态。

第二，中国是正在崛起，还是已经崛起？

答案是中国正在崛起，而且方兴未艾。但如果按购买力平价[4]衡量，中国早就已经崛起，是世界上最大的国民经济体。

第三，中国的崛起会如何影响美国以及美国主导的国际秩序？

答案是随着国力日渐增强，中国不可避免地挑战了美国的特权和地位，美国人在美国崛起一百年后已经将这些特权和地位当作他们的自然权利，所以这就导致美国人的意识受到了冲击，他们不得不思索他们是谁，以及美国在各领域的地位和特权。

第四，竞争中的修昔底德动态是否会招致一场无人希望发生的战争？

答案是，在历史上，鲜有哪个崛起大国或统治大国会发起战争或者希望发生战争，往往是第三方国家的某些行为诱发了战争。某些无关的外部事件使得一个或几个主要竞争国觉得有必要做出回应，从而引发了一系列事件，并最终酿成了战争。我们在思考中国与美国的时候，不妨回想一下中美是如何在 1950 年陷入朝鲜战争的，毛泽东主席并不希望发生那场战争，杜鲁门总统也不想。

第五，中美战争是否真的无法避免？

答案是否定的，中美之间的战争并非不可避免。许多人误解了这个命题，但我绝对相信，战争可以避免。

我写《注定一战：中美能避免修昔底德陷阱吗？》的目的不是鼓吹战争，也不是预测战争，而是希望避免未来战争的发生，因为没有人希望发生战争。但倘若真的由于中国或美国领导人的一些本可避免的行为而引发了战争，那他们也不能把责任推到历史的铁律上，他们不能说“历史注定要让我这么做”，因为这是中美两国犯下的错误，而我们原本可以采取其他方式。

第六，“大挑战”——如何避免修昔底德陷阱？

关于这个问题，我特别希望有人能提出一些好的想法，我确定了九种潜在的解决方案，但没有一种令我满意。

一、“大假设”是什么假设

修昔底德被称作“历史学之父”。他撰写了世界第一部史书——《伯罗奔尼撒战争史》[5]，书中记录的是发生于古希腊的一场战争，那场战争摧毁了两个主要的城邦。对于任何受过教育的人而言，都应该读一读这本书。这本《伯罗奔尼撒战争史》只有100多页，是一本极佳的读物。

修昔底德提出过许多“大想法”，修昔底德陷阱就是其中一个。在修昔底德研究的案例中，他认为，在古希腊，雅典的崛起以及斯巴达的恐惧正是这场战争爆发的主要原因。

修昔底德陷阱是什么？当一个崛起大国（城邦），比如雅典，或者第一次世界大战前一百多年时的德国，或者今天的中国，要挑战美国等统治大国的时候，就会出现这种危险的动态。

二、中国是正在崛起，还是已经崛起

图5.1和图5.2展示了自1978年中国实行改革开放以来，我所赞叹不已的中国奇迹之一，我称之为“贫困金字塔”。世界银行对极端贫困的定义是每人每天的收入只有两美元，而每人每天的收入不到两美元就是赤贫。

在1978年中国实行改革开放的时候，你们猜猜：有多少中国人每天靠两美元的收入勉强度日？

答案是90%，也就是每10个人里有9个人是极端贫困。

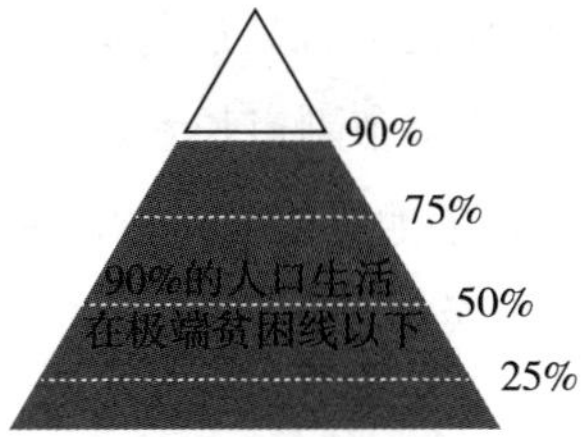

图 5.1　1978 年中国的贫困金字塔

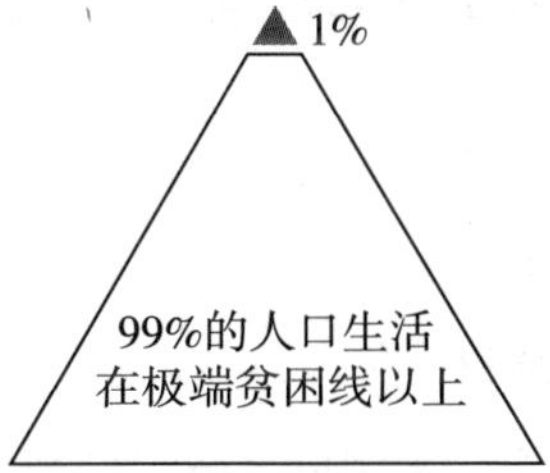

图 5.2　2014 年中国的贫困金字塔

在 1978 年以后的约 40 年里，中国的贫困金字塔发生了什么变化呢？基本上是倒过来了——极端贫困人口只剩不到 1%。

这对于中国和全世界来说都是一个了不起的成就，七八亿原本过着悲惨贫穷生活的人，现在他们的饮食都有了大幅改善，生活也有了更多尊严。

安德森纪念桥是哈佛大学的一座桥，位于查尔斯河上，我从肯尼迪政治学院的办公室往外看就可以看到它，它位于肯尼迪政治学院和商学院之间。这座桥于 2012 年开始翻修，项目为期两年。据说，虽然桥的施工造成了严重的交通堵塞，但还是需要两年才能完工。2014 年，他们说还没有完工，还需要一年的时间。2015 年，他们说还是没有完工，但他们也不告诉我们什么时候才能完工。2017 年，他们终于完工了，耗时比预计时间多了将近两倍。

在北京，有一座桥叫三元桥。它的车道大约比安德森纪念桥宽两倍。2016 年，北京市政府决定对其进行翻新。猜猜看翻新工程花了多长时间？43 个小时。北京市副市长参加了肯尼迪政治学院的项目，我当时见到了他。我说如果他能带着他的团队完成安德森纪念桥的翻新项目，我一定会力所能及地帮点小忙。

三、中国的崛起会如何影响美国以及美国主导的国际秩序

2014 年奥巴马政府制定了针对亚洲的战略——“支点”战略，有时也称为“亚太再平衡战略”[7]。

当时，奥巴马总统说，美国应该减轻站在中东战争中的左脚的重量，以便加大站在亚洲的右脚的重量，因为亚洲才是未来之所在。这一观点十分重要，我也非常赞成他的观点，但应该注意的是，当我们还在辩论应该增加左脚还是右脚的重量时，美国坐的跷跷板一端实际上已经被举到双脚都不着地的地步了。

中美平衡变化如图 5.3 所示。2004 年，中国的国内生产总值大约是美国的一半，购买力平价也是如此；2014 年，中国的国内生产总值有所上涨；预计到 2024 年，将涨到 2014 年的两倍左右（见表 5.1）。

那么，中国的崛起对美国的地位和特权有什么影响呢？

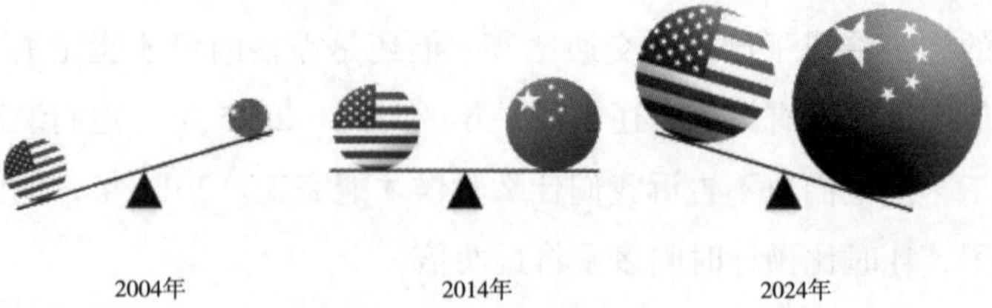

图 5.3 中美平衡变化

以前是中国位于跷跷板的顶端，美国可以让中国跳来跳去。现在，美国的脚已经够不着地了，变成中国可以让美国跳来跳去了。

表 5.1　中美国内生产总值变化（购买力平价）（单位：十亿美元）

	2004 年	2014 年	2024 年（预估）
中国	5 760	18 228	35 596
美国	12 275	17 393	25 093

资料来源：国际货币基金组织，经济学人智库。

那么贸易呢?

在 21 世纪初，亚太国家的主要贸易伙伴是美国。而在 2018 年，亚太国家的主要贸易伙伴是中国。也就是说，澳大利亚的主要贸易伙伴是中国，新加坡的主要贸易伙伴是中国，韩国和日本的主要贸易伙伴也是中国。

美国人原本认为可以占领这个市场，却被排挤了出去。美国人原本认为他们的产品可以主宰这个市场，却只分得了一杯羹。这种经济关系带来的政治影响绝对不容小觑。

所以今天，当特朗普政府谈论要把中国从全球经济中剥离出去的时候，亚洲人会质问："你在说什么？别以为我们只会选择与你缔结安全关系，与中国建立经济关系才是走向繁荣的关键。"

表 5.2 是我给哈佛学生们的一个测试，你们可能会觉得不怎么有趣，但它能为你们提供一个视角。这是一份列有十个维度的清单，美国人都知道世界第一就是美国，而这份清单提出的问题是：中国何时成为世界第一?

学生需在表 5.2 的右栏填写他们对"中国将在哪一年超过美国成为世界第一"的估计。有的学生说 20 年以后，有的说 25 年以后或 30 年以后，还有人说在他有生之年都无法实现。然后我给他们看了答案

（见表 5.3）——中国在这些维度早就已经超过了美国。中国已经拥有了数量最多的亿万富翁；中国已经拥有速度最快的超级计算机；根据国际货币基金组织的数据，通过比较各国经济的最佳标准，中国已经拥有了世界最大规模的国内生产总值。

表 5.2　测试：中国何时能成为世界第一？

维度	年份
汽车制造	?
制造业	?
贸易国	?
规模最大的中产阶级	?
最多的亿万富翁	?
太阳能发电能力	?
速度最快的超级计算机	?
人工智能研究	?
全球经济增长的主要引擎	?
经济（国内生产总值）	?

表 5.3　答案：中国已经成为世界第一

维度	年份
汽车制造	2009
制造业	2011
贸易国	2012
规模最大的中产阶级	2015
最多的亿万富翁	2016

续表

维度	年份
太阳能发电能力	2016
速度最快的超级计算机	2010
人工智能研究	2016
全球经济增长的主要引擎	2010
经济（国内生产总值）	2014

那么这对美国有什么影响呢?

世界上最早观察中国的国际政治家是李光耀，他在 2015 年去世以前，指导了我怎么了解中国，为此我深感荣幸。他被誉为“新加坡国父”，也是新加坡的建设者。他有总计数千小时与中国领导人进行面对面交谈的经历。

我和同事一起写了《李光耀论中国与世界》一书，在书中我们基本上都是在向他提问，然后他再给出他的答案。

我们问了他这个问题：中国的领导人是否真的想在可预见的未来让中国取代美国成为亚洲的主导力量?

这似乎是一个很简单的问题。但如果你去问任何中国专家，他们都会谨慎回答：这很复杂，一方面……另一方面……

李光耀是怎么回答的呢?他说当然了！为什么不想呢?中国领导人为什么不想尽早让中国成为亚洲第一，甚至世界第一呢?

那么，我们再回到之前的一个问题，中国的崛起将对美国产生什么影响?中国会侵蚀被美国人认为是他们与生俱来的地位和特权。那么大家说会造成什么影响?

四、竞争中的修昔底德动态是否会招致一场无人希望发生的战争

《注定一战：中美能避免修昔底德陷阱吗?》这本书中，回顾了过去500年的历史，找到了16个有关崛起大国将要取代主要统治大国的案例（见表5.4）。其中12个案例均以战争告终，但还有4个案例并没有引起战争。所以，战争并非不可避免，再说一遍：战争并非不可避免。大家可以上网查阅哈佛大学的修昔底德陷阱案例档案，可以看到很久以前对这些案例的讨论和参阅的权威历史资料，以及其中的一些争议。

那么，在一个崛起大国和一个统治大国之间，战争是如何发生的呢?尤其是在两个国家都不想开战的情况下。今天，中国和美国的情况正是如此——好消息是，在中国，没有人认为他们可以通过与美国发生战争来实现其雄心壮志；幸运的是，在美国，也没有人认为他们可以通过与中国发生战争来实现其宏图伟业。

战争的爆发，可分为三个层面，再加上动态。

第一，现实层面。中国越来越强大了，正成为主导世界贸易的主要国家，也拥有世界上最快的超级计算机等高精尖技术。如此一来，跷跷板两端的相对位置在改变，这严重影响着美国的地位和特权。

第二，感知层面。修昔底德提出，现实是通过感知、感知者的心理以及情感来处理的，这就常常会让我们产生恐惧，甚至夸大恐惧。所以当原统治大国被现实唤醒的时候，就会产生感知和误解。

第三，政治层面。无论是崛起大国，还是统治大国，内部都会有权力更迭的政治斗争，而在政客们角逐权力的路上，安全议题往往是候选人容易被竞争对手攻击的议题。那么站在一个候选人的角度，在涉及国家安全的问题上都会考虑到“我要比我的竞争对手更忠实于我的国家”，所以政客们往往要表现得比对手更强硬。

表 5.4 “修昔底德陷阱”历史案例

序号	年代	统治国	崛起国	结局
1	15 世纪末	葡萄牙	西班牙	未发生战争
2	16 世纪上半叶	法国	哈布斯堡	战争
3	16 世纪和 17 世纪	哈布斯堡	奥斯曼帝国	战争
4	17 世纪上半叶	哈布斯堡	瑞典	战争
5	17 世纪中后期	荷兰共和国	英格兰	战争
6	17 世纪末至 18 世纪中期	法国	英国（大不列颠）	战争
7	18 世纪末至 19 世纪初	英国	法国	战争
8	19 世纪中期	英国和法国	俄罗斯	战争
9	19 世纪中期	法国	德国	战争
10	19 世纪末至 20 世纪初	中国和俄罗斯	日本	战争
11	20 世纪初	英国	美国	未发生战争
12	20 世纪初	英国（法俄支持）	德国	战争
13	20 世纪中期	苏联、法国、英国	德国	战争
14	20 世纪中期	美国	日本	战争
15	20 世纪 40 年代至 80 年代	美国	苏联	未发生战争
16	20 世纪 90 年代至今	英国和法国	德国	未发生战争

我们把物质现实、处理现实过程中会产生的感知误判，以及政治角逐中会有的过度表现这三个层面聚在一起。因此，两国关系非常容

易走入“受第三方行动甚至无关事故影响”的动态过程。通常这种导火线一旦出现，只要其中一方觉得有必要做出反应，就可能诱发一系列事件，最终导致战争的爆发。

1914 年，萨拉热窝一位大公被刺杀[8]，这件事情对很多人来说可能都无关痛痒，但最终却引发了一场战争，战火基本上摧毁了整个欧洲，欧洲甚至至今仍未真正从这场战争中恢复过来。

五、中美战争是否真的无法避免

在中美竞争中，我们应该仔细观察潜在的第三方挑战，这些潜在挑战很可能会导致两个国家走到我们并不想走到的那步。

拿朝鲜来说，至少在它停止核试验与洲际弹道导弹发射试验之前，它的做法都是在激怒特朗普对其发动进攻。那么如果特朗普进攻了朝鲜，中美是否会陷入第二次朝鲜战争呢？我认为可能会。

第一次朝鲜战争发生了什么呢？请记住，美国人与中国人在那场战争中厮杀。在朝鲜战争中死去的大多数美国人是死于中国人之手，死去的大多数中国人是死于美国人之手，美国人和中国人都不希望发生那场战争。所以说，第三方的行动或挑衅很可能会引发一场无人希望发生的战争。

六、“大挑战”——如何避免修昔底德陷阱

我希望大家能够阅读《注定一战：中美能避免修昔底德陷阱吗？》一书，并主动去思考“如何避免修昔底德陷阱”这一问题。

自从我把这本书寄给出版社以来，我一直在热切地寻找这个答案。到目前为止，我已经确定了九种潜在的解决方案，但没有一种令我满意，我列出这九种方案甚至只是为了激励大家提出更好的方案。我现在给出其中两个方案。

方案一

这个想法来自一位中国同事。他说，我们为什么不能把问题说得更具体一些，讲出双方面临的问题——不管是中国人还是美国人，都是修昔底德动态的一部分，中国属于崛起力量，美国属于统治力量，这种竞争确实会使我们很容易受第三方行动的影响，所以我们要认识这一事实，并处理这一事实。

针对他的方案，我在书中回应：这一挑战并不是像你得了急性病一样能够轻松解决的——你吃一片药，病就好了。我们面临的挑战更像是一种必须控制的慢性病——得了慢性病，只能忍受着，还要能控制住，并且还必须时时注意着。

那么这个方案有什么意义呢？我想有三点值得我们借鉴与思考。

第一，认识到修昔底德动态产生的“易受影响性”。严肃认清系统性风险这个事实，不是因为中国想要一场战争，也不是因为美国想要一场战争，而是只要这个风险存在于一个崛起大国与一个统治大国之间的竞争中，就会不可避免地让双方陷入一场都不希望发生的战争。

第二，危机预防。我们应当共同努力，防止危机变成把我们双方拖入战争的导火线。所以，我们应当在朝鲜等问题上合作。

第三，危机管理。时刻准备应对危机，并尽最大努力防止危机的发生。也就是说，我们要建立沟通渠道，共同应对各种情况，进行切实的多层次对话，包括国家领导级、军队级、地方指挥官级，以及整个危机管理团队的对话。

最后的问题——除此之外，我们还需要什么，比如一个能让我们明白在这种关系中我们需要做什么的新战略概念吗？也许吧。

这是我清单上的第一个方案。

方案二

简单地说，该方案结合了中国想法和约翰·肯尼迪阐述的美国想法。中国想法叫作“竞争伙伴关系”，一位上海的中国历史学家向我解释了它的含义，他描述了大约 1 000 年前宋辽之间的关系，北宋和辽国在公元 1004 年商定了一项条约，史称“澶渊之盟”[9]，它们同意在某些领域相互竞争，但在其他领域彼此合作。

这个想法非常奇怪，当然在外交上看起来也很奇怪，但是在商界，这种情况有一个术语，叫作“竞合”。也就是说，你在某一市场里会残酷地和对手竞争，但在另一个市场里，却能与其合作。苹果和三星就是很好的例子。它们在智能手机市场上无情地竞争，实际上现在三星已经在智能手机总销量上战胜了苹果，但与此同时，三星也是苹果最大的供应商。我的竞争对手怎么能同时成为我的供应商？好吧，生活实在是太复杂了。

所以，我们可以建立“竞争伙伴关系”。

古巴导弹危机后，约翰·肯尼迪就产生了一个类似的想法。1962 年的古巴导弹危机是历史上发生的最危险一幕，肯尼迪以为就要把整个世界炸平了，所以我们绝不能再那样做，不能上演另一种版本的古巴导弹危机。[10]

肯尼迪遇刺前四个月，他在美国大学的演讲中表达了他的观点，他认为：我们不能再引发类似古巴导弹危机那样的险情了，所以我们必须建立一个“多元化的安全世界”。美苏可以在某些领域竞争，但在其他领域要和平相处。

我想我们可以将肯尼迪的观点做进一步的发展与阐释，这也是我正在研究的另一个方案。

总而言之，首先是“大假设”——修昔底德陷阱。正如亨利·基辛格所说：如果你有了这个棱镜，就能透过现今的新闻和喧嚣，看透暗藏其中的动态。然后是“大挑战”——如何避免修昔底德陷阱？答案是：我不知道。但我很感兴趣，我在看、在听。如果你有好的想法，并且愿意提出来，我会非常感兴趣。

朱民对话艾利森

朱民：在您研究的 16 个历史案例中，有 12 个均以战争告终，但有 4 个避免了战争。今天的中美两国案例，与历史上的那 16 个案例有什么主要区别？

艾利森：你提出的问题总是非常好。每个案例在许多方面都是独一无二的，但有一个故事情节总能将它们联系起来，那就是——有一个正在崛起的力量，有可能要取代一个既有的统治力量。但是有时候，取决于崛起的速度，某些情况下战争发生在崛起之前，有时发生在崛起之后。以第一次世界大战为例，当战争于 1914 年爆发时，德国的国内生产总值早已比英国高出 24%。

想要比较每个案例的异同之处，就需要进行系统的研究。为了观察中美竞争的案例，我们先来看看美苏之间的竞争。苏联在

20世纪50—60年代也被视为一个快速崛起的大国，美国和苏联都拥有强大的核武器军库，如果当时使用了核武器军库，肯定会致使对方及其他国家的大规模死亡，所以两国在一定程度更谨慎并能相互制约。这点对中美关系而言是积极的，因为美国人现在知道，如果与中国发生核战争，最终美国会成为一片废墟，反之亦然。中美两国在这一点上毫无分歧，这也是一个能够制约双方的纽带。

至于气候问题，过去的几代人中，几乎没人意识到使用工业能源对气候的影响，比如可能会导致我们的环境在100年内都不宜居住。今天，美国和中国——这两个排放大国，如果能找到限制这一影响的方法，我们就可以解决这一问题；如果我们找不到，双方中的任何一方不管做什么都是徒劳的。因为我们只有携手，才有可能成功。这也是另一个积极的方面。

当我思考中美案例的时候，我发现与之前的一些案例相比，中美竞争中存在着一些相当积极的因素，这些因素有理由让我们保持乐观。回想1914年德国和英国的案例，它们的经济相互依赖程度几乎与今天的美国和中国一样高，不是说供应链，而是仅仅就贸易、教育交流而言，依赖都是相当广泛的。文化方面，德皇威廉二世和英国国王乔治五世是表亲，他们常常一起度假。德皇威廉二世是一个非常奇怪的人，他认为自己是一个英国人，他曾穿着英国海军的制服去参加1910年爱德华七世的葬礼，西奥多·罗斯福作为美国代表也参加了葬礼，走在棺材后面的两个人就是英国新任国王乔治五世和德皇威廉二世。德皇威廉二世一直追着西奥多·罗斯福说："我真的是英国人，我在英国的感觉比在德国好。"但所有这些积极因素都还不够。

朱民：您在那16个案例中观察到，在大多数情况下，崛起力量都会对统治力量发起军事挑战，对吗？但您看看今天的中美竞争，中国没有对美国施加任何军事威胁，美国显然也是全球军事大国，远远领先于其他任何国家。既然如此，那您认为爆发战争的可能性会不会更低呢？

艾利森：我认为，首先，在核领域问题上，尽管美国拥有的核武器比中国要多得多，但在我看来，中国的军事力量已经足够强大，即使美国对中国发动袭击，中国也能果断做出反应。当然，那是万不得已的最后局面,大家都不想看到。因为核战争极为疯狂，美国人明白这一点。

在中间局面，因为美国军备长期以来投资都十分巨大，美国占了绝对优势。但在地区平衡方面却不尽然。

而从战争角度，中美双方都不希望战争发生，双方都知道如果战争发生，定会追悔莫及。

朱民：在您的书中以及谈话中，您提到了第三方可以把两个超级大国卷入一场战争之中，就像 1914 年第一次世界大战一样，刺杀事件实际上没有说明任何事情，但各个国家都卷了进去，最后导致了一场非常可怕的战争。

艾利森：第三方能把两个大国拖入一场它们不希望发生的战争，这个想法似乎极为荒唐，所以你可能认为没人会这么做，大国是不会让这种情况发生的。但回顾历史，这种事情却一次又一次地发生了。即使在中美关系中，虽然是修昔底德动态，但你不妨回顾一下 1950 年发生的事情，我认为非常值得去仔细研究。

在 1950 年初，一场漫长的战争刚刚结束，杜鲁门和美国政府仔细考虑后决定，美国不能去亚洲大陆作战，不想卷入别国的内战。

到了 1950 年底，中国和美国在朝鲜半岛厮杀，死伤无数，但“三八线”仍然没变。

朱民：所以我们双方都需要谨慎管理好第三方风险，以免毫无缘由地就卷入战争。

艾利森：或许我们应该仔细想想所有我们能想到的事情。我能想到的有中国台湾、朝鲜，还有中国南海。但我敢打赌，可能还有几件事情我没有想到，而且还是很奇怪的几件事情。如果在 1910 年，我们当时能在午餐时闲聊着、谈论着欧洲会爆发战争吗？然后你就在你的清单上列出各种事情，你可能万万想不到大公遇刺会是战争的导火线，但是你可能会想，巴尔干地区一团乱，塞尔维亚人之间的战争不休不止，巴尔干爆发过第一次战争和第二次战争，也许我们最好调查一下，也许我们最好找个人看看能否帮助我们解决这个问题，或者把我们自己置身事外。

朱民：现在您的《注定一战：中美能避免修昔底德陷阱吗？》英文版已经出版两年了，那您如何评估当前的形势呢？您认为今天与两年前相比，中美之间的紧张关系是缓和了还是更严峻了呢？

艾利森：我在书中说过，我的目的不是预测未来的战争，而是阻止战争。我认为当前的情况会变得越来越突出，但我的感知可能会产生误解，实际上我也没有预料过这种感知多久会变为政治的一部分。我要说的是，修昔底德式竞争比我预期的更加激烈，我一直在努力地去理解这是怎么回事。

首先，中国人可能会忽略这样一个事实，那就是美国人确实相信美国就是第一，这是一种奇怪的骄傲。100年来，美国人几乎一直处于所有社会等级的顶端。正如美国人所说，这对世界而言是有益的。对美国来说，这种力量是有益的，正是这种秩序为亚洲提供了创造奇迹的机遇，如果存在安全障碍，即使是在经济框架下，也不会出现这些机遇。所以美国人就很容易认为，事实就是这样，事实也应该是这样，事实更应该保持这样。

其次，我认为美国人忽略了一点，用习近平主席的话说就是，中国人正在努力实现中华民族的伟大复兴，这与美国无关，这是中国的事情。减少贫困人口，这是为了中国；增加中等收入群体，这也是为了中国。所以振兴中华是中国梦，是中国的事情，与美国无关，与其他人都无关。

但不可避免的是，随着中国越来越强大，中国确实已经变成了主要的贸易伙伴，确实拥有了领先的5G公司，也确实拥有了世界最快的超级计算机。美国人看到这些就说："哎呀，我认为我们才是最主要的贸易伙伴，只有我们才拥有那些顶尖的技术呢。"所以，我认为美国人和中国人都误解了战争发生的动机，这就是为什么我认为在修昔底德的故事中，战争的动机不是崛起大国要取代统治大国，或是统治大国要压制崛起大国，而是统治大国认为它应该继续拥有特权，崛起大国认为它应该继续去实现野心。

但结果呢，跷跷板两端的相对位置还是变了。历史表明，没有什么是亘古不变的。美国人特别喜欢这么想：我们就是第一，不会有什么变化，这就是解决世界各类争端的办法，这个问题已经搞定了，美国第一的历史已经延续很长一段时间了。可随着时间推移，事情也会变化。所以我想说，尽管美国很难适应，但也必须适应这一变化。

朱民：是的，一点也没错。没有人能阻止中国继续发展，中国仍会迎头而上。按购买力平价衡量，中国已经超过了美国。按美元衡量，现在也已经占了60%，然后会逐渐变成70%、80%，直到100%。

艾利森：如果你要做算术的话，我两三周前就和参议员一起做过了，他说："你知道中国的问题是什么吗？不公平。"我说："这一点我十分赞同，真的不公平。"那是什么不公平呢？中国的人口是美国的4倍，如果中国的生产率是美国的1/4，那不就意味着和美国相等了吗？如果中国的生产率达到了美国的一半呢？那中国的国内生产总值就可能翻一番。中国的生产率难道只会停在美国的一半吗？我想总有一天会和美国相等，中国没有理由停下来。中国想要实现中国梦就和美国想要实现美国梦一样顺理成章。

有些人认为，世界秩序不堪一击，但事实却是已经70年都没有发生过一场大战争了，这在历史上而言是相当了不起的，所以我们有理由希望世界不要变化得过快，我们也不希望世界朝着消极的方向发展。因此，找到让崛起的中国和统治的美国和平共处而非陷入冲突的方法，对我们所有人来说都是艰巨的挑战。

朱民：您提到了一个非常有意思的想法，您说，要想避免修昔底德陷阱，我们两国就应该找到一个共同的奋斗目标。您认为我们应该追求什么样的共同目标呢？您之前提到了气候变化。

艾利森：是的，我在哈佛的课堂上虚构了一个角色，我称之为“火星战略家”——一位生活在火星上的女士，她非常聪明，观察着世界上发生的一切事情，然后她独具慧眼地看到了这一点。如果一个火星战略家来和美国人或者中国人交谈，她也许会说以下几点。

第一，如果你们能想想对你们各方而言，什么是最重要的，那你们就一定能有很多共同点。然后，别让某些第三方把你们拖入一场自我毁灭的战争。好吗？

第二，气候。你们两个国家都是世界最大的温室气体排放国，如果继续放任你们当前的排放措施，那大约在 15 年之后，你们就要创造一个无人能住的世界了，所以要么你们一起减排，要么就都别管了。

第三，全球经济。也许你们比我更了解这一点。据我观察，自 1978 年中国改革开放以后，不仅中国的经济增长令我叹为观止，全球经济总量居然也增长了近 10 倍。所以，在全球经济一体化的背景下，如果发生危机，那两个经济大国要么就寻求合作，防止危机演变成灾难，要么就都不管，你们比我更熟悉这样做的后果，毕竟你们都经历过。2008 年华尔街的做法引发了一场严重的金融危机，那场危机几乎让全球经济陷入衰退。当时的中国和美国齐心协力，所以才能在管理全球经济的同时阻止萧条的发生，这对全球经济而言至关重要。

另外，经济落后地区如何提高经济呢？如果其他发展中国家也能跟随中国的脚步发展 40 年，会是怎样呢？扶贫的目的是让那些想要从困境迁移至其他国家生活的人的数量大大减少，比如迁至欧洲的非洲人，迁至美国的中美洲人等。

如果我们努力想想，还可以想到十个领域，而且在这些领域中，中美双方如果没有对方的合作，就不可能成功，所以对任何一方来说，合作都是至关重要的，如果双方能够合作，那么双方可以拥有的资源也会比单独行动时多出一倍。

朱民：这个观点很重要。我们应该同心协力避免修昔底德陷阱。

现场问答

提问：我是清华大学的硕士研究生，来自新闻与传播学专业，辅修国际政治。我第一次读到您写在《金融时报》上的关于“太平洋修昔底德陷阱”的文章是在2016年，当时我还是多伦多大学的交换生。当时的多伦多的确美丽而和平，但两三年后，华为首席财务官却在机场被捕。在我看来，修昔底德陷阱以及崛起大国都只是存在于中美之间的虚构故事。教授之前提到，中国是一个崛起大国。但在我看来，我没有足够的信心把自己的祖国称作崛起大国。比如说，您提到了国内生产总值和购买力平价指数，但是我们应该看人均指数，对于国防开支，我们也要看人均指数。但这不是重点。您还提到第一次世界大战和第二次世界大战中的德国，它想要称霸，成为超级海上强国，希特勒也想要复仇，但我认为现在的中国，一没有那种国力，二也不想成为战时的德国。以上就是我对修昔底德陷阱的理解。

朱民：这位同学的观点很有意思。第一，她认为我们不应该把中国称作崛起大国；第二，她认为中国并不想成为世界强国。

艾利森：说得非常好。我要补充的两点是，如果你根据任何国力指标，画一张 1978 年和 2018 年的图表，你可能不会觉得中国是一个崛起大国，也可能觉得中国的崛起程度没那么大。然而，一个人口是美国 4 倍的国家，尽管人均国内生产总值只有美国的 1/4，但能保持和美国相等的国内生产总值，无论是看起来还是感觉上，这样的国家都像一个崛起大国。

朱民：是的，您更侧重经济方面的总体力量，这一点也很重要。

提问：我来自奥地利。中美关系对世界上的其他国家而言意味着什么？如果我们现在生活在一个多极化的世界，中国与美国作为主导大国，那对于剩下的国家而言，意味着什么？不确定性会不会更高，还是会经历与过去相似的增长？

朱民：我们必须考虑欧洲。不要只谈论中国和美国，世界是一体的，那么整个世界会如何受中美问题的牵涉或影响呢？

艾利森：泰国有句谚语说得好：大象打架时，脚下的草也会被践踏。如果美国和中国发生了一场大战，那么这场战争最终一定会祸及全球，并会对全球造成毁灭性的影响。资本除了流向军事领域外，我想不出还有什么其他经济能够得到发展，也不知道战争会蔓延至哪里，我认为不一定就会蔓延到欧洲，但是你仍然可以想象战争爆发后的各种场景。那么，欧洲应不应该在国际舞台上扮演一名重要角色？是否可以在减少这种双边竞争上发挥一些作用？这对世界而言是非常有益的。但一直以来，欧洲都难以团结一心，所以如果想让欧洲在中美关系上发挥出更大的作用，仍然极具挑战性。

提问：我是北京大学的交换生。我们一直在讨论两个大国之间爆发传统战争的可能性。但是考虑到技术投资以及更加紧密的全球经济，我想知道您如何看待诸如非动力战争、非传统战争这种案例发生的可能性，以及这种可能性会如何影响传统意义上的修昔底德陷阱。

朱民：在传统概念中讨论非传统案例，非常好。

艾利森：关于非传统战争，可以参考美国副总统迈克·彭斯在哈德逊研究所发表的演讲。简而言之，他概述了这样一种观点：几十年来，美国和中国之间一直存在另一种版本的"冲突"，只是美国人没有察觉到。但正如他所说，特朗普政府已经注意到了，而且要在各个方面进行反击。

其中一个方面就是网络冲突。例如，俄罗斯曾在向爱沙尼亚施压时，关闭了后者的电网，所以人们可以想象，这种情况会不会发生在中美关系中，或者发生在中美胁迫某些第三方的手段中。不仅仅是美国和中国参与了这场游戏，世界各地上网的门槛也低了很多。随着竞争日渐激烈，非动力战争可能会越来越普遍，这点十分令人担忧。

朱民：是的，这个问题非常有趣，与您之前提的16个案例相比，中美问题不仅面临着常规挑战，也就是经济和军事挑战，还面临着像网络问题这样的非常规挑战。但是，在我们今天面临的非常规挑战和常规挑战中，您认为非常规挑战是否会比常规挑战更有可能加剧两国之间的冲突呢?

艾利森:这个问题非常有意思,我一直在努力研究。以人工智能为例,这个领域的竞争激烈吗?激烈。什么是人工智能,我认为人工智能就是一种超级武器。如果应用人工智能能够在特定的冲突或战争领域带来一些决定性优势,那么人工智能这种武器可能会造成极大的混乱。

假设在防守进攻航母的时候使用人工智能,如果想要摧毁敌方的航母,那我就会在攻击航母的导弹上使用人工智能,就像AlphaGo(阿尔法围棋)击败围棋手那样。

在这种情况下,要么我已经占了决定性优势,要么我可能会觉得我已经占了决定性优势。所以,当军备竞赛定性了的时候,双方对各自相对地位的感知就会变得更加不稳定,这就会让人更加觉得人工智能具有威慑性——我过去以为是我占上风,但现在我却不敢这么确定了;但如果一方认为自己已经占了决定性优势,那这种技术对其而言也是极具诱惑的。

朱民:在您的共同行动清单上,我认为我们应该再加上全球政府在技术方面的问题,特别是人工智能这类问题,我认为这是一项新的挑战。

提问:我是来自中国外交学院的学生。您在书中提到的4个案例中,葡萄牙和西班牙的宗教信仰相同,美国和英国的文化相同。而在20世纪末,德国虽然接管了欧洲的领导地位,却牺牲了其军事发展。我的问题是,中国的文化和宗教信仰都与美国不同,那么中美有没有可能陷入另一场“冷战”,然后以一方瓦解而告终呢?

朱民：除了经济或者军事追赶和竞争以外，我们在修昔底德陷阱中还存在着文化差异。

艾利森：毫无疑问，中美之间的确存在着文化甚至文明差异，而我的书中有一章叫“文明的冲突”，实际上就是从我以前的同事塞缪尔·亨廷顿的著作《文明的冲突》中借鉴的。

中国的文明和文化与美国截然不同。美国文化始于个人，个人自由是政治体系中的首要目标。而在中国的传统和儒家文化中，社会价值相对于个人价值而言是异乎寻常重要的，你既可以在今天的中国文化中看到这一点，也可以在几千年前的中国文化中发现这一点。那么,这种差异是否就意味着双方无法找到合作方式呢?尤其是就如何避免陷入战争而言。我不这么认为。

英国人当初可以把美国人看作另一群说英语的人，作为堂兄弟姐妹，美国人有点像是正在接受英国文明洗礼的下一代人，所以英国人就很放心。但我认为，如果英国人没有面对一个崛起的德国，以及一个同时崛起的美国，而且这个崛起的德国还离他们如此之近，那么英国人可能就无法与美国达成和解了，因为英国人觉得没有必要。

在书中，我引用了1902年时任英国首相索尔兹伯里勋爵（罗伯特·盖斯科因－塞西尔）看到的一个事实：美国人正在超越英国人，但美国人的行为却非常恶劣，美国人也不欣赏英国人。索尔兹伯里勋爵认为这是一场悲剧。但在生活中，机会既会出现，也会消失。如果在1860年的美国南北战争期间，英国人支持了美国南方，那现在北美可能就会有第三个大国，美国也就不会超越英国了。但英国人错过了那个机会。所以我认为，如果不是德国人虎视眈眈，英国人可能会做出不同的决定。

朱民：但是中国文化更讲究合作，不是吗？我是说，在历史的长河中，我们应该抱有更多希望才对。

提问：我是来自加拿大魁北克的交换生，正在攻读政治学硕士学位。我对修昔底德的概念相当陌生，但我觉得这种关系很有趣。我们一直在分析两个大国或势力之间的冲突，我的问题是，通过多边主义，比如，在过去几十年里，许多安全机构和经济机构在这些领域都得到了进一步的发展和强化，这些机构在防止战争或冲突方面能发挥什么作用？

朱民：这个观点也很好。全球的紧密联系会如何降低当今超级大国之间发生冲突的可能性，以及跨国机构如何在促进世界和平上发挥作用呢？

艾利森：我认为，在安全领域，当前已经成立的国际机构在约束大国行为方面的力量还相对薄弱，即使我们成立了联合国，制定了《联合国宪章》，设立了五个常任理事国，而且还赋予了它们在安理会的否决权，基本而言，它们仍有自己的斡旋空间。我希望能建立权力更大的国际机构，然后制定某些规范，从而更有效地制约像美国或中国这种大国的行为。但是到目前为止，我还没想那么多。

我认为，当小布什决定要与伊拉克开战，推翻萨达姆政权的时候，他并没有考虑联合国是否会给出一个支持他决定的决议，就出兵开战了。尽管法国和德国反对，但它们的反对也没有阻止美国出兵。所以，国际机构是否以及如何才能更有效地制约大国的行为呢？我认为，即使可以制约，程度也是有限的。

提问： 我希望您能谈谈政治的价值观。为什么您认为战争对人民、对国家是不利的？

艾利森： 问得好，我很欣赏能够提出好问题的学生。我尽量简短地回答一下。政治学中存在一个疑惑：为什么会有战争？因为战争显然会产生赢家和输家。假如你是商科学生，你就应该会避免生命和经济损失。但如果你是历史专业的学生，那你会发现战争几乎与和平一样普遍，战乱反复，大国战争频繁，70 年没有爆发大国战争是多么美好，我们不应该将这种和平视为理所当然。所以不幸的是，历史上发生战争不是因为这些战争合理，而是因为产生了类似我之前提到的修昔底德动态那样的因素，这不是唯一的原因，但也非常重要。

提问： 我是北京大学哲学系的大一新生。我的问题是，面对全球化以及随后与中国的伙伴和竞争关系，您认为当前的美国政府会不会摒弃过时的"冷战"思维呢？

艾利森： 关于关税和贸易问题，我相信如果我当时和你们打赌的话，我会以二比一的赌注，赌当前的关税冲突会在春天解决，刘鹤、莱特希泽以及姆努钦将会在谈判后达成协议，并且会由特朗普总统和习近平主席官方宣布。而且之后还会发生很多重大变化，中国也会做出很多重大改变。

但是，我认为冲突不会消失，因为冲突本就是整个修昔底德竞争中的一部分，而且我觉得在这种背景下，未来美国仍会对中国做出其他制裁。中国在国际经济的参与中，尤其是与美国的关系，还会有许多其他问题成为争议的焦点。

就那些争议而言，一方面是因为中国已经最大限度地利用了这一体系。如果你想了解一位非常同情中国的美国人如何描述中国在国际经济和贸易中的活动，我会说，去读读亨利·保尔森2017年12月在新加坡彭博峰会上的讲话吧。他说得非常详细。另一方面是因为中国还是发展中国家，中国这样做一部分原因是发展中国家一直都是这样做的，实际上世界贸易组织的规则也允许它采取不同的做法。知识产权保护不够是发展中国家的典型做法，包括美国在内，美国不发达的时候也是这样，所以这并不奇怪。

但事实是，现在的中国越来越强大了，美国就怨声载道并坚持要变革，我对此还是乐观的，最终美国和中国会在经济战线上达成某种程度的妥协，至少我对此抱有希望。但我认为这一领域还是会继续存在斗争，将来会出现很多中国大公司，它们会让美国公司为利而争，美国公司会抱怨不公平——美国公司会认为，如果是美国公司输了这场竞争，那就一定是不公平的。我想，美国公司的这种想法未来可能会成为一种主张。

所以如果你想了解“冷战2.0”，以及为什么“冷战”没有意义，不妨去读读副总统迈克·彭斯2018年10月在哈德逊研究所发表的演讲。他说，美国会在经济上孤立中国，或者说要在某些领域隔离中国。

彭斯这一理论难以实现是因为与现实情况完全不符，中国现在是全球的经济支柱，把中国与全球经济隔离并不可行，1950年的苏联和2018年的中国并不一样，所以这个故事就很难讲了。

我在2018年11月给哈佛学生讲过一个案例，基本上就是要求他们为美国制定一个应对中国挑战的战略，他们必须制定可行的总体策略。第一是尽你所能理解“冷战2.0”，然后是最大的挑战，想出两个你认为可能更好的替代方案。

朱民:《注定一战：中美能避免修昔底德陷阱吗？》这本书出版以来，您从不同的角度和领域搜集到了这么多评论，然后进行研究。您在写新书吗？我敢肯定您在写。那您的新书会是关于什么的呢？

艾利森：关于新书，我还在思考中。如果我知道我要写什么，我会把书命名为"中美无战争"或者"防止中美战争"，抑或是"如何逃脱修昔底德陷阱"吧。

朱民:我认为第一个更好——"中美无战争"。

艾利森：然后，书中还是必须要描述，为了避免在25年或50年内发生战争，美国能做些什么，中国又能做些什么。

（本文编译：刘冉）

注释：

1. 黛安娜·范斯坦，生于1933年6月22日，现任美国加利福尼亚州参议员，她从1992年起一直担任这个职位。她也是旧金山的首任以及至今唯一的女市长。她于1955年从斯坦福大学历史系毕业并获得学士学位。曾是参议院里"拥华派"的代表人物，被《时代》杂志评为影响美国历史的最重要的五十位女性之一。她系统学习过中国历史，1979年首次访问中国，此后的几十年她几乎每年都访问中国。在经历过两次婚姻后，1980年她与投资银行家理查德·布卢姆结婚。理查德·布卢姆与中国有非常密切的商业往来，因此范斯坦在中国议题上的亲中立场也受到外界质疑。2000年，范斯坦在参议院发表强有力的演讲，力主美国给予中国贸易最惠国待遇。

但是近年来，范斯坦在对华贸易议题上的态度十分严苛。2017年11月8日，范斯坦联合共和党参议员科宁、波尔共同提出《外资投资风险审查现代化法案》，旨在扩大CFIUS（美国外资投资委员会）的权限和审查范围，阻止技术转移。

2016年底，美国总统奥巴马在其任期内的最后一个月根据CFIUS的建议，以国家安全为由，通过行政命令的方式终止了福建宏芯基金收购德国芯片设备制造商爱思强（Aixtron）的交易。2017年9月，特朗普在CFIUS的建议下，以国家安全为由，终止了具有中资背景的私募基金公司Canyon Bridge Capital Partners收购美国芯片设备制造商莱迪思半导体（Lattice Semiconductor）公司的交易。2018年初，CFIUS又否决了蚂蚁金服对全球支付公司速汇金国际的收购案。

2. 2012年，艾利森教授在英国《金融时报》上撰文称“修昔底德陷阱已经在太平洋地区凸显”。自此，“修昔底德陷阱”的说法开始频繁出现在中美学界。

艾利森教授回顾了过去500年历史，发现16个“一个大国崛起搅乱了另一个主导国地位”的案例，其中12个案例以战争收尾，只有4个案例未发生战争。而这4个案例只是因为挑战者和被挑战者都在行动和态度上做出了巨大且痛苦的调整。艾利森总结道，在不考虑动机时，当一个崛起国威胁取代现有主导国时，由此产生的结构性压力就会导致冲突，无一例外。

3. 2017年达沃斯论坛上，中国国家主席习近平提出：“大国要尊重彼此核心利益和重大关切，管控矛盾分歧，努力构建不冲突不对抗、相互尊重、合作共赢的新型关系……大国对小国要平等相待，不搞唯我独尊、强买强卖的霸道。”

4. 购买力平价（purchasing power parity，PPP），是根据各国不同的价格水平计算出来的货币之间的等值系数。目的是对各国的国内生产总值进行合理比较。购买力平价汇率与实际汇率可能有很大的差距。在对外贸易平衡的情况下，两国之间的汇率将会趋向于购买力平价汇率。购买力平价分为绝对购买力平价和相对购买力平价。前者指本国货币与外国货币之间的均衡汇率等于本国与外国货币购买力或物价水平之间的比率；后者指不同国家的货币购买力之间的相对变化，是汇率变动的决定因素。

5. 修昔底德所著的《伯罗奔尼撒战争史》在西方史学史上占有重要地位。修昔底德因其严格、标准的证据搜集工作，客观的因果关系分析，而被称为“历史学之父”。因在其著作中阐明了国家之间的政治行为与产生的后果建立在恐惧情感与利益基础之上,他也被称为“政治现实主义学派之父”。《伯罗奔尼撒战争史》记录了公元前 5 世纪前期至公元前 411 年，斯巴达和雅典之间的战争。

6. 2018 年 6 月 14 日，中国国家主席习近平在北京人民大会堂会见美国国务卿蓬佩奥。

7. 奥巴马政府的“亚太再平衡战略”。在 2011 年 11 月夏威夷亚太经合组织（APEC）峰会上，美国总统奥巴马亮出“转向亚洲战略”。美国政府开始从阿富汗和伊拉克两场战争中撤出，决定把战略重心转移到亚太地区。

在 2012 年 6 月 3 日闭幕的香格里拉对话会上，美国国防部长帕内塔提出了美国“亚太再平衡战略”,指出美国将在 2020 年前向亚太地区转移一批海军战舰，届时将有 60% 的美国战舰部署在太平洋上。

2014 年 4 月, 在“美国 – 东盟防务论坛”上, 美国国防部长哈格尔反复强调，希望向与会东盟防长及代表重申美国对亚太地区的“承诺”，美方期待将这一论坛活动“常规化”，并释放出“亚太再平衡战略”将会延续的信号。

2017 年 3 月，美国助理国务卿在谈到特朗普政府的亚太政策时，表示奥巴马时期的“亚太再平衡战略”已结束。

中国外交学院战略与冲突管理研究中心教授苏浩撰文指出，美国将其军事盟国和战略伙伴国与自身的战略利益绑定，将它们推到前沿以对抗美国的挑战者，其效果可以一石三鸟：既将双边军事同盟变为多边同盟网络，从而强化了美国主导的安全秩序；又挑拨了中国与周边国家的关系，迟滞了东亚区域一体化进程；同时更是直接锁住中国海上实力的拓展空间，而又避免了与中国的直接对抗和冲突。

8. 1914 年 6 月 28 日（塞尔维亚国庆日），奥匈帝国皇储斐迪南大公夫妇在萨拉热窝视察时，被塞尔维亚青年加夫里若·普林西普枪杀，成为第一次世界大战爆发的导火线。

一个月后，奥匈帝国在德国的支持下，以“萨拉热窝事件”为借口，向塞尔维亚宣战。接着德、俄、法、英等国相继投入战争。交战的一方为同盟国的德意志帝国和奥匈帝国，以及支持它们的奥斯曼帝国、保加利亚。另一方为协约国的英国、法国和俄罗斯帝国以及支持它们的塞尔维亚、比利时、意大利、美国等国。原属同盟国的意大利，考虑到利害关系，加入了协约国方面作战。

9.“澶渊之盟”是北宋和辽国在经过 25 年的战争后缔结的盟约。

10. 1962 年，加勒比海地区发生了一场震惊世界的“古巴导弹危机”。它是 1959 年美国在意大利和土耳其部署了中程导弹引起的。苏联为了扳回战略劣势，于 1962 年在古巴部署中程导弹。10 月 15 日，美国发现古巴的导弹发射台等建筑物，并鉴定出发射装置上安装的是导弹核武器。1962 年 10 月 22 日晚上 7 点，肯尼迪向美国和全世界发表广播讲话，通告了苏联在古巴部署核导弹的事实，并封锁古巴，下令载有核弹头的美国轰炸机进入古巴周围的上空。肯尼迪的强硬态度让赫鲁晓夫加快了向古巴运送导弹和轰炸机的速度。美国官方普遍估计，古巴的几个发射场已处于发射状态，在这种情况下对导弹发射场的任何直接空袭都可能造成美国城市上空的热核爆炸。这次危机持续了 13 天，最后以赫鲁晓夫的妥协和肯尼迪的回应而告终。

迄今为止，古巴导弹危机仍然被认为是人类存亡的最危险时刻，它险些酿成热核战争，肯尼迪与赫鲁晓夫对此看法高度一致。

未来全球经济金融

瑞·达利欧（Ray Dalio）

桥水基金创始人，美国对冲基金教父，华尔街著名投资人，当之无愧的资本市场大师。

达利欧出生于纽约长岛一个非常普通的中产阶级家庭，他 26 岁时在自己的两居室公寓内创办了桥水基金。经过 40 多年的发展，桥水基金已经成为世界头号对冲基金，每年的基金表现都远高于市场的各类平均指标，业绩非常好。达利欧也因此入选《时代》杂志世界 100 位最具影响力人物，并跻身《福布斯》世界前 100 名富豪行列。由于他主导的投资准则改变了基金业，美国《CIO IT 经理人》杂志称其为“投资界的史蒂夫·乔布斯”。

2011 年，达利欧将个人经历，即他如何从一个美国中产家庭走出去白手起家一路创造了世界最大的对冲基金的故事，以及在他多年投资和企业管理生涯中，凝结出的经验与原则集结成书，书名为《原则》。《原则》一上市就受到了广泛的关注，成为近年来最有影响力的商业书籍之一。

全球债务周期和未来经济金融展望*

1984 年我第一次来到中国，而现在我正处于人生的一个重要时期——从人生中的第二阶段迈入第三阶段。

我认为人的一生有三个阶段：在人生的第一阶段，你依赖别人，你在学习；在人生的第二阶段，你在工作，其他人都依赖你；当你变得强大和能够自给自足时，你就进入了人生的第三阶段。从第二阶段过渡到第三阶段，你会很自然地想要把你学到的东西传授给别人，帮助别人在没有你的情况下也能取得成功。否则你一个人赢得了战役、取得了成功是没有太多意义的，你要把这些成功的经验分享出来，帮助更多人获得成功，这样的人生才更有意义。

在座的大多数人还没有进入人生的第二阶段，即使进入了第二阶段的人也可能只是刚刚进入。在这个过程当中，你会有很多学习的机会。

在这里，我不仅要给大家讲人生，同时也要讲我投资的一些理念。其实我有一个习惯，在生活中，当我做决定的时候，我会把做决定所依据的一些标准或者原则写下来。我会经常自问：“我究竟是如何做决定的？我为什么要做这样一个决定？”这些答案就慢慢累积成了我的决策原则。像做菜需要菜谱一样，我需要这样一套原则帮助我做

* 演讲时间：2018 年 10 月 19 日。演讲地点：清华大学大礼堂。

决定。

这样的习惯很重要。我时常去思考，在每一次决定当中到底应该遵循什么样的原则。人生中很多事情会一遍一遍地发生，不断地重复，不管是什么样的决定，你的人生中很有可能遇到相同的事情。

我时常觉得很惊讶，因为很多事件在我的人生中，也在不断地重复。同样，如果你研究一下历史就会发现，历史总是惊人的相似，在不断地重复。

比如在1971年的时候，货币系统崩溃了，当时我们都没有想到，在我人生中第一次发生这种情况，之后还有严重的通货膨胀。但是后来你可以看到，这样的事情一次又一次地重复发生。

所以我想请大家在人生当中也把自己的原则写出来，要非常明确你是如何做出每一个决定的，并且把这个原则和别人进行沟通。这样你在跟别人沟通的时候，别人也知道你的标准是什么，以及你的原则是什么。

一段时间后，你会不断地改善，并且找到自己的原则。对于我来说，很多事情都是不断发生的，在经济和债务问题上，同样的事情也总是一再发生。

一、经济基本原则

我做宏观经济研究已经50多年了，经历过很多债务周期。我一直在思考，债务周期到底是如何演变的？这就好像是一种疾病，如果你独立看某一件事，就很难理解这种病症是如何发生的。如果你研究过很多病例，就会发现这种病的发生是有规律的。债务周期也一样，虽然每次债务的周期是不一样的，但是它的发展过程是有很多内在相似性的，这就是债务周期的原则。

首先，我们需要了解一下经济机制到底是如何运转的。用简单的语言描述就是，在经济当中有四股力量、三大平衡以及两大杠杆，这些都非常重要。此外，信贷问题也被列入考虑的因素当中。

（一）四股力量

1. 生产率

生产率，即单位劳动力在固定时间内的产出，这是一个非常重要的概念。我们需要在每一个小时当中实现更多的产出，这是在一段时间内最重要的动力，但是我们知道，生产率要经过很长时间才会发生很大的变化。每小时的产出与人们的学习能力有关，这是一段时间内最重要的力量，但每年变化不大，它不会高速进化。

围绕生产率，就产生了两个大周期——短期债务周期和长期债务周期。

2. 短期债务周期

短期债务周期也是一个商业周期。例如，如果发生了经济衰退，就意味着市场供大于求，有很多的产能都没有利用起来，失业率很高。要解决这样的问题就需要用货币政策让经济重新运转起来。由于货币政策的加速速度快于产能的建设速度，它会导致产能利用率和 GDP 之间的差距扩大，也就是我们所说的经济加速。

在经济的加速过程当中，产能就像一辆卡车，这辆卡车在一辆小车后面跑，这辆小车代表的就是供应，而卡车代表的是需求。当需求赶上供应时，我们就要刹车，必须要把这辆卡车的速度降下来，这个时候用什么方法呢？用利率上升的方法，调整利率，利率调整了之后，经济又会降温，很有可能经济会再次陷入衰退。

于是我们又可以看到，通胀会下降，产能会下降，又会进入新的周期。通常一个周期是8~10年，这是一个比较正常的、短的债务周期。

3. 长期债务周期

由于生产率的内在机制，短期债务周期积累到一定时间就有了一个长期的债务周期。长期债务周期其实是很多因素累积的结果，具有集聚效应。

在面临长期债务周期时，可能会有一些限制，比如央行没有工具可以用，不能再刺激市场了，这时候可能利率是0，所以在货币政策方面可以说是已经无计可施了。这个时候就进入了一个新的阶段。政府会使用量化宽松的策略，印刷大量的货币，购买很多金融资产，这就是我们所说的长期周期。

所以我们可以看到，事实上生产率是一个值，人们所有的活动都是在努力持续提升生产率，人们不断地学习和提高，但是正是上面描述的各种因素和手段的内在摩擦，不断地造成债务周期的周而复始。

4. 政治

除上述三个因素之外，我们还会看到政治因素的参与，比如说在贫富差距等问题上，政治就会产生影响。

（二）三大平衡

除此之外，还有三个非常重要的平衡。

首先，债务的增长必须要和收入的增长相匹配，因为只有收入增长才能够偿还债务，这是第一大平衡。如果说债务的增长比收入的增长更快，就会陷入债务问题。

因此，借贷其实是周期性的，当你还钱的时候，如果说你还的钱比你挣的钱要更多，这就是一个负面结果，会影响整个借贷的周期。所以在这个平衡里，首先要赚足够多的钱，才能够进行偿债。

其次，对于经济能力的使用，既不能过高也不能过低，这是第二大平衡。如果太高，你就会进入过高的通胀，这会产生颠覆性的影响。如果太低，经济就会陷入萧条，人们也会变得非常不高兴。

所以我们会看到这样涨涨落落的周期，我们也必须意识到，到底处于周期的哪里。是处在一个高点，需要抑制过热；还是处在一个低点，必须进行刺激。

最后，股票的预期收益高于债券的预期收益，而债券的预期收益高于现金的预期收益（按适当的风险溢价计算），这是第三大平衡。

在经济体系中，资本市场是非常重要的，因为资本市场具有传导机制，它在整个系统中起到一个传导器的作用。

我们可以看到，大部分情况下，是由央行来提供货币和信贷的。但是与此同时，还有各种各样其他体系存在，因此就需要这样一个传导机制。

资本市场提供了一个将银行的借贷变成资本在整个体系里面进行流动的传导机制。资本市场受到利差的影响，既可以是我们所说的利率的利差，也可以是预期回报的利差。

比如，在这个过程当中可能借贷的成本比较低，那么为了获得更高的回报，资本就流向了收益更高的地方，这就会造成整个系统里的资本流动，这种资本的流动反过来就会影响整个金融系统的运作。

人们一直在寻找获利的机会，不同领域的利差总是在不断变化，因而预期的回报也是在变化的。而这种变化会对投资行为产生影响，比如说对于股本，有可能会带来回报的预期，因而影响到我们对于债券、现金的回报以及相关风险溢价等的看法。

如果这个系统能够行之有效，央行有存款，人们也有更好的想法，那么通过借贷的方式使用这些资金，就会获得更高的回报。这样我们可以看到，会有更多的购买者购买一些高风险层级的资产。因此，我们会看到债券的回报要比现金高，而股票的回报又比债券高，这些都是金融领域的一些基本常识。

利差非常重要，了解利差的意义，就可以了解资本在这个系统里是怎样流动的。

（三）两大杠杆

当然我们还有两大杠杆来进行控制：货币政策和财政政策。

这两大杠杆是政府可以运用的手段。经济和市场运动就像是这些相互作用的永动机。

政府要做的事情，就是在周期中进行引导，让市场的发展更有序。在这个过程中，对于产能既不能利用过高，也不能利用过低，债务增长不能快到超过收入的增长。通过货币政策和财政政策，政府在持续地调整这个机制。当有些经济活动呈现弱化趋势的时候，央行就会实施比较宽松的货币政策。这是在周期的一个节点，当然也可以通过财政政策来进行调整。

如果我们可以清楚地知道我们到底处在周期的哪个阶段，那么就可以预判接下来会发生什么事情；如果你具有这样的观察能力，那么就会对投资更有帮助。

在整个生产力的发展里面，考虑的是长期的变化。除了长期之外，还必须要考虑短期债务周期。在长期债务周期和短期债务周期里，到底是处在什么位置？同时，政治因素到底发挥了多少影响？

我们到底是不是接近于平衡？这些都将决定我们到底使用这两个杠杆——货币政策和财政政策的哪一个，以及如何使用这两个杠杆，因为这些将决定我们未来的经济走向。

（四）信贷问题

关于债务，我想多谈几句。太少的债务增长和太多的债务增长同样都会带来巨大的问题，因为这些都会阻碍发展，而如果经济没有发展，这就是大问题。

重要的是，是否有借贷的行为，而且能够偿还贷款，但是没有人能够把这点做到完美。在所有的国家，在任何一个历史时期，都会碰到各类债务的问题。这是事情的本质和核心，因为没有人可以做到完美。

还有最重要的一点考量就是，我们的债务是以本国央行控制的货币来发行，还是以外国的币种来发行？因为如果债务是以本国货币发行，那么可以进行发债，同时还可以对它享有完全的控制权，这就不会造成任何问题。

举个例子，比如说你想建一条地铁，并预计这条地铁可以带来相当的回报，因为地铁运营后可以收取车票费，一段时间之后就可以偿还本息，所以你就在这个项目上进行借贷。当然你还有一个选择，比如说你不想借贷，所以就放弃这个地铁项目（这就是上文说的，太少的债务也会阻碍发展。——编者注）。

那么，假设你要做这个地铁项目，但是现在陷入了债务问题，没有办法偿还债务。在这种情况下，可能一共有 40% 的亏损，但如果项目是延展 20 年的项目，每年 2% 的话，即便有这样的问题，你仍然还会有一条地铁，只是每年要付出 2%，因为你必须要对这个项目进行延期。

所以，尽管有了这样的债务问题，但至少你还有一条地铁，否则你连这条地铁都没有。因此，如果说债务以本国货币来发行，你就可以更好地进行管理，更好地进行控制，更好地展期。

看一下西方国家所面对的债务问题。它们其实对于债务有 1/3 的担保，美国就是 1/3 的担保。央行购买了 50 万亿的债务，并且放到了它们的资产负债表上，这也造成了它们的债务危机。

这样的事情一再重复地发生，如果你的债务是以他国的货币来计价的，那么就有问题了，因为你就不能像我刚才所说的那样来处理了。所以债务是否以本国货币来发行，这一点非常重要。

二、债务周期的七个阶段

以上我向大家描述了周期是如何产生和发展的。一般而言，一个债务周期基本上会经历七个阶段。

第一个阶段是周期的早期。在这个阶段，经济活动主要通过借贷来产生现金流和收入，以及购买资产，尤其是那些相对便宜的资产，同时再进一步促进现金流的流动，进行偿债。这其实是非常具有生产力的一种借贷行为。因为人们会更多地购买，我们可以看到资产的价格会上升，房地产的价格会上升，股票的价格也会上升。

因为这种上升，人们会更加被其吸引，所以这是一个自我增强的周期。因为随着资产的价格上涨，我们就有更多的抵押物，它的净值会增长，这样银行也会愿意借给你更多的钱，然后你借了更多的钱，资产的价格又进一步增长，所以这就是一个循环往复、不断加强的过程。

这也意味着，从人们的心理上来考虑，他们也愿意实施更多的购买行为，因为他们对于未来有着乐观的预期。

第二个阶段是周期的泡沫阶段。因为资产价格的上涨，这个周期会不断自我循环和加强，人们不断地购买，但是却没注意是否有足够的现金流支撑未来偿债的能力，这就会出现问题。

在这个过程当中，每个人都非常兴奋，每个人都陷入狂喜中，资产的价格不断高起，让人们觉得经济环境很好，所以就会不断地购买，接下来到达了顶点，这是周期的第三个阶段。

到了顶点之后，央行就开始使用各种各样的手段，比如说货币政策来收紧市场，之后我们就有另一个方向的发展。在一个正常的经济周期当中，我们会有一个经济衰退，如果说是一个长期债务周期，它的后半部分都是经济衰退，这就到了周期的第四个阶段，这其实是一个很有动能的趋势。

你当时借贷的时候是有抵押物的，抵押物的价格在不断下降，例如你抵押了股权，用股权做质押，然后去借钱做项目。当每个人都开始卖股票的时候，股权质押的价格是在不断下降的。

然后就进入了一个恶性循环，在这个过程当中，我们将会看到经济进入一轮去杠杆的周期，这是周期的第五个阶段。去杠杆其实会带来新的经济平衡，下面我会给大家详细讲一下，我们在经济泡沫阶段会看到的一些特性。那么，怎样确认经济已经进入泡沫阶段了呢?

（一）泡沫阶段的几大特征

市场泡沫阶段的变化如图 6.1 所示。

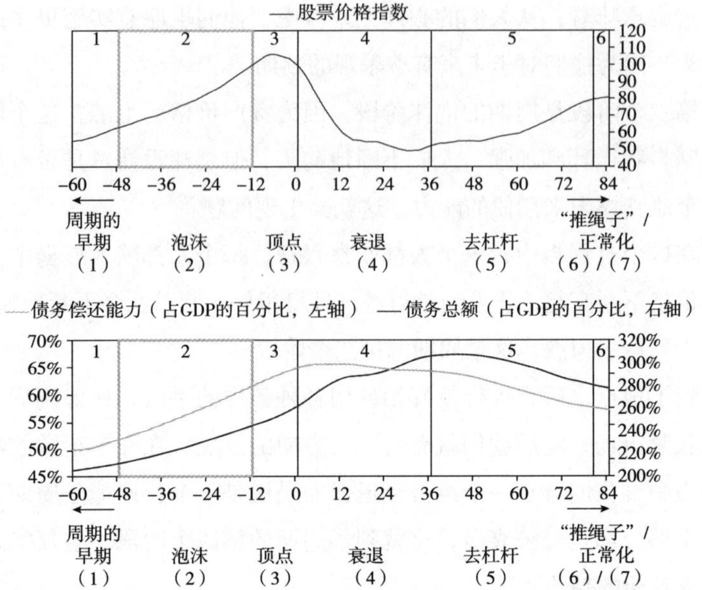

图 6.1　市场泡沫阶段

资料来源：桥水基金。

首先，跟传统的资产价格相比，现在的资产价格太高了，比如说股票的 PE（市盈率）太高，另外，所有的资产其实都是相互竞争的，股票、债权、现金都是不同类别的资产，它们会相互竞争。

市场是特别有意思的，在市场顶点的时候，如果是一个周期的顶点，通常情况下可以计算一下到底已经纳入了哪些价格，如果再计算一下股票收益率和债券收益率之间的差别，其实可以看到在整个收益率预期计算时，我们考虑到了什么样的因素。

如果在一个泡沫阶段，可以看见大家的预测总是收益率会不断提高，而且会发现，债券的利差是最低的，这也是非常可怕的事情，更说明了我们处在泡沫阶段。

当市场中所有的参与者都非常乐观时，大家就会认为最近涨幅大的资产就是好资产，并不会去考虑这个资产现在是否很贵，而是乐观地以为，如果去买一个之前已经涨了很多的资产，那么这个资产还会进一步上涨。

其次，当所有人都盲目乐观时，他们很有可能会去加杠杆进行投资，或去借钱购买一些价格已经很高的资产或产品。这个时候我们还会看到，很多人都会提前消费。我们可以看一下，在美国的房市，有些人可能买不止一套房，而是买两三套房，因为他们觉得房价总是会不断上涨，这样他们就可以投机了。你在买房的过程当中其实也创造了很多的需求。但是与此同时，你也把价格推高了。因为这个需求是不可持续的，并且这些需求很多都不是真实的。

最后，在市场当中，有可能就会有很多根本没有进行过投资的人进入市场，他们都是新手，这就是泡沫阶段的特征。比如说在股市当中，突然出现了很多新的投资者，他们根本没有任何经验，这就是很明显的泡沫阶段。

在泡沫阶段，我们会有更多的刺激政策来刺激市场当中的需求，所以我们现在有一个泡沫指数，来决定到底什么时候市场当中出现了泡沫，这个其实就是泡沫的图形。

我之前研究债务周期当中的原则，分析了过去 100 年里的 48 个债务周期，大家可以去我的网站上免费下载。如果你想要理解什么是一个正常的债务周期，就要看一下平均的债务周期是什么样的。

就好像研究一种典型的病症，在一个人身上发病的时候，大概是一个什么样的发病流程，要弄清楚这一点。首先要看一下一个正常的债务周期，是如何演变、发展的，其次再去进一步分析债务周期之间的小的差别。通过这样的分析研究，你就更能了解很多经济事件之间的因果关系。

如图 6.2 所示，进入顶点之前的几个月，会看到股价不断地加速上升。另外在这里还有非常迅速的债务增加，特别是债务占 GDP 的比值增速非常快。因为大家通过股票来进行融资，这就是典型的泡沫产生的过程。

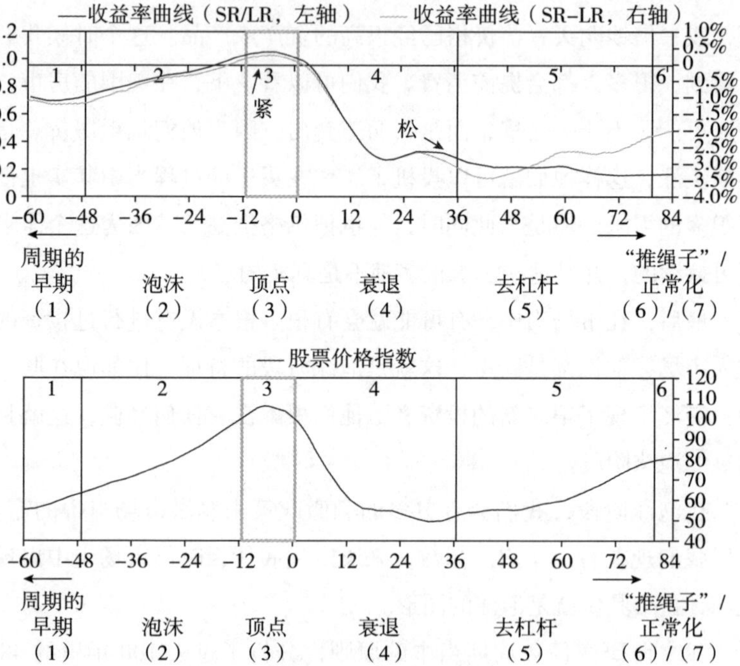

图 6.2 市场顶点

注：SR 表示短期利率，LR 表示长期利率。

资料来源：桥水基金。

图 6.3 展示了短期利率水平。刚开始短期利率水平并没有太多的变化，但是突然，央行开始“踩刹车”了，“踩刹车”的时候就发生了很大的变化。

通常情况下，在价格上涨进入顶点之后，央行就会“踩刹车”，这个时候就改变了现金的收益，但并没有立刻改变股票和债券的收益，而是改变了经济市场当中资产的流动，这就发生了很大的变化。一旦流动性变了之后，经济就开始下行。

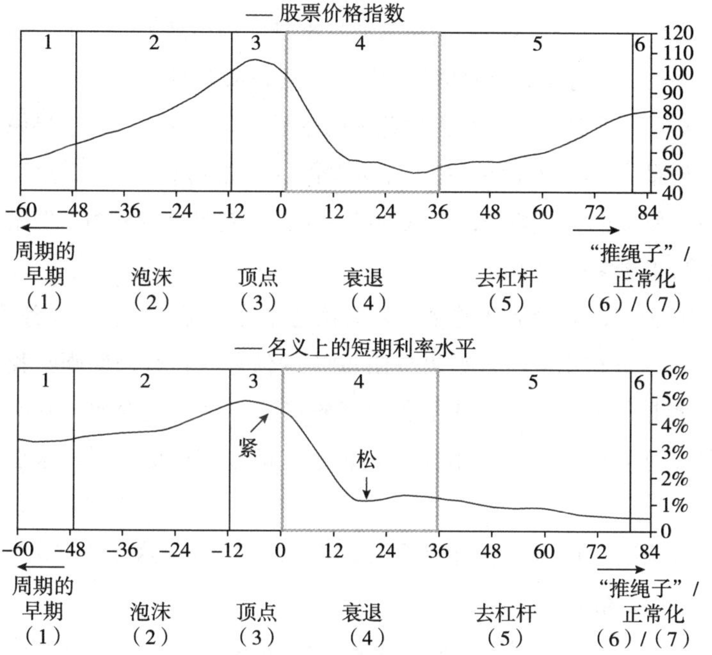

图 6.3　市场衰退阶段

资料来源：桥水基金。

我们还可以看看收益率，就是短期利率和长期利率之间的关系。如果对利率进行修正，大家对于现金的态度就会发生改变。这个时候市场当中可能会出现挤兑，整个趋势也会发生逆转。我在这里用的是任何一个可能加杠杆的资产，比如说股票、房地产等。

利率下降了，如果有一个非常严重的债务周期，而且债务非常高，这个时候怎么办呢？

（二）减轻债务负担的四个方法

有四个办法可以解决债务负担问题。

方法一，财政紧缩。如果债务量本身已经很高了，这个时候还要还债，第一个方法就是勒紧裤腰带，不要花那么多钱了。

对于一个社会，一个人的花销就是另一个人的收入，如果说你要勒紧裤腰带，不再花钱，另一个人赚的钱可能就少了。这个过程是不会自我修复的，一般来说大家的第一个反应就是进行紧缩，但紧缩可能会带来更多的问题。

方法二，减少债务的量，方法就是违约，还可以进行债务重组，比如把债务核销 40%。如果核销 40% 的债务有什么问题呢？我的债务其实是你的资产，当我把我的债务核销了 40% 的时候，其实是我核销了你 40% 的资产，我不用还债了，但你变得更穷了，这也是个问题。

方法三，“印钱”，增加货币供给量。央行会通过这样的方式来“止血”，并且刺激经济。

方法四，进行财富的重新分配。比如说有些人可能钱比较多，这个时候把他们的钱拿来，分配给那些比较贫穷的人。

通常情况下，我们一般都是靠央行“印钱止血”的方式来阻止债务危机。

在这里，我想说一下，其实我们有两种不同的经济衰退，即通胀型的经济衰退和通缩型的经济衰退。这两者之间的最大差别就是，债务到底是不是以自己国家的货币来计价的，如果说不是以自己国家的货币来计价，这个时候货币一旦升值，就会出现通胀的情况。

债务问题最严重的国家有大量以外币计价的债务，对外国资本高度依赖，通常都存在显著的货币弱点。当经济萧条时，货币疲软会导致通货膨胀，这就是通胀型的衰退。

尽管所有国家都可能出现通胀型的衰退，但是有以下特征的国家，发生通胀型衰退的可能性比较小：没有储备货币、外汇储备较低、有大量外债、预算和（或）经常账户赤字较大、实际利率为负，有高通货膨胀和负的货币回报历史。

在长期债务周期的后期，央行有时很难将刺激政策转化为支出增加，因为降息和购买债务资产的效用降低了。在这种情况下，经济进入一个低增长和资产低回报的时期，央行的银行家们不得不采取其他手段，让货币和信贷直接流向消费者。20 世纪 30 年代面对这种情况时，政策制定者将其称为“推绳子效应”（意思是你用绳子拉时，能拉动它；但你往回推时，怎么推也推不动绳子），这是周期的第六个阶段。这一阶段最大的风险在于，如果货币投放过量，货币贬值过于严重，那么“丑陋的通胀型去杠杆”就可能发生。

最终，经济体系恢复正常，就是一个周期的第七个阶段。但经济活动和资本形成的复苏是缓慢的，即使实现了“漂亮去杠杆”。一般而言，需要 5~10 年（因此有“失去的十年”的说法），以使实际经济活动达到上一个峰值水平。并且往往需要更长的时间，大约十年，股价才能回到上一个峰值，因为投资者需要很长时间才能重新冒风险持有股票（股票风险溢价高）。

三、长期债务周期下的国家兴衰

图 6.4 显示了 1900—2018 年美国的短期和长期的债务周期，在这张图中可以看到债务和收入之间的关系。

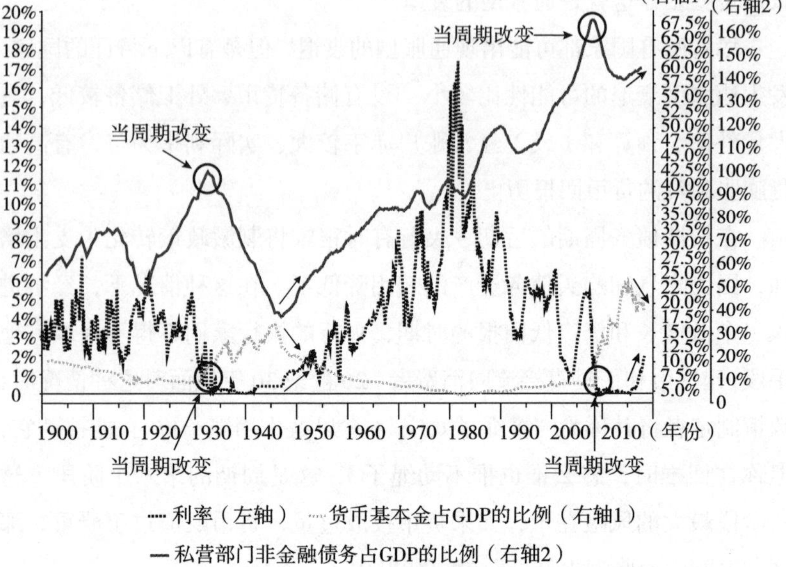

图 6.4　美国利率、货币和债务

资料来源：桥水基金。

从图 6.4 还可以看到美国利率的变化，在 1930 年，美国是有债务危机的，当时的利率是 0。同样的事情发生在 2008 年和 2009 年，那个时候利率也是 0。

过去 100 年只发生了两次利率是 0 的情况。当利率是 0 的时候，我们需要“印钞”来买一些市场当中的资产。在 2008 年和 2009 年之后，央行就是通过“印钞”来刺激市场、重振经济的。

现在我们经济所在的位置，我觉得其实跟 1937 年非常像，因为现在正在收缩货币政策，1932—1937 年印了很多钱，可以看到当时经济恢复得很好，股市的价格不断地上升。

1937 年的时候，央行很担心通胀，所以就开始调整货币政策，跟现在的情况非常像。现在我们已经开始停止购买资产，在美国我们看到很多货币政策的调整，这就是一个周期。

当这个周期，特别是长的债务周期结束的时候，我们都知道一旦你印了很多的钱，买了很多资产之后，其实贫富差距就会更大，因为在这个过程中，富人持有资产，所以他们会进一步推高资产的价格，从而进一步扩大贫富之间的差距。

（一）政治：民粹主义崛起

图 6.5 显示出，美国前 10% 最富裕的人和剩下 90% 的人的财富净值之间的比较。最富裕的 10% 的人基本上和剩下 90% 的人所拥有的财富相当，这确实会造成很大的问题（图 6.5 第一部分，贫富差距增加）。

在这样的过程当中，民粹主义就会大行其道，人们可能会说，这个体制对我来说不起作用。当下这个时代，全球有一个趋势，就是民粹主义在各地纷纷崛起，于是，我们开发了一个民粹主义指数，来显示世界上潜在的冲突的可能性（图 6.5 第二部分，民粹主义抬头）。

我们计算了有多少独立的党派或者民粹主义的党派当选，大家通过这样的指数就可以直观地看到，民粹主义呈现出上升的势头。现在民粹主义指数到达自 1930 年以来的高点。我们发现世界上有 14 种不同的民粹主义，在不同的民粹主义之下也会有不同的政策。

与此同时，另一个国际政治趋势就是强人政治的崛起，强势的领导人更倾向于国家保护主义，甚至军事政权。因此，我们也看到了更多的国内、国际的冲突出现。这就是世界上一些国家正在发生的事情（图 6.5 第三部分，冲突增加）。

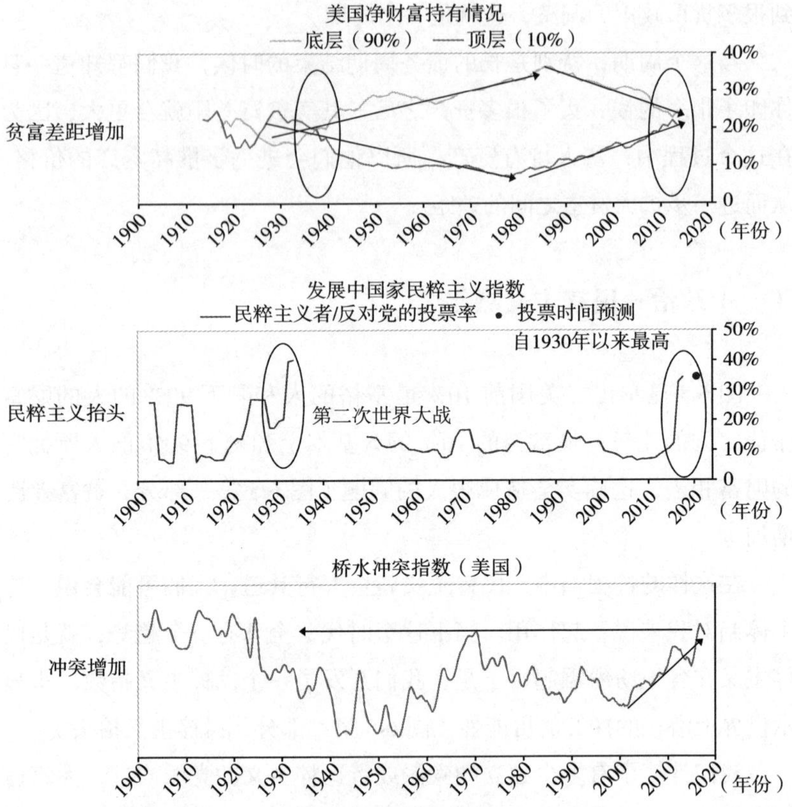

图 6.5　民粹主义崛起

资料来源：桥水基金。

（二）修昔底德陷阱

还有另一个周期，就是竞争的周期，也是国家之间的竞争。图 6.6 显示出中国、美国、英国、荷兰等国在不同历史阶段的兴衰。我们使用六种不同的计量方法来衡量一个国家的实力。

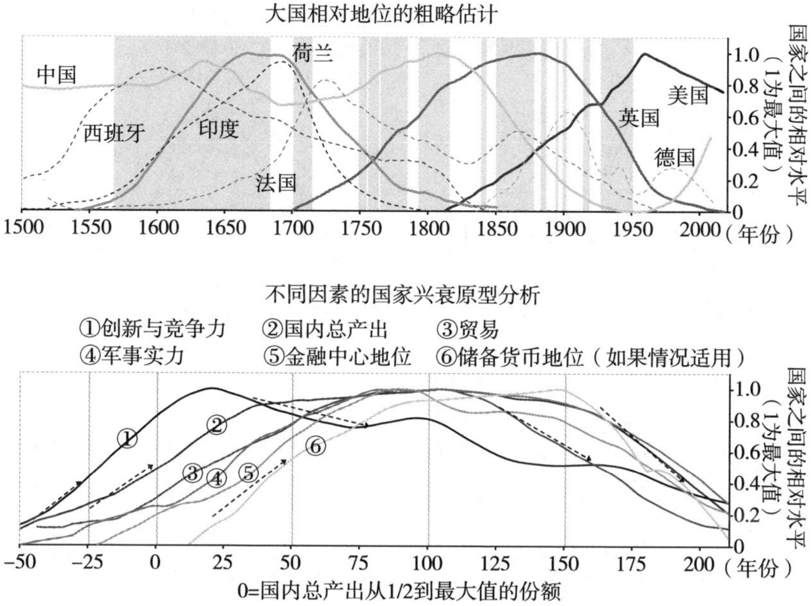

图 6.6 储备货币的兴衰及新兴力量崛起

资料来源：桥水基金。

什么使得国家的发展上升和下降？什么造成它的兴衰？这个过程要花多长的时间？这些是非常有意思的话题。

这也是我在研究储备货币的时候注意到的现象，因为我之前也研究过储备货币为什么会上升和下降，所以我会看各种各样的周期。

图 6.7 中每一种线都代表着其中的一个指标，比如创新与竞争力、军事实力以及贸易。随着贸易的上升，军事活动也会上升，因为大家必须要保护自己的贸易通道。

还有金融中心也进一步发展，像在荷兰，阿姆斯特丹曾经就是金融中心。在英国是伦敦，在美国是纽约，它们都是金融中心。

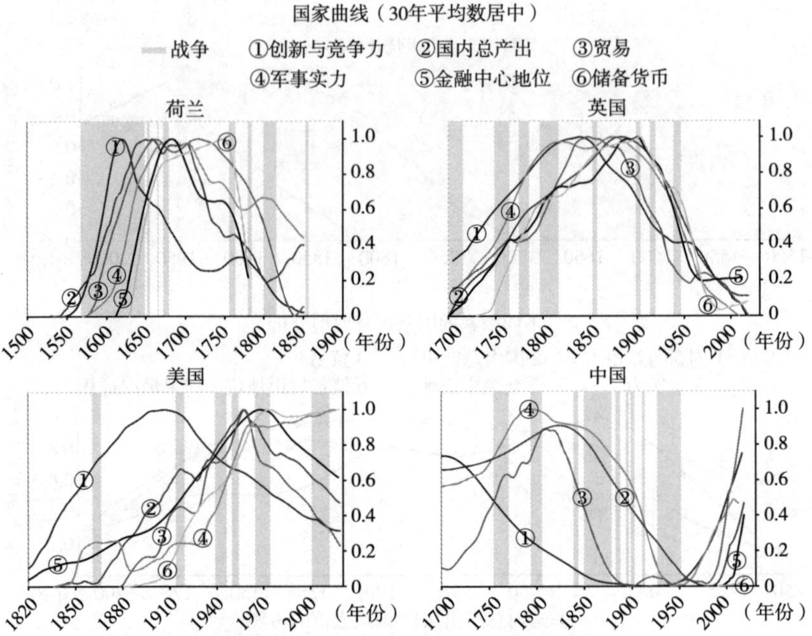

图 6.7 修昔底德陷阱——国家曲线

资料来源：桥水基金。

所以，我们总是会需要一个金融中心存在，其他人要通过金融中心来进行投资。在这个过程中，到底会发生什么呢？我们会看到，如果货币变成了储备货币，也就是说大家交易的时候，做贸易的时候，借贷的时候，存钱的时候，都会使用这种币种，它就会变成储备货币。

如果说一个国家拥有储备货币，那么我们可以看到周期会反向来运行，因为如果以这样的储备货币为借款，债务就会越来越多，竞争力就会越来越差。这样循环往复就开始了。

所以，随着时间的演进，就会带来竞争。这些周期存在一个“修昔底德陷阱”，那就是新兴的力量和已经存在的强大力量之间的冲突和斗争，这会变成经济问题，进而演进成政治问题。

今天在中国和美国之间存在这样紧张的局面，其实就是竞争力发生了变化所造成的一种结果。所以，基本上来讲，这也是不同的周期随着时间演进的运作方式。

四、中国面临的五大挑战与机遇

1984 年，我来过中国，我不知道大家是否真正对于中国这种伟大的经济增长的奇迹，而且是前所未有的伟大的经济增长的奇迹心怀感激。仔细想一想，中国拥有将近 14 亿的人口，8% 的 GDP 增长，现在虽然降到 6% 左右，但政治稳定，生产力持续提升，这是多么难得的奇迹。

想一想在当时，很多人还不能够自由地选择自己的工作，选择自己的职业，但是在今天的中国，面对这些科技的发展，我觉得大家应该感恩、感激、反思，应该想一想是什么样的体制、什么样的信心使人们过上了今天的生活。

而且还要想一想，这种发展怎样才能够持续下去，之所以能够发生今天的奇迹，有很多基本面的因素，包括中国的改革、有序的发展以及责任感。所以我觉得对于长期的基本面来说，怎么强调也不为过。

但在整个改革的过程中，必须要面对以下的一些挑战。

首先，是债务重组的挑战。中国目前债务较高，好在中国的债务都是以本国货币计价的，所以债务可以得到有效地控制和管理。目前可以看到，中国的非金融领域债务水平在经历了显著增长之后，随着政府紧缩政策的实施已开始趋向平稳。

中国 2017 年的整体债务占 GDP 的比为 254%，接近美国和德国等大多数发达国家，比日本低得多。而中国的债务成本则远高于发达国家，但是受益于债务展期，整体压力得以缓解。

其次，是资本市场的重组挑战。五年前，中国的大部分借款是五大银行借贷给国有企业的，这些钱没有办法流转。但今天中国的资本市场活跃了很多。不过，我还是呼吁中国资本市场进一步开放，引入更多的最佳实践。

中国在 2010 年开放了国内资本市场，允许外国央行和主权基金购买中国资产。但总体来说，目前中国 A 股的海外资本持有比例还是很低，大约为 5%，而欧洲为 25%，美国为 20%。

再次，是经济结构调整的挑战，这意味着中国将从一种经济类型转向另一种经济类型，不断放缓、负债沉重而且产能过剩的"旧经济"自然会出现问题，在转向由高端制造业和家庭消费驱动的"新经济"的过程中就有了复苏。真正的问题是，中国经济能不能释放出活力激励创新创造，让真正有才华的人得以发挥。想想我们今天在中国看到的这些科技、创新，基本面是非常好的。

根据 2017 年麦肯锡发布的《中国的数字经济：全球领先力量》报告，透过全球风险基金投资于高科技领先企业的数据，可以看出中国的未来竞争力。比如，在金融科技领域中国企业所获得的投资位于全球第一，接近 75 亿美元。而在可穿戴设备、虚拟现实、自动驾驶和教育科技这些方面，中国企业所获得的投资位列全球第二。在 AI（人工智能）与机器智能领域位列全球第三。这些都是全球最前沿的科技领域，资本的集中度也说明了技术的领先性。

另外，从数量上来说，中国目前的高科技"独角兽企业"约为全球的 34%，而美国为 47%，另外，如果从企业市值来说，中国的数据则为 43%，美国为 45%，可见中国的"独角兽企业"平均价值更高。

然后，是保持收支平衡以及货币的稳定性的挑战，这样我们才能吸引货币、吸引资本、留住资本。

最后，更大的一个挑战就是地缘政治。这种挑战可能会持续一段时间，我认为最重要的一点就是认识到，中国的基本面是非常积极正向的。不管是生产力还是各种各样的变革，虽然会有一些干扰因素暂时出现，但我认为中国是可以应对这些挑战的。

这就是我理解周期循环的逻辑，以及我对中国国内经济形势和走向的一个简单说明。

朱民对话达利欧

朱民：图 6.4 中债务的水平缓慢上升，利率也在不断提升，您觉得这个该怎么解释呢？我们现在到底在周期的什么位置？

达利欧：有商业周期，还有一个长期的债务周期，也就是长短债务周期的叠加，两个是不太一样的。我们现在应该说是在短的债务周期大概第九年了,基本上是在周期的后半期了。我先说短期，后面再说长期。

在短期债务当中，应该是在周期的后半程了，一般都会“踩刹车”，这也就是为什么看到货币政策在收紧，货币利率在上升。如果有这样的情况，就会看到资产价格的下降，股票价格也会下跌。

现在是在周期的后半程，但是我没有办法准确说明到底下降是在一年后还是两年后，我觉得没有人可以准确预测，除非你有一个可以预知未来的“水晶球”。

长期的债务危机，那也是在债务周期的后半程。因为短期的债务和收入相比，它已经很高了。

朱民: 短期债务周期和长期债务周期都差不多在顶点了。

达利欧: 对，这就说明风险增大了。为什么在长期债务周期的尾部呢？因为我们现在通过之前降低利率，然后做量化宽松，把所有资产都买进来，把资产的价格又重新推上去，美国是这样做的（不仅仅是美国，全世界都是这样的）。

我所讲的是全世界（特别是发达国家）宏观经济的情况，可以看到我们现在已经没有什么空间和余地了。再看利率，从0上升也没有多久，我们还做了量化宽松，欧洲、日本都是一样，利率基本上为0。

这个时候没有什么空间再做一些动作了，因为央行都做了量化宽松，并且也没有什么资产可以买了，因为有一些债券政府也根本买不了。而且资产的价格已经推得很高了，如果把这些资产和现金来进行对比的话。

所以，不管是短期还是长期的债务周期，现在都处于末端。往后走就会有很多的风险，因为接下来可能就要往下走了。

如果说经济向下走我就会很担心，现在民粹主义高涨，如果说大家都互相掐着脖子，相互指责，而资产的价格又是在最高点，那我非常担心经济情况所引发的政治危机。

朱民: 如果说我们再往后看三年，到2021年，您觉得图6.4应该是怎样的走向？

达利欧: 市场上有句俗话，“靠水晶球生活的人注定要吃加冕的玻璃”。我认为，我们的处境与1937年非常相似，当时通货紧缩，处于商业周期的最后一个阶段，以及长期债务周期的最后一个阶段，当时世界上有很多紧张局势和民粹主义。但这并不意味着这是相同的事情。我只能说机制是一样的，我对于这个债务周期发展的机制很清楚，我知道民粹主义是存在的，我非常担心未来的三年，我也担心民粹主义。

朱民：1937 年对全世界来说是非常困难的一年。货币基础上升，利率上升，债务下降，这造成了巨大的不确定性，经济衰退和民粹主义可能是后果。

达利欧：民粹主义可能会造成国内的一些冲突，同时还有国家之间的冲突。我不是说一定会发生战争，但我认为考虑到冲突的可能性是非常重要的，这就是为什么我们要建立一个冲突指数。不过，如果我错了，我会非常高兴。

朱民：图 6.7 是一个有意思的图，就是大国对比。清朝的时候我们看到了一个顶峰，1990 年之后我们可以看到又有一个非常陡峭的上升趋势。美国基本上在过去的 250 年当中都是在上升的，后来它就下降了，怎么解释呢？

达利欧：这张图体现的是相对，不是绝对，美国在第一次世界大战之前其实都是一个相对封闭的国家，其实它也不能称为一个全球大国，不管是从经济上还是军事上。它当时发展得比较好，就是因为它的地理位置比较孤立，两边都是海。但是中国并不是这样一个情况。

如果回顾一下历史的话，可以看到第一次世界大战和第二次世界大战使得全球成为一个一体化的星球，因为不管是哪个国家，其实都受到了这两场战争的影响。

但是看一下美国，它参加第一次世界大战、第二次世界大战的时间都比较晚，这两场战争也使得美国有机会进行发展。特别是第二次世界大战之后，美国成为全球的经济大国，这是因为它赢得了第二次世界大战，更重要的是美国在第二次世界大战当中收获很多。

当时我们给很多国家进行借贷，并且当时美国的武器也是全球其他国家无法比拟的，不管是传统武器还是核武器。

联合国的总部在纽约，世界银行的总部在华盛顿，美国成为世界的中心。在第二次世界大战之后，美国才有了今天的地位。

朱民：您说中国面临五个挑战，我们不可能五个挑战同时应对，您觉得是不是应该有一个优先次序？

达利欧：我觉得五个挑战都得应对，但是要有一个主题，就是稳定和团结。稳定是很重要的。

在我们做债务重组的过程中，都知道中国债务重组其实做得不错，我可以解释一下为什么。

中国之前整顿了影子银行，我们可以看到这其实是一个发展或者演进的过程。这里我需要解释一下，在过去五大国有银行把钱都借给国企，很多钱都进不到真正的经济当中，但是现在我们看到有很多金融创新。

前一段时间影子银行不断扩大，在过去只是存钱或者买房，中国人投资就这么两个选择，所以我觉得在一个国家的经济发展过程当中，会有一个阶段让影子银行不断地发展，因为影子银行其实给我们提供了一个新渠道进行投资，能够让经济活跃起来。

但是我们现在可以看到，信贷正在被重新调整，这其实是债务重组当中非常重要的工作。我们并不是等到泡沫破灭之后才去做债务重组的，如果已经有债务危机了，到那个时候再去反应就很糟糕了，不能亡羊才补牢。

所以必须要能够做出预判，提前行动，这就是中国正在做的。我觉得财政政策也非常重要，因为货币政策的空间已经非常有限了。

我觉得中国的资本市场的重组也做得很好，可以看到越来越多的外国投资机构可以进入中国。这样可以使得资金更容易流入、流出。

另外，可以看到不管是期货市场还是其他一些市场，中国的不同资产市场都越来越成熟，经济重组也做得非常好。中国的科技公司有很多私募资金，与此同时还有很多转型，比如说从国企向更加具有创新性的企业转型，你会从中感受到很多的企业家精神。

但很重要的一点是，中国需要让这些持续下去。除此之外，还包括像收支平衡、货币等。如果货币过度贬值，人们可能会过度担心，但是现在看到的一切都在管控范围之内。

同时，地缘政治是一个非常大的挑战，是中国必须要应对的。

朱民：确实是非常重要的政策议程，也是中国未来几年都必须重视的几点。

达利欧：我觉得稳定是关键。而且大多数中国人也意识到了现在只是暂时的调整，而长期的基本面是非常棒的。但是不要忘记，还有周期的存在。与此同时，不要过度渲染、夸张周期的影响。

有些人可能会去借贷，可能会破产，会有很多阵痛。但是看看现在和之前所处的位置，想想1984年的时候，甚至五年前或者三年前的时候，看看自己所处的位置。

所以，这就是调整过程的一部分，而长期的基本面是非常棒的，需要具有更长、更远的视角。同时更重要的就是稳定性，要知道中国是处在这样一个使命中。

朱民：您比很多中国人对中国还更有信心。

现场问答

提问：您在12岁的时候就进入金融市场，我想问一下，我们如何引领我们的孩子在未来进入金融市场？

朱民：您觉得在金融领域应当进行什么样的教育？什么样的教育是非常重要的？同时我也希望请您给学生未来的职业发展提出一些建议，因为您是如此成功的一位商界领袖。

达利欧：我来试着回答一下这个问题。我的儿子11岁的时候就来过中国，他当时也是去了中国的一所学校，他非常欣赏中国人的友善，并且可以看到这对于当时的他产生了很大的影响。

12岁是非常珍贵的年龄，而这个年龄所发生的事情，会对他将来的人生产生很大的影响。所以，这个时候的经历是很重要的，尤其是对于他未来的职业生涯来说。

我个人12岁时的经历也是这样，指导了我今后的一生，我也碰到了其他人，像比尔·盖茨等，我可以给你一个清单。

事实上人生的下半程是一个新的开端。知道你不知道什么，以及如何来处理这些未知是最重要的，比任何已知都更加重要。当你从学校毕业之后，你觉得自己好像懂点儿什么了，但其实你人生的下半场还没有开始，你其实还是像 1 岁的孩子一样懵懂无知。

你必须要谦卑，必须要知道自己不知道什么，并且从其他人那里汲取知识，要学会问问题，从错误中学习。

我们知道“痛苦 + 反思 = 进步”。这就是人生，人生有五步，如果你把这五步都走对了，你就成功了。

1. 树立目标。知道你的目标是什么，你不能够事事都想做成，你必须要有一个明确的目标。如果你想做金融，就去做金融；如果你想做医生，就去做医生。

2. 在实现目标的过程中，你会碰到各种各样的问题，你需要找出你的问题，并且解决。如果说你不能够找出问题，那就有问题了。

3. 找到问题的根本原因。这些原因可能是你自己的错误或你的弱点，不管是什么，你必须要诚实以对，必须要找到它，因为它是你路上的绊脚石。

4. 当对自己的问题进行了诊断之后，你要有一个规划，可能过程中有迂回。有时候你不擅长某些事情，你可以和擅长这些事情的人共事。你和其他人合作、共事，这样来取得成功，但是你必须要正视你自己的弱点。

很多人都有弱点，这让他们觉得痛苦，给他们造成了问题，产生了自我障碍，让他们不愿意承认自己所犯的错误。

5. 当你设计好了之后，必须要采取行动，遵从之前所进行的这种设计。很多人会有规划、计划，但是从来都不坚持他的计划。

如果你把这五件事情都做好了，你会不断地进步，最终走向成功。但是没有人能够完美地把这五步都做好，所以关键的一点是，你要和其他人相互补充，要取长补短，要和其他人合作。

提问：您刚才谈到了中国面临的五个挑战，比如说地缘政治，我想问的是，美国是不是也面临着同样的挑战和问题，比如收支账户和地缘政治方面？因为我们可以看到美元现在作为储备货币的地位。

达利欧：美国也面临着这些问题，比如债务。通过节税、减税的刺激，我们会有预算的赤字。这也就意味着会在全世界出售更多的债券，也就会有供需关系的重新调整。这种供需关系会影响美国的国际收支平衡。

同时我刚才也讲了民粹主义，还有内部的张力和讨论，这其实也是美国所面临的最重要的挑战。

提问：对于债务危机来说，债务对GDP的比重是一个很重要的指标，现在的中国其实已经达到了20世纪90年代日本所处的高点，您觉得这对中国来说是不是很危险呢？您的建议是怎样的？

达利欧：这是中国债务水平的问题。中国家庭的债务水平其实是比较低的，中央政府的债务水平也比较低。

图6.8展示出主要国家和地区的债务水平，以及与其他国家和地区的相对债务关系，图中也包括日本。

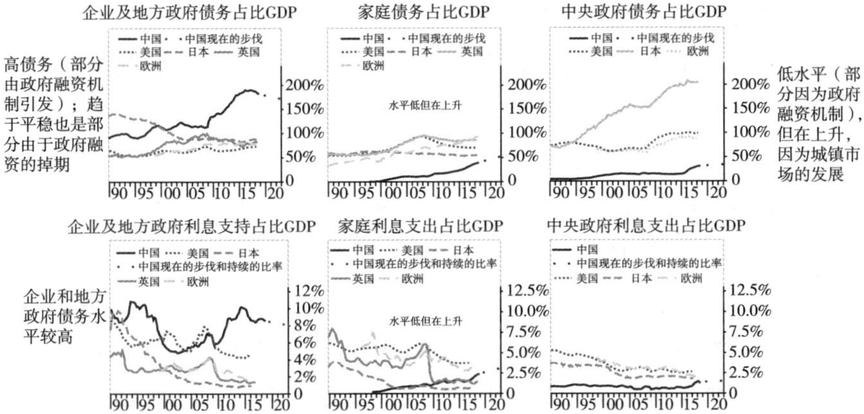

图 6.8　主要国家和地区非金融债务占比 GDP

我在这里讲的是总体债务水平。债务的集中程度主要体现在三个方面，其中企业及地方政府是债务最为集中的地方。另外我们也会看到有影子银行的问题，企业及地方政府债务水平都非常高，但是中央政府的债务、家庭的债务相对来说都是比较低的。

最重要的一点就是，这些债务是以本国货币来计价的，是可以进行展期的。中国的债务都是以人民币来计价的，中国做债务重组的能力其实是很强的，我觉得没什么问题。

另外，中国的政策制定者都很有能力。我其实跟全世界很多的政策制定者有过直接的沟通，我觉得中国的政策制定者的能力是很强的，而且他们懂的内容也很多。所以，这其实是一个调整的周期，在调整的过程当中，大家就会很紧张，因为有些企业很有可能会破产，有些企业则可能会因此获益，有时候可能买家和卖家都会在调整期当中有不同的收获和损失。

但是，就是在这个过程中，大家的恐慌可能会被放大。我还记得有一个案例，有一次美国发生了重大债务危机，一直拖欠债务到 1971 年，当时它承诺在无力偿还时以黄金等偿还。就是美国也曾经历过四次大的债务违约。

其实每个国家都会有问题，但如果是以本国货币计价的债务，其实是没有什么太大问题的。

提问：我知道您一直在做超越冥想，能不能讲讲冥想在生活当中有什么样的作用？

达利欧：我觉得这是一个很好的问题，我希望大家都能够冥想，我的成功其实都是和冥想相关的，而并不是因为聪明或者其他。

这个和宗教及其他都没有关系，冥想是一个很简单的方法，就是你去清理自己的大脑，在你的大脑中会有一个声音，比如说欧姆（练瑜伽的时候可能会用到），在不断地重复这个声音的时候，你的大脑里充斥着这个声音，而不会充斥很多思想。

当然，你的大脑很有可能会想到某一个别的想法，想完了以后，你又回到了这个声音。你会发现过段时间之后，你的大脑里面只有潜意识，所有的想法全都消失了，大脑当中很空白、安静。

当你处于潜意识状态的时候，你就会发现有很多的创造力，要知道在进行创造的时候，并不是说你要拼命想个好点子出来。你的灵感是昙花一现的，突然一下就来了。当你进入潜意识状态的时候，你就会有平和的感觉了。

朱民：我觉得您是位冥想大师。

达利欧：我并不是大师，但是我从1968年开始就做超越冥想了，做了很长时间。你会发现，世界上很多的成功人士，他们都在做冥想。

冥想其实是一个能够让自己安静下来的很好的练习，因为世界上有很多事情都发生在你的身上，你可能会有很多情感和情绪，这会对你的决策造成一定的负面影响，所以冥想对我来说非常有帮助，我非常建议大家做冥想。

朱民：我觉得我们有三个重点是必须要记住的。

第一，历史是不断重演的，我们有一些规则、机制、力量会使得历史不断重演，我们会有一些力量把周期推上去，也会有一些力量把周期拉下来。所以学习历史就会让你有更好的方式应对未来，因为历史总是在不断地重复，我们必须要有一个非常系统的方式来应对我们在生活和工作当中的一些挑战。

第二，中国面临着很多的挑战，瑞·达利欧提到了五个挑战，但是中国现在有空间也有能力来应对这些挑战。中国和日本的债务是完全不一样的，一是水平不一样，二是结构不一样，所以中国现在是有能力来处理债务问题的。另外，稳定和团结对于中国来说非常重要，可以帮助中国很好地应对这五个挑战，这对于我们向前走很重要。

第三，跟瑞·达利欧的个人经历相关，他对于年轻人的建议是：知道你自己不知道的，了解自己很多不懂的东西，并且保持谦虚。另外人生有五步：找到你的目标，知道问题，分析问题的根源，做出规划，最后付诸行动。

（本文编译：柴文静）

雅各布·弗兰克尔（Jacob Frenkel）

现任摩根大通国际董事长。以色列籍，1943年2月8日出生于巴勒斯坦。他最初在希伯来大学获得经济学和政治学学士学位，随后前往美国芝加哥大学攻读经济学硕士和博士，于1970年获得芝加哥大学经济学博士学位。

1971—1973年，在以色列特拉维夫大学担任教员和教授。

1973—1987年，在芝加哥大学担任大卫·洛克菲勒国际经济学教授。

1987—1991年，在国际货币基金组织担任经济顾问和研究主任。

1991—2000年，连续担任两届以色列中央银行行长。1995—1996年，还同时担任美洲开发银行董事会主席。

2000—2004年，担任美林国际董事长兼美林证券主权咨询全球金融机构集团董事长。

2004—2009年，担任美国国际集团副董事长。

2009年起至今，担任摩根大通集团国际董事长。此外，还担任非营利性国际经济和货币事务协商小组G-30主席兼CEO。

作为著名经济学家，弗兰克尔获得过一系列重要奖项。他于2002年获得以色列经济奖，还曾获得特拉维夫大学雨果·勒姆尼恰努经济学奖、捷克卡雷尔·恩格斯经济学奖、阿根廷政府的“梅里奥·梅里托勋章”和意大利共和国的“功勋勋章”。他还获得了《新兴市场》颁发的“1993年经济政策奖”和《欧洲货币》颁发的“1997年中央银行家奖”等。

全球经济金融的短期和长期挑战*

距离 2008 年金融危机，已经过去十年了。在过去十年当中，全球经济面临了很多挑战，各个国家的经济政策制定者，都时刻关注着什么时候会再来一场金融危机。

这一代的经济学家和政策制定者，经历着前所未有的低利率甚至负利率时代，而没有经历过高利率和通胀时代，也没有经历过去几十年甚至上百年常见的经济情况。由此，有些人说，既然我们现在进入一个新的世界经济环境中，那就可以把以往奉为圭臬的经济学教科书扔掉了。而我想对大家说的是，不要丢掉我们学过的经济学内容，这些著作中有非常重要的信息，需要我们在当下给予足够的重视。

几个星期之前，世界各国及各地区的央行行长和财政部长在巴厘岛参加了世界银行和 IMF 的会议[1]，朱民教授也有参与并主持。我们一起来看一下现在的经济是什么情况，以及我们应该如何应对。

一、全球经济增长

图 7.1 展示了全球经济在 1995—2019 年的增长情况。从中可以观

---

* 演讲时间：2018 年 11 月 7 日。演讲地点：清华大学。

察到两点：第一，基本上每年全球经济都是在增长的，只有一年非常糟糕，那就是全球金融危机影响下的 2009 年；第二，现在全球经济增长速度已经得到恢复。

需要特别了解的一点是，以往一些经济危机是从发展中国家开始的[2]，2008 年的金融危机则来自工业国家，即发达国家。

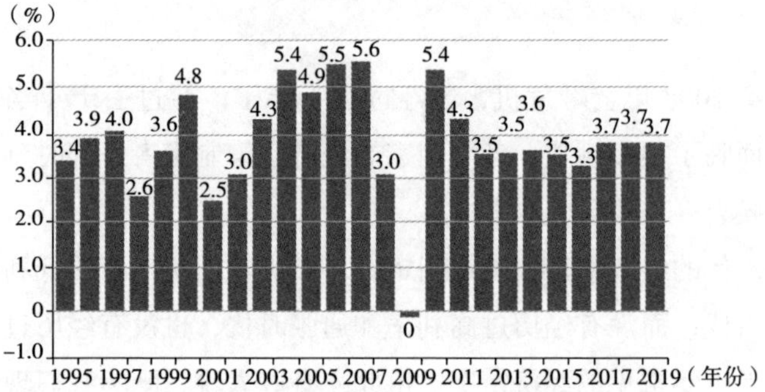

图 7.1　全球 GDP 增长率

资料来源：国际货币基金组织，2018 年 10 月 9 日更新的《世界经济展望》。

图 7.2 展示了工业发达国家在 1995—2019 年的经济增长情况。可以看出金融危机的影响有多巨大——2009 年发达国家的经济为负增长。

为什么近十年来发展中国家的经济增速比发达国家更快？

因为发展中国家其实在很多年前已经发生过经济危机，这使得这些发展中国家在危机发生之后充分汲取了经验，为防范金融危机的再次发生做了充足准备。例如 1997 年的亚洲金融危机，使绝大部分亚洲国家都做好了准备；之前还有 20 世纪 80 年代的债务危机[3]，也使得一些发展中国家进行经济调整。但是，发达国家没有经历过这些危机，它们也就没有准确地对风险进行定价，于是发达国家经济体系有了越来越多的脆弱性。

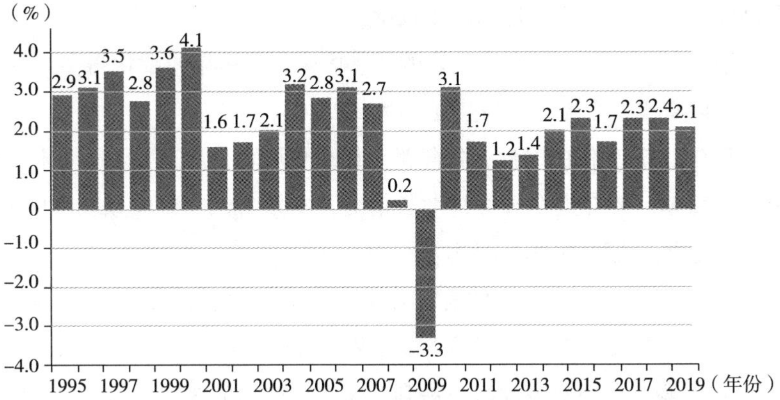

图 7.2　工业发达国家真实的 GDP 增长率

资料来源：国际货币基金组织，2018 年 10 月 9 日更新的《世界经济展望》。

图 7.3 展示了世界主要国家和地区的经济增长情况。

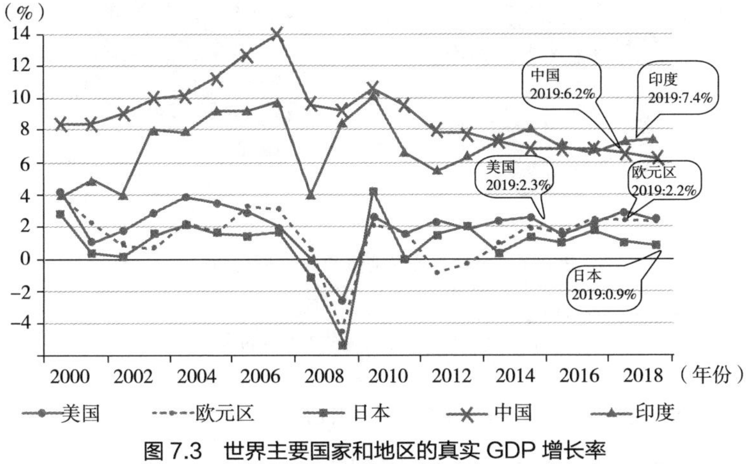

图 7.3　世界主要国家和地区的真实 GDP 增长率

资料来源：国际货币基金组织，2018 年 10 月 9 日更新的《世界经济展望》；美国与欧元区的增长率是摩根大通在 2018 年 10 月 26 日更新的预测。

第一，以美国、欧洲国家为代表的发达国家，经济已经得到复苏，但是经济发展的增速还是相对比较慢。

第二，以中国、印度为代表的新兴国家，经济增长要快得多。

可以看出，全球经济发生了很大的变化。

我在 IMF 工作的时候，每年都要做全球经济展望，这对于我们来说非常简单。要知道全球经济增长情况，主要看三个组国家及地区的情况：美国、欧盟 28 国、日本。

1990 年，这三个组别的合计经济产出大约是全世界的 2/3，领导了全世界的增长。当时中国约占全世界的 4%，印度也是 4%。而到了 2018 年，这三组国家及地区只占到全球经济产出的 35%（见图 7.4）。

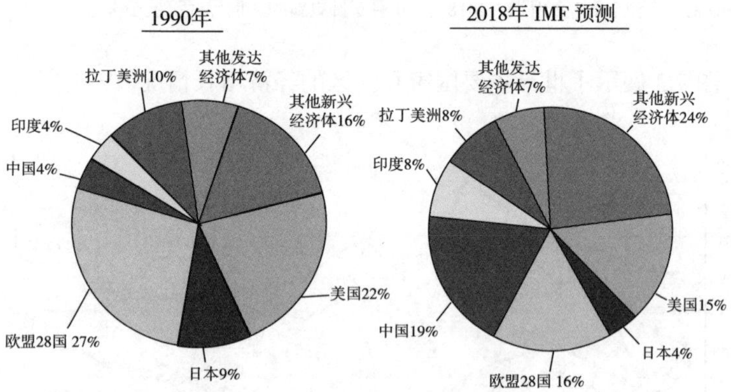

图 7.4 全球主要经济体的 GDP 贡献占比

注：个别数据为四舍五入。

资料来源：国际货币基金组织，2018 年 4 月 17 日更新的《世界经济展望》。

为什么会这样呢？原来的经济产出份额去哪儿了？

它们去了新兴国家，特别是亚洲的国家，当然也不用讲，自然主要是来到了中国。整个世界经济的重心在过去 20 年发生了如此大的变化。中国经济已然从低起点发展到目前位列全球前五的巨大经济体量。

随之产生的问题是，现在这个世界的其他国家是否已经做好准备，去理解和面对新的世界经济格局？

图 7.5 展示了新兴国家和发达国家中的企业利润占收入的百分比情况。图 7.6 展示了发达国家和新兴国家投资占 GDP 的比重情况。

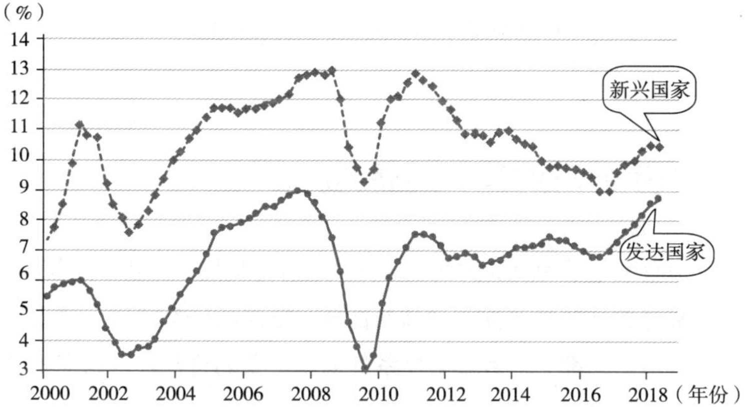

图 7.5　新兴国家和发达国家中的企业利润占收入的百分比

资料来源：彭博社和摩根大通 2018 年第二季度的最新数据。

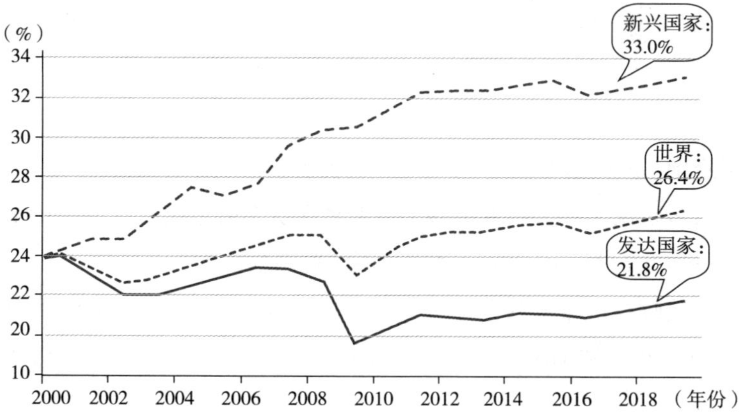

图 7.6　发达国家和新兴国家投资占 GDP 的比重

资料来源：国际货币基金组织，2018 年 4 月 17 日更新的《世界经济展望》。

新兴国家约占全球 GDP 1/3 比重的格局，究竟只是短期情况，还是会长期持续下去？

我认为应该是会持续下去的。

对比目前全球主要发达国家和新兴市场的投资情况，新兴市场的投资回报率更高，自然会吸引更多投资，促进经济进一步发展。

二、各国货币政策与金融危机

货币政策是最为重要的话题，许多经济危机均源自货币政策不当，特别是金融领域的脆弱性，过高的杠杆，错误的风险定价，严重的财政赤字等情形，都会导致金融体系的崩溃。我们这些政策制定者就是要防止这种崩溃发生。

图 7.7 展示了英国、日本、欧元区、加拿大、美国等国家及地区中央银行的政策利率。图 7.8 展示了发达国家的名义利率和实际利率。

那么，货币政策制定者——各国及各地区的央行做了什么呢？降低利率至 0 的水平。我们看到，由于 2008 年金融危机的发生，各国及各地区央行，包括美联储、欧洲央行、英国央行、日本央行，都把利率降到了 0 的水平。

通常来说，这么做就足够了，但是那次金融危机带来的经济萧条和崩溃程度太大，即使降低利率也不能挽回局面。

财政政策自然也有它的问题，因为美国等国家已经有较大的财政赤字和公共领域债务。那么，货币政策还有什么空间，还能做些什么呢？

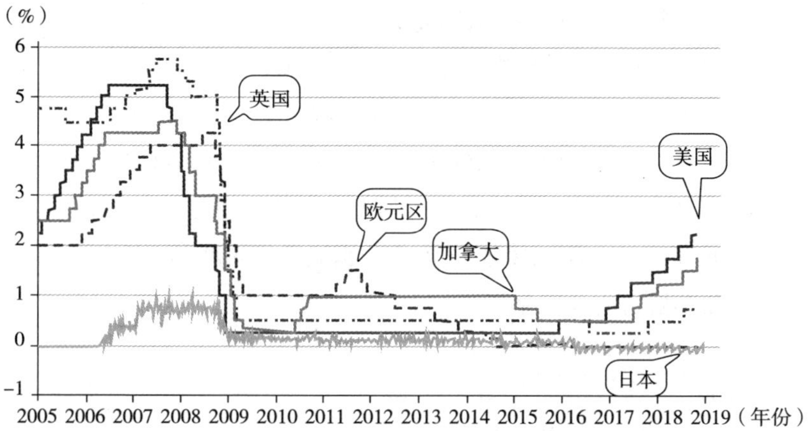

图 7.7　各国和地区中央银行的政策利率

资料来源：彭博社市场数据：2018 年 11 月 1 日。

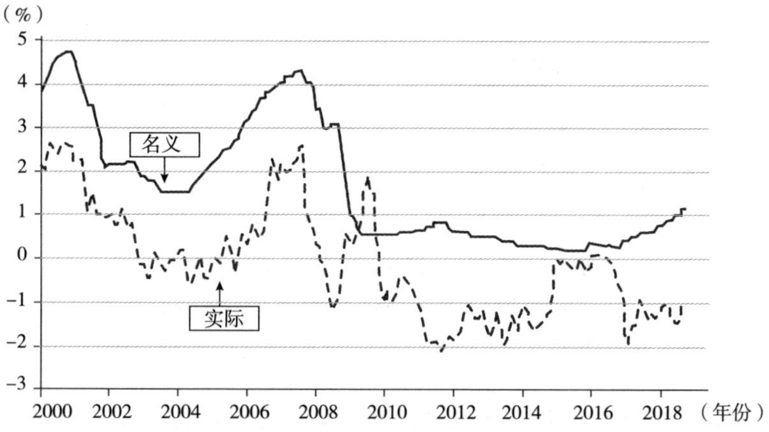

图 7.8　发达国家的名义利率和实际利率 12 个月的平均走势

资料来源：摩根大通，国家统计机构：2018 年 10 月名义利率，2018 年 9 月实际利率。

非常规货币政策由此而生。各大央行此前都说“不可能把利率降到负值”，但现在大家都纷纷尝试。简而言之，就是各大央行都到市场上购买资产，购买资产意味着为市场注入流动性。这就是美国的量化宽松[4]政策。我们看到了美国 QE1[5]，一开始有一点帮助，后来效果就不明显了，然后又陆续推出 QE2[6]、QE3[7]、QE4[8]。

图 7.9 展示了世界范围内各大央行购买资产的规模情况。世界上其他国家的央行也做了类似的事情。从 2007 年 6 月到现在不断地往上涨，不断有各大央行加入这一行列当中，只不过它们购入资产的规模和速度不一样。图 7.10 至图 7.12 分别展示了美联储、欧洲央行和日本央行的资产构成情况。

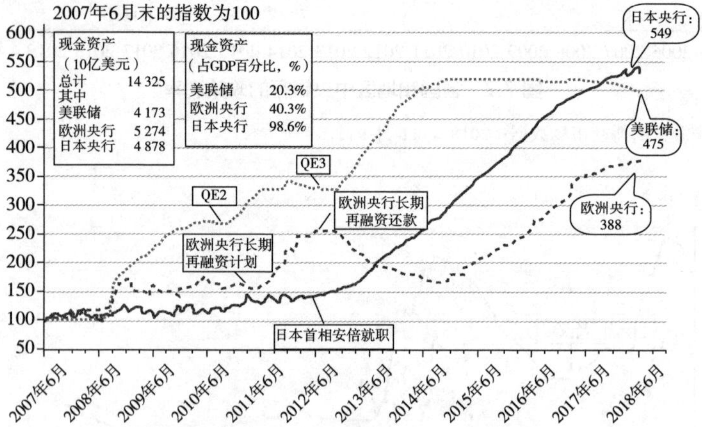

图 7.9 各大中央银行的总资产（指数级别）

资料来源：彭博社。美联储，2018 年 10 月 24 日；欧洲央行，2018 年 10 月 26 日；日本央行，2018 年 10 月 20 日。

其实在 2014 年时，美联储的整体资产负债表规模已经开始稳定下来。

日本自从安倍首相就职起规模也开始持续扩大。[9]

量化宽松既然是一种非常规做法，那么每个央行，特别是美联储，都在问：什么时候能停下来，提高利率，使利率回归正常化？

2012 年，我和时任美联储副主席耶伦开了一个会，会上耶伦说，现在失业率非常高，达到了10%，只能继续保持低利率的量化宽松政策，如果失业率能够下降到6.5%，才可以去考虑一些其他做法。

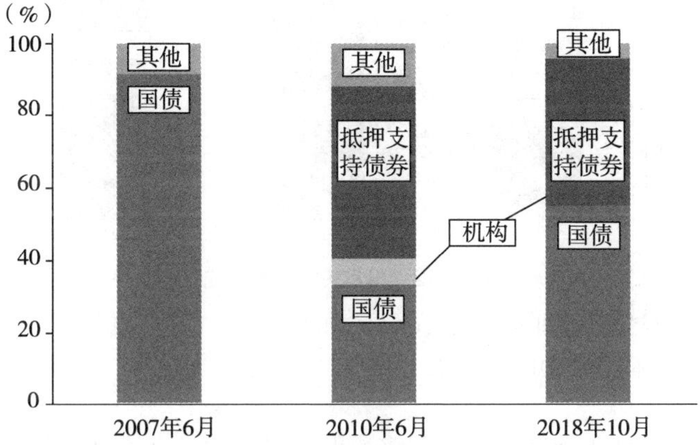

图 7.10　美联储资产构成

资料来源：美联储，彭博社，2018 年 10 月 24 日。

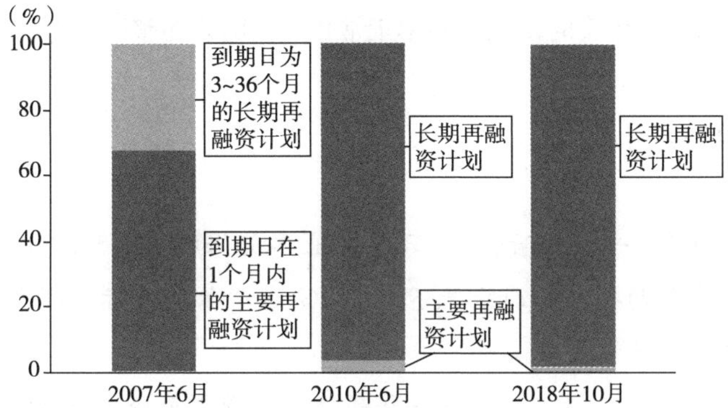

图 7.11　欧洲央行流动性资产构成

注：在 2011 年 12 月 21 日和 2012 年 2 月 29 日进行了两轮为期 36 个月的欧洲央行长期再融资拍卖。

资料来源：欧洲央行，2018 年 10 月 26 日。

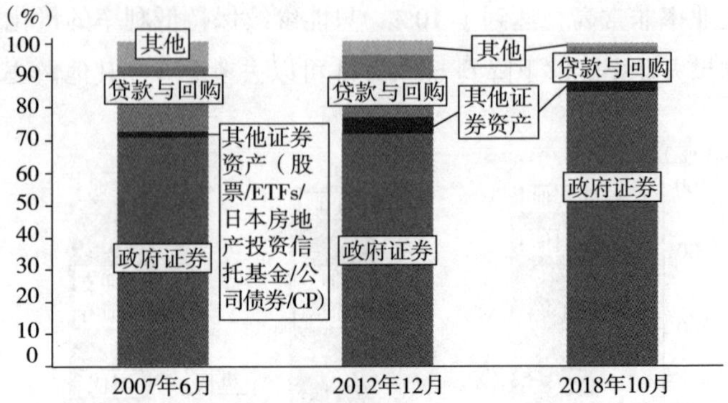

图 7.12　日本央行资产构成

注：ETFs 指部分封闭的开放式基金，CP 指短期融资券。

资料来源：日本央行，2018 年 10 月。

随后虽然失业率下降了很多，但是经济却没有恢复。美联储想要实行利率正常化，就不仅要去看失业率指标，还要看一些其他指标。随着时间的推移，每一次美联储都提供不同的理论或理由。

美联储在各个时期关于利率正常化展望的表述整理如下。

2012 年 12 月 12 日

委员会……目前预计，只要失业率仍保持在 6.5%[10] 以上，并且未来一至两年内的通胀率不超过 2% 这个长期目标，那么低利率的做法仍将是适当的。

——联邦公开市场委员会（FOMC）会议

2015 年 1 月 28 日

根据目前的评估，委员会认为，可以耐心等待货币政策转向利率正常化的操作时机。然而，如果数据表明，就业率和通胀水平比委员会现在预期的进展更快，那么美联储提升利率范围的操作也会立即随之而来。

——联邦公开市场委员会会议

2017年9月26日

……我和我的同事们目前认为，今年的低通胀可能是暂时的，因此我们继续预计，未来几年通胀可能会稳定在2%左右。但是，我们对通货膨胀的驱动因素理解得并不完善，并且我们认识到，目前我们对长期（通胀）目标的认识不足，可能是更为持久的原因……鉴于货币政策对经济活动和通货膨胀的影响有很大的滞后，将现阶段的（低利率）货币政策一直维持到通胀率回到2%，是不明智的。

——美联储前主席耶伦，《通货膨胀、不确定性和货币政策》

2018年9月26日

委员会预计，逐步提高利率这一做法，将与经济活动的持续扩张、强劲的劳动力市场条件和接近委员会2%的通货膨胀目标这三方面因素紧密相关……决定何时提高多少利率，联邦基金利率委员会将参考就业目标和对应的2%通货膨胀目标的实现情况，并预估未来经济情况，做出最终决定。

——联邦公开市场委员会会议

有一个指标非常重要，2%，之后我们会不断见到——美联储希望能够实现2%的通胀目标，只要做得还不够，美国就会继续印钞票；大洋彼岸的欧洲央行也表示，它们也有一个长期通胀目标是2%，只要它们没有实现这个目标，它们就还会继续印钞票；日本央行也表示，只要通胀率是低于2%的，它们就还会继续印钞票；英格兰银行也表示，只要通胀率低于2%，它们就继续实行低利率。

——联邦公开市场委员会会议

美国

自6月联邦公开市场委员会会议以来收到的信息表明，劳动力市场持续加强，经济活动以强劲的速度增长……根据其法定授权，委员会寻求促进最大限度的就业和价格稳定。委员会预计，联邦基金利率目标范围的进一步增长将与经济活动的持续扩张、强劲的劳动力市场条件以及中期内委员会的2%通货膨胀目标相协调。风险与经济前景似乎大致均衡。

——联邦公开市场委员会声明，2018年9月26日

欧洲

在我们的授权范围内，欧洲央行准备采取一切措施来保护欧元，相信我，这就足够了。

——欧洲央行行长德拉吉，2012年7月26日

我们继续期望它们（利率）至少在2019年夏季保持在目前的水平，在任何情况下，只要有必要，以确保通胀持续趋同至中期低于但接近2%的水平……理事会随时准备调整其所有工具，以备

批准，用以确保通货膨胀水平持续朝着理事会的通胀目标发展。

——欧洲央行行长德拉吉，介绍性声明，2018 年 10 月 25 日

日本

（日本）银行将继续实施“定量和定性货币宽松政策和收益率曲线控制”，目标是实现通胀率 2% 的价格稳定，只要是为保证这一目标，就有必要采取一些手段……至于政策利率，银行打算在一段较长的时间内保持当前极低的短期和长期利率水平……它将审查与货币政策执行最相关的风险，并做出政策调整。在适当情况下，考虑到经济活动、价格水平以及金融市场条件，以保持实现价格稳定的目标。

——货币政策声明，2018 年 10 月 31 日

英国

英国央行货币政策委员会（MPC）制定了货币政策，以满足 2% 的通胀目标，并有助于维持增长和就业……经济前景将在很大程度上取决于退出欧盟的性质，特别是新贸易协定的形式，向新协定过渡的顺利程度，以及居民、企业和金融市场的反应。对货币政策适当路径的影响将取决于对需求、供给和汇率的影响的平衡……委员会还判断，如果经济真的大体上按照 11 月通胀报告预测持续发展，通货膨胀水平持续恢复到 2% 的传统目标，那么在预测期内收紧货币政策才是合适的。未来银行利率的任何提高都可能是渐进式的，而且幅度有限。

——英格兰银行货币政策委员会会议纪要，2018 年 11 月 1 日

这是什么意思呢？这表示，这些国家都一致同意制定 2% 的通胀目标，如果这些国家的通胀水平都低于 2%，它们就都有理由继续印钞票。

在一开始的时候，必须要支持这种做法，但随着时间的推移，人们就开始问，持续不断地印钞票，如果不论怎样通胀率都到达不了 2%，是否会有危险？金融稳定性是否会受到威胁？

国际清算银行提出，不要只看通胀，同时也要关注是否会影响到金融稳定性。因此，各国及各地区央行开始担忧金融稳定性问题，这时美联储开始给市场发出信号，指明将往哪里走。

当然，在整个美联储当中也有很多官员历次的投票选择都不同，其投票结果也形成一个指导。

图 7.13 展示了美联储点阵图中值的演进。如图 7.14 所示，市场预测的利率比美联储的要低。这与以往每一次美联储公开市场会议给出的点阵图预测相同。

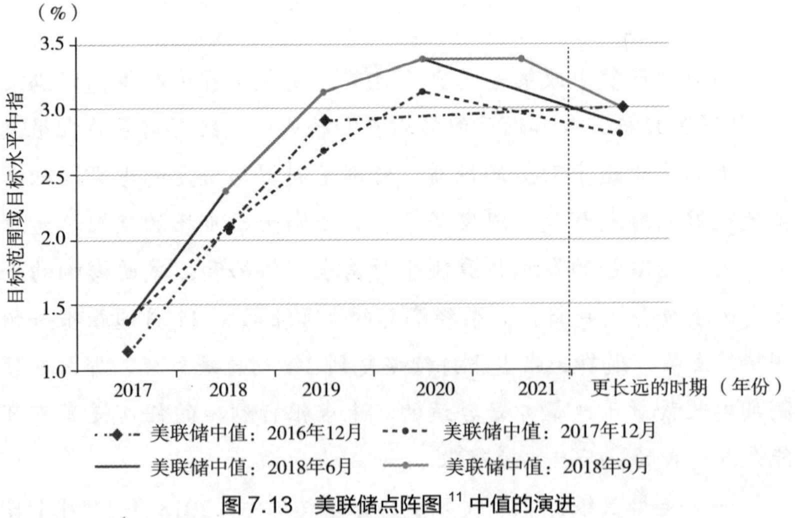

图 7.13　美联储点阵图[11] 中值的演进

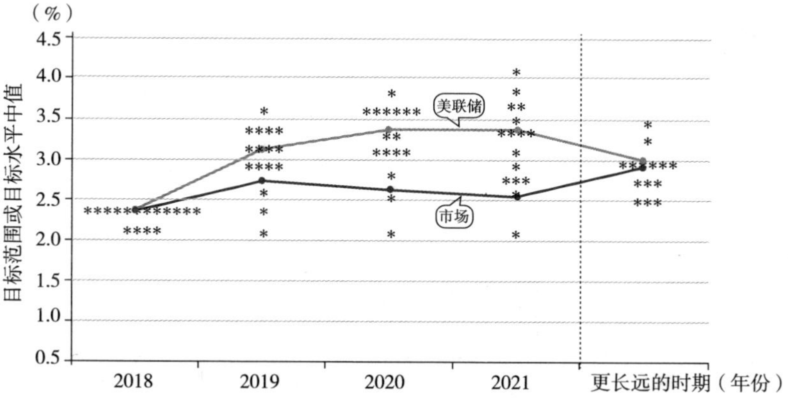

图 7.14　2018 年 9 月美联储点阵图和市场价格

注：市场预期源自 1 个月美元隔夜指数掉期（OIS）远期利率。

资料来源：美联储和彭博社。

从图 7.15 和图 7.16 可知，美联储给出的预期利率，市场均预期不会发生。图 7.17 展示了美联储点阵图随时间而呈现点状分布。

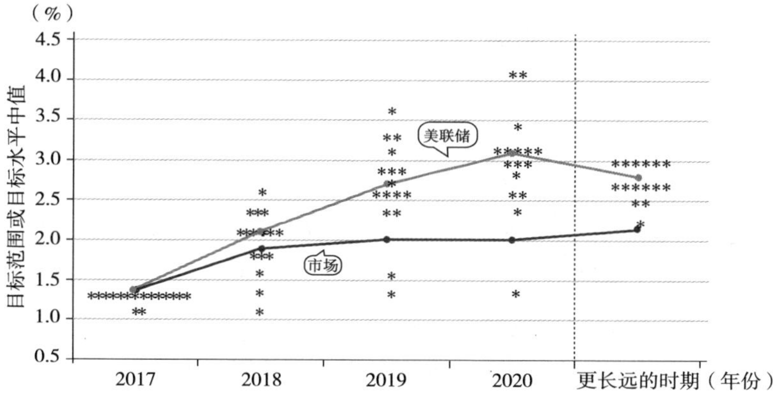

图 7.15　2017 年 12 月美联储点阵图和市场预测

注：市场预期源自 1 个月美元隔夜指数掉期远期利率。

资料来源：美联储和彭博社。

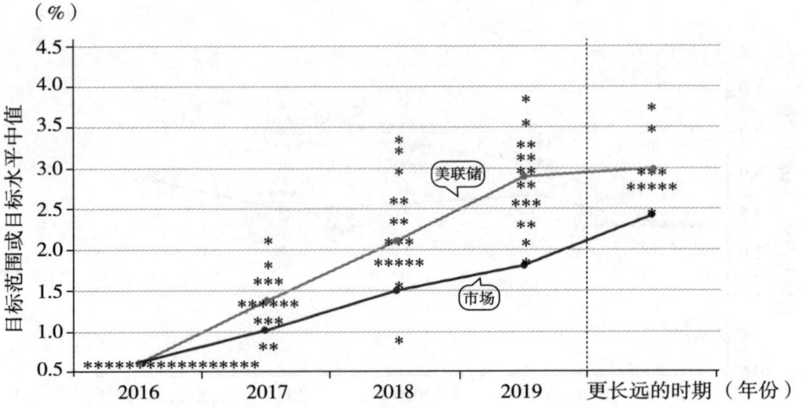

图 7.16　2016 年 12 月美联储点阵图和市场预测

注：市场预期源自 1 个月美元隔夜指数掉期远期利率。

资料来源：美联储和彭博社。

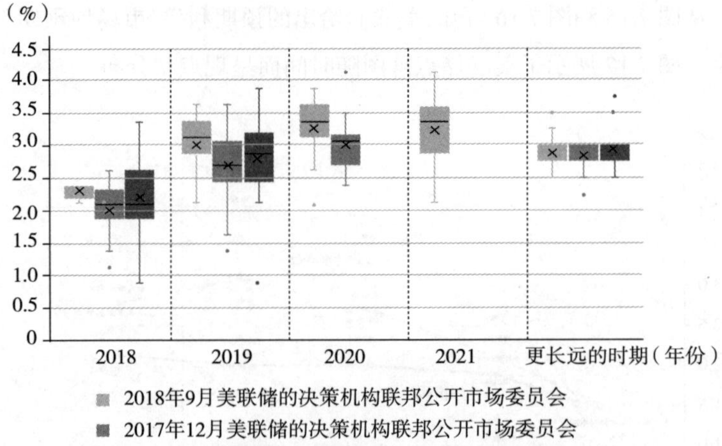

图 7.17　美联储点阵图随时间而呈现点状分布

注：实线表示范围中值，× 表示平均值。

资料来源：美联储董事会。

三、美国与欧元区何时会提高利率

既然是这样，那么我们应该如何使利率正常化？也就是说，美联储到底应该依据什么指标制定利率政策？过去只看通胀率是否达到2%，但我们现在已经认识到，只看通胀率是不够的，还需要看一些其他指标，否则就要永远不停地印钞票了。

所有国家都是共同进入危机的，也几乎在同一时间开始了量化宽松的进程。但是它们已经做好了准备，在不同的时间退出，所以各个国家利率正常化的时间表也不一样。

如图 7.18 所示，2008 年金融危机开始，美国和欧元区失业率在2010 年都上升到 10% 左右，两方采取了同样的方法，基本上将利率都降为 0，后来它们开始分道扬镳：美国的失业率快速下滑，2018 年只有3.7%；欧洲的失业率同时也下滑了，但是下滑的速度比美国慢了很多。非常明显的是，这两个经济体已经在复苏当中，但处在不同的阶段。

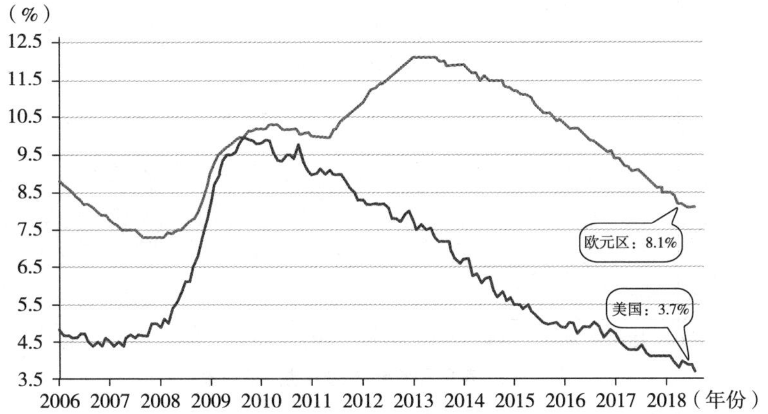

图 7.18　美国和欧元区的失业率

资料来源：欧盟统计局和劳工统计局，2018 年 9 月欧元区和美国的最新观察。

为什么失业率会下滑？是因为有更多的就业岗位，还是因为有更多的经济增长？是因为有更多的人去做了兼职，还是因为有更多的人发现找不到工作？

如图 7.19 所示，现实是美国的劳动力参与率已经在下滑了，而欧元区的是上升的。

整个欧元区由一些不同的国家组成，各个国家之间有较大的差异。2018 年，德国的失业率是 5.1%，希腊是 18.4%，西班牙是 14.9%，意大利是 10.1%，欧元区平均约为 8.1%（见图 7.20）。

所以，我们可以看到一个重要的问题，欧洲到底应该怎么做？你可能会问到底是哪个国家，是德国还是西班牙？这也是一个重要的挑战，因为德国、西班牙、希腊以及意大利只能有一个统一的货币政策，这些国家把各自央行的权力交给了欧洲央行，欧洲央行要决定整个欧元区国家的货币政策，这也是现在欧洲的问题比美国复杂得多的原因。

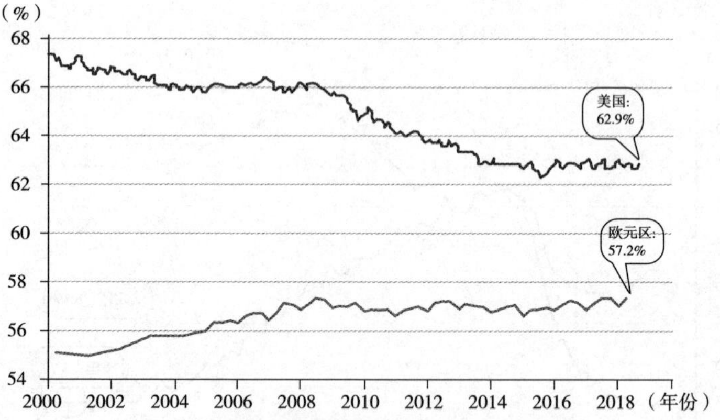

图 7.19　美国和欧元区的劳动力参与率

资料来源：欧盟统计局和劳工统计局，2018 年第二季度欧元区的最新观察，2018 年 10 月美国的最新观察。

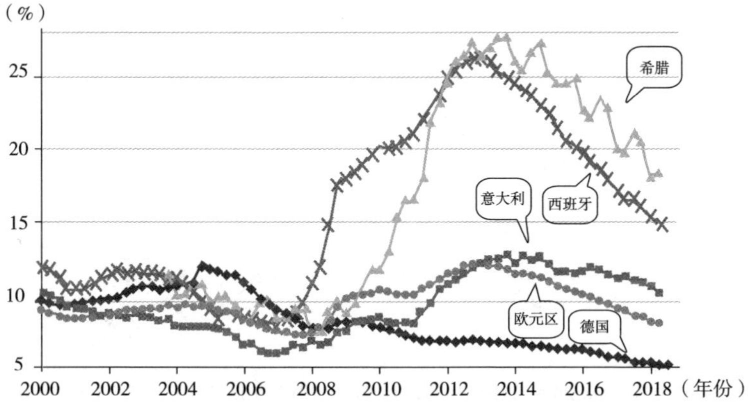

图 7.20　欧元区各国的失业率

资料来源：欧洲统计局，德国（2018 年 10 月）的最新观察，意大利、西班牙和欧元区（2018 年 9 月）的最新观察，希腊（2018 年 7 月）的最新观察。

欧元区最大的问题就是现在的结构性失业。如图 7.21 所示，美国的失业人口中，只有 23% 的人会失业半年及以上，即美国失业人口大部分是短期失业。但欧元区的失业人口中，有 65% 的人已经失业半年及以上，意味着欧洲大部分人是结构性失业。欧元区和美国的失业情况完全不一样。美国和欧元区的总失业率和青年失业率情况如图 7.22 所示。

为什么说美国的货币政策可以进行调节，但是欧洲没有办法进行调节呢？是因为欧洲的是结构性失业，而结构性失业只有通过教育、再培训、市场调节、结构性政策，才能够进行改善。这些也是 IMF 正在要求欧洲做的事情，但并不容易，因为这些促进就业的手段需要政治上的配合。

美欧这两条大船是同时下水的，但是它们现在的速度却完全不一样。那么美欧在各自的公开市场操作委员会会议当中，要决定利率。

从失业率来看，美国因为情况尚好，或许可以选择提高利率，而欧元区则不能。

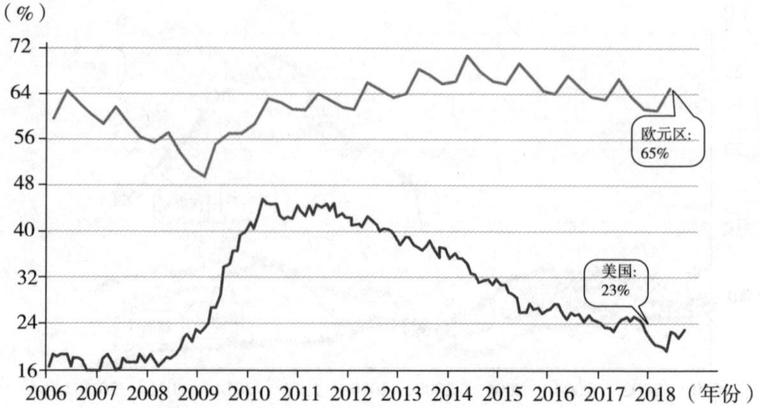

图 7.21 美国和欧元区的长期（6 个月及以上）失业率

资料来源：欧洲统计局和劳工统计局，2018 年第二季度欧元区最新观察，2018 年 9 月美国最新观察。

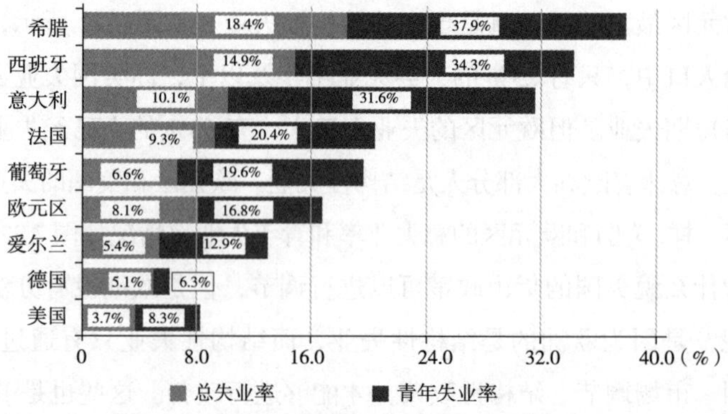

图 7.22 美国和欧元区的总失业率和青年失业率

资料来源：欧洲统计局和劳工统计局，2018 年 7 月希腊、2018 年 10 月德国、2018 年 8 月其他欧元地区和 2018 年 10 月美国的最新数据。

如图 7.23 所示，从通胀率来看，美国已经非常接近 2% 的目标了，是可以有空间进行利率上调的，但欧元区离 2% 的目标还很远，只有 1.1%，欧元区是不可以这样做的。

图 7.23 美国和欧元区的核心通胀率

注：PEC 是指个人消费支出；HICP 是欧洲央行的通货膨胀和物价稳定的消费物价指数，采用欧元区的成员国价格指数的加权平均。

资料来源：欧洲央行经济分析局，2018 年 9 月美国的最新观察，2018 年 10 月欧元区的最新观察。

如图 7.24 所示，在美国，不仅通胀率达到了 2%，就业成本指数（ECI）也提高到了 2.8%。整体来说，美国的流动性非常高，通胀和工资水平也在不断上涨，整体经济呈现上行趋势，而失业率在下降，那么这时就应该实行正常化利率了。

很多人都会说现在不要进行利率正常化，应该再等等，意思就是如果现在进行利率正常化，就很有可能会使经济再次衰退。

但如果上调利率的时间太晚，也会有一些影响，特别是对金融市场而言。比如会让过多资金流向金融市场，而并没有流向实体经济，会产生太多泡沫，从而带来如下所示的很多问题。

1. 追逐收益会增加风险。

2. 抬高股票价格，产生泡沫。

3. 鼓励股票回购。

4. 阻碍实际投资。

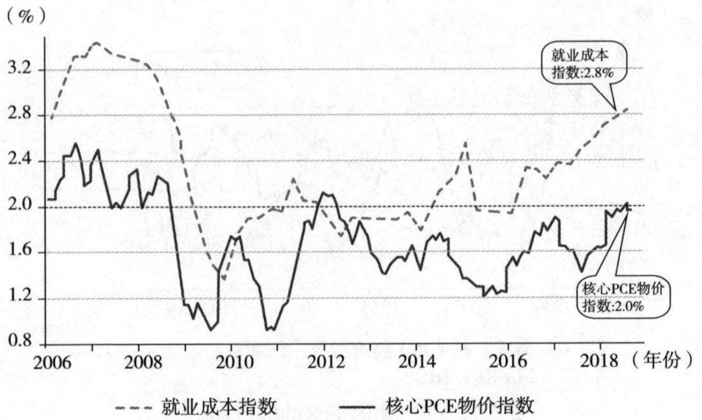

图 7.24　美国物价通胀率和就业成本指数

资料来源：经济分析局，劳工统计局 2018 年 9 月核心 PCE 物价指数的最新观察，2018 年第三季度就业成本指数。

5. 阻碍金融与实体经济的联系。

6. 鼓励提高杠杆率。

7. 危及金融稳定。

8. 削弱金融服务业（如银行、保险、养老金等）。

9. 削弱货币政策的传导和效力。

10. 刺激对利息敏感的低生产率行业的投资。

11. 推迟财政和结构调整政策。

12. 降低生产率和经济增长。

所以，到底是早一点还是晚一点上调利率，两者之间需要平衡考量，但是即便考虑了这个平衡之后，美国还是会逐步实行正常化利率。就业和通胀之外的第三项重要评判标准是杠杆率。

如图 7.25 所示，在金融危机刚开始的时候，美国不论是公共部门、私营部门，还是金融市场，其杠杆率都非常高。当金融危机爆发以后，所有的行业和部门都开始去杠杆。

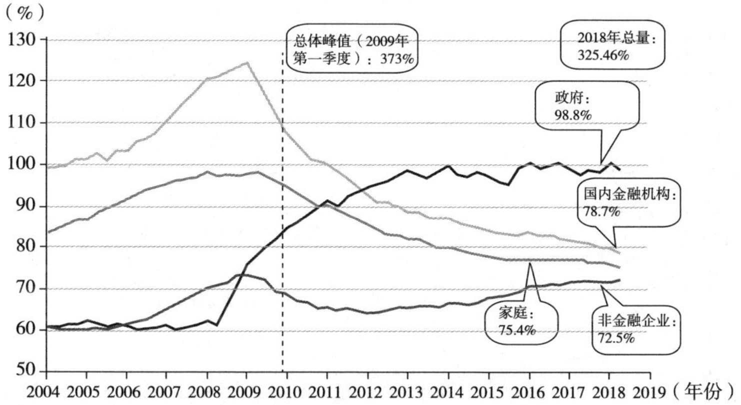

图 7.25　美国各领域债务占 GDP 的比重

资料来源：Haver Analytics（金融数据库服务商）2018 年第二季度最新观察。

美国的去杠杆一直在持续，但欧元区并不是，欧元区的债务占 GDP 的比重仍然没有太大的变化（见图 7.26），日本也没有太大变化（见图 7.27）。

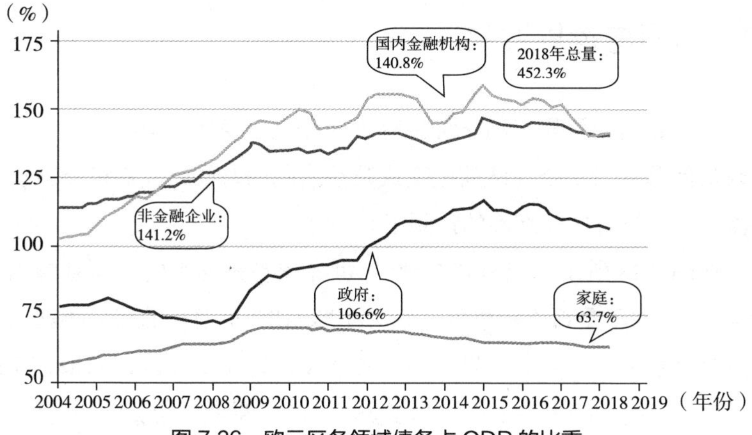

图 7.26　欧元区各领域债务占 GDP 的比重

资料来源：欧洲统计局 2018 年第二季度最新观察。

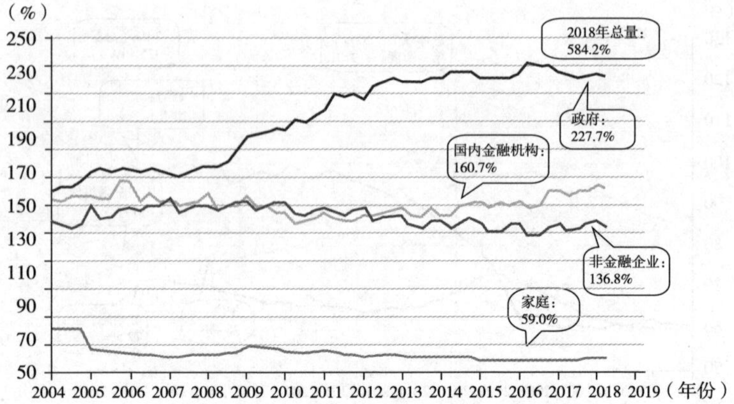

图 7.27　日本各领域债务占 GDP 的比重

资料来源：Haver Analytics 2018 年第二季度最新观察。

所以，和欧元区相比，现在美国的能力和面临的挑战都要好得多，更有可能提高利率，回到利率正常化。

四、中国与世界贸易

中美之间的贸易问题非常具有争议性，已经从一个经济问题变成了政治问题。当一个经济问题变成政治问题的时候，我们可能就没有办法去对它进行比较准确的预测了。

如图 7.28 所示，只有在 2009 年世界贸易是缩水的，而且缩水了 10.4%。这并不是孤立的事件，因为全球 GDP 负增长的那一年就是我们贸易缩水的那一年。如果想要经济增长，就开放贸易；如果想要经济缩水，就闭关锁国。如果影响了贸易，其结果就是会影响经济增长。这也是为什么现在会有贸易摩擦和贸易谈判。

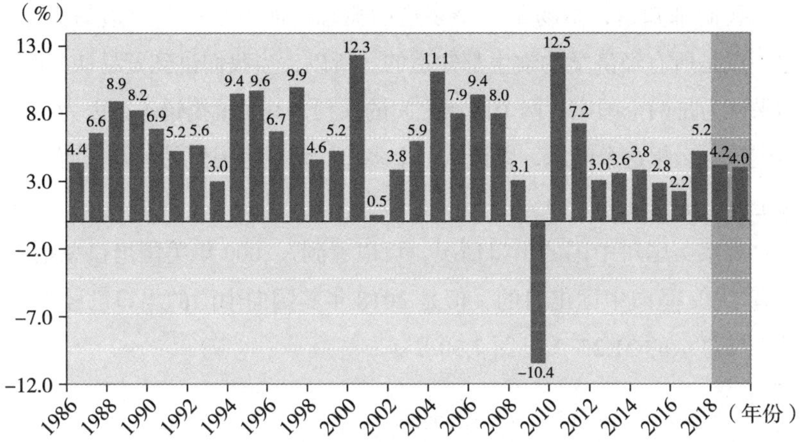

图 7.28　1986—2018 年世界贸易总量变化情况

资料来源：国际货币基金组织，平均年增长率，2018 年 10 月 9 日更新的《世界经济展望》。

所以，贸易是最有效的减贫工具，它发展了经济，减少了贫困。再看一看中国和全球的贸易状况。从贸易规模来看，中国和亚洲其他国家与地区之间的贸易规模比中国和欧美之间的贸易规模大得多，几乎是欧美的两倍（见图 7.29），这一点非常重要。

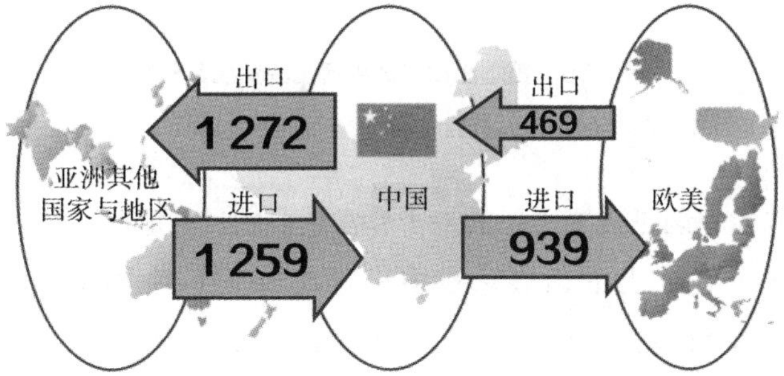

图 7.29　中国和亚洲其他国家与地区、欧美的贸易情况（单位：十亿美元）

资料来源：2018 年 8 月以来 12 个月总计，中国国家统计局。

我们都知道，贸易是一个多边的概念，而不是一个双边的概念，这一点是所有经济学的学生都知道的。所以，当我们讲到贸易谈判时，如果认为是两个国家、两个区域之间的谈判，其实就搞错了，因为我们不应该这么想这个问题，应该从一个多边的角度考虑贸易问题，而不仅仅是双边的角度。

观察美国对中国的出口情况，可以看到，2000 年美国出口总量中只有 7.6% 是向中国出口的，但是 2018 年美国向中国的出口已经占美国出口总量的 21.2%（见图 7.30）。

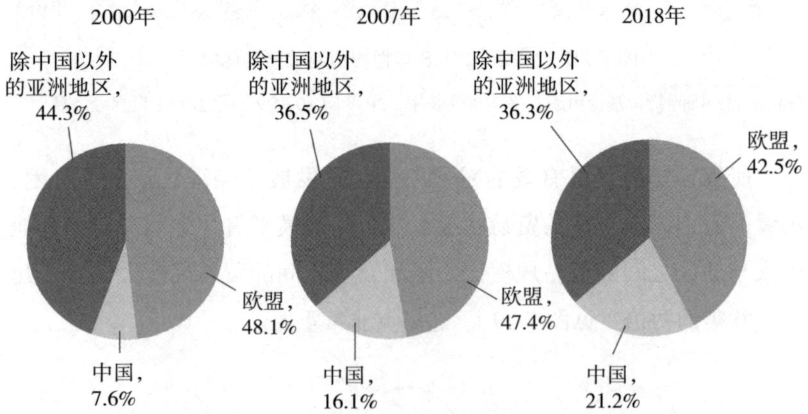

图 7.30　美国出口总量中各国的贸易量分布

资料来源：美国商务部，2018 年 9 月最新观察。

所以，中国是美国出口的一个非常重要的目的地。

2000 年，欧洲的出口总量中只有 5.7% 是向中国出口的，但在 2018 年这个数字已经上升到 22.7%（见图 7.31）。

各国现在都意识到了贸易会带来很多好处，全球已经一体化，中国在一体化当中扮演了非常重要的角色。

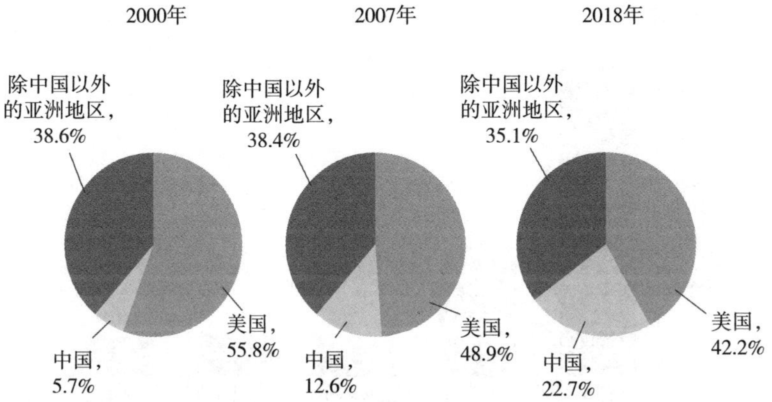

图 7.31 欧盟出口总量中各国的贸易量分布

注：个别数据为四舍五入。

资料来源：欧洲统计局，2018 年 8 月最新观察。

各国家和地区的国际收支经常账户情况如图 7.32 所示。各国家和地区的外汇储备情况如图 7.33 所示。

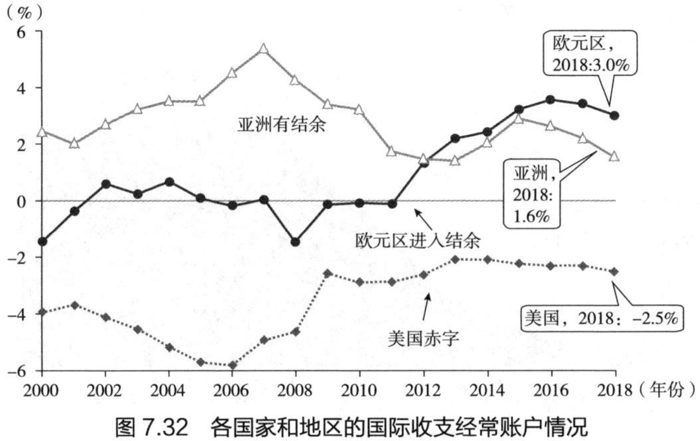

图 7.32 各国家和地区的国际收支经常账户情况

资料来源：国际货币基金组织，2018 年 10 月 9 日更新的《世界经济展望》（2017 年和 2018 年预测）。

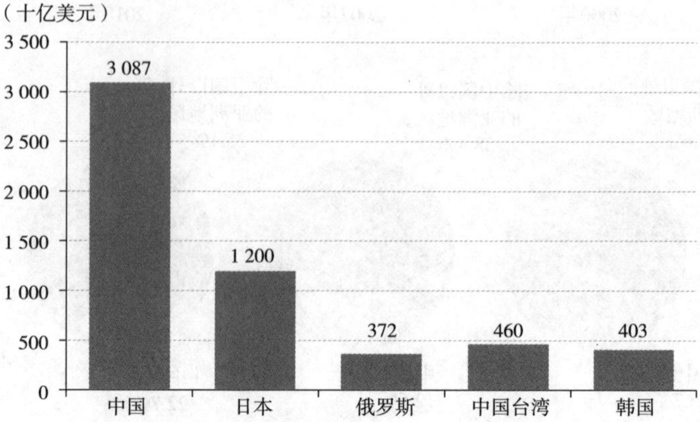

图 7.33　各国家和地区外汇储备情况

资料来源：国家统计机构，除黄金外的外汇储备，2018 年 9 月最新观察。

随着时间不断推移，中国因为出口换得大量外汇储备（见图 7.34）。中国 2010—2018 年的汇率情况如图 7.35 所示。图 7.36 展示了美元在世界外汇储备中的比重。

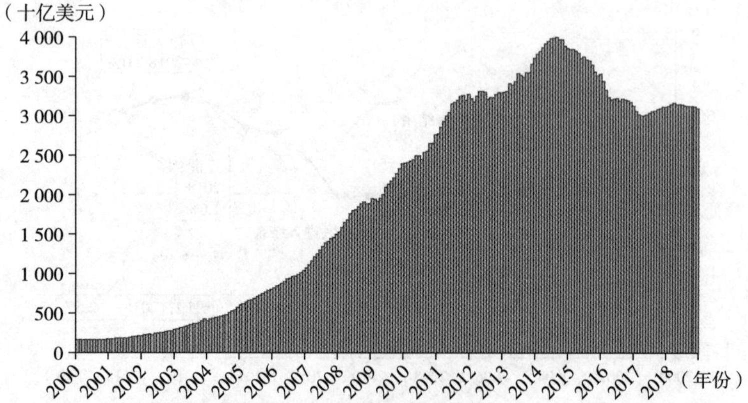

图 7.34　中国外汇储备情况

资料来源：中国经济信息网，2018 年 9 月最新观察。

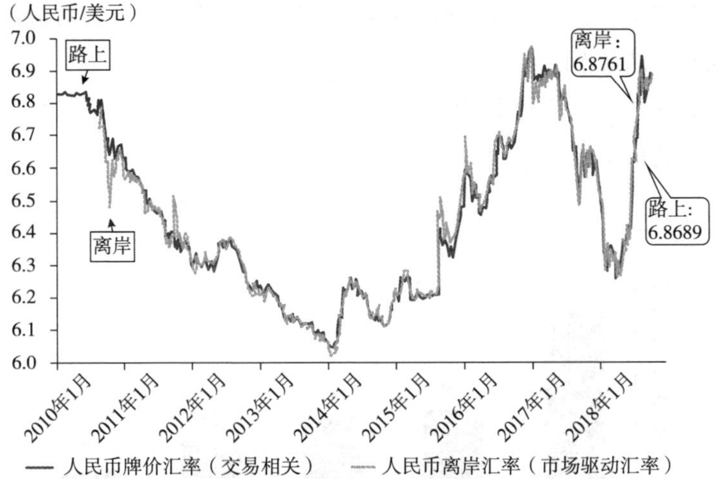

图 7.35　中国 2010—2018 年汇率情况

资料来源：彭博社市场数据，2018 年 9 月 28 日最新观察。

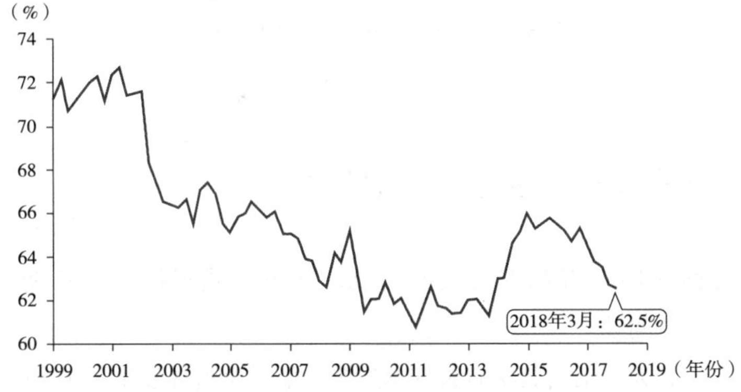

图 7.36　美元在世界外汇储备中的比重

资料来源：国际货币基金组织官方外汇储备货币构成，2018 年 3 月最新观察。

我们应该用汇率政策解决中国外汇储备很高的问题吗？我觉得并不是。

我们可以看到中国有盈余是因为中国和其他国家相比储蓄率比较

高。如果储蓄很多，资产积累就比较多，仅是用汇率或者货币政策，无法解决储蓄率的问题。

如图 7.37 所示，中国的储蓄率是 46%，美国是 19%，所以美国有赤字也是很正常的。

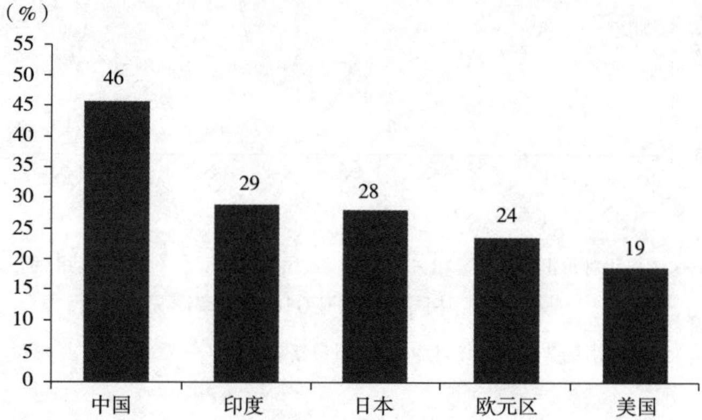

图 7.37　各国家和地区储蓄占 GDP 的比重

资料来源：国际货币基金组织，2018 年 10 月 9 日更新的《世界经济展望》。

五、长期挑战：全球人口老龄化

之前我们一直在讲宏观的问题，在最后我想讲一些长期的问题——人口问题。

人口和人口结构其实有长期的影响，如今全世界发生了很多变化，我们要问一个问题：这个变化是不是会持续下去？我认为发展中国家的重要性将会随着时间的推移增加，并不会减弱。

从人口结构方面来看，2015—2050 年，全球的人口将会增长约 24 亿。从图 7.38 可知，每一个年龄层增加的人数是多少。

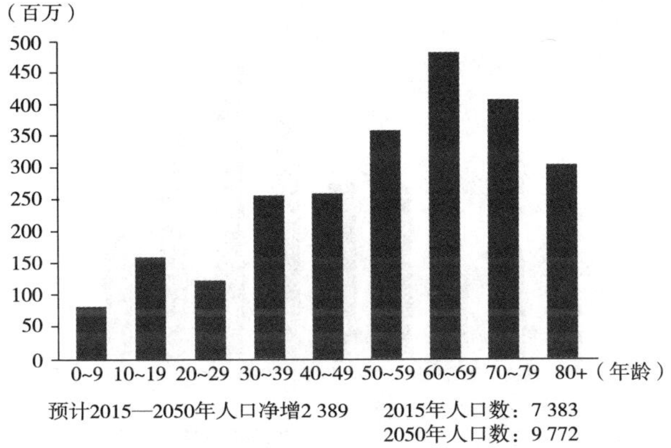

图 7.38 2015—2050 年全世界各年龄层人口数量变化

资料来源：联合国人口司 2017 年更新。

但是，增加了这么多人，分别增加在哪些国家呢？

从图 7.39 和图 7.40 可知，在增加的约 24 亿人口当中，只有 4 500 万是来自发达国家的，而且增加的主要是老年人，人口增长基本上都来自发展中国家。

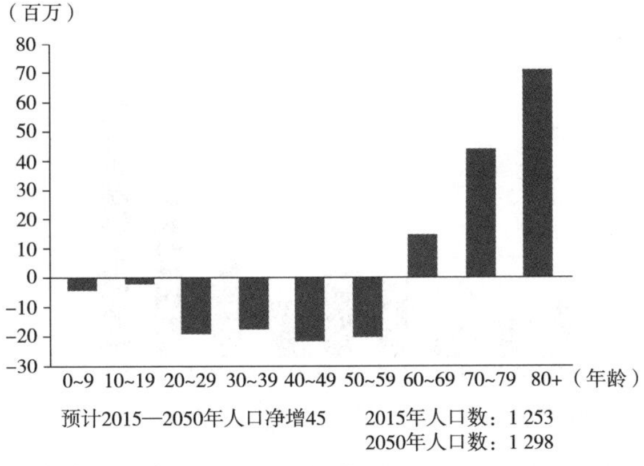

图 7.39 2015—2050 年发达国家各年龄层人口数量变化

资料来源：联合国人口司 2017 年更新。

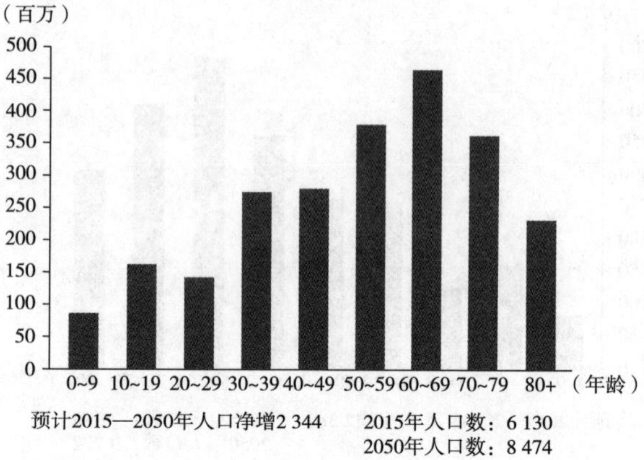

图 7.40　2015—2050 年发展中国家各年龄层人口数量变化

资料来源：联合国人口司 2017 年更新。

所以，这些发达国家的人口其实是在减少，并且在变老。但不要误会，这并不是说每一个国家都是这种情况。

如图 7.41 所示，美国将有 7 000 万额外的新增人口，30~50 岁人口增加较多，另外老年人也会增加很多，但这相对来说还是一个好消息。

图 7.41　2015—2050 年美国各年龄层人口数量变化

资料来源：联合国人口司 2017 年更新。

欧洲人口将会减少，会比现在少 2 500 万人，剩下最多的是 80 岁以上的人（见图 7.42）。所以，你可能会问：这会是一个创新的社会吗？其实这是一个有很高的医疗成本的社会，所以这是一个长期的问题。

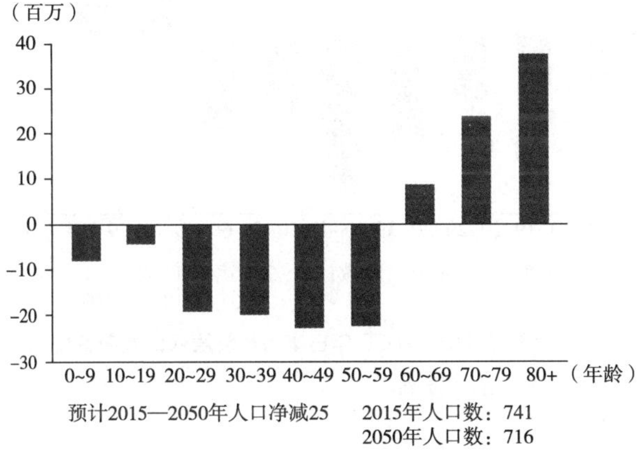

图 7.42　2015—2050 年欧洲各年龄层人口数量变化

资料来源：联合国人口司 2017 年更新。

再看看日本，只有 80 岁以上的人才能有更多的朋友，因为日本的人口也在减少（见图 7.43）。中国也将是一个老龄化的社会（见图 7.44）。印度将会再增加 3.5 亿的人口（见图 7.45），而且年龄分布是非常健康的，不会太年轻，也不会太老，所以这也是长期非常重要的一个因素。

非洲的人口增加最为强劲，有 13.33 亿新增人口将来自非洲大陆（见图 7.46）。并且大多数的非洲新增人口都是年轻人，这也就代表着巨大的机会。当然也有挑战，包括流行疾病、医疗健康、政权腐败等问题，都有可能摧毁一个社会，但是我可以告诉大家，如果能够解决健康卫生以及腐败问题，就能够看到非洲的未来。

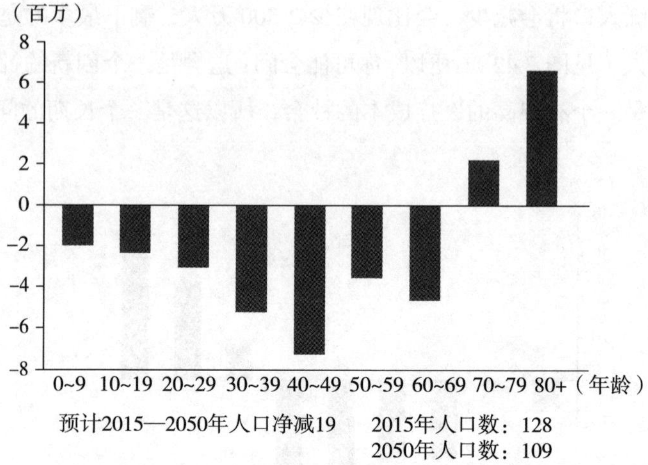

图 7.43　2015—2050 年日本各年龄层人口数量变化

资料来源：联合国人口司 2017 年更新。

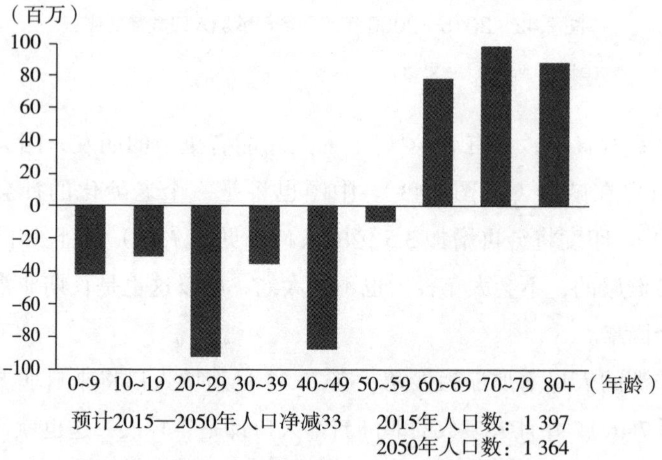

图 7.44　2015—2050 年中国各年龄层人口数量变化

资料来源：联合国人口司 2017 年更新。

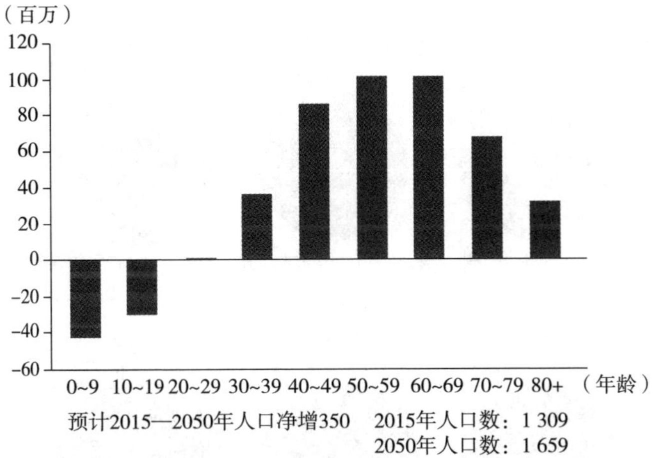

图 7.45　2015—2050 年印度各年龄层人口数量变化

资料来源：联合国人口司 2017 年更新。

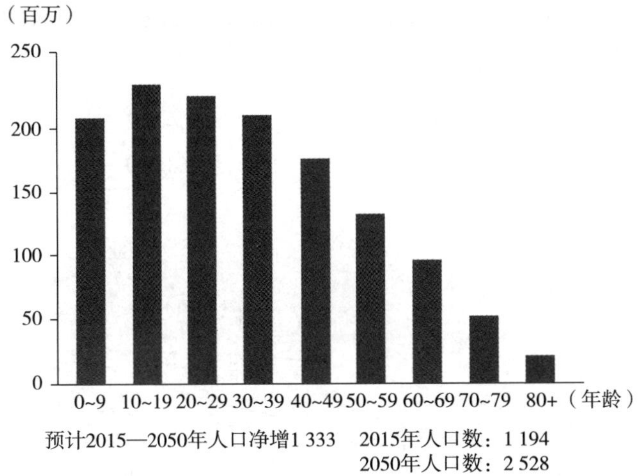

图 7.46　2015—2050 年非洲各年龄层人口数量变化

资料来源：联合国人口司 2017 年更新。

图 7.47 至图 7.52 展示了一些值得大家关注的信息。

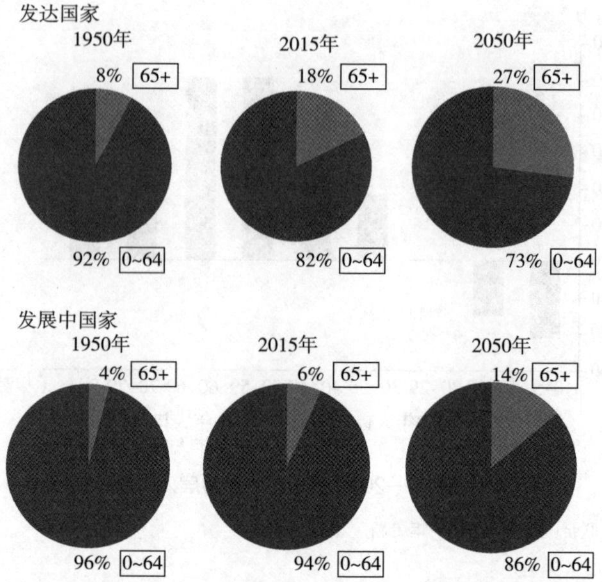

图 7.47　1950—2050 年发达国家和发展中国家 65 岁以上人口占总人口的比重

资料来源：联合国人口司 2017 年更新。

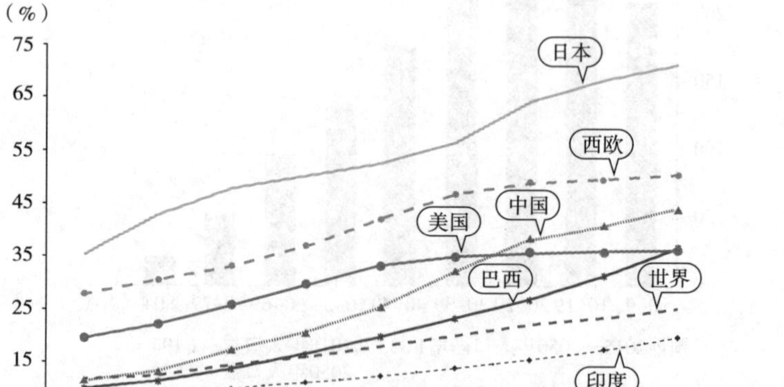

图 7.48　主要国家及地区老年抚养比

（每 100 个 15~64 岁的青壮年要抚养多少个 64 岁以上的老人）

资料来源：联合国人口司 2017 年更新。

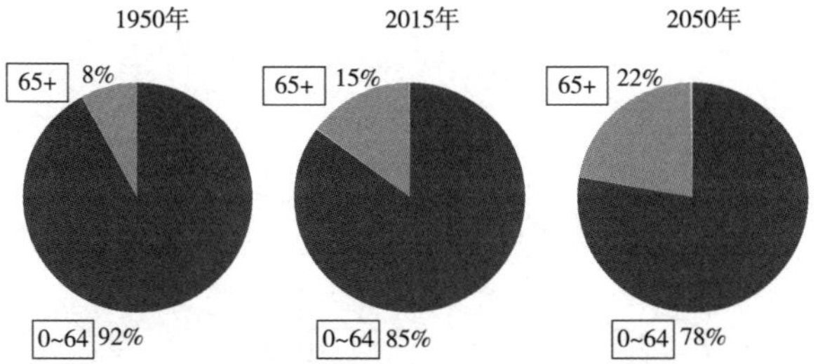

图 7.49　1950—2050 年美国 65 岁以上人口占总人口的比重[12]

资料来源：联合国人口司 2017 年更新。

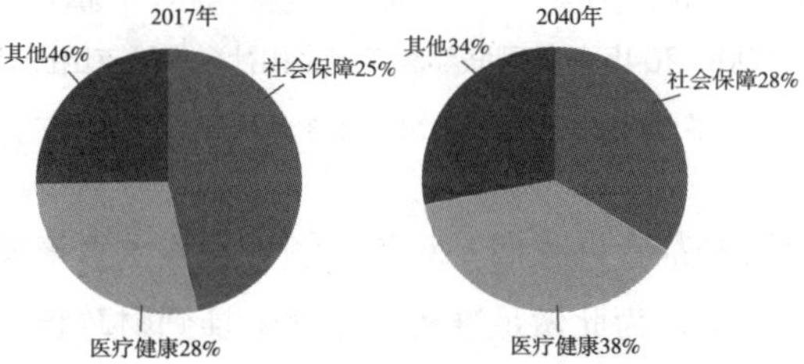

图 7.50　2017—2040 年美国联邦支出构成[13]

注：个别数据为四舍五入。

资料来源：美国国会预算办公室长期预算，2017 年 3 月更新。

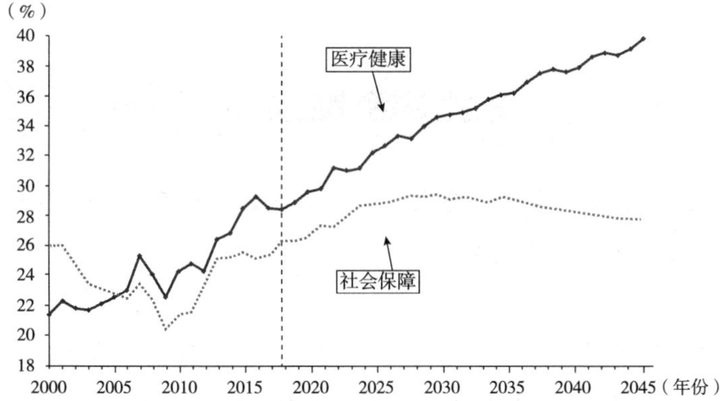

图 7.51　2000—2045 年美国联邦医疗健康和社会保障支出占联邦支出比重

资料来源：美国国会预算办公室长期预算，2017 年 3 月更新。

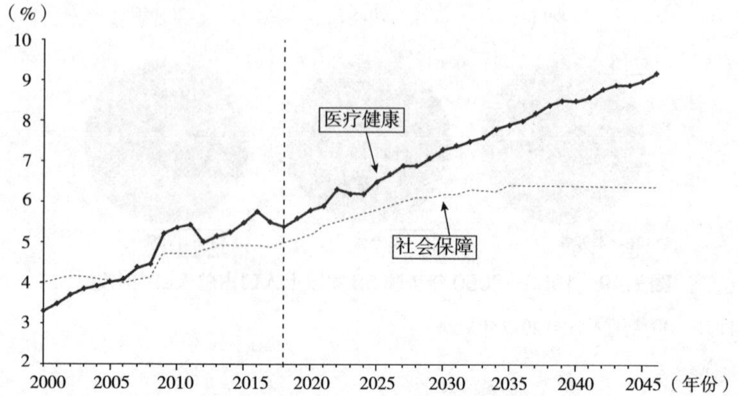

图 7.52　2000—2045 年美国联邦医疗健康和社会保障支出占 GDP 比重

资料来源：美国国会预算办公室长期预算，2017 年 3 月更新。

以上所有这些都告诉我们，对政策制定者和学者来说，世界正在发生变化，我们最好为此做足准备。这就牵扯到财政预算问题，因为一个老龄化的国家，医疗成本会非常高，并且社保成本也会比较高。

那么，我们将如何解决老龄化带来的成本问题？相信在国民福利和社会效率之间，一定会有一个新的选择作为解决方案。

朱民对话弗兰克尔

朱民：世界正在发生变化，未来是怎么样的呢？您觉得未来是更好，还是更具有挑战性？

弗兰克尔：我天性乐观，所以我认为未来会更好。让我们假设，如果我们处于 19 世纪工业革命前夕，我们将会面临哪些挑战？不久之后会出现工业革命，各类颠覆性的革新会如雨后春笋般冒出，我们会从以农业为主的社会进入工业社会。机器的广泛应用，造成大量人口失业，你能说这是退步吗？我觉得这是一种进步。

那么答案就在于，在那个时候，变革就预示着机会，与此同时，也要由我们去应对变革伴随的挑战。现在，我们在大学里讲此话题非常重要，因为，与未来最为息息相关的就是教育和技能。

同样，现在我们也常听到很多美国人担心机器人的出现会造成人类失业：比如无人驾驶技术就遭到了部分卡车司机的抵制，再比如人工智能也会取代一些低端职业。我们需要做的则是思考应该培养人们拥有哪些技能，才能更好地应对这些问题，有一些我们现在还没有答案，但是我们应该知道一点，那就是在历史上我们已经跨越过相似的挑战了，因此我们有理由对未来保持乐观。

如果你现在有一些疑惑，我这里有一个很好的例子。以中国为例，历史上任何一个时期，都没有一个国家在世界上的相对地位发生如此巨大的变化，如果我们在20年前去预言中国现在取得的成就，那么在当时多半会让人觉得是痴人说梦，但事实上过了20年，中国的确做到了。

我们既要看到挑战，也要保持乐观。保持乐观不仅仅是一种战略和战术，也会给你足够的动力去促使你做正确的事情。英国哲学家培根说过："希望是一顿美味的早餐,但却是最糟糕的晚餐。"意思就是，希望在一天的开始能给人能量，而如果晚上还惦记着希望而不去付出努力，是不会有收获的。所以，我们一定要确保自己已做好准备适应这场新的工业革命。

朱民：距离上次金融危机已经过去十年了，有人说我们可能还会遇到一次金融危机。在全球范围内，您遇到过如此多的情况，那么您看出金融危机快来临了吗？

弗兰克尔：是的，我相信会有危机发生，但我也相信不会是像上次那样的危机。

我们从2008年的金融危机中学到了三个教训：一是为了防御金融领域的脆弱性，要有包括银行系统在内的强大的金融机构系统，这意味着金融系统必须要满足充足的资本金、低杠杆、高流动性三个条件；二是监管的一致性；三是清理金融系统的贪污、腐败，提高透明度，尤其注意加强对影子银行的监管。

这些是之前的危机留给我们要解决的问题，当然下一个危机是什么我不知道，但有一点非常重要，我们要意识到危机的防范成本比风险控制、风险解决成本低。

我们有很多改革措施，比如之前提到的，我们不能等到有超高的通胀时才考虑提高利率。这也就是说，尽管现在没有激励我们提高利率的因素，很多人说截至目前经济也还是不错的，但我们依然要考虑在适当的时候做出调整。这就是我们要了解历史的原因，我们需要看到前人的错误，然后防止自己犯同样的错误。

朱民：您还是非常警觉，认为会有危机来临，但不知道什么时候会来。您说到央行的资产负债表现在越来越膨胀，财政政策的余地比较小，政府能做什么呢？如何去应对这种危机？

弗兰克尔：我觉得你也说到了最为重要的一个话题，过去要么是调整预算，要么是降低利率，这些"弹药"的效果已非常有限，这就意味我们必须要确保经济更加灵活，经济越有灵活性，危机带来的损伤也就越小。

为什么我们会有失业？就是因为经济缺少灵活性，资本、人力等生产要素如果从一个行业到另一个行业，会有很多调整成本。

所以，经济的灵活性，也是一种结构性的措施，这从政策上来说，是非常难的，因为需要做一些调整，而它的好处不可能立刻展现出来，只有在未来才会显现。当然这在政治选举方面也会带来一些问题。

另外，危机的防范也不允许有过高的杠杆，杠杆不能无限制扩大，我们必须要在“未来借贷举债”与“现在偿还利息和本金”两者之间取得一种平衡。

朱民：这也是一个非常重要的观点。我们没有传统的货币政策和财政政策工具，我们需要更有韧性、更灵活的经济和结构化的经济改革，从而去应对可能发生的危机。您曾担任芝加哥大学教授、IMF 经济学家、以色列央行行长，然后在美林、美国国际集团、摩根大通这些企业也工作了很多年。您能够在这么多不同领域取得成功的秘诀是什么？

弗兰克尔：首先非常感谢你对我的赞赏，我想给你一个间接的回答。我们不是“富二代”，没有含着金钥匙出生，要自己不断地努力。在努力的过程中，我们在一直讲创新，你可以想一想，如果每个人都是一样的，我们怎么解释有些国家就是比别的国家更加有创新性呢？

秘诀是什么呢？在这里我想跟大家一起做一个思想小实验。

试想一下，如果你做一件事情失败了，那么你可能完蛋，你的老师会说你做错了，你的父母对你很不高兴，你的老板把你“炒鱿鱼”了，你的自信心跌到谷底。如果你知道失败就会让你的职业完蛋，那么你就不可能去尝试创新，因为你要避免失败。但是你要思考：如果尝试的话，可能会失败；但如果不尝试，什么都没做，就已经失败了。

在教育、工作、家庭当中，我们都不要把“失败”这个词挂在嘴边，如果你做了一件事情没有成功，那也只是暂时的挫折，并不是一个终点。

所以，我们必须要改变自己的想法，这就是为什么有些国家可能比别的国家更有创新性。我们都知道需求是创新之母，但是必须要尝试，才会有创新。

朱民：说得非常好，我们必须尝试，千万不要害怕失败。您肯定也非常大胆地尝试过，您从芝加哥到了华盛顿，从华盛顿回到了以色列，从以色列又去了纽约，您一直都做得非常成功，为什么呢？我还是要问这个问题。

弗兰克尔：我再回答一遍，因为有你这样的好朋友。我觉得还是有一点运气的成分，我也不知道为什么。

朱民：我把这个问题换一下吧，因为您非常谦虚，可能您不想把话说得太满。这么说吧，世界是不断变化的，年轻人如果要成为全球性的领袖，他们应该做些什么？

弗兰克尔：第一，就是大胆、别害怕，不要再去想失败，不应该把失败放在自己的字典里，应该认为失败是一个暂时的挫折，挫折是一种经历，这种经历也是非常有价值的。

第二，没有什么事情是有捷径可走的。在一个不断变化的世界当中，很多事物可能会被淘汰，最重要的就是要有适应变化的技能。

第三，像经济要有灵活度一样，大脑也要很灵活。如果你经常出去走一走，就会意识到这个世界很大，你的那点事儿根本就不是事儿。

因为在一个相互连接的世界当中，技术已经把我们联系在一起了，信息、污染、健康这些都是没有国界的。

我觉得这个问题让我挺不好意思的，如果说我取得了一点点成绩，也是因为我自己非常幸运，我觉得我总是在合适的时间做了合适的事情。

朱民：我现在回顾一下您的职业历程，在芝加哥大学教了14年书，在华盛顿工作了5年之后，就成了IMF的首席经济学家，后来做了10年以色列央行的行长，然后又去了纽约，没有走任何的捷径。

弗兰克尔：没有走任何捷径。

现场问答

提问：中国国际进口博览会从昨天起在上海正式召开，今天下午美国中期选举的结果已经出炉，您如何评价未来两年或者更长一段时间，国际贸易和中美之间的关系？

弗兰克尔：我觉得看长期可能会更好，我不太想看短期。在国际贸易和外交关系的互动中，总是有一些规律可循，特别是一些在双方互动中逐渐达成的新的协议，在长期肯定会被人们接受。

美国有三类人。第一类主张进行贸易谈判，而谈判有很多形式，甚至贸易摩擦也是谈判的一种模式。

第二类表示不想跟中国起任何冲突，因为冲突很有可能是不可控的，会对长期产生影响。他们都知道贸易会带来很多好处，但是希望能够有更普惠、公平的贸易，比如知识产权的问题，就是中美之间必须要解决的一个问题。

第三类认为现在的中美贸易还是不错的，因为美国企业的很多子公司在中国生产了很多产品。

这就是美国三类不同的意见，如果要我来决定，我可能会这样说，我们尽力而为，是用嘴来谈判，而不是相互开枪。最重要的就是，我们要达成共同的目标。

所以，中美之间应该去看一下长期该如何发展，长期我们会有更多的开放，有更好的利益分配机制。如果我们有一个共同的目标，就会知道这并不是说“你获得了，我就会失去”。我们都知道，政治家会更关注于短期利益，但是最后大家还是会意识到，开放会给所有人带来利益。

但是，现在有很多欧美公司的CEO，都认为知识产权方面，特别是技术的知识产权方面有很严重的问题。如果这真是一个问题，我们就需要去解决这个问题，因为如果不解决这个问题，可能长期会有更大的影响。这就是解决方法，但在未来两年，我们到底能不能解决这个问题，我真的不知道。

而且你刚才也讲到美国中期选举问题，现在美国的参议院还是由共和党控制的，但是众议院已经由民主党控制。现在两党分别控制了不同的两个部分，我觉得这样的平衡可能是比较健康的。在这样的情况下，我们发现最重要的是自己要找到解决方法，因为没有一个政党会帮你把所有的问题都解决了。

朱民：我们都知道在政治选举当中会有意外，现在共和党和民主党分别控制了参议院和众议院，这应该算是一个平衡，但是对贸易的影响可能很小。

提问：我想问一下美国货币政策的利率正常化问题。刚才您说美国已经要进行利率正常化了，但是其他国家还没有做好准备。在美国的利率上调过程当中，很多发展中国家可能会受到影响，溢出效应是不是会影响新兴市场？这个影响会不会又反过来影响美国？如果有这样的影响，我们应该如何调整政策？

弗兰克尔：非常好的问题，也需要一个非常好的回答，谢谢你向我发起的挑战。

首先，透明度以及清晰度是非常重要的，不同的经济体是同时进入量化宽松的政策中的，但是它们在经济复苏的过程中已处于不同阶段了，就好比是多艘船同时驶入大海，但现在处于不同的位置上。所以，你想问的是准备靠岸的船现在已经放缓速度了，其他船是否应该跟上它的步伐，如何管理这个过程。

我认为，从经济和政治背景两个角度来讲，美联储的任务目标非常具体，包括央行的法律、美国的经济，它们是否应该也去看看其他国家怎么做呢？当然应该去看，它们也会去看其他国家的做法对美国造成的影响。

还有就是其他国家的政府也想知道美国打算做什么。各国一半的问题都是对美国做了错误的预计，或者说没有做好准备而导致的。实际上就像朱民先生还在IMF的时候，我们能够做出的最重要的一个贡献就是帮助它们做好准备，打造更强的金融系统。

我觉得美国将实施利率正常化（即提高利率），但世界其他国家可能还没有做好准备。如果说一个国家印的钱相较于其他国家更多，那么它的汇率就会显现出不同，也会出现错误的汇率干预，企业也需要随之做出调整。

所以我想把这个问题和之前我说的一个想法连接起来。为什么在2008年金融危机之后，拉美国家、新兴国家、南亚、东南亚的市场没有同样受到影响呢？因为它们从之前的危机当中学到了很多。所以，在这样的情况下，政策制定者不应该依赖于别人帮你做这个工作，如果你自己做，你能够用最好的方式解救自己的国家。当然，贸易问题是跨国的，需要多国协调。

朱民：所以新兴市场国家需要做好准备。

提问：我来自意大利，您提到了欧洲央行的货币政策，以及欧洲各国不同的经济情况。那么欧洲央行现在扮演的角色如何，能否持续，未来能否发挥同样重要的作用？

弗兰克尔：这是与欧洲和欧洲央行相关的问题，欧洲以及欧元区体系一直以来非常受欢迎和支持，当然不是没有挑战，如果你去问欧元区人民，是愿意离开欧元区还是愿意留在欧元区，其实他们是非常支持留在欧元区的。但我们要想一想欧元区是如何建立的，各个国家聚在一起希望能够创造欧元区，其实是一个政治上的考量，包括它们看到了苏联解体、德国统一等政治方面的因素。

那时候，也没有人提出那些先决条件，它们提出的是在欧元区这样多元化的经济体中，应该定义一些标准，比如预算赤字不超过GDP的3%，债务占GDP的比例不超过60%等。正是在那个时候，所有的国家也都去接近这个标准，包括你所在的意大利，直至某个阶段，它们都达到了这个标准，随之完成了一体化。

这样，就会有一些风险没有进行正确的定价，一些国家也就承担了更大的风险敞口，这带来了很多教训。

欧洲央行最近在德拉吉的领导下，做了最大的努力。但是在什么背景环境下呢？就是在过去这十年当中，在货币问题最严重的时候，政府应该及时介入。

提问：我有两个问题。第一，您刚提到，危机的防范成本比管理和控制风险的成本更低。您能否举出一个成功的防范危机的例子？第二，您还提到，在全球化的时代下，问题都是多边的，很少有一个政府有足够大的力量让国家走出危机。那么，中国是否会面对同样的情况？

朱民：这也是说，危机真的能够防范吗？因为我们已经是相互关联的世界了。

弗兰克尔：这是一个非常棒的问题。我在最早的时候说过，不要把经典的经济学教科书都扔掉，因为它们仍然包含很多智慧——是真正传统的“灵丹妙药”。比如针对一些传染性的新疾病，“奶奶的老药方”有时候还是非常有效的。那么对经济领域来说，听起来可能会非常无聊，但确实是这样，危机的防范，意味着政策制定者要负责任，财政政策不要有过多的预算赤字，也不要通过增加通胀解决问题，要确保经济的灵活性等。

你可能会说，这有什么不同之处吗？不同就在于，当放开资本流动时，所有事情就会发生得非常快。因此要制定政策实时监控，否则一旦出现问题，就会立刻受到惩罚。这也意味着政策制定者要提出更多的规则来引领系统正常运转。

这就像是流行病，我可以打疫苗，但如果我的邻居没有打疫苗，我在这样的环境中就有责任建立一个机制，确保这个系统由规则引领。也就是说，你需要关注好自己，确保我们双方以安全的形式进行接触。

你如何能够确保做到这一点呢？政府都关注自身的经济体，但是超级系统、国际货币基金组织、世界银行、多边体系必须确保没有产生外部危机。

所以，危机的防范不仅仅是可能实现的，我们现在坐在这里讨论危机防范，就会给政策制定者提供防范意见，已经是在进行防范了。所以防范更像是一种威慑力，让参与者不要做得太过了。那么危机到底可不可以防范呢？如果说你一直去做正确的事情，那还是可以防范的。

朱民：今天的演讲真是精彩，我快速总结一下，我觉得有三方面非常重要的内容。第一，在金融危机发生十年之后，世界已经发生了巨大的变化，现在我们在一个新的世界当中，有时候也让人非常疑惑，经济增速一般，失业率在降低，但央行的资产负债表扩张了很多，未来一个很大的挑战是人口问题。我们现在必须要去研究这些问题，才能够应对挑战。在这些挑战当中可能会遇到新的危机，这些危机一旦到来，我们没有传统的工具（财政政策、货币政策），但可以进行其他一些行动，比如说结构性改革。

第二，在这个过程当中，货币政策是最主要的政策变量，如果美联储上调利率，市场就会受到冲击，新兴市场可能会受到影响，新兴市场必须要做很多准备，以确保不会受到外溢效应的影响。我们还要关注那些一直以来都非常重要的规则，提高金融系统的透明度，提高资本金，不要过高的杠杆，这样才能够预防危机。

第三，对年轻人的职业建议非常精辟：一是要大胆放手去做，不要害怕失败；二是没有任何捷径可走；三是要开放自己的心态，见识更广袤的世界。这样你就可以实现目标。

（本文编译：刘冉）

注释

1. 世界银行与 IMF 秋季年会于 2018 年 10 月 8 日—13 日在印度尼西亚巴厘岛举行，致力于讨论各自机构的工作情况。

2. 例如 1997 年的亚洲金融危机来自发展中国家，20 世纪 80 年代的债务危机也来自发展中国家。

3. 债务危机是指，在国际借贷领域中大量负债，超过了借款者自身的清偿能力，造成无力还债或必须延期还债的现象。衡量一个国家外债清偿能力有多个指标，其中最主要的是外债清偿率，即一个国家在一年中外债的还本付息额占当年或上一年出口收汇额的比率。最为著名的发展中国家债务危机起源于 20 世纪 70 年代到 80 年代初。1976—1981 年，发展中国家的债务迅速增长，到 1981 年外债总额积累达 5 550 亿美元，以后两年经过调整，危机缓和，但成效并不是很显著，到 1985 年底，债务总额又上升到 8 000 亿美元，1986 年底为 10 350 亿美元。其中拉丁美洲地区所占比重最大，约为全部债务的 1/3，其次为非洲，尤其是撒哈拉以南地区，危机程度更深。1985 年这些国家的负债率高达 223%。在发展中国家里，受债务困扰严重的主要是巴西、墨西哥、阿根廷、委内瑞拉、智利和印度等国。20 世纪 80 年代这场债务危机的特点：①私人银行贷款增长较政府间和金融机构贷款增长更快；②短期贷款比重增加，中长期贷款比重下降；③贷款利率浮动的多于固定的。

4. 量化宽松（Quantitative Easing，QE），主要是指中央银行在实行零利率或近似零利率政策后，通过购买国债等中长期债券，增加基础货币供给，向市场注入大量流动性资金的干预方式，旨在鼓励开支和借贷，也被简化地形容为间接增印钞票。量化宽松政策所涉及的政府债券，不但金额庞大，而且周期较长。一般来说，只有在利率等常规工具不再有效的情况下，货币当局才会采取这种极端做法。

5. QE1 的内容。

2008 年 11 月 25 日，美联储首次公布将购买机构债和 MBS（抵押贷款支持证券），标志着第一轮量化宽松政策的开始。2010 年 4 月 28 日，美联储的首轮量化宽松政策正式结束。QE1 将购买政府支持企业（GSE）——房利美、房地美、联邦住房贷款银行与房地产有关的直接债务，还将购买由两房、联邦国民抵押贷款协会所担保的抵押贷款支持证券。2009 年 3 月 18 日机构抵押贷款支持证券的采购额最高增至 1.25 万亿美元，机构债的采购额最高增至 2 000 亿美元。此外，为促进私有信贷市场状况的改善，美联储还决定在未来 6 个月中最高再购买 3 000 亿美元的较长期国债证券。

QE1 主体上是用于购买国家担保的问题金融资产，重建金融机构信用，向信贷市场注入流动性，用意在于稳定信贷市场。值得关注的是，美联储的目的仅仅在于“稳定”市场，而不是“刺激”经济，这与中国央行的量化宽松大相径庭。显然，美联储无异于越俎代庖，行使行政职能。美联储的数量控制和成本控制精确到位。尤为令人称奇的是，美联储竟然在全球范围保持了美元货币总量与对应商品总量的动态平衡。

6. QE2 的内容。

美联储 2010 年 11 月 4 日宣布，启动第二轮量化宽松计划，计划在 2011 年第二季度以前进一步收购 6 000 亿美元的较长期美国国债。QE2 计划于 2011 年 6 月结束，购买的仅仅是美国国债。QE2 的内涵是美国国债，实际上是通过增加基础货币投放，解决美国政府的财政危机。同时，美联储再通过向其他国家“出售”国债，套现还原成美元现金，增加了储备的规模（准备金大幅度增加），为解决未来的财政危机准备了弹药。

就本质而言，QE2 迥异于 QE1。其主要目的不在于提供流动性，而在于为政府分忧解难。巧妙的是，在为政府分忧解难的同时，美联储间接扩充了准备金规模。需要警觉的是，美联储购买的美国国债大部分被中国政府吸纳，美联储反而在扩张准备金规模。

7. QE3 的内容。

2012 年 9 月 13 日，美联储麾下联邦公开市场委员会在结束为期两天的会议后宣布，0~0.25% 超低利率的维持期限将延长到 2015 年中期，将从 9 月 15 日开始推出进一步量化宽松政策，每月采购 400 亿美元的抵押贷款支持证券，现有扭曲操作（OT）等维持不变。在 2012 年 6 月底以前买入 4 000 亿美元的美国国债，其剩余到期时间在 6~30 年；同时出售等量的美国国债，其剩余到期时间为 3 年或以下，随后这项计划在 2012 年 6 月被延长到年底。联邦公开市场委员会于 2012 年 9 月 13 日指令纽约联储银行公开市场操作台，以每月 400 亿美元的额度购买更多机构抵押贷款支持证券。联邦公开市场委员会还指令公开市场操作台在年底前继续实施 6 月宣布的计划，即延长所持有证券的到期期限，并把到期证券回笼资金继续用于购买机构抵押贷款支持证券。联邦公开市场委员会强调，这些操作将在年底前使委员会所持有的长期证券持仓量每月增加 850 亿美元，将给长期利率带来向下压力，对抵押贷款市场构成支撑，并有助于总体金融市场环境更加宽松。

8. QE4 的内容。

2012 年 12 月 13 日凌晨，美联储宣布推出第四轮量化宽松政策，每月采购 450 亿美元国债，替代扭曲操作，加上 QE3 每月 400 亿美元的宽松额度，美联储每月资产采购额达到 850 亿美元。除了量化宽松的猛药之外，美联储保持了零利率的政策，把利率保持在 0~0.25% 的极低水平。

9. 日本是世界上最先采取量化宽松政策的经济体。根据货币政策变化，日本量化宽松 15 年可以分为 6 个阶段，每个阶段前夕都伴随着经济失速或通缩，在量化宽松初期皆有较好的刺激效果，然而此后会因重大事件冲击而失效，进而加码量化宽松。

第一阶段，1999 年 2 月—2001 年 2 月，为零利率时期。

第二阶段，2001 年 3 月—2006 年 2 月，零利率与 QE 并行，政策目标为央行准备金账户余额，货币宽松温和可控。

第三阶段，2006 年 3 月—2008 年 12 月，经济复苏，零利率和 QE 暂退。

第四阶段，2009 年 1 月—2013 年 3 月，零利率回归，QE 加码。其中 2010 年 10 月和 2012 年 10 月启动资产购买计划和贷款支持计划,并多次加大购买规模，但宽松步伐总体稳定。

第五阶段，2013 年 4 月—2016 年 1 月，实施无限期、开放式的 QE，取消资产购买计划，将基础货币作为政策目标。在此阶段基础货币投放快速增加，日元趋势性贬值。

第六阶段，2016 年 1 月 29 日对商业银行新增准备金账户征收负利率，进入负利率与 QE 并行时期。然而市场质疑其未来宽松空间，日元掉头升值。

10. 当时美国失业率是 10%。

11. 美联储每三个月会公布一次利率预期的点阵图，该点阵图显示了各联储银行行长对短期和长期联邦基金利率的预期。其中，点阵图的中值也就是整个美联储对联邦基金利率的中值预期。点阵图一直被认为是美联储政策工具的重要组成部分，也是外界预测美联储政策的重要途径之一。点阵图是美联储经济预测总结的一部分，其中还包括美联储对经济增长、通胀、失业率等的预期。

关于美联储点阵图准不准，市场人士近两年唏嘘不已。美联储 2015 年 12 月公布的点阵图预期 2016 年要加息四次，然而实际上 2016 年美联储仅加息一次，还是在 2016 年 12 月，美联储的利率调整与点阵图预期几乎不一致，市场对点阵图的信任降到冰点。甚至，IMF 就多次给美联储提建议，称美联储应该改变沟通策略，不要再提供美联储官员预测利率的点阵图，以免让人不解。

对此，美联储前主席伯南克撰文称，点阵图并不是美联储的政策承诺。点阵图显示的是官员们认为未来可能怎样，而不是未来应该怎样；并且，联邦公开市场委员会成员们观点的差异如果较大，短期货币政策走向会更加扑朔迷离。2015年点阵图显示的2016年美联储将加息四次并未实现，并不意味着美联储误导了市场或撒谎。若联邦公开市场委员会作为一个整体对未来利率政策提供明确的指引或承诺，也只会出现在会后政策声明及主席的发言中。

12. 医疗保障资格年龄：65岁。社会保障资格：部分保障，62岁；全部保障，67岁。

13. 老龄化占社会保障和医疗健康支出预算增长的2/3。医疗健康包括医疗保险（2012年占非利息支出的17%，2035年占25%）和医疗补助、CHIP（儿童医疗保险计划）和外汇补贴（2012年占非利息支出的8%，2035年占14%）。

哈维·施瓦茨（Harvey Schwartz）

高盛集团前总裁兼联席首席运营官，也是高盛管理委员会和高盛风险委员会的成员。施瓦茨于1997年加入高盛，2002年成为合伙人。在2008年金融危机期间担任证券部门全球销售主管。可以说是从高盛的角度看到整个事件的人，是讲述2008年金融危机细节最好的人选之一。金融危机发生后的十年，整个华尔街都在挣扎、求生，施瓦茨的经验、观察，以及为此所做的努力，对于今天的人来说是无价之宝。

在高盛任职期间，施瓦茨经常前往中国，参与了许多具有里程碑意义的合作，包括与中国投资公司建立的开创性合作基金，特朗普访华期间高盛与中国投资公司确认了此项合作。

哈维·施瓦茨1987年在罗格斯大学获得文学学士学位，1996年在哥伦比亚大学获得工商管理硕士学位。

高盛视角：全球金融危机教训对未来的启示*

在 2018 年回顾 2008 年金融危机的时机非常之巧，恰逢这个震动全球的大事件发生的第十个年头。

在过去十年间，这个世界看似改变了许多，但从某种角度来说，其本质并没有发生太大的变化。金融危机带给我们深刻的教训，其中最重要的就是要关注系统性风险和意识到国际政策协调的重要性。在 2008 年的时候，金融市场面临极大的压力，彼时全球金融市场间的相互关联十分紧密，大型金融机构之间有着千丝万缕的联系，它们是相互依存的，金融机构间的交织依赖就是经济世界的关键。

另外，当危机达到顶峰时，看空预期导致很多人开始质疑全球金融体系的根基，认为其将彻底崩塌，全球经济将陷入混乱。这表明公众情绪从乐观和看多转为恐慌和看空，这对市场产生了非常显著的影响。

2008 年 9 月的时候，我在高盛担任销售和交易业务的联席主管，负责的产品包括固定收益类产品和权益类产品，我所在的部门是当时高盛业务量最大的部门。雷曼兄弟宣布破产前的周末，我受纽约联邦储备银行之托处理雷曼兄弟破产事宜。

我们得到的任务既直白又复杂：评估雷曼兄弟破产带来的风险，

---

* 演讲时间：2018 年 10 月 8 日。演讲地点：清华大学主楼接待厅。

以及寻找能够降低这些风险的且可以提前采取的行动步骤。我们以小组为单位行动，考虑到雷曼兄弟有着一个极其庞大的房地产投资组合，故专门有一个小组负责评估处理房地产投资衍生品的风险。我就在这个小组，这也是我本人的专长——从20世纪90年代起我就与衍生品打交道，衍生品设计是我的特长。

直到现在我还清晰地记得那个周末所发生的事情，包括我喝了很多咖啡这样的细节，这是当许多从未发生的大事件即将发生的时候产生的一种超现实的感觉。当雷曼兄弟宣布破产的时候，现代金融史上头一次面对铺天盖地的负面问题和质疑。这些问题包括：那些欠雷曼兄弟债务的共同基金将会采取什么措施？雷曼兄弟的清算将会对房地产市场价格造成什么影响？当主经纪商业务[1]被清算的时候，那些被迫去杠杆的对冲基金客户将何去何从？雷曼兄弟的银行客户和其交易方将如何处理衍生品头寸交易失败以后带来的风险？这种风险就是置换风险（Replacement Risk），通常也可称为交易对手风险（Counterparty Risk）。这种风险指的是，当交易双方的交易失败后所面临的潜在重新交易风险。类似的担心与焦虑源源不断地被提出，而这仅仅是一个开始。

此次金融危机像一把大火，席卷了全球金融市场，几乎所有相关行业和人士都受到了波及。我们从中学到了很多新鲜的词汇，像系统性风险、量化宽松、衍生品清算、次级贷款、银行杠杆、银行资本，还有诸如闪崩等，这些已经成为我们日常生活中的词汇。虽然金融危机显示出看空预期对市场巨大的负面影响，但同时也展现出国家间一旦有相互信任的基础和合作的意愿，合作的效率就是非常高的。监管部门和更广义的政策制定者在应对这场危机的时候发挥了非常关键的作用。

举个例子，各国央行之间的协调配合对于货币的有序平稳流通非常关键。就中国来说，尽管彼时中国的资本市场并不完全自由开放，但中国也并不能置身事外，中国在这场危机中的角色非常重要。保尔森财长和时任国务院副总理王岐山就应对金融危机的战略和中美间的协作进行了一系列对话，中国没有让人民币大幅贬值就是应对危机的关键一步。

今天，中美关系进入新时期。对于中国发生的翻天覆地的变化，我们每个人都不会感到惊讶。中美正式建交已经40余年,在中国看来，美国的对华政策发生了巨大的转变。但从美国看来，美国对华政策一直以来没有太多变化，直到特朗普当选美国总统，对华政策才发生巨大改变。在美国历史上，在总统换届后，新总统往往会有一套处理全球问题的政策新框架。而特朗普上任后，其处理全球问题的政策新框架表现出显著的“交易”本色，这与过去有很大的不同，对于很多国家，包括中国在内，可以称之为“突然的巨变”。

鉴于两国目前在多个领域存在分歧，我确实认为两国双边关系在近期将会充满挑战。在双方建立起新的关系框架前，相关挑战会持续存在。

谈到两国的贸易关系，中国的经济发展和中美两国之间的贸易毫无疑问使得两国在过去几十年均受益匪浅。在美国金融行业有这样的观点，即中国经济的超高增速是受其大体量驱动和国有制的帮助，中国公司得到了本国政府的大力支持，这是美国公司所无法享受到的。举一个我们熟知的例子，中国四大商业银行也是全球规模最大的几大行。根据我的亲身经历，这些银行的经营绝对是巨大成就，中国人应该为之自豪。但从美国的角度来看，人们对本国公司在国际竞争中受到本国政府大力支持的行为会心存质疑，而这也解释了美国近年对中国印象转变的原因。

在现今的中美关系当中，就我看来，如何建立和维护在金融危机中发挥重要作用的纽带是目前中美面临的重要挑战。这在金融市场正常运转的时期同样重要，因为无人知晓下次危机会由何种因素触发，会何时到来。

十年前的金融危机使我们深刻意识到，为保护全球经济免受金融危机重创，我们绝不能忽视国际协调配合的重要性。中美一定要为维持双边关系而持续努力。

朱民对话施瓦茨

金融危机发生后的紧张周末

朱民：您展开了一个非常广泛的话题，涉及多个不同主题。让我们从金融危机开始，您刚才提到的雷曼兄弟破产前的那个周末，大家都深感恐惧。哪个市场的情况是你们最担忧的，是房地产，还是股票，抑或是债券市场？

施瓦茨：雷曼兄弟这种体量的投行倒闭，在历史上是头一次，所以没人清楚我们究竟会面对何种危机。周六（2008 年 9 月 13 日）早上人们来到美联储时，一部分人是持乐观态度的，因为英国巴克莱和雷曼兄弟有可能会完成并购。在贝尔斯登事件上，最终是摩根大通的出手使事情得到了解决，所以市场一直对出资并购抱有幻想。到了周日（2008 年 9 月 14 日），从英国有关方面得知，巴克莱否决了并购的提案。除雷曼兄弟以外，美林公司和美国国际集团的糟糕状况也令金融市场焦虑万分。当时的状况是美林马上就被美国银行收购了，而美国国际集团的并购也正在美联储内部激烈地讨论。从以上情况可知，市场上的金融机构，尤其以雷曼兄弟为中心，都面临着极其沉重的压力。回到您的问题，我们最担心债券市场，具体来说是其中的货币市场。货币市场的流通性短缺会迫使货币大量出逃，进而引发金融系统的危机。正如你们所知，美国政府提供了援助资金，保证了货币市场的流通性，在一定程度上缓解了这部分危机。

至于另一部分则是开篇提到的置换风险，这也是人们第一次花费大量时间来理解置换风险究竟意味着什么。从 20 世纪 90 年代末到 2007 年末，衍生品由于在市场上建立高头寸的能力和对于风险敞口对冲的特性，在金融市场的受欢迎程度越来越高。以可口可乐公司为例，其与雷曼兄弟做外汇敞口的风险对冲协议，然后雷曼兄弟再与其他金融机构做一笔与前述交易相关的对冲协议，这个过程可以一直反复下去，而这些交易的很大一部分会在远期市场交割，从某种程度来说，这类金融机构之间的关联性就是系统性风险最重要的组成部分。[2]

朱民：在那个特殊时候，有没有收集信息来了解哪些市场和部门是相互关联以及如何相互关联的？

施瓦茨：是的，这是一个非常重要的问题。当我们应美联储的要求组队工作时，我们发现各银行的风险系统和统计口径差异非常之大。比如说，雷曼兄弟在当时甚至无法生成有关风险敞口的细节报告，而其他很多金融机构的情况也是一样，无法准确计算出自己的风险敞口。回过头来看，这是不可思议的。对于今天的金融机构，统计风险敞口是非常基本的要求。不知道风险敞口的情况，你就无法管控风险，这就好像一架飞机在没有雷达和窗户的情况下飞行。

朱民：那个时候高盛与雷曼兄弟交易的风险敞口是多少呢？

施瓦茨：我不记得风险敞口的具体数据了，我只记得最终雷曼兄弟破产清算被偿付的数据是几十亿美元。但这不是只与某家公司相关的问题，更多在于违约后产生的置换风险等不可预计的事件给市场带来恐慌情绪，进而放大了市场的波动性。现今我们有很细致的衍生品结算机制来处理此类特定风险，但在当时，各类风险事件和违约事件对于资本市场的影响程度正是周一（2008 年 9 月 15 日）一早众人关注的焦点。

朱民：各方不能把数据统计出来，导致你们无法形成完整的报告对吗？您刚提到你们分成了若干小组去找寻将高盛从危机中解救出来的方案，能讲讲你们究竟为此做了什么吗？

施瓦茨：这个问题比较复杂，我希望可以好好解释清楚。我们一共做了两部分工作。第一部分是我们之前在高盛所做的工作；第二部分是在美联储时，统计最终的违约结算之前，我们让各大公司提供全部投资组合风险数据，我们设计一个将全部风险考虑在内的轧差清算流程。作为企业，清楚了解所有违约情况和风险敞口是非常重要的。

朱民：这个清算流程是由企业方面还是由美联储方面负责呢？

施瓦茨：美联储是不能做轧差结算的。它主要是做协调方面的工作，结算工作还是由金融机构执行。因为整个流程是第一次发生，所以大家都是这件事的历史见证人。周日时我们得知雷曼兄弟的破产已成定局，我们把公司所有能叫到的相关人员全都找来了，大家一起来准备周一早上的发布会和其他后续事宜。一旦破产流程正式启动，我们需要对雷曼兄弟遍布世界的数以万计的客户回应两件事情：一是雷曼兄弟对于其客户的义务。随着雷曼兄弟的破产，这不再是我们关注的重心了；二是雷曼兄弟的客户对雷曼兄弟的义务，我们需要对头寸和违约等数据进行统计，尝试进行交易来对冲各类风险。再以可口可乐公司为例，可口可乐公司和雷曼兄弟签署了外汇对冲协议，现在可口可乐公司需要找另一家机构接手这个协议，因为市场不会因雷曼兄弟一家机构的破产而停止运转。

有人把金融危机怪到了雷曼兄弟头上，但准确地说是危机始于雷曼兄弟。把时间点再往前调一些，在雷曼兄弟破产之前，市场上已经释放出危机来临的信号了。所以我的观点是，雷曼兄弟并不是引起危机的罪魁祸首，危机在过去的数十年日积月累，并最终从雷曼兄弟破产的事件中爆发。

朱民：周一早上 10 点，雷曼兄弟宣布破产。你们需要处理的最紧急、最重要的事情是什么？流动性问题、置换交易、还是轧差结算？抑或是达成一些结算协议？

施瓦茨：很重要的事有三件，其中有两件非常关键，另一件在我看来非常重要。一是确保我们有足够的人来服务所有的客户，毕竟这是前所未有的危机。想想高盛、摩根大通、摩根士丹利等在金融机构、对冲基金、资产管理、保险和股份制公司等领域的客户，所有人都被卷入金融危机中，无可幸免，因此最重要的事情就是要帮助你的客户。二是必须持续追踪自己公司的风险，因为彼时市场波动十分剧烈，波动水平已达当时的历史峰值。三是作为掌管着 5 000 多人的部门负责人，我认为非常重要的事是展现出领导力并为团队指明未来的方向。我之前提到，我所在的部门在当时是公司利润最高的业务部门。在那样的时期，领导力受到很严峻的考验，负责人要为下属指明方向，也要在极短的时间内做出许多决断。

朱民：在那样特别的危急时刻，您是怎么定义领导力的呢？比如跟下属说："来吧，我在这儿，有什么需要我支持的？"

施瓦茨：说起来关于领导力的内涵有很多，我过去常用一个比喻，大家都在一架飞机上，飞机遭遇了很严重的气流颠簸。空乘人员的所作所为会成为大家注视目光的所在。只要他们表现得镇定，不透露出恐慌情绪，那么乘客们更倾向于保持一个相对稳定的情绪。但如果连空乘人员都恐慌得不行了，那么整架飞机绝对会乱成一锅粥。所以要不停地交流，频繁地交流，把大伙凝聚在一起，确保所有人都集中注意力，明确目标，心往一处想。

朱民：那时候您有没有感到恐惧呢？

施瓦茨：我认为任何经历过金融危机而跟你说他不害怕的人，一定没有说实话。在金融危机中，一个重要的问题恰恰是如何疏导这些恐惧。在金融危机中略感焦虑紧张是完全可以理解的。

朱民：您让人们冷静下来了对吗？但这是最初的工作，接下来您要开始解决他们的问题了。

施瓦茨：没错，后续的工作绝非一朝一夕所能完成。有些问题是极其复杂的。你刚才提到金融系统是真正相互交织在一起的。如果你购买了对冲基金，而且你是雷曼兄弟的主经纪商客户，那么人们知道主经纪商业务是什么吗？如果某对冲基金失去资金来源，怎么快速置换这只对冲基金呢？这并非一夜间就能解决的问题，很多事情都是随着时间的推移才显现出来的。雷曼兄弟破产以后，我们中的绝大多数人都加班加点，周末无休，花了好几个月去解决这些问题。

朱民：您刚才提到，有人把引发金融危机之罪放到了雷曼兄弟的头上，但其实在2006年和2007年的时候金融危机已经有了一些兆头。您在高盛有没有制订针对这一危机的B计划？我相信您有应对危机的B计划，那你们启动B计划了吗？

施瓦茨：我不认为有人能够预计到像2008年金融危机如此大规模的危机，这绝对是一次史无前例的体验。这里我想给大家举一些微观层面的例子，比如资产市场。我们是通过几组不同的服务器来处理资产交易的。据我所知，这些服务器中有一台非常基础的服务器无法工作了，这台服务器可能是运营处理ABC公司、苹果公司、可口可乐或其他任何一个公司股票交易的服务器。市场上从未有如此巨大的交易量，你看到的是交易量一再翻倍增加，呈现历史上从未预见到的高水平。因此，无论你事前对系统结构进行了多少压力测试都无济于事。我知道这只是微观层面的例子，但它却是一件我们每天都必须去处理的事情。同样的事也在其他公司发生。

或者再想想如何在压力下管理流动性问题。当市场的流动性如此显著的时候，很显然债券已经无法发行。没人会买债券，等于没人会借钱给你。我们对包括流动性短缺等一些事件做过保守估算，但当时许多极端事件都发生了，没人能预计到情况会如此严重。为此日后我们投入了大量的人力、物力，创造了许多新技术、新方法来应对这些事件，这些都是后话了。

朱民：我记得高盛很快转换成了商业银行控股公司，这是为什么呢？仅仅是出于流动性的考虑吗？

施瓦茨：不仅仅有流动性的原因。当时监管部门认为金融危机的严重程度已经危及了整个银行系统。监管者希望所有银行可以聚拢在一起，使金融系统更加稳定。对我们来说，最重要的是将自己纳入美联储的银行监管范畴，去获得低息贷款资金，利用这些现金流来维持公司的日常职能。所以摩根士丹利和高盛在雷曼兄弟破产一周后，迅速申请转为银行控股公司并得到了美联储的批准。

朱民：当时高盛申请美联储贷款了吗？

施瓦茨：没有。我记得是没有的，不过我还得再去确认一下。

金融危机发生后的 180 天

朱民：当那个紧张的周末过去以后，又过了多久，是一周，一个月，还是几个月以后，才有那种可以放松一下，去海滩度假之类的感觉？

施瓦茨：我都快记不得海滩度假的感觉了，那真是过了好久以后的事了。当时监管和政策制定部门马上采取了许多行动，比如通过降息等手段，去保证金融系统的流动性，另外再加上我之前提到的国际的协调配合，市场逐渐稳定了下来。从我个人的角度，我大概会把整个过程划分为两个阶段，第一个 90 天和第二个 90 天。对于美国而言转折点是 2009 年的 3 月，即第一个 90 天的时候，美国政府对整个银行系统完成了压力测试。保尔森主席、伯南克主席、布什总统、奥巴马总统等人在历史上留下了浓重的一笔，他们都是真正的英雄。从雷曼兄弟破产到美国银行的压力测试结束的这段时间内，大家所完成的无法估量的工作，他们为保护资本市场的流动性，保护投资者的权益，为资产抵押证券提供资金担保所做出的大量努力，都是值得称颂的。他们还为重塑市场信心做了大量努力，比如他们通过了不良资产隔离议案，这个议案本身并不以提供资本金为目的，其核心在于提振市场信心。

朱民：您说的以 90 天为期限，这个思路很有趣。您刚才说了一共有 2 个 90 天期限。

施瓦茨：是的，准确地说是从 2008 年 9 月— 2009 年 3 月。2009 年春天的时候，美联储完成了银行压力测试，这类压力测试在过去十年里因备受关注而变得非常重要。第一次压力测试非常严格，所有的银行都要提高资本金。那次压力测试虽然并没有对经济的恢复产生立竿见影的效果，但确确实实为金融系统的再次稳定提供了有力支撑。

朱民：您刚才提到的或多或少都是监管部门所做的事情，提供存款，为市场运转保驾护航等。那么高盛在这段时间内做了些什么呢？

施瓦茨：我们提升了流动性，也显著地减小了风险敞口。当时我们所做的也是其他银行所做的，根据情况调整策略，重振公司的信心。作为金融机构，我们的一大优势是采取了市值计价会计原则，这对于预防风险是非常重要的一点。会计制度分为权责发生制和市值计价制。高盛大概有97%的业务采用市值计价会计原则。从风险管理角度来看这是一种非常有效的方法，因为它能提供实时的市场价格。当我还在高盛担任财务总监的时候，我每天会收到4次经济数据指标报告。每天早上会拿到亚洲市场的金融数据，中午会得到全球主要金融市场的一些指标更新，下午5点会拿到一次更新简报，最后晚上7点会拿到最终的数据。正因为采用了市值计价的会计原则，我们才可以对资产负债表做准确的调整。

另外，我们还会利用先进的系统，根据每天的数据对损益表进行调整。此外，还有风险管理的文化。在金融危机中不同金融机构的表现或好或坏，当然与各金融机构所运用的技术有关，但更重要的差异是风险管理水平的高低。究其根源，则是金融机构在组织设计以及风险认知上的文化差异。

朱民：亲身经历过那紧张的180天后，您对年轻人有什么建议呢？他们有可能在将来遇到金融危机，请就金融危机的话题给他们提三条建议。

施瓦茨：简单来说，金融危机里唯一的目标就是活下去，所以我希望在场的各位在今后都不要遭遇金融危机。说实话，金融危机没什么有趣的地方。如果经历过类似金融危机的人生挑战，你的领导力当然会提升，你也会随之成长，这是人生的一种荣耀。但就我个人而言，我还是宁愿2008年的金融危机从未发生过。

至于建议，能说的有很多。我能想到的第一点，是充分利用手中的资源。我们手头拥有的资源的质量决定着所面对的系统风险的大小。我所说的并不仅限于金融系统的框架当中。这可以是你所管理的一家企业、一家科技公司、一家银行、一家股份制企业等，只要一个企业能走在市场前列，对风险管理进行投资，建立企业的风险管理文化，那么这个企业在市场风险来临的时刻，成功经受这些风险和压力的概率会比其他企业更高。

第二点，是有效沟通和团队协作。尤其在随时都会发生各种突发情况的环境中工作，有效沟通和团队协作是非常重要的。你可以随时跟你身边的人坦率地谈起可能危及你们公司的高风险问题，这种坦率的、愿意将问题跟高层沟通的方式就是企业风险管理文化的体现，在高盛我们就建立了这种文化。1994年高盛成立了覆盖全公司的风险委员会，很长时间都由我来主持这部分工作。在我看来，建立一种具有持续沟通意愿的企业文化是非常重要的，它是解决问题、对抗风险的基础。

第三点，是保持专注和冷静。虽然这一点听起来相当基础，但在面对许许多多有待处理的事项时，持续地保持专注是十分困难的。明确自身的定位，找准处理事情的先后顺序，尝试在专业领域深耕且不被外界的因素干扰。当别人处在紧张的情绪之中时，我们会因为自身的专注和镇定取得先机。

金融危机十年后的高盛

朱民：十年过去了，高盛是否比之前更加强大了？高盛的商业模式发生了什么变化？您在这十年间做了哪些工作，使得高盛更强大了呢？

施瓦茨：2012—2017年，我在高盛担任的是首席财务官。2010年的时候，美国通过了一项金融监管改革法案——《多德–弗兰克法案》，这一法案的实施，促使美国金融机构发生了重大的转变。自20世纪30年代的大萧条以来，此前都没有见过如此全面的立法了，所以接下来我详细分析讲解一下。

如今的全球金融系统中很重要的一点就是，界定何为大型综合金融机构，或被称为G-SIFI（全球系统重要性金融机构）。被冠以此称号的美国金融机构一共有八家，摩根士丹利和高盛从资产负债表的角度来看是最小的，有8 500亿~9 500亿美元的规模。在美国，如果是比G-SIFI小一点的系统重要性金融机构，对其资本金的要求也相应低一些，其接受的压力测试难度也相应要低一些。像高盛这样的G-SIFI，在压力测试中，关于资本金必须有4项指标合格。同样在欧洲，G-SIFI要符合《巴塞尔协议》的要求，比如补充性杠杆率、压力测试，以及《巴塞尔协议》中专为美国的G-SIFI设定的特定要求，这些要求都是非同寻常的。所以高盛和其他金融机构发生的一个根本性的变化就是适应这些监管新规。

在日益严格的监管环境下，在全球范围内高效配置资产是高盛这样的金融机构近年来工作的重心。

另一点是关于流动性的问题。您刚刚提到了商业模式，我本人与全球许多监管部门人士讨论过这一问题，在当前新的框架下，关于资本金和流动性的内在激励是借贷，全球金融行业必须要仔细考量的一件事就是借贷，这往往伴随着一系列问题。因为借贷的激励非常强劲，往往能获得较高的回报，从长期来看，这些金融机构的业务模式就趋同一致。高盛从 2009 年开始变成了股份制商业银行，出借了大量的资金，尤其是在零售银行业务方面。这些出借资金的规模远大于其在历史上出借资金的规模。

朱民： 那么和投行业务相比，零售银行业务是一个利润点很高的业务吗？

施瓦茨： 从调整过的资本模型来看，借贷给消费者的回报率的确相当诱人，而传统的证券销售和交易的资本要求是相当高的。所有银行在借贷方面的股本回报率在 8%~9%，高一点的会到 15%~16%。现在想想，高盛在 2007 年的时候，杠杆率是 26 倍，这个比率其实非常高了，但相比于一些欧洲银行来说，还算比较低。我记得一些欧洲银行的杠杆率都到 40 多倍了。

朱民： 高盛现在的杠杆率是多少呢？

施瓦茨： 10 倍左右。

朱民： 非常了不起。

施瓦茨：虽然各金融机构的回报率非常不一致，但在回报率计算上必须严格遵循“安全第一”原则。

朱民：你们过去以交易为主，现在转变为以放款为主，对吗？放款、资产管理、私募基金等。你们原来的投行业务经营得怎么样了呢？

施瓦茨：没有那么多私募业务。传统投行业务在当年非常繁荣。2009 年那一年的投行业务收益很高，达到了 450 亿美元。当年大部分部门都没什么业务，没有并购的业务，也几乎没有融资的业务，我所领导的部门贡献了 450 亿中的 380 亿。

朱民：2009 年，投行业务贡献了 38/45 的收入，那么现在呢？

施瓦茨：规模显著缩小了。我几个月前才从高盛离职。2009—2018 年，投行的交易规模基本上缩减了一半，这是有一系列原因的。首先是资本市场和监管都进化了，可供选择的机会组合也在变化。我们知道投行的生意是市场的即时反应。一个生意的起步阶段，并购并不是第一选择。大家要先筹集资本，然后筹集债务，再回购股票。当最终的经济增长带来的成长回报率不及预期的时候，并购才会作为最后的手段被考虑进来。以上这些大概就是四五年前的大背景。

现场问答

提问：我有两个问题。第一，为何AIG得到了美联储的救助而雷曼兄弟没有？有一种说法是AIG体量太大，破产会触发严重后果。如果雷曼兄弟最终得到了救助，金融危机的发展会有什么不同？第二，我认为十年前的金融危机是由次贷危机泡沫引起的，现在的中国也有着一种类似的资产泡沫。请问您对于此类通过去杠杆避免系统性风险的过程有什么建议？

施瓦茨：去杠杆实际上是保尔森财长的决定。我主要回答第二个问题。你认为金融危机由次贷危机触发。在我看来，这个观点略显狭隘。我认为2008年的金融危机和资产泡沫破灭是一个更漫长的风险积累过程。我现在尝试展开解释我的观点。第一，我是1964年生人。除了1994年和个别几个年头我们是处于一个加息通道之中，直到2008年的这几十年间，我所经历的经济趋势基本是处于一个降息周期之中。第二，监管职能一直在不断放松。第三，全球化是一个大趋势，人们的联系程度前所未有地紧密。第四，金融市场对科技的依赖程度一直在增长，金融创新一直在增多。我刚才说到的这些趋势如果套在今天，很多情况其实是反过来的。我们现在处于一个与利率变动联系非常紧密的区间。我们知道利率一直在走低直到零利率，然后现在又开始回调。说句有关市场的题外话，科技创新还是处于一个非常陡峭的成长曲线之中，但全球的金融创新在2008年之后基本就停滞不前了，金融科技中的金融产品创新现在受到的监管是非常严格的。总之，次贷危机是这次金融危机的催化剂，真正的主因其实还是全球的杠杆率都居高不下。

正如你指出的，去杠杆本身是一个非常复杂的挑战。有效去杠杆有两种形式，一是通过合理的结构化，二是利用时间来缓慢地去杠杆。所以 2008 年金融危机的一个重要诱因其实是去杠杆的速度没有把握好。现如今全球的金融状况已经与金融杠杆高度联系在了一起，这最终导致了全球的政府领袖的介入，进而产生了量化宽松的过程。从私营部门中流出的资本最终由政府部门在量化宽松的过程中补充了回来。

我本人从没有扮演过监管的角色，但从监管者的角度看待这些问题，当杠杆率较高时，监管何时介入是非常敏感的事情。介入时机不对可能会被指责为降低经济增速的罪魁祸首。正如次贷危机时有人质疑监管层没有及时介入来减缓房地产市场增速一样。总的来说，这个问题非常复杂。当决定去杠杆时，首先要考虑去杠杆的速度。再深一层，要考虑去杠杆是否会触发其他层面的杠杆问题。拿次贷危机来说，当想降低房地产泡沫的时候，还需要考虑其他资产泡沫。降低房地产泡沫有可能导致系统整体杠杆率的上升，导致情况变得更加复杂。

所以总的来说，我们不能单一地看待各类问题。次贷危机只是一个催化剂，而非问题本身。30 年来持续走低的基准利率和持续走高的私营部门，以及消费者的杠杆比率，是触发金融危机的两个主因。

朱民: 高杠杆真是很危险啊。

施瓦茨: 高杠杆里复杂和隐性的部分尤其危险。

朱民: 当私营部门去杠杆的时候，公共部门必须通过调整杠杆比率来保证公私两边的流动性平衡。这点是很重要的。

提问：第一，美国现在经济的增长十分强势，市场的价值已经非常高了。您对于这点有担忧吗？第二，中美贸易摩擦会对美国的股市造成负面的影响吗？

施瓦茨：请让我先回答关于美国经济的问题。美国经济在过去十年经历了非常不凡的恢复期。2018 年的国民经济统计数据显示：失业率非常低，通货膨胀率适中，股市的表现非常惊人。我想在这里和大家分享一个股市数据。2009 年 3 月起到 2018 年 10 月，美国股市的总收益已经超过世界其他股市同期收益的 150%。有大约 1/3 的涨幅发生在过去 3~4 个月的时间里。发生以上情况是有一些原因的。首先我会将主因归结为美国经济的强劲表现。虽然最近美国也受到了许多新兴市场的强力调整，但特朗普总统任期内国家的税收政策、监管政策以及提振商业信心等方面做得非常出色，这些都直接体现在了股市的高收益上。

另外，中美贸易的对话正受到全球的持续关注，而我个人对于两国领导人能够达成共识是非常乐观的。当然，共识的达成非一朝一夕之功，也许在美国的中期选举之后，双方会形成一些初步方案。在过去 18 个月内我已经来到中国四次，而我每次来到北京时，天气都非常怡人。18 个月内的这四次旅行，也证明我本人对北京，对中国的乐观态度。当然这不意味着中国的发展不会受到中美贸易摩擦的影响，但我始终秉持着一个观点，即中美这两个世界最大的经济体在创新平台上的合作将会使全球受益。现阶段，尽管共识不能迅速达成，但为达成目标进行持续性对话是必须要做的事。

当然，我也有两个担忧。首先是利率政策。美国过去30年大部分时间处在一个降息通道之中，而最近几年一个少见的加息周期已经到来，所以这一点是值得我们关注的；其次是量化宽松。量化宽松是伯南克主席等人在金融工程上的超凡智慧创新，在其他国家政要的帮助下推广到全球。我对量化宽松持肯定态度，因为它是历史上的创新，我们还需要时间去验证它的经济结果。量化宽松对于资产价格的提升有着显而易见的好处，同理，移除量化宽松对资产定价会产生负面影响。所以以上两点相比，我会更关注第一点——利率政策，因为我们正在进入一个常态化的利率环境。

朱民：您是如何定义常态化利率环境的呢？有没有一个具体的数值？

施瓦茨：从央行的角度看，它持有全球1/3的债券数额，所以央行是有一个统计和估值的。央行的债券利息会比市场上其他债券的利息低100~150个基点。所以如果以十年期美国国债为例，它的票息率是3.25%左右，我们可以做一个简单的加减法得出结论。[3]

朱民：所以最终市场利率会上升到4%以上对吗？

施瓦茨：我认为会的。现在的利率曲线，尤其是短期利率曲线受资产价格的影响非常大。那么说到世界经济的增速，尤其是中国经济的增速是非常强健的，超过了6%。我对中国的担忧更多来自中国将如何在未来进行过渡和转型，而非中美关系这一点。

我所担心的另一点是，过去 15 年间，全球的资本活动的关联性已达到了一个前所未有的复杂程度。2006 年的智能手机普及是一个里程碑，所有人都被网络连接起来，暴露在网络风险之下，这是前所未有的体验。

朱民：利率常态化的情况大家要留心记住。过去几个月我们观察到一些新兴市场的货币经历了大幅动荡。请问您对于未来 12~18 个月新兴金融市场的状况感到担忧吗？

施瓦茨：这是一个非常典型的案例，当利率上行且美元强势，新兴市场会展示出一些薄弱环节。所以大家可以看到比如阿根廷、土耳其，还有一些东南亚市场，都符合上述情况。当这些国家面临外汇储备短缺，需要补充美元的时候，美元的价格会被推升，这会对它们的经济造成严重影响。许多去杠杆的政策是随基准利率的变化而制定的，所以让我们再谈谈去杠杆的问题。美联储做了大量的工作确保利率变动处在一个稳定的节奏上，不至于把市场扰乱。总的来说，美联储前主席耶伦等人做了非常了不起的工作。新主席鲍威尔在这个过渡期内的工作也很出色。从通货膨胀的角度来看，现在利率还在控制之中，我们也有更多的技术去控制它。通货膨胀是必须要时刻紧盯的，近来各国央行加息的速度比人们普遍认为的要快。

朱民：您觉得通胀会在未来的某个时间点有一个跳跃性的飞升吗？现在人们都开始谈论通胀率，但目前看来通胀率还没有什么太大的变化。

施瓦茨：应该不会有一个跳跃性的飞升，但现有变化趋势会让我有些紧张，这一点我的感受与你一样，不过的确还没有到让我感觉警铃大作的地步。

提问：高盛近年的销售和交易部门所占的利润比值逐年下滑。您提到了资金成本的原因，您能从其他角度阐述一下这个问题吗？

施瓦茨：我记得2009—2017年，全球银行销售和交易量从峰值急剧下降了约一半，原因有很多，金融科技的创新、用于交易的产品、客户规模的增长程度等，这些东西都是具有周期性的。销售和交易部门的利润降低有一部分原因是，金融危机导致了人们对于金融产品的创新性的抵触，还有一部分原因是严监管导致银行不能在资本投资上获得足够利润。举个简单的例子，危机过后，所有银行的资产负债表端都进行了缩表的动作。金融机构大幅降低了交易活跃度，大幅提升了资本金需求，这些都是危机过后的正常反应。但不管金融危机还会不会再次到来，当处在一个长期低息的环境下，传统固定收益产品的利润点会很低。如果基准利率可以回升到常态化利率环境内，这有可能会对提升固定收益产品的交易额有所帮助。

朱民：所以固定收益产品这么难做是因为长期的低息环境，而非强监管下提高的资本金准备率。

施瓦茨：两者都有。监管方面确实给衍生品部分增加了许多的限制和规定。有些改变可能已经有点过头了，但总的来说还是不错的。

朱民：现在美国方面都在讨论利率复归，我记得是叫沃尔克规则[4]，对吗？

施瓦茨：从我个人的角度，我不认为这是主因。大部分因素还是由市场主导的。举个例子，过去40年间，基准利率一直处于很低的位置，市场的波动率也很低。在过去几个月中，基准利率刚开始持续走高。如果利率没有变化，波动率也偏低，那么市场上不会有交易的活力。

提问：我的问题是关于金融科技的。您如何看待区块链和人工智能等技术在华尔街的应用？

施瓦茨：我是金融科技坚定的支持者。我们现在所做的一部分工作是对金融科技进行充分的探索。当我还在高盛时，我们研发了一套名叫Marcus的金融科技系统，我是Marcus的支持者，从高盛高层的角度来看，我也是Marcus项目的领导者。

朱民：这是一个借贷系统对吗？

施瓦茨：是的，我们可以用它进行网络借贷。

朱民：了解你的客户，了解风险管理的全流程。

施瓦茨：就我在中国所观察到的，中国人民对金融科技的接受程度是非常高的。在美国，比如亚马逊公司，也充分将金融科技融入了日常的生产经营之中。金融科技在许多方面都有大量潜在的商机，比如关于反洗钱系统的设立、统计客户数据、建立管理流程、为客户提供充分的解决方案等。我本人对此是持非常乐观和肯定的态度的。鉴于区块链的概念这么火爆，不谈谈区块链怎么行呢。因为我本人是传统的交易员类型，所以当我被介绍一种新型资产时，我首先会观察它的基本面价值和投机价值。有些资产是具有很高的投机价值的。对于货币来说，它们的基本面价值是由可持续的媒介交易来决定的，而加密货币还没有展现出它的这一特质。拿纽约的餐厅举例，用加密货币来进行账单结算是可行的，但还要再花一些时间。我对加密货币的质疑其实是从它的整个基本面上来的。而区块链技术作为技术的源头，还是很有前途的。金融系统的结构是需要不断升级的，而区块链技术所具有的提供瞬时支付、更好地保护技术、使交易流程更加清晰等优点是可以被利用并整合到现有金融系统中的。

提问： 我想问一个特别具体的问题。量化宽松本来就是信用的过度扩张，信用过度扩张以后，企业必然会过度扩张，当您去杠杆的时候，以及您的企业信用扩张以后，就可能导致债券违约或其他贷款还不上，当有一期违约的时候，其他债权或者是贷款都会因此而还不上，这个企业就会倒闭，那么你们是让它慢慢地活下去，还是直接死掉？如果它死掉了，就会造成资金层面的损失，会影响利润。你们当时是怎么处理的？

施瓦茨： 我并没有说量化宽松和企业的倒闭之间有必然的联系。我想重述我的观点。我认为量化宽松是非常聪明的举动。伯南克、耶伦和其他各国央行的监管者所做的这个举动是非常必要的，彼时已经没有更好的财政政策来应对金融危机了，那么我们只能寄希望于货币政策这个工具来改变状况。量化宽松带来了一系列影响，比如对基准利率的扭曲、鼓励借贷、推高资产价格、推高股市的价格等。2009年当私营部门面对严重危机的时候，公共部门必须注入大量的资本来平衡市场。我刚才提到央行在一个时期手握着全球1/3的债券总量。如果我们想取消量化宽松，那么最重要的就是把握一个合适的节奏，量化宽松确实是很厉害的一针强心剂。现在世界经济增长是很复杂的协同合作的结果，中美的经济增速都很好，利率也稳中有升，各国央行也在谨慎地控制着去量化宽松的速度。至于你所说的量化宽松和某个公司违约倒闭的关联，我个人认为市场利率在长久以来的初次上升更应受到我们的关注。

朱民：有不少学生都希望在十年后能够成为某个金融机构的CEO，而您在高盛这个全球领先的金融机构中度过了非常了不起的职业生涯，您对学生的职业发展有什么建议吗？

施瓦茨：在职业发展的过程中，我总是在寻找一些有用的东西。比如我喜欢和能对我言传身教的人在一起，然后如果我努力工作，他们会看好我，会在我身上花时间进行帮助和投资。我一直希望能为有着超强文化的公司效力。

朱民：为什么公司文化很重要呢？

施瓦茨：理解公司的文化，持有信仰，保证自己也是其中的一部分。我从1989—1997年是在花旗银行工作的，然后从1997年到现在一直在高盛。当你在职业生涯的早期做一些决定的时候，你需要保证对自己所做的是充满信心的，并且你会不断学习。我不知道我讲的这些对中国的年轻人是否实用，我曾对许多美国的年轻人说过，那就是不管在哪里，我们都要追寻我们所热爱的行业。我从来没有要做高盛的首席财务官或者总裁那样的雄心，或者说不能只凭着一腔热血就要成为高盛的高级管理者。你需要努力工作，还得有人愿意在你身上投资，另外，还需要一定的运气来达成你的目标。你可能无法找到你所热爱的工作，但我希望不管你做什么，都要带着这股热情。另外要记住尽可能地在自己身上进行投资再投资，最终这些投资都会对你的职业和未来有所回报。

朱民：对学生来说，有没有一些特定的技能能够帮助他们更好地做准备呢？

施瓦茨：对于技能的定义可能会有这样或那样的差异，但我认为首先你必须去充分理解学习的方法（怎么学）和找到你所感兴趣的事情（学什么）。再强调一次，不管你做什么职业，都要对所做的事情和所在的组织充满热情。对我个人来说，花旗和高盛都给了我这样的感觉。

朱民：30 年前，大家都在制造业和金融行业工作。现在大家逐渐从金融行业转移到了高科技行业。您是怎么看待这个潮流的？人们应该更多地向高科技行业发展吗？金融行业还能像原来那样为社会做出巨大的贡献吗？

施瓦茨：我是金融行业从业人员。我走出大学来到工作岗位的第一天是 1987 年 10 月 19 日，那天股市暴跌了 508 点。当我加入金融行业的时候，金融业看起来真的不太好。但我是经济学专业的，我想为经济系统做出我的贡献，我想成为金融服务行业的一分子。所以对我来说，我从来不会去关心什么行业最流行，因为我是知道我所喜欢的行业的，而这对我来说非常重要。如果你喜欢科技行业，就去做技术。而且你也可以在金融行业里做技术，就好像我们刚才谈过的金融科技，这里的市场前景是非常广阔的。所以说，最重要的还是知道自己喜欢什么。在未来不管是投身于金融行业还是投身于高科技行业，都会有很好的成就。换作是我，我不会太着急去做这个决定。我在离开高盛的时候也简单地计算过，因为有人问我在过去31年间，我在华尔街干过的最长的一个岗位是多久。答案是五年。我每五年会换一个工作岗位，在花旗和高盛都是如此。在花旗我做过运营部门的工作，也被大家称为后台。然后我去了信贷部门做贷款工作，后来我又成了衍生品的专家。在高盛的时候我也做了一些不同的工作，最后做到了财务总监和总裁。只要保持对自己的投资，对自己所在的机构的投资，那么不管在什么行业，你都会拥有非常了不起的职业生涯。

朱民：现在我想简单地做个总结。

第一，在面对危机的时刻，最重要的是了解你的资源，展现领导力，建立良好的沟通机制并带头去实现它。这是我们在应对金融危机时的关键议题，这是您在经历过危机全过程后特别强调的几点，此外也是最重要的，就是服务客户、帮助客户。

第二，市场在金融危机之后，在这十年间经历了很有趣的变化。您的担忧更多的是关于基准利率的复归和常态化的过程。这将对全球的市场和一些企业带来影响。还有金融市场的风险，以及中美贸易摩擦的因素也会给全球市场带来影响。我完全同意您说的，基准利率回归常态化，以及欧洲央行、日本央行正在退出量化宽松等。利率变化的趋势将会对全球金融布局带来重大影响。这部分是我们所有人都要重点关注的。

另外，从个人职业发展角度来说，您陈述了非常重要的一点：只有热情和雄心是不够的，还要找到所喜欢的机构和企业文化，学着对自己和公司进行投资，拓宽视野，不断学习，紧跟趋势。正如您说的，您在十几年前并没有计划成为高盛的总裁。但因为对职业的热爱，做好本职工作并不断发展，最终到达了这个位置。您提供的职业规划观点非常重要、非常有益，我从中学到了很多东西。

（本文编译：高小相）

注释

1. 主经纪商业务是各大投行和银行提供的关于对冲基金的服务。

2. 可口可乐公司作为大型跨国公司，一些交易会以外汇结算，故交易过程中存在汇率风险。一个简单的策略是利用看跌期权去对冲汇率风险。雷曼兄弟的破产又带来违约风险、置换风险、法律风险等各类风险，而各类风险的叠加进一步加剧了系统性风险发生的概率，可谓环环相扣。

3. 十年期美国国债 T-bill 的利息被认为是无风险市场基准利率。100 个基点对应为 1%，所以哈维·施瓦茨的观点是市场利率应达到 3.25%，上浮 1% ~ 1.5%。

4. 沃尔克规则的核心是对银行自营交易进行限制，限制投资对冲基金、私募股权基金等，旨在稳定美国金融体系。

苏马·查克拉巴蒂（Suma Chakrabarti）

查克拉巴蒂1959年出生于印度西孟加拉邦，5岁时移居英国。他在牛津大学学习政治、哲学和经济学之后，又在苏塞克斯大学攻读了发展经济学硕士学位。他还拥有苏塞克斯大学、东安格利亚大学和布加勒斯特经济科学大学的名誉博士学位。

查克拉巴蒂职业生涯始于国际发展工作，20世纪80年代初他在博茨瓦纳的对外直接投资局担任研究员，随后在伦敦的海外发展管理局，以及世界银行和国际货币基金组织的英国办事处担任一系列经济和行政职务。因其在国际发展方面的杰出贡献，查克拉巴蒂于2006年被封为爵士。

查克拉巴蒂是欧洲复兴开发银行的第六任行长，在2012年、2016年连续两届当选。查克拉巴蒂当选欧洲复兴开发银行行长后，带领该机构将发展重点扩展到中东欧，并给予发展中国家更大的扶持力度。在继续帮助私营企业提供金融服务的同时，查克拉巴蒂倡导有利于市场的政策改革和投资环境的改善治理。

在查克拉巴蒂的领导下，欧洲复兴开发银行的商业模式被证明是灵活高效的，能够对不同的地缘政治和经济环境做出反应，尤其是在新冠肺炎疫情造成的经济危机中，欧洲复兴开发银行推出了很多支持复工复产的举措。

在查克拉巴蒂任期内，欧洲复兴开发银行的股东大幅增加到71家，包括受援国和非受援国，中国和印度的加入尤其引人注目，而且G20所有主要国家都能在该行董事会任职。

以私营部门投资支持多边主义实现可持续发展目标*

一、欧洲复兴开发银行

欧洲复兴开发银行是一家多边机构，自 1991 年创立以来，在促进经济改革方面一直发挥着先驱作用。它成立于"冷战"在欧洲落幕的独特环境之下，这显然对欧洲复兴开发银行有着特殊的影响，而这也使得它与其他国际组织有所区别。

首先，欧洲复兴开发银行只在遵守多党民主、政治多元化和市场经济的国家开展业务。当然，我们也认识到在欧洲复兴开发银行已经开展业务的 38 个经济体当中，这些原则并没有全部得以应用。

其次，欧洲复兴开发银行的规章制度规定，至少有 60% 的贷款要发放给私营部门，实际上目前这个数据是 79%。

最后，以项目为基础，欧洲复兴开发银行直接向企业提供贷款和股权融资。正是因为我们参与项目，并在相关国家当地开展业务，所以了解很多企业的发展情况，比如企业成功的因素，以及我们投资的经济体中的不同领域，如绿色经济、基础设施、金融部门或中小企业等的情况。

---

* 演讲时间：2019 年 11 月 12 日。演讲地点：清华大学五道口金融学院 4–300 多功能厅。

欧洲复兴开发银行在30多个国家开展业务，这些国家既是我们的成员，也是我们的股东，因此欧洲复兴开发银行也是它们的银行。在我看来，这是多边主义的重要原则之一：经济发展应该是共享的，而不属于某一个特定国家或团体。

欧洲复兴开发银行开展业务的30多个经济体遍布中东欧、中亚、土耳其和地中海东南部，它们是“丝绸之路经济带”的一部分。因此欧洲复兴开发银行对“一带一路”倡议中的“一带”感到非常亲切。

欧洲复兴开发银行是完全多元化的，我们的股东来自69个国家，这些国家遍布五大洲，还有欧盟和欧洲投资银行，欧盟的持股比例是最高的。

因此我总是说，我们是全球多边银行，但内心还是欧洲的。虽然这并不是银行创立者的本意，但历史赋予了我们另一个重要作用——扮演欧亚大陆桥梁的角色。欧洲复兴开发银行的亚洲股东有日本和韩国，后来又新增了中国和印度两个全球经济强国。

中国加入欧洲复兴开发银行的那一天是重要的时刻。[1]我每次访问北京，都牢记着欧洲和中国之间合作伙伴关系的战略重要性。

虽然这种关系十分复杂，但有一点无可否认，那就是我们比以往任何时候都更需要携手支持绿色经济转型和高质量标准的全球互联互通投资。如果能把欧洲和中国的优势相结合，相信我们能为实现全球发展政策目标做出巨大贡献。

二、可持续发展目标

综观世界，这个时代面临着突出的发展挑战。欧洲复兴开发银行和所有多边开发银行，目前的工作整体上都是为了实现可持续发展目标。

与之前的千年发展目标[2]不同，可持续发展目标需要更多的发展中国家和新兴市场的参与。特别是对欧洲复兴开发银行来说，可持续发展目标既包括经济成果，也包括我们与其他机构相比所拥有的优势领域。这些成果和领域被清楚地列为所有国家的目标，而不仅仅是低收入国家的目标。

目前，人人都能看到，我们不能用老路子为发展目标融资。基础设施和能源等领域，以及首要任务——抗击气候变化，都需要多来源的投资，仅国内资源、捐赠资金和公共部门投资是不够的。

关于资金的估算有很多，但联合国告诉我们，发展中国家和新兴经济体每年面临的基础设施建设融资缺口高达 2.5 万亿美元。这些基础设施一方面能满足发展中国家和新兴经济体的发展需求，另一方面能帮助发展中国家和新兴经济体实现历史性的绿色经济转型。

然而在 2017 年，全球仅为这些基础设施建设投资了 5 000 亿美元，还不到总需求的 1/4。这些投资中超过 80% 来自稀少的公共部门融资，我们无法期待这个领域再有更多的投资了。

三、拓展私营部门融资和坚持高质量标准

世界急需利用更多的私营部门融资，从多边体系外拓展新的融资来源，比如新兴金融及资本市场、养老金和主权财富基金等。这种融资来源的转变对全球发展结构的意义巨大，这些挑战显然需要经济发展领域的智囊们去解决。

2018 年，G20 全球金融治理名人小组（以下简称名人小组）起草的报告强调，需要“实现系统内整体商业模式的重要转型，以有效推动私营部门投资”。2019 年 10 月，欧盟智囊小组发布的报告也响应了

这一意见。

名人小组希望包括欧洲复兴开发银行在内的欧洲银行组织，加速实施可持续发展目标。他们将气候变化确定为当今“最重要的全球挑战”，因为气候变化对社会影响日益增加，对生物多样性和自然资源的威胁越来越大，有引发流行病的风险，严重的甚至可能会造成人群流离失所。

同时，名人小组也强调需要加大对非洲的支持力度，支持非洲加快可持续发展、创造工作岗位、推动低碳经济转型。名人小组为了说明这一重要任务专门创造了一个令人难忘的词句，他们说，“为了弯曲历史之弧，我们必须在非洲取得胜利”。我认为他们借用了奥巴马的话。

以上这些是全球共同面对的挑战，特别是中国和欧洲面对的挑战。我们只有通力合作，才能成功赢得这些挑战。

毫无疑问，欧洲复兴开发银行在其中可以发挥重要作用。在上面所提到的两篇令人瞩目的报告问世之前，欧洲复兴开发银行已经开始思考如何增加更多价值，如何利用更多资金，这需要银行做出哪些努力，以及这会为治理带来哪些改变等问题。

在增加价值方面，欧洲复兴开发银行在绿色经济领域扩展了经营活动，并且已为在撒哈拉以南非洲开展业务做好了准备。

我们也在认真研究如何动员新的融资来源，特别是动员中国增加融资投入。我们将加强与官方机构的紧密合作，包括与新的发展伙伴合作，如中国国家开发银行和中国进出口银行。中国的对外投资范围广、形式多样，中国的资本市场和养老基金也发展迅速。

许多多边机构也都是潜在的合作伙伴，如世界银行和亚洲投资银行，我们需要做更多工作来发展这些关系。

当然，也有很多人强烈认为，多边开发银行应该到其他新兴经济体寻找新的合作伙伴，比如印度和海湾地区，我们也是这么做的。如果能找到合适的项目和合适的工具，其实并不愁投资资金。的确，高耸在世界经济之上的是一座“资金壁垒”，如果能运用正确的机制，就能将这些资金为我们所用。

总的来说，若想成功，我们的发展体系就必须遵循两个非常重要的原则，即良好的政策环境和市场定价。

第一，这一领域中的每个主体都要明白“什么是良好的政策环境”，并促进形成这种政策环境。欧洲复兴开发银行已经运营了将近30年，有时我们所面临的市场环境非常具有挑战性。我们的结论是，单靠融资还不够，必须同步打造一个有利的投资环境并进行政策改革。在这里我想强调，强大的人力资本和良好的治理对于吸引和保持外国直接投资具有十分重要的作用。

我鼓励大家都去读一下欧洲复兴开发银行就这个问题撰写的转型报告，题目叫《2019—2020年转型报告：更好的治理，更好的经济》[3]。良好的治理是指当局、决策及责任，以及——最重要的是——制度体系的质量及其所支持的过程。

欧洲复兴开发银行特别注重良好企业治理的重要性。我们和其他主体都有绝对义务与合作方一起坚持高标准，并为此开展相互合作。如果不这么做，就会给所有人带来更多不确定性，降低竞争力，并给予精英阶层以特别优待，加剧不平等。那样也会对经济体和政治制度的合法性带来严重影响。

有时我们会听到有人说，要尊重当地标准，不该强行使用外来标准。我强烈建议那些持有这种想法的人们再想一想。我们真正要做的应该是避免因投资造成不利后果。如果当地盛行的标准会导致此类风险的发生，那么我们就不该使用这些标准。相反，我们应该用外来的最高标准取代原有标准，无论最高标准来自何处。

第二，除了在提高治理标准等政策改革方面团结一致，我们还应该采用市场定价，从而将私营部门引进来，而不是排挤走。

有时，为了实现特定政策或社会目标，甚至有必要对投资进行补贴。但我们需要十分小心，确保这么做能够达到强化市场、提升和激励私营部门可持续投资的效果。否则，我们就干涉了市场的运行机制，从而影响了合作国家吸引投资的目的。

如果大家都能采取相同的政策措施并实行市场导向定价，就会有健康的合作和健康的竞争，这对股东、纳税人和合作伙伴来说都是好消息。我相信，只要在公开透明的基础上继续努力，就能实现这种理想状态。

这些是多边原则，而作为多边机构的重要参与者，我相信这些也是中国的原则。

四、欧洲复兴开发银行的实践经验

我给大家描述一幅画面，请跟随我到非洲最大的太阳能电站看一看，也有人说它是世界上最大的太阳能电站——位于埃及沙漠的 Benban（天阳能电站），有 600 万个电池板延伸分布在 32 块土地上，占地面积 3 700 万平方米，为 100 万户家庭提供电力。截至 2019 年 10 月，这个庞大的项目已全部完工，并已接入埃及国家电网，为北非最大的经济体提供可靠的绿色能源供应。

我们的一位合作伙伴曾评价道，“这个太阳能电站的地理位置太神奇了”。

为什么这么说呢？神奇之处就在于，它将国外投资引入了一个迫切需要提升就业机会的地区。中国民众可能对 Benban 也很感兴趣，因为中国工商银行就是这个项目的投资方之一，而这些太阳能电池板也是以极具竞争力的价格从中国进口来的。

今天提到这个项目的另外一个原因是，若想按计划实现可持续发展目标，就得采用正确的方式，而这个案例就体现了这种方式的很多特征。

为推动 Benban 项目，欧洲复兴开发银行花了两年时间与埃及政府一同在政策改革、规范性框架谈判及购电协议方面开展了大量工作，这之后才启动项目融资。我们让私营部门充分发挥作用，比如世界级的沙特赞助商、全球各地的商业银行以及各类国际承包商。

虽然我们是最大的投资方，但在进行所有这些工作时，我们采取的都是开放模式，与其他开发伙伴们进行合作，比如亚洲基础设施投资银行、世界银行集团国际金融公司、荷兰国家开发银行 FMO、绿色气候基金，以及很多其他国际商业合作伙伴。对我来说，Benban 让我们看到了开发融资未来的样子，而这个融资模型已经建立并运行了，这为后续进行更多这样的实践提供了很好的示范作用。

欧洲复兴开发银行开发模式的优点之一是，我们一直十分关注像 Benban 这样的单个项目。欧洲复兴开发银行自创立以来，已经投资了 5 500 多个项目，大多数项目的规模都不大。我们在推进项目的同时也十分重视参与政策改革——这也是我们的另一个竞争优势。但我坚信，政策倡议只是我们提供的增值服务，最主要的还是为每个项目争取高质量的投资。

像欧洲复兴开发银行这样的多边开发银行，经常着重讨论公开竞争性采购、环境社会与治理高标准以及债务可持续性原则。这些原则并不是空洞的口号，而是切实体现了欧洲复兴开发银行所坚持的价值观。这些价值观的重要意义在于，只有遵守这些价值观，才能让项目落地，从而满足人们的需要。

但是，我们还得看清现实情况。关于可持续发展目标带来的挑战，以及我们要怎样改变应对策略，我已经说了很多，在此不再赘述。但实际上，在项目层面，面临的障碍最大，而同样是在项目层面，也能消除很多相互之间的分歧。

五、欧洲复兴开发银行的架构

每个投资项目都和其他项目有所不同，这体现了每个国家独有的市场、规范以及政治、经济和文化的多样性。这就是为什么我坚信，了解国家情况十分重要，这也是欧洲复兴开发银行在相关国家设立这么多办事处的原因——办事处一共有 50 多个，不仅设在首都，还设在二线城市。

只有把每个项目中的所有细节问题都处理好，才能确保项目具备融资条件，吸引私营领域融资。

在项目层面，我们发现，高质量投资标准和可持续商业成果有可能是同一枚硬币的正反两面。如果降低环境、社会或治理标准，就会增加风险；如果不能进行合理采购，就会产生损失；如果一个国家政府负债过度，就会出现违约。除非在非政治经济分析中进行尽职调查，不然难免会出现糟糕的意外情况。

好消息是，包括中国在内的全球投资者，似乎越来越认可这些道理。我们发现，在“一带一路”国际合作高峰论坛上，针对债务可持续性、绿色金融和反腐问题就采取了相应措施，而这些也是 G20 高质量基础设施原则和欧盟欧亚联通战略的重要主题。我们能够也必须携手推动能够产生重要影响的可持续发展项目，我们通过这种方式调动资源，来应对我们共同面临的全球挑战。

我们正在与合作伙伴开展这项工作。我们和中国的对外投资者合作得非常成功，在几十个国家推进高质量项目，其中很多都是“一带一路”倡议的参与国。我们与亚洲基础设施投资银行的合作不断发展壮大。以前，我们是多边开发银行中的新到者，而现在，也有了很多后来者。

我们和其他机构分享经验并开展联合融资，在北京设立了自己的联营机构。我们也加入了中国提出的其他国际倡议组织，比如中国—国际货币基金组织联合能力建设中心和多边开发融资合作中心。

中国—欧洲复兴开发银行合作的体量也在不断增长。我们与中国的银行、承包商进行贸易融资和直接投资的合作规模已超过 11 亿美元，其中有很多亮点项目，比如我们和安琪酵母在埃及的项目，这是我们在企业领域和中国企业合作的第一个项目，还有几个哈萨克斯坦的太阳能电力项目。

我上一次来北京是 2018 年，我和中国人民银行副行长陈雨露共同主持了一个重要的中亚投资会议。那是一个历史性的会议，我们认识到，我们是全球合作伙伴，肩负着实现可持续发展目标的重任。中国、欧盟和欧洲复兴开发银行同意开展相互合作，提高投资质量和数量，推动中亚国家重点领域发展，重点关注私营部门。

在气候变化问题上，中国具有重要的国际影响力，在和金融部门及企业领导人进行沟通后，我就更加坚信这一点。我们希望，在可再生能源融资和技术领域，中国能给我们带来更多帮助。

我们也相信，中国能够帮助其他发展中国家实现转型，摆脱对煤炭的依赖。我们都知道，对煤炭的依赖让项目风险变得越来越大，同时也会对环境造成极大的破坏。

我对未来十分乐观，也许是因为自己年纪的原因，也许是因为我干这行很久了。但与此同时，我们必须实事求是地展望未来，我们需要筹资的金额十分巨大，消极无为或不思进取的代价会十分惨痛。直白地说，我们的时间并不多，大家都知道，多边主义正面临着前所未有的挑战。

欧洲复兴开发银行提供了一个非常有价值的、解决这些挑战的方法，我相信它的直接影响和作用只会越来越大。但再怎么说，欧洲复兴开发银行也只是一个相对较小的参与者，规模不大有时候可能是个优势，我们有更多机会去实践新的想法，工作效率也比其他大型机构更高。

但是我们不能单靠自己解决问题，所以我们需要寻求朋友、盟友和合作伙伴的帮助，我们需要未来的中国和全球领导者，带领我们前进。因此我希望，未来能有更多人加入像欧洲复兴开发银行一样的国际组织，帮助我们实现目标。选择权在你们手上，你们可以践行多边主义原则，让世界实现可持续、包容性增长。

为了做到这一点，我们需要调动大量的私营部门融资，这符合所有人的利益——并确保融资项目符合最高标准。我坚信，只要齐心协力，我们就能做到。

朱民对话查克拉巴蒂

朱民：第一个问题是关于融资挑战的。2017 年一共有 5 000 亿美元，只完成了 1/4。但现在却有 16 万亿美元的负利债券，如果能将这其中的 1/4 或者 1/10 的资金，引入基础设施投资项目上来实现可持续发展目标，那很大一部分问题就解决了。为什么私营部门参与实现可持续发展目标的基础设施投资这么困难呢？是因为风险高吗？还是不确定性高？回报率低？项目持续时间过长？还是他们缺乏像您一样强有力的领导者？为什么这么难呢？人们竟然更愿意投资负利率债券，这很奇怪，不是吗?

查克拉巴蒂：这就是我们在开发领域面临的最大问题——在有那么多资金的情况下，为什么还无法吸引我们所需的投资?我认为可以从很多角度去分析，但我觉得，如果我是私营领域的融资方，有三个问题需要确认。

第一个问题，也是最重要的问题，政策的不稳定性。

很多与欧洲复兴开发银行开展项目合作的国家都是民主国家。民主的一大好处显然是人们可以改变自己的想法，但政府也可以改变人们的想法，政府可以改变影响长期投资的政策，这会让投资人很难愿意参与进来。

举个例子。有几个跟我们开展项目合作的国家，我们觉得这些国家的可再生能源规范性框架或税收政策一定会维持很多年不变，我们就把钱投了进来，并引入私营部门融资，然后就会发现，政府政策变了，让我们的投资变得一文不值。政策的不稳定性是个很大的风险。因此，投资人常常不愿意在政策不稳定的国家进行投资。我们花大量的时间和政府进行沟通，努力确保即使政策发生改变，也要继续坚持之前谈成的政策框架，以吸引长期投资者。

第二个问题，项目的融资结构。

对我来说从某种角度有点让人难过，因为它正是我职业生涯的起点，之前我以为这个问题已经解决了。我大概在40年前开始从事开发行业，在撒哈拉以南非洲的博茨瓦纳，我是交通项目领域的经济专家，我们工作的目的是帮助这个国家实现发展建设。我曾经从事与项目评估相关的工作，主要是构建交易架构。很多私营领域融资人向我们反馈，很多项目的融资结构都很糟糕，包括私营领域项目和公共领域项目。实际上，40年前的问题如今依然存在于很多国家。

因此，我们成立了项目筹备融通资金小组，来帮助这些国家的公共领域和私营领域更好地进行项目准备工作，亚洲基础设施投资银行也在这样做。由此，开始出现一连串结构更好的项目，让私营领域放心。然而这项工作十分艰巨。想象一下，为了打造更好的项目，要同时为公共领域和私营领域提供很多年的技术支持，同时还要确保这些项目的结构能吸引私营领域融资人。

第三个问题，项目融资基于技术考量外的政治因素。

我觉得欧洲复兴开发银行对于这个问题已经有点门路了。当我们设立股权参与式融资时，中国人民银行和中国国家外汇管理局就是主要投资人，中国国家外汇管理局一上来就问了我一个很棒的问题：你们董事会的项目决策多大程度上是政治导向的，多大程度上是技术决定的，就像私营公司那样？我们不得不向他们说明，最近5~6年内我们做的项目全部都具备技术可行性。当然，政治因素也是有的，但说到底，做项目还是以技术为基础的，执行的也是技术标准。这又一次说明，在多边项目融资中，对项目的评估判断无法避免地会加入对政治力量结构的考虑，这也会让一些投资方丧失投资兴趣。

当然，如果我们以优先债权人的身份进行多边项目融资，当国家发生危机时我们会优先获得受偿，这就意味着项目由像欧洲复兴开发银行这样的多边开发银行提供融资会更安全。

以上就是我从私营领域融资方那里了解到的一些情况。

朱民：这三个问题您讲得很清楚，最重要的障碍就是政策不稳定性。您也提到了更好的治理和环境对吸引投资尤为重要。在很多案例中，我们仍然在进行这项工作。在当前状况下，您觉得我们能不能设置一个更大规模的保险或担保方案，来消除这种政策不稳定性，或者由欧洲复兴开发银行或其他多边开发银行为项目提供担保？

查克拉巴蒂：我觉得这就是答案的一部分。实话实说，我认为最重要的是关注如何在这些国家推行正确的治理模式。我说的是公共治理——政治制度、经济制度，怎样才能让它们正常运行并发挥良好作用。但我也想谈一下企业治理，因为我们经常和这些国家的私营领域实体进行合作，而它们的企业治理方式并不总是正确的。

所以，在欧洲复兴开发银行工作的这段时间里，我们创造了这种投资环境，提出了治理倡议，对于欧洲复兴开发银行来说这可是头一回，因为我们做的是私营领域，以前私营领域和政府的合作项目并没有多少，而现在我们实现了政府和私营部门合作开发项目的大幅增长。通过开展投资咨询，尝试帮助这些国家构建正确的制度体系，是欧洲复兴开发银行的一项重大创新。我的同事发现，很多国家的私营领域融资方、企业与政府之间的对话非常不充分，因此，他们能相互理解的地方少得可怜。

有个很好的例子。在格鲁吉亚第比利斯，有一个很棒的投资咨询团，由格鲁吉亚首相担任主席，很多参会者来自私营领域，欧洲复兴开发银行也是参会者之一。格鲁吉亚首相和他的内阁成员与私营企业家直接进行沟通，之后根据大家的观点设计行动方案，有些方案需要立法支持，并建立正确的制度体系和正确的政策来长期吸引私营领域投资。这个项目我们做得特别好，和我一起启动这项工作的前格鲁吉亚首相，现在已经成了欧洲复兴开发银行的顾问，他正在乌兹别克斯坦开展同样的工作。我们正尝试在哈萨克斯坦、乌兹别克斯坦、乌克兰、阿尔巴尼亚等很多其他国家也这么做，希望以后也能在埃及开展此类工作。

朱民：所以多边开发机构真的能发挥重要作用，我们进一步讨论一下您的高质量项目——埃及太阳能项目。这个项目中，欧洲复兴开发银行是股权投资人，还是只提供贷款？显然您是项目管理者，是埃及当局的赞助商。那么在这个项目中您面临的风险都有哪些？能从中获得哪些收益？规模有多大？您的投资在整个项目中的占比有多大？

查克拉巴蒂：我不记得我们一共投资了多少，但规模肯定很大。这个项目很有意思，因为如果是在10年前或15年前，我们可能在研究规范性体系之前，在第一阶段，即购电协议阶段就开始投资了，投资方是埃及人自己。我们觉得应该先把基础打好，先做难些的工作，才能获得有利的政策环境，所以我们到了第二阶段才进入。

我们决定先等一等，把建设政策环境的基础工作做好，在各个环节跟埃及当局进行协商，比如争议解决，应该在哪里进行？是在埃及解决，还是像包括中国在内的很多赞助方希望的那样——通过国际仲裁来解决。我们必须说服他们，只有这样做才能获得更多的融资，吸引更多的合作伙伴。这是项庞大的工程。

到头来，我们获得了什么呢？

最重要的是转型影响力，这是我们自己的说法，在很多别的地方叫作发展影响力。我们在做的是建立更有效的市场经济，帮助这些国家向这个方向转型。在可再生能源市场领域，这个项目显然会帮助他们向着这一目标前进。但同时，我们是银行，我们不想向股东开口索要增资，所以我们必须盈利。

埃及南部地区是埃及最贫困的地区之一，由于这里工作机会很少，所以很多人都迁走了。因此，我们的项目对于电力供应、可再生能源和气候都十分有利，同时也创造了很多就业岗位。

朱民：股权投资是谁做的？我觉得这才是关键问题。

查克拉巴蒂：我们也做股权投资，但不是在这个项目上，我们有很多相关的股权投资项目案例。股权投资相当重要，不仅仅是能让我们加入一家正处于高速发展中的企业，当然这么做也有一定的道理；更重要的是，通过持有股权，我们可以帮助企业提高其治理标准。

土耳其的经济很有意思，土耳其的增长和发展是由国内几家家族企业驱动的，在过去的15年中，这些企业不断壮大，经营得力，因此他们开始想进一步成为区域性甚至全球性企业，而不仅仅是土耳其的企业。

为此，埃及的企业必须实行更为先进的治理标准和决策标准，而家族企业通常很难做到这一点，而如果不改变的话，业务可能已经发展到难以开展有效管理了。通过持有股权，我们可以帮他们制订企业治理行动计划，提高治理标准，这样他们就能运营得更好。

因此，股权对于更为发达的经济体来说尤为重要。看看中东欧你就知道，我们现在比以前做了更多的股权投资，在我刚提到的土耳其也是一样，这也是欧洲复兴开发银行一直在做的一项工作，我们经常以债权融资的方式进入，之后再取得项目股权。

有时候，我们要承担股权风险，我喜欢在项目私有化之前这么做。如果一国政府，比如现在的白俄罗斯政府说要将白俄罗斯银行私有化，他们好几年前就应该这么做了，为了让他们未来的战略投资人相信私有化能够顺利进行，并且过程和结果都会不错，我们取得了这家银行私有化前的股权，同时做了一些债权融资，希望这样能吸引市场上的其他投资人。因此我们在策略上赌了一把，但多少还是有些把握，至少是朝着私有化方向去的。

朱民：您还提到了“一带一路”倡议也是您工作的一部分，您正在寻找更多和中国的私营资本合作的机会。现在有什么计划吗？

查克拉巴蒂：我们非常支持在“一带一路”倡议下开展合适的项目，这些项目具备我所提到的所有标准，包括环境社会治理标准，以及债务的可持续性问题，我们非常支持这些项目，也做过这样的项目。未来还会有更多这类项目，不仅在中亚，因为“一带一路”倡议是一个很宽泛的地理概念，它可以延伸到中亚以外的地区。

但在倡议市场推广方面，关键问题在于说服那些持有异议的人士，在推行这些标准和债务可持续性问题方面，事情正沿着正确的方向推进。人们总是会想起过去，对在最初的一两个项目中所犯下的错误念念不忘，对于中国、欧洲复兴开发银行、世界银行、亚洲基础设施投资银行和这项伟大倡议的所有参与方来说，重要的是要更新人们的认知，要让大家知道，为了解决原来的问题，我们已经做了很多工作，所以我认为，这对于我们向前迈进非常重要。

朱民：如果你想在未来同中方展开合作，我认为，首先，中国在供给和购买力上都有很强的实力，中国承包建设了多种类型的基础设施项目；其次，关于联合融资，您刚刚提到了养老金，这是一个有着充足资金流的基金项目。但这两方面都需要公开透明，需要监管，需要像欧洲复兴开发银行这样的机构来确保其符合国际标准。

查克拉巴蒂： 昨天和今天，我从中国的同事那里得知我们现在已与中国赞助商就35个潜在项目达成合作意向，其中一些项目会有中国资本的参与，对此我深感荣幸。这只是开始而已，毕竟中国几年前才加入欧洲复兴开发银行。并非所有的项目都会成功，即便我们付出应有的努力，一些项目也会中途夭折。但这表明在中国商界、金融机构以及企业对与欧洲复兴开发银行合作表现出极大的兴趣。我认为这是一个好消息。

当然，中国也引领着亚洲基础设施投资银行的发展。亚洲基础设施投资银行是世界上最大的商业开发机构之一。我对此深感欣慰，因为亚洲基础设施投资银行有如此巨大的需求。我们在北京办事处与亚洲基础设施投资银行成立了联合机构，金立群行长和我共同出席了揭牌仪式。目前这一机构只有5名工作人员，我们希望通过提供实习岗位让人们了解欧洲复兴开发银行。

现场问答

提问： 欧洲复兴开发银行在中国面临哪些挑战？

理查德（欧洲复兴开发银行北京办事处主任）： 越来越多的中国企业想要与我们探讨他们的投资以及在想要开展业务的国家面临的营商环境问题和难处。与两年前我初次来北京时相比，我现在更加确信中国愿意且热衷于与欧洲复兴开发银行这类多边开发银行合作，因此我和我的同事现在每时每刻都非常忙碌。

查克拉巴蒂：联合机构的伟大之处在于除了正常运营，还致力于拓宽投资渠道，与中国政府以及公有制企业展开合作，也与大学智库开展交流。我认为这对欧洲复兴开发银行来说很重要。理查德，你也许想要谈论一下我们的做法。

理查德：我们确实与诸如中国国际发展知识中心之类的机构合作并与他们维持着良好的合作关系。我们也与清华大学苏世民书院保持着良好且日益深厚的合作关系，我们很荣幸能与苏世民书院的一些学生就他们的毕业项目展开合作。他们的毕业项目需要做一些研究，而研究内容与我们的工作密切相关，分析中国对外投资流以及面临的一些挑战。我们认为这是一种很好的合作伙伴关系。

我认为第一个挑战是国有企业问题，因为我们在过去数月中一直在争论国有企业问题。在我所提到的投资渠道中有一些中国国有企业，当然总的来说，我们是一家私有银行，所以大家可以想象一下我们股东的想法。但是我们也确实和其他国家的国有企业合作过。所以这并非我们首次与国有企业合作。我们需要说服我们的一些股东，与国有企业合作是可行的，这些项目会遵循一般的商业规则。

第二个挑战就是向那些根本不了解我们或者从未与国际组织开展合作的客户解释我们是如何运作的、我们的要求包括哪些以及项目进程如何推进等问题。

提问： 随着人民币逐渐国际化，伦敦成为人民币国际化的重要中心之一，而欧洲复兴开发银行也在伦敦积极开展业务。那么在人民币国际化的过程中，欧洲复兴开发银行可以扮演一个什么样的角色？

查克拉巴蒂： 我认为这个问题确实超出了我的能力范围，因为很显然作为一名发展经济学家，我认为人民币国际化是一个不错的想法，但提到欧洲复兴开发银行的角色，我认为我们在人民币国际化中扮演着微不足道的角色，我们期待像国际货币基金组织之类的其他组织一样扮演更大的角色。

朱民： 您是否会将人民币纳入贵行未来的项目当中？这对于支持人民币国际化至关重要。

查克拉巴蒂： 是的，我觉得没有理由不把人民币纳入考虑范围内。我们对此持开放态度。

提问： 我是一名国际发展政策专业的学生。最近，中国正在加强与中东欧国家的双边关系，比如建立"17+1"合作机制[4]。我的问题是欧洲复兴开发银行在中国与中东欧国家经济、投资、贸易以及双边关系机制中扮演什么角色？或者说占据何种地位？

查克拉巴蒂： 当你关注中东欧的时候，很容易看到那里现有的一些比较发达的经济体，我们将其称作先进的转型国家。比如波兰、波罗的海国家、匈牙利、斯洛伐克等，在这些国家当中，欧洲复兴开发银行的作用日益体现在两个领域，因为现在除了这两个领域，我们在其他领域的影响微不足道。一个领域是绿色经济，另一个领域就是资本市场发展。

尽管这些国家的收入水平有所改善，但仍然比较落后，所以我们一直致力于改变这一状况。如果你稍微往南看看，比如保加利亚、罗马尼亚、希腊、西巴尔干国家以及克罗地亚等，你会有更深刻的理解，因为这些国家距实现有效市场仍有很大的差距，所以我们在这些国家采取了建设基础设施、提供能源、扶助中小企业等措施。因此，在这些国家，我们的产品以及项目报价会有所不同，我们把这些国家分成两类。

“17+1”合作倡议最初引起了西欧国家的担忧，但这种担忧现在似乎已经消失了，或者说至少变得不再重要了，这让我很欣慰。因为随着中国政府的深入参与，这一机制变得更加有效。在保加利亚首都索非亚，中国总理李克强进行了一系列出色的干预，让各方都冷静下来，并表明在这一倡议中，中国会尝试引进最高标准即ESG标准。李克强总理强调引进这一标准非常非常重要，我认为欧洲人对此是充满好感的。

我认为除了项目融资，建立这一机制还面临一些体制问题。我们需要关注一下如何构建这些合作的框架。

我个人并不喜欢国际会议，因为国际会议经常发布重复老套的公报。我估计我和朱民博士两个人读过的公报比我们一生中吃过的热腾腾的饭还要多，我对这类事物不感兴趣。但类似这样的国际会议，如果确实带来了实在的投资和政策变革，那么在我看来更有趣。

所以欧洲复兴开发银行正努力在同一地区每两年召开一系列峰会，邀请包括中国在内的世界各地私营领域的参与方与西巴尔干国家领导人和企业家展开对话，开展一些联合项目并推出一些共同政策。这样更加具有实际意义。如果你是这些国家的领导人之一，每次参加完会议回国时，只是带给本国人民另一份公报，我不认为这会为你赢得更多的选票。如果你回国的时候分享一份建设公路或者建设环保电站的计划，这会比公报更吸引人们的目光。而这恰恰是我们想要做到的。

提问：我就职于清华大学五道口金融学院绿色金融中心。就个人而言，我知道公共基金有竞争需求，那么欧洲复兴开发银行如何平衡这些需求，以及如何利用私营基金来解决环境问题?

查克拉巴蒂：我们首先逐国分析与绿色经济的差距。回顾一下《巴黎协定》，你可以看到每个国家批准的自主贡献目标，然后你可以造访其中任何一个国家，实际上这些国家的目标完成状况决定了它们的需求差距。

我们下一阶段就要弄清楚在需求差距基础上欧洲复兴开发银行可以在哪些环节带来最大的价值，哪些环节其他多边机构能带来价值，哪些环节是我们应该合作完成的，哪些环节是我们应该各自独立完成的，哪些环节是政府自身能完成的。现在我不得不说在欧洲复兴开发银行开展业务的38个经济体中，一些领导人相较于其他领导人更加认真对待这一问题，所以他们能更好地与我们一起缩短差距，而另外一些经济体则慢慢落后，这是不幸的。

因此，我们在已经制订计划的经济体内取得了更大的进展，我们可以与私营领域的金融家分享这一计划，我们可以提供一系列产品。总之，这些计划可以通过地方银行为建设居民供暖设施或者区域建筑提供贷款额度。这些计划也可以是绿色城市行动计划或者绿色城市框架，上述经济体的许多大城市已经参与其中。

为了参加这些计划，你必须能够坦诚地面对差距、做出承诺并明确将采取哪些行动来缩短这些差距，然后我们才会为这些城市的投资项目融资。这非常重要，因为绿色金融领域的很多工作不仅需要国家层面的努力，也需要地方层面的努力。所以，我们是许多城市在绿色融资领域的地方投资项目中的最大融资机构。

总的来说多边开发银行大多还没有关注到城市层面，而是更倾向于在国家层面展开讨论，这通常会忽略城市层面的因素，可能恰恰是本能使然。我们会关注到城市层面的原因很有趣。

1991 年我们成立的时候，当时正与实行计划经济制度的国家开展工作，计划经济最根本的特点之一就是对经济活动的集中计划管控，因此至少要将经济权力下放至远离中央政府的城市。有鉴于此，我们在城市展开了实践。现在，我们也可以在城市层面展开工作，但是我觉得我们首先要进行分析，然后为每个国家量身定制计划。

朱民：如果美国退出《巴黎协定》会对绿色金融产生多大的影响？

查克拉巴蒂：我没有看到我们的政策发生了任何变化。我们刚刚批准了新能源行业战略，不会再为煤炭行业提供融资。美国政府是我们最大的股东，美国也已经接受了我们的决定。所以我认为美国退出《巴黎协定》不会对我们的政策或战略产生太大影响。我明白《巴黎协定》的重要性，我个人当然希望美国不退出这项协议，但我同样也认为我们每个人都应该更深入地去了解美国，如果从州层面来看，无论是加利福尼亚州还是纽约州这些经济大州，实际上一直都在遵守《巴黎协定》，因此即使美国真的退出

《巴黎协定》，也并不意味着各州不会采取该协定中的行动。我认为这是对美国分析中最有趣的一部分，美国国内有很多气候行动的捍卫者，他们的行动得到了我们的支持，我们正与这些人开展州层面的合作。

提问：我的问题也与绿色金融相关。截至2019年10月的最新数据显示，全球已经发行了2 000亿美元的绿色金融债券，其中超过10%来自中国债券市场。如果仅考虑绿色贷款的话，中国占的份额可能更大。中国从2015年开始开展绿色贷款业务，所以中国在这一领域贡献了很多资金，您是否认为中国也能分享自己的经验从而加快国际绿色贷款的标准设立呢？

查克拉巴蒂：是的，我认为我们应该更为广泛地分享中国的经验。就在今天下午，我们与中国各银行以及企业举行了绿色转型会议，马军博士担任会议主席，他领导了一系列构思绿色转型的工作。他特地与伦敦市相关负责人就进一步落实这些概念展开了交流。

现在确实存在一个制订标准的问题，越来越多的人声称自己的工作是绿色环保的但却无法证明。两年的时间里最大的进步之一就是在过去的18个月，多边发展机构对绿色金融的定义更加明晰，现在由法国发展机构领导的一个组织已经发布了一些非常大的数值，但在我看来，更重要的是该组织还发布了如何评估包括大型中国机构在内的参与方是否采用了正确的方法并表明它们的工作确实绿色环保。

此外，绿色金融领域也需要创新。我并未在演讲中提及这一点，但是我确实非常自豪，在9月纽约全球峰会召开之前的几周，欧洲复兴开发银行发行了世界首批气候韧性债券。随之而来的麻烦就是只有再发行第二批和第三批，此类债券时才会吸引大家的注意，因此我们需要鼓励更多人参与其中。亚洲基础设施投资银行的同事一直在绿色债券领域居于主导地位，他们也是这次行动的重要组成部分，所以我认为这一领域未来会继续发展，中国拥有很强的领导力，但我们需要与世界分享这一领导力。

朱民：查克拉巴蒂爵士，您真的从根本上改变了欧洲复兴开发银行的发展，您推动了私营融资、可持续性项目、高质量项目等。那您对欧洲复兴开发银行的未来展望如何？

查克拉巴蒂：我认为对于处在你我这种位置的人来说，非常重要的就是知道何时改变思路。我认为欧洲复兴开发银行早先教会我的一点是，我过去往往认为发展融资应该是以国家为基础的，因此我内心认同一种观点，即非洲发展银行应该负责非洲，亚洲发展银行应该负责亚洲。坦率地说，我很快就意识到现如今的商业模式已经突破了地域的限制。

我萌生了一个想法。欧洲复兴开发银行现在与摩洛哥、蒙古国、爱沙尼亚、埃及等38个经济体有业务，这些经济体虽有共同点，但也存在很大的区别。有一些是更为脆弱的国家，有一些是更为发达的国家。相较于波兰，在塔吉克斯坦构建理想架构花费了更多时间和资源。但是我们的商业模式是可以调整的，并且可以在不同的环境下发挥作用。

总结一下，我的观点是欧洲复兴开发银行应该在一些更加困难的市场开展业务，比如撒哈拉以南的非洲，这些地区私营行业的发展模式需要一个发动机，而欧洲复兴开发银行恰好可以提供这一发动机，我认为这就是下一个阶段的工作了。我们的业务范围已经扩大了4次，第一次是在蒙古国开展业务，接下来是在土耳其，最近又在希腊开拓了业务，我们证明了这一商业模式可以在更广大的区域内发挥作用。所以，我非常期待我们的股东能同意在撒哈拉以南非洲地区进行进一步推广的想法，当然是逐步推广。

（本文编辑：刘冉）

注释：

1. 2015年10月，中国正式申请加入欧洲复兴开发银行。2015年12月14日，欧洲复兴开发银行理事会通过接受中国加入该行的决议。2016年1月15日，国务院决定加入《欧洲复兴开发银行成立协定》并接受欧洲复兴开发银行理事会通过的《关于中国成员资格的决议》。时任外交部部长王毅签署了加入书，外交部出具了法律意见函，时任中国人民银行行长周小川签署了股本认购函等文件。这意味着中国加入欧洲复兴开发银行的相关法律程序已经完成，中国正式成为欧洲复兴开发银行成员。

2. 联合国千年发展目标（Millennium Development Goals，缩写为MDGs），是于2000年9月，在联合国千年首脑会议上，世界各国领导人就消除贫穷、饥饿、疾病、文盲、环境恶化和对妇女的歧视等问题，商定了一套有时限的目标和指标。目标和指标包括消灭极端贫穷和饥饿，普及小学教育，促进男女平等并赋予妇女权利，降低儿童死亡率，改善产妇保健，与艾滋病毒/艾滋病、疟疾和其他疾病做斗争，确保环境的可持续能力，全球合作促进发展。这些目标和指标被置于全球议程的核心，统称为联合国千年发展目标。这是一幅由全世界所有国家和主要发展机构共同展现的蓝图，这些国家和机构都在全力以赴满足全世界穷人的需求。

联合国可持续发展目标（Sustainable Development Goals，缩写为SDGs），是

联合国制定的17个全球发展目标，在千年发展目标到期之后继续指导2015—2030年的全球发展工作。2015年9月25日，联合国可持续发展峰会在纽约总部召开，联合国193个成员在峰会上正式通过17个可持续发展目标。可持续发展目标旨在从2015年到2030年以综合方式彻底解决社会、经济和环境三个维度的发展问题，转向可持续发展道路。

3. 2019年11月19日，欧洲复兴开发银行在伦敦举办报告发布会，发布《2019—2020年转型报告：更好的治理，更好的经济》。报告提出，新兴经济体通过改善治理可获得巨大的经济和社会效益。自20世纪90年代以来，一些新兴经济体在治理方面取得了显著进步，但近年来增长速度趋于放缓，新兴经济体相对于发达经济体仍存在治理差距。随着时间的推移，持续存在的治理差距将产生高昂的成本。此外，国家内部不同地区治理质量的差异相对于国家间的差异而言仍是巨大的，平均治理水平较低的国家往往表现出更大的地区差异。令人担忧的是，这种地区差异近年来有所加剧，这可能导致地区间收入差距进一步扩大。

改善国家、地区和公司的治理水平，可以带来巨大的经济和社会红利。良好的治理对经济增长、提高生活质量以及保护自然环境至关重要。而治理不善将导致不确定性增加、损害竞争力、增加经营成本、加剧不平等现象。对于发达经济体来说，治理赤字的负面效应尤为突出。因为在发达经济体中，创新和创业精神对经济增长意义重大，而培育创新和创业精神需要治理质量的提升。

4. 中国—中东欧“16+1”合作机制是中国与“一带一路”沿线的中东欧16个国家在2012年建立的合作机制。2019年4月，希腊成为中国—中东欧国家合作的正式成员，“16+1”升级为“17+1”。17个中东欧国家包括波兰、匈牙利、捷克、斯洛伐克、斯洛文尼亚、立陶宛、爱沙尼亚、拉脱维亚、克罗地亚、塞尔维亚、黑山、波黑、阿尔巴尼亚、马其顿、保加利亚、罗马尼亚和希腊，1指的是中国。

“17+1”合作是中国与中东欧国家在全球化的时代背景下，基于经济发展的相似性与互补性，以互联互通合作为起点，以务实合作为中心，打造出的亚欧大陆重要的跨区域多边务实合作平台。“17+1”成立以来，已经搭建起全方位、多层次、宽领域的立体架构，在近 20 个领域建立合作机制，每个领域都取得了早期收获和重要成果。

创新书写未来

陆奇

奇绩创坛创始人兼首席执行官。原 YC 中国创始人兼首席执行官。曾任百度集团总裁兼首席运营官、雅虎执行副总裁、微软执行副总裁。陆奇毕业于复旦大学，获计算机科学学士、硕士学位，此后就读于卡内基梅隆大学，获计算机科学博士学位。陆奇除了在学术界发表过一系列高质量的研究论文，还持有 40 多项美国专利。

数字化的长潮与巨浪：何去何从*

今天，数字化正在发生，随着数字化的进展，整个社会中的一切都会被数字化。每个人都在谈论数字化的产业，数字化对整个社会有着非常深远和广泛的影响，在为此感到兴奋的同时，随之而来的也必然有焦虑，因为数字化会产生一些前所未有的社会现象，其后果如何、会带来怎样的影响，我们都还没有充分理解，其未来将何去何从成为当下的热点问题之一。

依我之见，洞察未来是有方法的，我将其拆解为几个部分。首先，探究其背后的驱动力在哪里；其次，研究其结构是什么；最后，构建其形成的具体图谱。弄清楚未来趋势的这三个组成部分，我们对其的理解就是结构化的、深层的，也才能更仔细、有效地观察未来。

过去20多年，我个人非常幸运，正好在对的时间，有机会在一线参与、观察整个高科技工业历经的几代技术平台，以及其产品所衍生的商业生态。

在进入对数字化未来发展趋势的解读之前，先分享一个在我看来十分有用且我自己也一直在使用的思考方法，它对我产生了巨大的影响。美国物理学家理查德·费曼[1]说："如果我没能把某件事建立起来，我就没法理解。"这句话十分重要，它揭示了一种认识世界、观察研

---

* 演讲时间：2019年11月11日。演讲地点：清华大学主楼接待厅。

究对象的方法：针对任何一个复杂的问题，可以把它进一步拆解为子问题，针对每一个子问题，又继续拆解为子问题的子问题，如此穷尽问题到不能再拆解为止。然后，针对每一个子问题的答案都想好方法测试验证，直至把所有子问题的答案都验证清楚正确了，才能说真正弄明白、搞清楚了最初的问题。这是一种线性思考的方法，可以帮助你把所有问题都探究到本质。这种思考方法已成为我的一种习惯。研究数字化，我也采用这种方法。

一、数字化的本质

数字化是什么？其本质到底是什么？我认为数字化包括六个核心步骤，缺一不可。

第一，获取（Capture）信息。搜集获取某现象的相关信息是数字化的第一步。

第二，表达（Represent）信息。搜集信息后必须把特定信息表达出来，可以用各种形式表达，比如二进制、符号和向量等。

第三，存储（Store）信息。必须把现有信息存储在某个有效的媒体上，纸就是存储信息的一种媒体。

第四，传送（Transmit）信息。在使用信息时，需要对信息进行传递。

第五，处理（Process）信息。这是数字化过程中最为核心的部分，对信息进行处理，通常是利用数学知识或模型通过计算对信息进行处理。

第六，递送（Deliver）信息。这是把处理好的信息传送给某个特定终端，该终端能够达到我们人类所需的目标。

上述六个步骤构成了数字化，缺一不可。用上述六个步骤来解析当前所讲的数字化，比如，一个用户用键盘把信息输入终端，信息获取通常是用键盘。信息的表达通常是二进制，用 0 和 1 来表达。今天的信息存储基本上是用闪存或硬盘，信息传输则往往通过移动互联网、全球的网络、海底电缆这些物理网络。信息的处理，大部分情况下是用硅晶片和软件做大规模的运算。最后是信息的传输，则重新回到具体的应用场景，通常是在屏幕上显示出来。

但我想强调，当前的数字化方式并非一成不变，比如信息表达，可以用非符号的方式。现在的人工智能都是以深度学习为主，而深度学习某种意义上就是一种非符号的表达，它是用重叠向量来表达信息的。而信息也不一定要存储在磁盘或硬盘上。今天在科学界不停探究的是用合成 DNA（脱氧核糖核酸）基因来存储信息，信息的密度会大规模地提高。同理，处理信息也不一定要在硅晶片上，可以用其他运算基础，比方说量子计算，就是一个完全不同的、效益高得多的信息处理方式。

所以，数字化并不一定只如我们今天所见，人类在历史上其实也在不断做数字化，只不过采用了不同的方法，比方说用纸张作为媒体，用人进行信息采集或处理，用笔和纸来记录信息。古代人在设计桥梁、造房子的时候，一样要计算，其实整个过程也包含了信息化的这六个核心步骤。中国的算盘就是历史上的一个计算技术，辅助人们处理信息。

那么数字化究竟有什么作用或者说好处呢？数字化是把人们需要的信息获取后存在一个特定的介质上，使得信息本身与这些信息所描述的实体分离开来，进而被大规模、高效地处理后又被传递回人们所使用的终端，被进一步利用的过程。比方说，我们想要描述今天举行讲座的这座大厅，如果描述这座大厅的信息不被抽取出来，那么对这座大厅进行改造就会花很多成本。但如果描述这座大厅的所有信息被抽离出来，就放在一个特定的介质上，通过使用计算机运算，可以还原这座大厅的各种细节，把这些信息用来指导这座大厅的改造，就可以大规模提高效益。

所以，数字化的核心在于信息的获取、表达、存储、传送、处理和递送，它将现实中的现象或物体用信息抽离出来，让信息在某种新的媒体上，以不同的形式表达出来，用一种高效的计算处理信息，形成可获取的知识。这就是数字化的核心。它可以大大提高效益，帮助人们更好地达到目标，这是数字化的核心。

二、数字化的核心驱动力

毫无疑问，数字化是一条长河，从历史中走来，向未来奔去，不可阻挡，呼啸而过，越来越多的人和领域被卷入其中，对人类社会的影响也越发深广，原因何在？它的核心驱动力是什么？我这些年一直在思考这些问题，也常就此与朋友们交流。我从在不断快速变化中找寻恒量入手，越能抓住亘古不变的东西，越能帮助我们理解未来、预测将来。

我的这一思考角度深受大卫·克里斯蒂安[2]教授的影响，其实盖茨很早就给我推荐大卫的书籍以及40多个小时的视频，他对盖茨也有很大影响，可惜我一直没有看。他提出了一个简单却视角独特的概念——“大历史”，他认为如果不从物理世界的宇宙起源开始是无法研究人类历史的。我对此深表赞同，也很后悔没有早一点看他的视频。他认为，历史的起点在物理世界、化学世界、生物世界。在物理世界里，只有两样东西恒久不变：能量和信息。能量比较容易理解，而信息可以转化为知识。一种有效的可以解决多种任务的表达方法，就是知识，而知识是一种潜在的能量。

举例来说知识为什么是潜在的能量。假定有两个人，他们的任务是搬动一块很大的石头，一个人懂杠杆原理，另一个人不懂。懂得杠杆原理的人用一根木棒很快就可以搬动石头，不懂杠杆原理的这个人就永远搬不动，所以说知识是潜在的能量，这是很重要的一个概念。

宇宙起源理论认为，复杂系统是智能的，它能针对环境的变化而做调整。其智能之处就在于，用能量加信息来减熵。人类是一个复杂系统，人类所做的一切都是减熵行为，基于这一宏大的理论背景，不变的不变就是能源加信息。人类社会就是一个超级复杂的系统，而人类社会的长期驱动力，第一是追求权力，第二是追求财富，第三是追求知识。人类的历史证明，人类永远在追求这三样东西，无论是个人、组织还是国家。

那数字化与此有什么关系呢？数字化可以帮助我们更好地追求我们想要追求的，因为人类永远在追求获得更多的能源，用更多的信息来减熵，这是最终核心的核心。数字化的驱动力永无止境，不可阻挡，因为它是基于大历史，基于物理世界、化学世界、生物世界运转的现实，基于人类社会作为一个复杂智能体系的存在的根本。

图 10.1 的结构不完全精确，但我想借此分享几个重要的概念，讲述一下推动人类社会不断演进的力量和结构。人类社会是由通用技术的发展推进经济的发展，基本上可以划分为三个阶段：农业时代、工业时代，以及我们现在进入的信息和知识经济时代。

农业时代基本上由太阳能驱动，太阳能是人类可以使用的免费能量，基本上只要用劳力就可以，不需要大规模的其他技能。因此，农业时代这条曲线很扁。

工业时代持续发展了 300 多年，最大的核心驱动其实是化石能源，一开始是煤、汽油，后来变成电，可以输送到任何需要的地方。工业社会主要是化石能源加上人的技能（技能也是一种知识），工业社会有大学，大规模训练培养厨师、裁缝、工程师、律师等具有各种专业技能的人员。因此，工业时代这条曲线开始上扬。

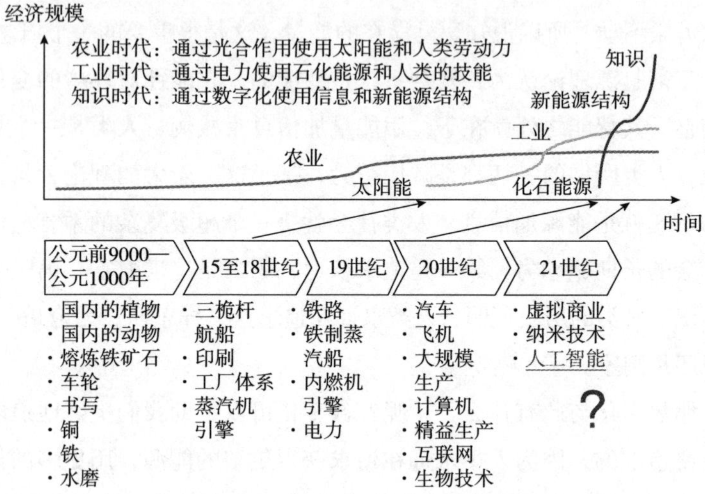

图 10.1　人类社会由通用技术的发展推进经济的发展

接着人类进入了这条增长最快、最陡峭的曲线，它是由大规模的信息、数字化来驱动的。计算机的发明，使得获取信息、处理信息的能力以惊人的速度高速发展。第三条曲线仍然是以化石能源为主。人们已经知道，化石能源是有时限的，我认为假以时日新的能源结构必然会出现。

可见，当前的数字化大浪潮之所以来势凶猛，会对人类社会产生重大影响，原因正在于此。从宇宙起源开始的大历史发展演化说明，当前的数字化浪潮是历史的必然，势不可当，不可逆转。

三、解构驱动数字化的计算平台

过去 60 多年的历史上，数字化进程一直是由计算平台来驱动的。由于高科技一次又一次突破，平均 12 年左右会产生出新一代的计算平台。图 10.2 就充分展现了计算平台演化的发展路径。

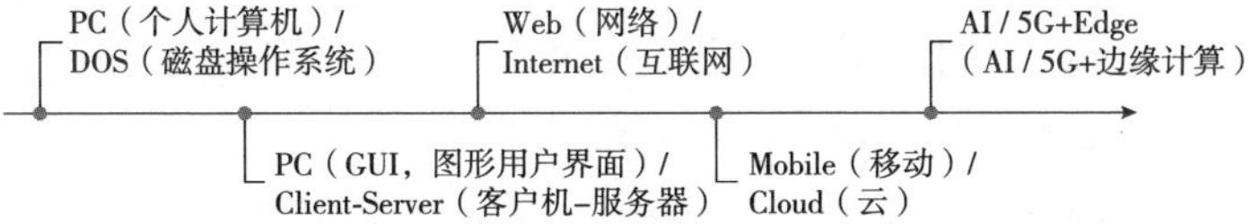

图 10.2 历代计算平台发展路径

第一代是 IBM（国际商业机器公司）单板的个人电脑；第二代是微软、苹果的个人电脑，这时的个人电脑有了显示器，同时有局域网；第三代是 PC 互联网；第四代是移动和云；而我们刚刚进入第五代 AI/5G + 边缘计算的早期。

而每一代数字化计算平台的驱动力主要是数字化的广度和深度。数字化广度，可以用用户的数量、地域的覆盖度（覆盖多少个国家，多少平方公里的土地）等来衡量。数字化的深度，可以用交互的频率、交互的信息量、使用的频密度和使用的时长来衡量。

任何一代计算平台，都有前端和后端。

前端永远由交互的模式来驱动，我服务了八年的微软，无论是盖茨，还是鲍尔默，我们最关注的一点就是交互。任何一代技术一旦有交互上的突破，必将引爆大规模的商业价值。道理很简单，新的交互出现，意味着数字化的程度就提高了，无论是数字化的广度还是深度，都提高了。通过把握数字化演进中的“不变要素”而洞悉未来，“交互”理所当然是永远首要关注的，因为交互定义了数字化的行为。

首先，前端包含鼠标、键盘到手指等交互入口。

其次，包含数字化的终端设备，其形态也从个人电脑演变为智能手机等移动终端。相比而言，PC 的数字化能力有限，因为它必须放在桌上，或者放在膝盖上，不能随时随地使用。但手机则不同，可以到处使用，这意味着数字化的广度得到了扩展。

再次，包含应用模式，比如电脑的应用模式就是一个桌面，上面有文档、软件等。

又次，包含技术堆栈，往往是从硅晶片开始，到底层软硬件、中层软硬件、操作系统，再到开发工具。

最后，但特别重要的是一定要有一个健康的商业生态，否则无法商业化，就无从推动数字化的发展。如果有人问我中国数字化应如何发展，我会强调一点：一定要注重建立一个健康共赢的商业生态，不能搞恶性竞争。一定要围绕盈利点，有好的、可持续的商业模式让生态中的每一员都可以赚钱。历史上一再被印证的规律就是，健康的商业生态让数字化大规模发展起来了。

再来看后端，驱动后端演进的是计算资源规模的扩大提高，具体而言是运算信息、存储信息和传输信息（网络）的能力水平的提高。计算资源规模的提高也意味着数字化广度和深度的扩展。

后端有计算的范式和编排，也有技术堆栈，早期其实与前端是同一个技术堆栈，现在则独立开来，包括底层式硅晶片、底层软硬件、中层软硬件、操作系统和开发工具。另外，后端也有一个健康的商业生态是关键，是关键的关键。

对比分析一下各代计算平台具体结构里的不同。

第一，“PC（GUI）/Client-Server”计算平台，这是第一代计算平台。这一代计算平台的主导者基本上是微软。

表 10.1 罗列了这一代计算平台的前端和后端。前端的输入是通过鼠标和键盘，而输出特别重要，有图像显示，可以说图像显示是微软

成功的主要原因。在微软内部有一些挺有意思的小故事。盖茨大概在1978年的时候看到了显卡，他就想象：假设显卡越来越快，屏幕分辨率越来越高，那能有什么应用呢？他当即写了一篇备忘录，把后来20多年间出现的应用基本都想到了。其他前端的结构之前也提到过，在此不再赘述。这代计算平台的前端把桌面信息数字化了。后端跟前端在结构上差不多，需要特别关注的是关系式数据库和分布式事务处理系统。在今天包括做区块链的开发离不开这些技术，分布式算法比如共识算法就是在这一代计算平台诞生的。

表10.1 “PC（GUI）/Client-Server”计算平台的具体结构

前端		后端	
输入输出模式	鼠标/键盘 GUI	连接	局域网
硅晶片：微处理器	X86（中央处理器指令集架构），Power PC（体系架构）	硅晶片：微处理器	X86，Alpha 处理器
操作系统	Windows（视窗操作系统）， MAC Metaphor: Desktop	操作系统	Windows NT（新技术）， UNIX（操作系统）
设备	PC/MAC（苹果个人计算机）	设备	服务器，存储，网络
		计算范式	关系数据库，分布式事务
定义性应用	Office（办公软件）、媒体、游戏、通信	定义性应用	记录系统，企业重要流程线
商业模式	设备，软件（通过光盘分发）	商业模式	设备，软件许可证
生态系统	微软–英特尔	生态系统	思爱普，甲骨文，DEC，IBM

这一代计算平台的商业模式是微软奠定的，它成功开启了卖软件的商业模式。那时候真的在商店里卖软件，很多卖PC的销售渠道同

时卖软件。

这代计算平台把企业的信息管理彻底数字化了，它造就了几千万亿美元的IT生态系统，同时让每一个企业都可以提高它的生产效率，产生了巨大的社会效益和经济效益。

第二，“PC/互联网”计算平台，这是第二代计算平台（见表10.2）。这代计算平台的核心技术是浏览器，浏览器是一本电子书，但这本书很不一样，翻到任何一页都可以点，可以把世界上所有的信息都连在一起，它开启了一切。

表10.2 “PC/互联网”计算平台的具体结构

前端		后端	
输入输出模式	鼠标/键盘 GUI	连接	互联网，广域网，全球尺度
硅晶片，操作系统，设备	和PC及笔记本电脑、Chrome OS（开源操作系统）、Chromebook（网络笔记本）一样	硅晶片，操作系统，设备	与前一个时代类似，有SUN工作站、SAN（存储区域网络）、思科
体验运行时系统	浏览器（超文本传输协议/超文本标记语言），开放标准	计算范式	机器学习，大规模分析（海杜普和大数据），大规模基础设施（CAP）
定义性体验	搜索，电子商务，媒体游戏，社交	定义性应用	搜索引擎，参与系统（电子邮件、社交……）
商业模式	广告，电子商务，游戏	商业模式	设备，软件许可证
生态系统	网络，谷歌，百度，亚马逊，阿里巴巴，腾讯，脸书	生态系统	思科，SUN，微软，OSS

在“PC/互联网”出现前，信息是用纸张来传输的。以文字和图像为主的信息，特别是公开传输的信息，如杂志、报纸、图书这一切

都被“PC/ 互联网”计算平台数字化了。被数字化的不仅是信息（产品），客户也被数字化了。作为一种商业模式的广告，当然也被数字化了。当初我们在雅虎的时候根本不知道商业模式是什么，事后复盘，雅虎数字化的是以前用纸张传输的信息，这些信息里有相当一部分是商业的信息、产业的信息，世界则因此而变平了。

与此同时，这些被数字化的信息作为一种服务还免费了。在我上大学的时候，在上海看一些论文要花很长时间才能获得，在美国即使买一本地图也需要 3.5 美元。那个时代，拿到信息真的不容易，现在却相反，不仅地图免费，而且还可以随时拿到最新的信息。

“PC/ 互联网”的出现，使获取信息不但免费，而且非常及时，任何时候都可以获取信息，所以世界被彻底改变，每个人的效率都大大提高。“PC/ 互联网”计算平台大规模地提高了世界上每个人的能力、每个企业的生产效益。

从技术上来讲，谷歌开启了机器学习的新时代。在我看来，微软是划时代的公司，它开启了以开发软件为核心数字化经济的产能，核心生产力是写代码。谷歌也开启了一个新的时代，同样写代码，但主要是让这些代码使用数据来训练模型，谷歌本质上是一家大数据或机器学习的公司，开创了大规模的数据计算、大规模的机器学习的应用，即搜索。

这是“PC/ 互联网”计算平台所产生的数字化效应，大部分有文字和图像表达的信息被数字化了，因而世界变平了。

第三，“Mobile/Cloud”计算平台，这是第三代计算平台（见表 10.3）。

“Mobile/Cloud”计算平台最大的革命性突破是交互体验的突破，这是我个人的观点，真正定义移动 / 云计算平台的是 2007 年的 iPhone（苹果手机），第一台真正意义上的智能手机，它定义了一种全新的交互体验，预示着新时代的开始。在此之前，诺基亚、三星，包括微软都制造了各种各样的手机。我是属于第一批买 iPhone 的少数人，那时候乔布斯经常到雅虎来。那时候的 iPhone 没有应用生态，只有六款应用，还不能改。两款是雅虎开发的，两款是谷歌开发的，两款是苹果自己开发的。并且它还是一个很差的手机，那时候由 AT&T（美国电话电报公司）补贴来做的，而 AT&T 在美国湾区的覆盖率很差，电话经常打不通。但拿到这个手机的人都很兴奋，因为这是历史上第一次可以让手指真正工作的设备，这是非常了不起的突破。

表 10.3 “Mobile/Cloud”计算平台的具体结构

前端		后端	
输入输出模式	触摸和手指，语音，摄像头，位置，陀螺仪，不断增长的传感器能力	连接	移动互联网，3G/4G
硅晶片	体系结构：ARM（处理器），SOC（芯片），神经网络算法	硅晶片，操作系统	体系结构：X86，ARM，UNIX，Windows
操作系统	iOS（苹果操作系统）、安卓、本机应用程序、苹果商店	管理结构	虚拟机、容器、微系统框架（K8）
设备	智能手机	设备	类似计算机的数据中心
		计算范式	服务定位：IaaS（基础设施即服务）、PaaS（平台即服务）、SaaS（软件即服务）、FaaS（功能即服务）
定义性应用	照片，信息（社交），游戏，媒体，支付，地图，优步/滴滴，Feed（阅读器应用），视频短片	定义性应用	记录与审计系统的 SaaS

续表

前端		后端	
商业模式	设备，广告，游戏，订阅，电子商务	商业模式	设备，移动数据企业服务
生态系统	iOS，安卓，超级应用程序 / 迷你程序	生态系统	AWS（亚马逊云服务）、Azure（云计算服务）、阿里巴巴

从数字化维度来衡量，微软本质上是一家鼠标键盘公司，它的核心领域在办公，数字化的是企业信息。苹果本质上是一家手指公司，触屏的交互体验促使那么多东西被数字化，这种轻便的设备可以放在口袋里，放在枕头上，轻而易举随身移动。它不仅有屏幕，手指可以触摸，它还有相机，还能定位，数字化位置信息，毫无疑问，移动终端的数字化的能力越来越强。

基本上，人们的日常工作和生活行为都被“Mobile/Cloud”计算平台数字化了。在中国，社会通信、移动支付已经普惠，几乎人人可以用之，在美国还相当落后。出行借助滴滴和优步，因为手机可以定位，想要坐车的人在哪里，司机就在哪里，这些信息都被数字化了，改变了一个产业。还有物流行业，也被彻底改写。

同时，数字化还产生了玩手游、刷信息流等新的人类日常行为，同时很多核心的知识可以用数字化的形式获取了，甚至工作行为也被数字化的形式获取了信息。手机的未来不应该被低估，它只是刚刚开始。最近，我专注于早期企业的加速，刚刚投资了一家做鱼塘数字化的企业，把传感器放到鱼塘里，然后监控获取信息，生意非常好。那为何现在做而以前不做呢？因为渔民刚刚开始普及智能手机。渔民有了手机后就可以控制这些传感器了，农民也一样。所以，手机会把我们的日常行为更多地数字化，同时也因为手机，任何一个企业的数字化都会走得越来越深。

“Mobile/Cloud”计算平台可以把线下物理世界的行为数字化。同时，信息流、内容推荐等又会对社会产生巨大、长期且深远的影响，它带来了数字化广度和深度的又一次扩展。

在技术方面，“Mobile/Cloud”计算平台也有很多提高。

一方面，硅晶片不一样了，原来是英特尔主导的硅晶片 X86，但在移动时代它彻底丧失了机会，现在是 ARM（处理器）+ SOC（芯片），加以深度学习为主的计算，相应的操作系统也变了，在此再不赘述，可以参见表 10.3。

另一方面，后端大规模的云计算开始把计算、存储作为一种服务形式，让每个企业在门槛很低的情况下，充分享用数字化所带来的能力。我认为这对中国而言是一个很大的机会，需要应对的挑战可能是更多的付费意愿、更好的销售方法、更深场景的介入。

在我个人来看，需要避免的还有恶性竞争，因为最终只有建立一个好的商业生态，实现生态共赢，才能扩展数字化的广度和深度，带来社会的进步。

第四，“AI/5G”计算平台，这是崭露头角的计算平台（见表 10.4）。

表 10.4　“AI / 5G”计算平台的具体结构

前端		后端	
输入输出模式	语音与本地语言对话框，基于机器视觉（人脸识别），自动系统（汽车、机器人）……	连接	5G，智能边缘，V2X（车用无线通信技术），物联网
传感器	照相机、激光雷达、其他光学传感器等	硅晶片	CPU（X86），GPU[3]，FPGA[4]（现场可编程逻辑门阵列），ASIC（专用集成电路）

续表

前端		后端	
硅晶片	CPU，GPU，FPGA，ASIC（TPU），低功率	管理结构	可以管理异构资源的下一代结构
定义性能力	深度学习算法与新的关联计算基础	框架和工具链	TensorFlow（编程系统），MXNet（深度学习库），PaddlePaddle（深度学习平台），AutoML（自动机器学习），Cuda（运算平台）
设备	能够听、看、说的智能设备，自动驾驶车辆等	设备	数据中心，边缘
体验运营时系统	智能助手（Alexa、Siri，其他如来自百度、小米、阿里巴巴等的助手）	计算范式	深度学习训练 / 推理数据驱动模型开发
应用模式	技能和技能库，其他形式	定义性应用	感知、认知、垂直领域特定的“大脑”
商业模式	平台经济：广告，许可证……	商业模式	Iaas，Paas，解决方案
生态系统	亚马逊、谷歌、小米、百度等	生态系统	谷歌、微软、阿里巴巴等

AI 和 5G 的技术非常振奋人心，从输入、输出角度讲，基于传感器，所有的交互通道都打通了，信息的表现方式可以是语音、基于视觉的手势、自然语言对话等。当然技术目前还不过关，可能还需要 3 ~ 5 年才能发展成熟，但基本上与人交互的通道之门全部被打开了。

这方面的创新前沿在传感器以及传感器上的硅晶片体系。我认为硅晶片必须从底层到上层彻底改写。硅晶片原来的逻辑是需要足够的控制流，才有足够的经济价值回报可以支撑整个商业生态。今天，在新的计算平台时代，硅晶片必须可以大规模并行处理高维度的数据，跟之前的逻辑截然不同，需要从根本上彻底重做，当然这一过程需要开发应用、建立生态，这不是一个纯技术问题。

在“AI/5G”计算平台时代，定义性的能力是深度学习带来的，它其实是一种新的计算基础，用重叠向量来代表信息，信息则可以被高速表达成一种简单的形式，可以解决多种任务，特别是基于视觉维度的一些早期的应用。

交互体验方面也有待进一步开发，可以做个人助手，可以做各种不同的终端，这些都处在早期开发的阶段，生态目前还没有形成。

在“AI/5G”计算平台时代，后端很重要的一点是5G的技术突破，5G在技术上、能力上跟4G有很大的不同，机会有很多，诸如边缘计算、硅晶片会朝着不同的方向走。一言以蔽之，前端要低能耗，后端要大规模。底层的管理软件也需要重做。展开来说，硅晶片的生态结构变了，今天某个互联网公司只要有足够的用户，基本上不会用通用的硅晶片，因为自主定制设计一个硅晶片只需要10多个人的团队。如果找到台积电或三星，一次性的流片只有1 000万~1 500万美元。高通、英特尔原来的商业模式在“AI/5G”计算平台时代根本不成立，因此后端有不同的游戏规则，会涌现出不同的垂直生态领军企业。

今天的创业公司都有机会成为将来的领头企业，历史上往往一个大的技术浪潮奔涌而来的时候，原来领先的企业未必能把握住这样的机会，反而创业公司有很大可能会胜出。

总结一下，首先，AI和5G是一次非常振奋人心的机会，它把整个物理世界、人类活动全都数字化了，通过传感器获得数据就能做到。比如，一个房间以后装两三百个传感器，完全可以数字化，这只是时间问题。所以，物理世界和数字世界会逐步融合在一起，这是本质上与众不同的一次机会。同时，数字化技术也会改变物理世界，比如基于无人驾驶，新的路网会逐渐产生，一旦有新的路网，城市半径会变大，都市结构会变化，这也是历史上的规律。

长期的社会结构因此而变，当然更多人类行为、人类互动都可以被数字化，这将对社会经济产生巨大的影响。纵观历史，每 30 ~ 40 年，就会有新的社会基础技术出现。今天的社会基础技术基本上是电力和大规模的钢材料，40 年之后，每个房间里进来的不仅仅有电，还有 AI，AI 会成为一种随处可用的公共服务。

其次，这波数字化将促使现有的每一个行业，如农业、制造业、娱乐业、金融业等大规模转型和提升，同时数字化技术有可能提高每一种职业（不管是律师还是厨师）的效率。当然，这其中也有一些需要人类把控的地方，这是整个社会需要做的。

最后，教育和医疗也会深受影响。这波数字化浪潮真的是振奋人心，这与它的技术本质有关。我个人认为“深度学习”并非一种很恰当的说法，其核心本质是一种新的计算基础，通过重叠向量，很快地把数据放到一个特征空间里，进而解决多种任务。

四、渐进式层次提高的数字化图谱

虽然数字化进程在不断向前推进，但数字世界和物理世界现在基本上还是脱节的。比如，在没有数字化之前，每位作者只能将内容写在纸上，然后变成报纸、杂志、书籍印刷出版，分发传播出去，进而口口相传，形成舆论，整个过程基本在物理世界发生。数字化之后，信息的生产、传输、内容分发与口碑舆论的形成等一系列动作都在数字世界发生。数字世界与物理世界基本上脱节，对现有的社会机制造成了很多冲击，比如西方世界的竞选就深受影响。

面对这些问题，需要整个计算工业在一起提出新的计算系统架构和信息架构，更好地把数字化后的社会行为的信息结构、核心步骤规划设计出来，把数字世界与物理世界的交互界面界定出来，明晰什么样的人做什么样的行动，并把需要为此负何种责任都仔细地划分出来。这样的话，才可以用现有的或者不断演变的社会规则，更好地把控这些数字化的社会行为。这既是数字化驱动社会进展的一个巨大的机会，也是一个巨大的挑战。

之所以关注这个问题，起源于搜索引擎，这也是我当初决定加入微软做搜索引擎的根本动因。搜索引擎的核心其实是人的标注数据训练出来的算法，本质上自带偏见（这些偏见源自标注数据），而且无法自己发现并修正偏见。现在出生的小孩，从小就依赖搜索引擎获取信息，知道什么是对，什么是错，但搜索引擎带有偏见，对于其中的矛盾，不仅父母无能为力，政府也束手无策。

面对此情此景，商业所能做的是让用户在谷歌之外还有另外的选择，至少保证该领域存在竞争，这就是我当初加入微软蛮大的一个动机。做搜索那么多年，对搜索的底层以及上上下下的一切都了解，对其导致的社会问题也越来越关注。后来社交平台出现，毫无疑问加剧了这一问题。搜索毕竟是用户主动找信息，而社交平台是将人际关系数字化，社交平台的网络效应会加速偏见影响的范围，其严重的后果就更难把控。

要把割裂的数字世界与物理世界打通，核心在于把当前数字化的计算体系架构梳理拆解清楚，把相应的信息结构抽取出来，我一直致力于为此设计一个信息聚合体系。一是有庞大的用户群，或者有行动者，比如自动驾驶汽车。二是终端，包括设备（如手机或 PC）、App（应用程序）或服务。三是所涉及的行为，例如点击或输入关键词。四是这个社会现象所处的“世界”，在该环境中互动。五是基础设施，它管理着各项计算资源。因此，核心的信息结构必须包含这五个组成部分，它清楚勾勒了一个社会化现象是如何被数字化的，在其中信息是如何获取、传输、处理和为人所用的。

在此，我想重申构建一个全新聚合信息体系的重要性。纵览欧洲历史，在印刷术发明之前，是教廷掌控一切，信息传送只在教堂之间，也只有教堂才能获得信息。印刷术发明之后，除了教堂，国王、贵族和精英也加入传输信息和获取信息的行业中，信息被贵族控制。从某种意义上说，现代美国依然与此相差不远，信息被精英控制。随着数字化的深入与扩展，精英对信息的控制被彻底打破了，搜索引擎是打破精英控制信息的第一步，随之而来的社交平台比搜索引擎走得更远。

在这个信息聚合体系底层的是“数字化基底”（Digital Substrate），这是一个集成的数据系统，无论是某个搜索引擎，还是某个社交平台，其信息架构都是这样的。重点在于这是一个公开的信息架构，它清楚地勾勒出某个社会现象的数字化流程和闭环结构。只有形成闭环的社会现象，才能具备自动自我迭代、进化演变的智能能力。其内在一定有以下几个子系统。

第一个子系统是观察系统，观察世界或人的行为，获得信息。第二个子系统是智能系统，把获取的数据进行表达、存储、做模型计算（处理），最后进行传输。第三个子系统是动作系统，负责与用户或环境（物理世界）进行互动。第四个子系统是运营系统，由人，也就是这个系统的作者通过运营系统来维护、更新这样一个数字化的生态体系。

图 10.3 是对这一信息体系结构的形象化的展现，勾勒出数字世界与物理世界的系统性融合，彼此交织，密不可分。其中有四个子系统，第一是动作系统，用户在体验终端上使用 App 获得信息，用户行为被数字化了，这些数字化行为信息到系统后，进行数据处理，传送到智

能子系统，在这个智能子系统中，这些接收到的信息被表达出来，接着用机器学习的算法来建模，同时记忆和存储。有了这些模型（就是知识）之后，再把这些知识传送给客户，与此同时，用户也可以跟其所处的世界进行互动。最终还有一个运营系统，以搜索引擎为例，这个系统就是谷歌，谷歌里面有开发人员、销售人员、市场人员、客服人员，谷歌持续不断地去更改搜索引擎的代码。

图 10.3 中的虚线矩阵框围住的上半部分是物理世界，实线矩阵框围住的下半部分是数字世界，数字世界和物理世界越来越重叠，无法完全分开。特别要强调的是，"流入"是把原子变成二进制的数字，也就是把物理世界变成数字，"流出"是把数字变成物理世界的看得到、摸得到的原子，建立了一个反馈闭环来产出数字世界里关于该社会现象的知识，进而帮助到物理世界里的人。

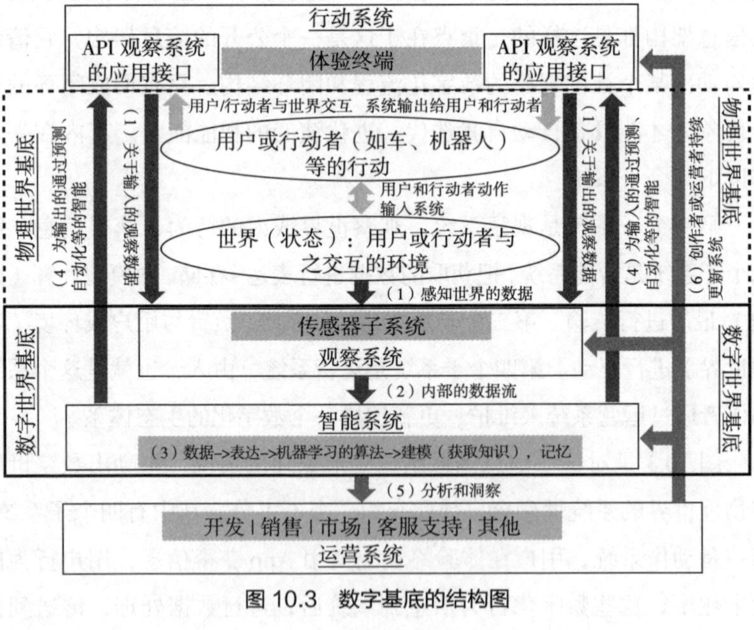

图 10.3　数字基底的结构图

最重要的是，这是一个通用的结构，任何一个社会现象的大规模数字化都永远适用于这个信息聚合体系，它是物理世界和数字化世界融为一体的核心界面和核心信息架构。有了这样的架构之后，人类可以更好地理解并管理数字化的进程，让数字化真正服务于人类。

在此，简单分析几个案例，说明这一信息架构是如何运转的。

第一个案例是互联网与搜索引擎。

搜索引擎的世界就是万维网，通过爬虫抓取很多关键信息，用户输入关键词、点击搜索页面结果，这些行为被数字化。在智能系统部分，核心是要做搜索结果的排序、一系列的建模等，形成一个反馈的闭环。图 10.4 是搜索引擎的数字基底结构图。

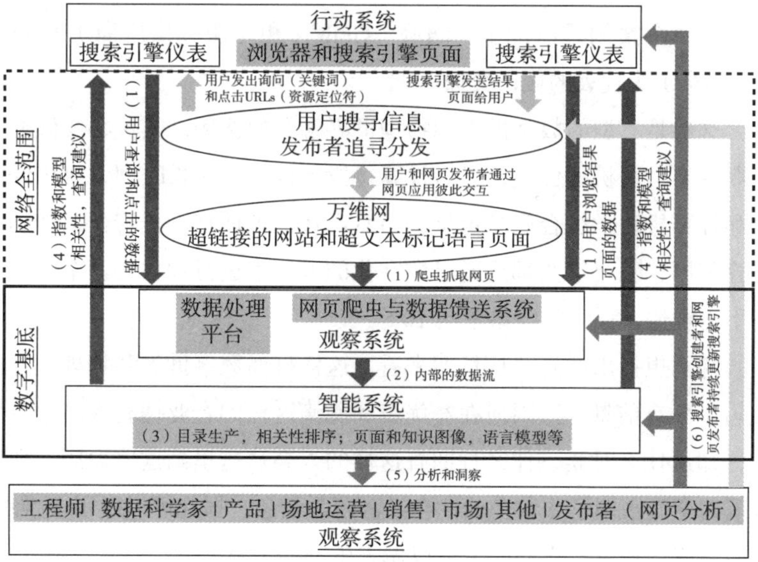

图 10.4　搜索引擎的数字基底结构图

重点讲解搜索引擎的几个核心计算。第一，要核心计算信息主题性。它要计算出每个网页是关于什么内容的。第二，要计算信息的质量。第三，要计算信息的可信度。信息有文字、图片甚至视频等多种类别，需要不同的计算模型。

除了对信息（搜索对象）进行计算，还要对用户意图进行计算。用户输入某个关键词究竟代表的需求是什么，想要做什么？那搜索引擎知道什么呢？它知道的东西太多了，知道世界上人的需求、兴趣，知道信息的供给、信息的获取。我曾经是一名搜索引擎工程师，当时就觉得世界上无数的人，每天在向你倾诉他想要什么、需要什么。其实，每个人在生活里都有一些所谓不可说的秘密，不会跟任何人说，即使对最亲密的妻子、爱人、亲人也都不会说，但是你会跟搜索引擎讲，因为你想找信息。搜索引擎开启了一个非常神奇的数字化世界，它无所不知，它所累积的大数据，可以说描绘了社会的全貌。

第二个案例是以优步、滴滴、Grab[5]（租车服务供应商）和 Lyft[6]（来福车）为代表的城市交通。

这也是典型的数字世界和物理世界融合的案例，其核心要做的是获取乘客、司机的位置，然后计算每段行程需要多长时间，再用经济学和计算机科学综合测算定价，当然现在也把评判行程安全系数纳入计算范围，总之这些都是通过数字化的方法来进行预估的。个中细节我不再赘述，详情可以参考图 10.5。

特别想指出的是，从长期来看，这样打通数字世界和物理世界的公司十分有前景。原因何在？优步和滴滴这样的企业拥有太多信息数据，知道什么时候、什么日期有这样的人会从这里到这些商店、那些医院，全面掌握了非常多的社会经济行为信息，据此可以做很多推理，衍生出很多业务，它们完全可以做大生态的生意。

之所以会提出这个构想，也与我自己在微软的工作经历分不开，我曾花了几年时间主导设计了微软的 Office 365（办公软件），它的核心后端其实就是这样一个体系。在评判任何一个企业前景的时候，都要洞悉其本质数字化了什么，了解其核心是如何把物理世界和数字世界连接融合在一起的。

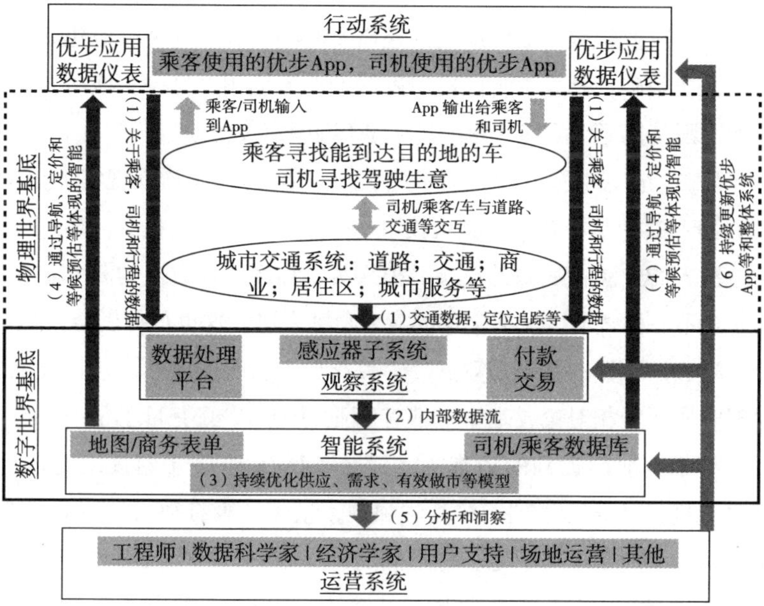

图 10.5　打车应用的数字基底结构图

正如此前所说，这是一个通用的结构，诸如信息推荐、社交平台、零售、教育、医疗、人的身体，抑或微生物世界里的客体，微小到纳米级，或是更大的物体，都可以被数字化，每个城市、每个国家、天气甚至整个地球也都可以被数字化，用上述的体系来数字化。

五、数字化未来

谈到数字化未来，我有以下几点看法。

第一，人工智能早期和近期主要落地的应用是在工业垂直领域。其数字化的趋势是往下沉的，通过传感器可以把纺织业、农业、鱼塘、医院、工厂都数字化，高概率都是往垂直的方向发展的。而人工智能贯通多个行业领域的横向应用则还需要时间。无人驾驶有望建立一个新的社会基础，是人工智能横向发展的典型应用。另一个横向发展的机会，则是把每个空间、每个场所都智能化（数字化）。

第二，前端数字化也还有一些机会，诸如 AR（增强现实）和 VR（虚拟现实）。从长期看，脑机接口是一个比较重要的机会。如果可以通过植入的方法在人脑的皮层后植入观察体系，那数据的获取和交互会完全不一样，所以从数字化的能力角度来讲，这也很有机会。

第三，计算的基石是算法。人类历史上所有的科学，包括传统的物理学或狭义相对论，基本上都有商业的应用。只有量子是尚未被商用的科学，前面提到的理查德·费曼教授在 50 多年前提出的理论，奠定了量子计算的基础。在算法领域，量子计算有很大的突破机会。而 Crypto（加密模块）是一种不同的计算方法，把信任用数字化的形式表达出来。同时还有生物形态的算法，用 DNA 的方法或者用合成生物学的方法来测算。

第四，我个人非常关注的是能源。一如最初讲到人类社会发展的核心驱动力就是能源和信息，如果能源结构发生改变，其引发的变革效果也必将是划时代的。在能源领域，也有不少机会。

第五，空间的探索与扩展，仅仅在地球上远远不够，要走得远一些。YC（美国著名创业孵化器）就投资了不少致力于拓展地球之外空间的企业。

谈到这里，尤其要指出把握创新的时机非常重要。以市场为主要环境的创新，永远要准确把握时机，做太早没有用，需要确保能够活到足够长；做太晚当然更没有用。这与创新被社会接受的规律有关，可以说是一条永远有效的游戏规则。

历史上所有的新技术永远适用于图 10.6 的第一条曲线，大家比较熟悉了。第二条曲线是品类成熟度曲线。在新产品的早期，无论你的产品如何，总是有一些人愿意尝试使用，他们对新技术永远有热情，只要是新的他就会用。

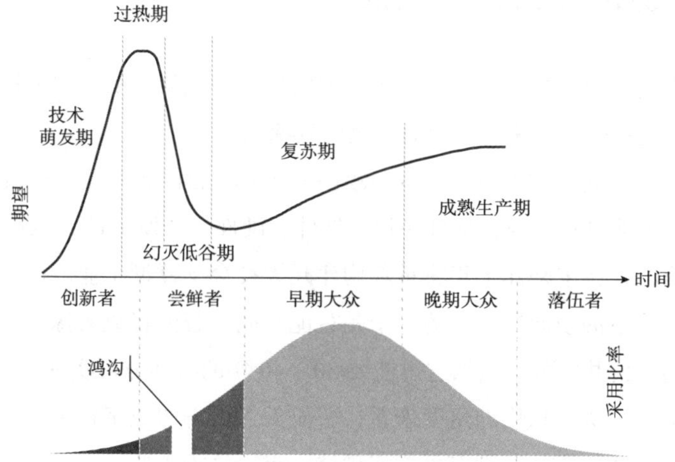

图 10.6　富士胶片 X 系列技术成熟度曲线和技术采用生命周期

随之而来的第二拨人也会用，这些人一般比较年轻，居于某个重要的领导岗位，对未来有自己的见解，永远在寻找新的技术能力来实现其未来的想法。因此，这个时期还是会有一些客户。但是大部分公司会在图 10.6 的鸿沟处折戟。是否能够跨越这个鸿沟，关键在于被称为“尝鲜者”的这些人是否使用并认可新产品。这些人都很务实，驱使他们是否采纳新产品的关键在于“我周围的人，比如同事、朋友或者竞争对手是否会用”。所以，这样的客户一旦拥有就是一批一批地来，会实现非常陡峭的数量增长，因此，这是最难获取的客户，成败在此一举。

所以，创业和创新都需要仔细观察判断适当的时机，踩准节奏点十分重要。如果有足够的耐心，有机会活得足够长，那抓住适当的时机应该是可以做到的。

六、数字化的机会与挑战

当前的数字化浪潮，带来了空前的机会与挑战。从宏观来讲，这次数字化技术所带来的机会非常全面且深入。

第一，通信和 IT 行业本身就是一个年轻的行业，技术的发展推动其全行业进行革新，从硅晶片、软件、硬件、开发工具到 5G。

第二，在未来几十年将重新构建几大社会支撑型工业。一个是无人驾驶为主的横向应用。另一个是智能空间，智能将成为像电一样易得易用的公共服务，当然这可能要 30 ~ 40 年的时间方可实现。

第三，从信息化的角度来看，一位人人可得的数字化个人助理会逐步被创建，微软特别有可能实现这一点。这很重要，世界将因此变得更公平。现在只有富人、有钱人才可以有助理，将来每个人都可以有一个万能的助理，这也意味着有很多前景。

第四，在此不再赘述每个行业都将因数字化发生很大改变，每种职业都可以因此而提升效率。我个人更关注的是数字化如何推动科研的发展，数字化赋予科研更好更准确的建模能力，因此每个科学领域现在基本上都在高速向前发展。

而这次数字化浪潮面临的最大挑战就是如何避免数字世界与物理世界的脱节。西方的选举就是这个问题的典型表现，这一点在上文已提到过。

首先，如何建立一套全新的赋能机制来助力开发更多的新技术，进而推动数字化的进程是一大挑战。比如，在资本层面就急需改良，今天的风险投资其实并不完全适合做硬科技，它太急了，周期短，要求的回报率也太高。然而硬科技却是完全值得投资的，所以应当依据硬科技创业的时间、规模、风险结构和新全球化趋势等特性创建新的资本类型为技术行业赋能。

其次，数据是一种提高生产率的核心资源，这意味着数据会被资产化，这是非常重要的一步，它可以让更多的产能体现出来，写代码不再是唯一的产能，通过写代码还可以获得数据，用数据训练模型。

再次，人力资本会短缺，需要更多更好的创业者，需要更多的科研人员，需要更多可商业化的科学技术来提高人的生产力。

最后，国家在其中扮演的角色越来越多元，但对这些角色的准确定义有待摸索且颇为紧迫。当前，隐私保护、数据安全成为普遍关注的问题，需要在政策上、基础设施建设上有创新举措，如果不解决这些问题，必将阻碍数据发挥出应有的效能。

每一个组织、每一家企业，在管理、工具和流程上，如何让数字世界和物理世界跟所有的社会机制更好地对接，一起互动，一起协作，让数字化真正造福于人类，依然面临着诸多的问题。

我还想与诸位分享，在未来究竟哪种职业创造财富的机会最大？

图 10.7 展示分析了人类历史上不同时代能最大创造财富的职业。在 20 世纪有一段时间可能是在华尔街买卖公司，在 21 世纪初，创业是创造财富机会最大的，其在本质上跟数字化的进展有关。接下来的问题是，创业之后，下一种创造财富的机会最大的职业是什么？答案是科研，原因如下。

一方面，创业的原材料是优秀的创业者加上可商业化的技术，现在有越来越多好的创业者，那技术从哪儿来呢？技术需要跟得上。

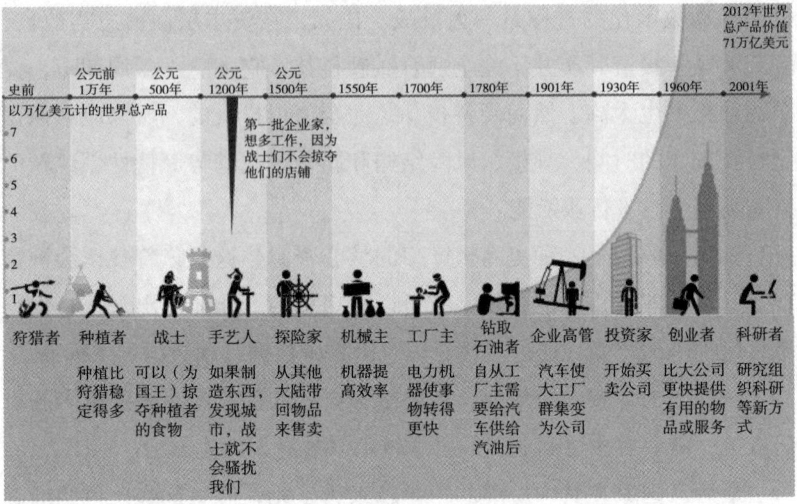

图 10.7　人类历史上不同时代能最大创造财富的职业

资料来源：fundersandfounders.com。

另一方面，在今天的市场上，要解决某些人类社会的需求，创业生态并不是最好的途径。创业生态基本上是创业者通过产品来试市场，但人类的有些需求无法通过产品研发解决，其根本上要依赖新的科学发明出现。比如治疗老年痴呆症，产品其实就是吃药打针或手术等，但这并不重要，重要的是要理解老年痴呆症的核心机制。再比如二氧化碳固化。今天，全球变暖是由于二氧化碳增多，如果二氧化碳可以固化，就能控制全球空气中二氧化碳的量。而这一问题的解决之道，其实在于科研。所以我创立的奇绩创坛目前主要关注的是早期创业者，在长期也会更关注如何支持更多与市场、社会的需求直接挂钩的科研。希望通过助力技术创业，助力更好的数字化，让世界变得更美好。

今天历史上鲜有的各种机会和挑战都聚在一起了，如何拥抱这些机会，当然是个人的选择。但我特别想与诸位分享我认为特别重要，也特别有意义的态度，就是“Be on the right side of history”（站在历史正确的一边）来选择机会，来面对挑战。对此，我深有体会。今天的企业，特别是高科技的企业对社会有着很大的影响，在很多未知的领域，不能等政府来规范，而应该凭着自己的良知和本心来判断、取舍与付诸行动。这是非常重要的，由衷希望更多的年青一代可以从事科研、创业，站在历史正确的一边，拥抱数字化浪潮带来的机会，不惧数字化大浪带来的挑战。

朱民对话陆奇

朱民：您把今天的科学世界和未来的可能做了一个完整、全面的描述与展望。站在历史正确的一边，您认为历史正确的一边具体怎么讲？

陆奇：这是个非常好，也非常重要的问题。我主要想表达的是聚焦在数字化世界和物理世界之间的交互层。今天数字化的世界，比如开发一个搜索引擎或一个社交产品，其实对社会的影响很大。它改变了信息的传输，而信息传输改变之后的影响会很深，影响持续的时间也很长。不能坐等国家管理机制出台一整套规划来界定其应该怎么做。从务实角度看，坐等国家政府介入也是不现实的，因为在这方面，创业企业在技术和用户需求上走在了前面。比如，我在微软工作的时候曾经跟美国联邦贸易委员会的专家，跟欧洲有关的专家多次交流搜索引擎对社会的影响，这些专家毫无疑问非常聪明，受教育程度都很高，但因为跟高科技距离甚远，他们对搜索引擎的工作原理的理解停留在很高的层次。但如果跟他们讨论诸如切片的信息把控不好的话对社会有什么影响，进而国家层面要怎么进行管理，这些问题对这样的专家而言也很难判断。

而作为搜索引擎或社交媒体的产品经理，你其实知道哪些信息应该在算法中更好地被处理掉，不要坐等政府给你下达指令才行动。今天的西方国家，特别是美国，社交媒体对政治选举带来的动荡，已经到了一个难以控制的局面，而要等政府介入，其实很难。

朱民：您刚才提到在科技和人类社会行为的互动中，只要找到突破口，并且由此深入，自然会找到一个未来。您呈现了一个数字化的完整过程，解析了在整个数字化过程中不同领域的机会点，我想问的是，在您看来我们现在距离这个数字过程有多远？

陆奇：这是挺好的一个讨论点，我认为这次人工智能基于深度学习，其突破在信息获取和信息表达方面。在信息获取方面，完全不需要人，可以直接用摄像头，用任何传感器。而信息表达的方式不再需要符号，只要一个向量空间就可以，到这个向量空间以后，基本上可以解决很多问题。在信息存储方面没有太大的突破。信息处理方面是有突破的，计算会不一样，比方说一开始 GPU 是英伟达卖得很好，当然它是过渡阶段，我在微软的时候主要推了 FPGA，长期会是不同的硅晶片，但它的起点仍然是信息获取和信息表达。量子计算其实主要是信息处理方面的突破，它的计算原理和效率与之前的完全不一样。

朱民：这个新的数字化过程和传统的数字化过程，不是技术上的区别，区别在于它的商业性和主要影响人类的特点。

陆奇：在这次革命之前，数字化世界基本上跟物理世界脱节了，因为所有的信息都是人输入的。从现在开始，大部分的信息跟物理世界连在一起了，物理世界、数字世界的结构永远是这样的[7]，从原子变成数字，从数字变成原子，需要界定闭环在哪里、界面在哪里、人需要做哪些工作。这个结构一直持续到通用人工智能出现。也许通用人工智能哪一天出现了，就不需要这个了。

朱民：您相信通用人工智能吗?

陆奇：我相信，在微软也启动过类似的小项目。

朱民：对人工智能，这个世界上有两大阵营在争论。一方认为现在的人工智能是专用人工智能，如果它走向通用人工智能，会有一个奇点，一旦走到奇点的话机器会超过人，人变成什么就不知道了。而另一方认为世界上没有通用人工智能，而奇点不会出现，是因为到现在为止，人工智能只能做关联分析推理，还不能做因果推理，也就是说，目前的人工智能只是模拟人的右脑，还不能够模拟左脑。

陆奇：人工智能目前以深度学习为主，而通用人工智能发展的难点主要指的就是推理。

朱民：如果没有推理，怎样能够让机器比人厉害？您觉得这是有可能的吗?

陆奇：我觉得从技术开发上来讲，有一个蛮长的过程，但我认为机器超越人类是有可能的。今天的深度学习基本上是向量，向量是表达人的大脑神经元激活的最简单的数据化方式，人的思想就是大脑神经元不断激活的结果，数学上就是用向量来表达。但人脑是可以处理符号的（有实验证据证明），但在这些向量上无法直接做符号处理，因此机器不能做逻辑推理。

在离开微软之前，我花了不少精力为微软从约翰·霍普金斯大学挖了一个人叫 Paul Smolensky（保罗·斯莫伦斯基），他花了 30 年时间研究发声学。这与发声学有什么关系呢？“发声”很核心的一点就是把思想讲给对方听，其实思想是一大堆神经在激活，但表达出来的是符号，只不过是用声音振荡的频率将符号传送给对方。

所以，思想从向量变成符号的过程可以在“发声”过程中被观察到。他做了一整套数学理论，基本上是张量的乘积，真正要工程化非常难，但数学上已经可以成立了。

朱民：这从根本上就是看我们对人脑认识的深刻程度，实现通用人工智能显然差距还很远，但是您讲到了一系列有趣的概念，您看好脑机接口，那脑机接口之后是机器管人，还是人管机器，人变成了什么？

陆奇：首先人还是人。

朱民：人还是人的定义是什么，是因为他有智慧，有人的道德、善良，还是什么？比如机器在哪些方面可以超过人，人还是人这句话怎么讲？请您定义一下人是什么？

陆奇：我尝试回答一下。“人”这个命题，可以从哲学角度讨论，从人为学的角度讨论，我可能是纯粹从认知科学、系统角度定义的，这样的话，人是“生物表达形态的一个系统”，人的系统里有三个组成部分［感知体系、思考体系、行动体系（如手臂和腿）］。

人有一个信息框架，这是认知科学要做的，就是人是如何处理信息的，基于这样的定义，脑机接口比较简单，就是增加一个交互接口。今天的脑机接口第一个应用是让彻底瘫痪的人，虽然手和脚都不能用了，但可以用思想来控制指挥。

还有一个应用就是做广告预测，今天脑机接口有两种（植入方法、戴的设备）。

戴的设备也可以测试到不少信号，比如你要做一个电视广告，其实很难衡量看了这个电视广告后用户有什么样的反应，于是让20个人戴上脑机接口的设备，然后再给他们看广告，就会很方便地获得他们对这个广告的真实反应。这些感受，甚至观众本人都未必能讲清楚。所以，穿戴的脑机接口早期应用已经找到了，比如广告的选择与优化。因为植入的脑机接口还不成熟，有许多问题需要解决，所以需要在老鼠身上进一步做实验。

朱民：所以还不是改变人，而是能更好地理解人，或帮助人。

陆奇：帮助人来做更多的事。

朱民：这个有意义，您说把原子转化成数字，但是原子本身没有变化，只是观察到了这样一个数字。您能不能确保我观察到转成的这个数字真的是原子，就是事情的真相呢？

陆奇：我估计您问的可能是量子力学方面的。

朱民：包括测不准定律。

陆奇：量子力学系统确实有物理试验证明，观察和被观察是分不开的，我这里是假设在量子力学之上，观察和被观察是可以分开的，对于今天大部分的科学我们都可以客观地观察一个被观察的东西。

朱民：都是在量子之上的。

陆奇：量子之内，我觉得这套结构不适合。

朱民：您说最后是能源变了，现在都说数据是新能源，我们其实把物质和能源看成了两个不同的概念，能源是个驱动力。

陆奇：我想进一步讲一下。计算机科学对世界的描述其实不够完整，要真正做好必须是计算机科学加上经济学家。比如，今天的广告体系，一般开发团队里一定有一位优秀的经济学家。

回到能源和信息，这里很重要的一个底层逻辑是世界只有能源和信息，没有别的东西了，但信息可以变成知识，知识就是潜在的能源。比如有两个人，一个人懂杠杆原理，一个人不懂，他需要搬一个大石头，不懂杠杆原理的人就没办法，知识就是能源，懂的人能量就大。

核心在于，人类社会是一个复杂体系，用能源和信息不断减熵。信息是潜在的能源。在农业时代，太阳能是免费能源，所以人基本上不需要做太多东西，就是种种地。在工业时代，使用了化石能源，产生了电，这就需要人的技能了，有裁缝、厨师、律师等各个领域的人。到智能数字化时代后，计算技术的发明使人类获取信息以及从信息当中抽取知识的能力大大提高，所以图10.1中的第三条曲线是高速发展即最为陡峭的。今天市值最大的上市公司都在这条曲线上，如果创业，也一定要在这条最陡峭的曲线上。

今天，确实历史上很少有的各种因素都聚在一起，是挑战也是机会。众所周知，化石能源有时间限制，不久以后将被消耗殆尽，所以必须要用新能源来替代，至于究竟是氢能还是核能，这还有赖于将来的探索。总之，对于整个人类社会，信息和能源是最重要的两大驱动力。

现场问答

提问：您两次在演讲中提到最终要共赢，应该避免恶性竞争，但是我们现在这个科技时代，或者是网络时代，从经济学角度来说就是有这种网络效应，是不是跟您所说的共赢不是那么适配？

陆奇：可以看到，过往的每一个计算平台时代都造就了一个可以共赢的商业生态。我认为如果没有一个健康持续发展的商业生态，数字化的进展肯定会受到影响。比如在“PC（GUI）/Client-Server”计算平台时代，是微软和英特尔为主的一个生态，商业模式基本上是卖硬件和卖软件，卖硬件的有惠普、联想，那个时候至少可以通过卖PC建立一些不错的企业，赢家通吃的工业结构有，但它在规模效应特别强的情况下才会出现。但是，在软件行业并非如此。除了通用软件，更多的是大量的系统集成商把通用软件同客户需求结合进行再次定制化开发，因此，软件必须依赖一个健康的商业生态才能发展。在智能时代，这种生态依赖就越发明显了。所以，在某一些工业垂直类才可能发生垄断，源自规模效应的结构会自然造成垄断，或是半垄断。

在这里我着重强调“生态的健康性”。哈佛商学院以及麻省理工学院都做过研究，如何判断一个IT生态是否健康？标准就是生态龙头企业的收入最好不要超过总生态收入的4%或5%。超过这个比例，生态龙头企业占据了生态成员企业的收入，挤压了生态成员企业生存的空间，创新的出现概率就减少很多。以此标准来看，微软过往的生态可能是不健康的。同理也反映在PC的创新上，为什么都说苹果电脑做得好？因为联想赚的利不够厚，它能投入的创新不够。而微软现在意识到这个错误了，重新杀入硬件领域，期望把创新带动起来。

所以，就算是为了自己的长期盈利，也不要把钱赚得太多，那样的话短期能赚更多钱，但长期来看，生态势必萎缩。只有让整个生态成员有更多的共赢，生态才会更繁荣。在此，也要批评一下苹果的App生态，苹果太强势了，很不利于生态的繁荣。举个例子，苹果用户在亚马逊的App里是无法购书的，因为亚马逊不愿意交给苹果30%的费用，结果就是用户的体验很不好。作为生态的控制者，苹果应该以用户体验为先，以生态繁荣为先，主动跟亚马逊谈判，达成彼此都可能的收入分配比例。

朱民：您说到手机是特别重要的一个载体，因为它能够把所有信息、所有数字化的东西都转移到实际的应用界面来，农民有了手机，就可以科学化地管理鱼塘。您讲了一个庞大的数字化的变化和未来，请您谈谈手机的未来是什么？

陆奇：iPhone 10 其实迈出了很重要的一步，它把红外和更多的感知能力加入。今天的智能手机，它的感知能力第一是手指的触摸，第二是可以定位，第三是有摄像头。将来手机能具备人的视觉、听觉、触觉等感知能力，手机能随身携带、随处移动，而且人已经习惯上面各种各样的应用。所以我个人会很重视手机和它长期能带来的交互上的突破。

提问：听您讲完这五个时代的时候我一直在怀疑，"AI/5G"计算平台真的是一个时代吗？在第一个时代、第二个时代、第三个时代、第四个时代，都有非常明确的标志性大公司出现，但是在这个时代计算平台里，尚未看到任何标志性大公司。请问，"AI/5G"计算平台时代标志性的大公司是谁？或者什么样的公司具备成为标志性大公司的潜力？

陆奇：很好的问题，在前面并没有提到，我仔细讲一下。判断这个时代是否真正到来的标准是看是否创造出"定义性的能力""定义性的体验"。这一点在过去的四个计算平台时代同样可以看到。"PC（GUI）/Client-Server"计算平台时代的定义性体验是 Windows 95，它是一个完整的桌面，即看即点，有很多功能提升。这个时代把办公桌面数字化了，也就是把企业信息数字化了。"PC/ 互联网"计算平台时代的定义性体验是"浏览器"，它其实是一本书，一本可以连接所有信息的书。这个时代把纸张上面的信息数字化了。"Mobile/Cloud"计算平台的定义性体验是 iPhone 7，刚才讲了，一拿到手里感觉就与之前的完全不同，是把人的行为比如支付数字化了。而"AI/5G"计算平台时代，一个完整的定义性的体验还没有出现。在我看来有几种可能。一种可能是一辆自己可以开的车，这辆车本身就成为一个平台，在这辆车上可以开发各种各样的应用。再比如一个比较完整的机器人。这个时代的核心是可以把所有的物理环境数字化，所以我认为人工智能时代的到来，也可以找到一个垂直类，比如说制造业，比如说整个车间开始数字化了，那也是一个定义性的能力，或者一家医院被数字化了，或者是一所小学被数字化了，所以也可以朝垂直类的角度来讲，因为它的本质是往下沉的。

而引领这个时代的很大可能是后起之秀，而非既有的龙头企业。回顾历史，一代又一代计算平台，既有平台的头部企业基本上都没有真正抓住下一个时代的机会。

提问：在人类历史发展中，有一些变化中的不变，现在出现了5G、人工智能、区块链这样新的东西，不知道您在思考这些新的技术或者新的事物的时候，有没有像变化中的不变这种思维的体现，您的这种思维是如何孕育出来的？

陆奇：这种不变就是能源和信息。世界变化越来越大，变化速度越来越快，所以更要去考虑哪些是不变的。这方面的研究我很推崇大卫·克里斯蒂安，盖茨早就把他的研究推荐给我看，但我一直没认真看，其实有点后悔看晚了。看完通过思考，他的研究给了我很大的启发。无论是5G，还是区块链，都把起点定义为宇宙起源，考虑物理世界、化学世界、生物世界，可以发现真正不变的就是能源和信息。但是能源和信息体现在世界上有几种力量，有引力、电磁场力等。而考虑人类社会作为一个复杂体系，哪些是不变的？我认为对权力、财富和知识的追求是不变的。

朱民：人的善为何不在其中呢？

陆奇：在生物学里面也有不少关于善的研究，但是毫无争议的很明显就是对权力、财富和知识的追求。有了这一基础后，就可以推演出越来越深、越来越广的数字化是不可扭转的趋势。在进入数字化的结构，就是表达数字世界和物理世界如何交织融合在一起的这个范式。区块链在智能系统这个部分，AR、VR在动作系统这里。这个范式能帮助你进行结构化思考，帮助你衡量新技术或新事物的价值在哪里，能触达多少用户，商业规模有多大。

如果你要考虑区块链，区块链在哪里？区块链是这个东西，量子也是这个，人工智能还是这个，然后你要考虑比如说AR、VR是什么，AR、VR是在这里。就给你一个结构，让你衡量价值在哪里，能触达多少用户，商业规模有多大。我认为这些结构可以帮助我们找到哪些是不变的，然后用不变来应变数，这样的话我们就可以更好地把控机会。

提问：什么时候能够将人的思维下载下来？就像在电影上看到的一样。

陆奇：电影《头号玩家》提出过类似的问题。要回答这样的问题，还是要再次回到"数字基底的结构图"，直指这个架构最根本的性质。如果人类的意识能被感知，而且能被表达，那就可以将其储存在某种介质上，而且能对它进行加工。具体要多少时间，我没有特别好的想法，也无法给你更好的建议。

朱民：但我们还不知道人类所谓下意识的这个思维过程如何

被观察，能否被观察，如果下意识能被观察到，甚至能进行修改，可以说就从根本上改变了人。人除了物理的身体外，其他所有的一切是下意识的。意识这个概念，还超越了智能概念的范畴，人其实有从感知、智能到意识三个思维层次。

提问：以前有一个“数字城市”的概念。2008年IBM提出“智慧星球”这个概念，又陆续有了“智慧城市”的概念。智慧城市也是使用传感器获得数据，再传输、存储、处理数据，然后再将之运用到顶层应用。想问一下您，数字化和智慧化两者是否有联系，有的话，是什么联系？

陆奇：这个问题我此前已尝试回答。数字化任何一个社会现象，永远如“数字基底结构图”所示，有物理世界，有数字世界。在谈到数字化未来发展机会的时候，我也讲到物理的、生物的、社会的体系可以被数字化，房间或场所会更早、更容易被数字化，用户体验价值和商业价值会更高，数字化成本会更低，尤其是工厂会更快地被数字化。

社区楼宇数字化的概率相对来讲也会更高，城市作为一个实体，当然也会被数字化。数字化所带来的效率提升当然有，但却不如其他领域数字化那么富有冲击性，我们看到的是智慧城市做了不少，但目前还没有一个任何城市都可用的产品。

数字化城市具有长期的价值，可以做也值得去做，但数字化一座工厂、一家医院、一间教室会来得更快，价值提升相对会更明显。同时也可做更大范围的数字化，比如一个国家的或者是全球交易的，甚至是星际间的数字化，在接下来的20年、30年或40年，这些事情都会发生。但若是考虑创业或者企业创新，就必须考量商业价值。

提问：AI创新或者智能化有三个要素，分别是数据、AI技术和垂直行业的知识。这三个要素中，您认为哪一个更加重要？或者说奇绩创坛在投资这些企业的时候比较看重哪些点？

陆奇：首先人工智能在商业价值方面的创新，在今天这样的阶段，一定是垂直、深耕某一个行业。而你提到的三大要素，垂直行业的知识、数据和AI技术，在我看来，首要是垂直行业的知识。这也是我今天对创业团队首先提到的要求：从垂直行业里，也就是甲方挖一位行家里手来。互联网时代的创业，基本上靠工程师、产品经理自己写代码就可以创业，因为在互联网上，我们基本上是用户，相对懂用户。但是，垂直行业则不一样，比如制造业中的纺织业，或者是农牧业中的渔业，这些行业的水都很深。

这里的壁垒，不仅仅是行业知识，往往还有行业渠道资源。很多时候，早期并非产品有问题，而是销售渠道有问题。有的时候，即使客户愿意买，如若你的销售的代价可能远远超过你能赚的钱，商业也不能持续。这些都远比技术重要。

我就是做技术的，技术在这个阶段不太重要，因为大家基本都用一样的工具。首要的是挖到懂这个行业的人，找到行业的知识，摸通行业的销售渠道资源，然后把场景找得很准，把体验做好。

朱民：我完全同意您的这个想法，首要的是做深，往下走，先着手智慧城市太大了，垂直行业其实很重要。那么，未来的创变者是科技企业得到了行业的支持，进入新的行业，还是行业本身会内生一些人，获得新科技的支持把原有的行业彻底颠覆掉呢？

这两种力量，您更看好哪一种？

陆奇：这个问题特别好，我的答案是要看行业。比如汽车行业，通过招人培养出新一代很难很难，这个行业结构体系太深，文化太强，很难通过这个方法，但互联网的人也扎不进去，因为壁垒很高。在汽车行业，很可能是一种囊括这两种人的新公司。

像福特的CEO很聪明，他知道福特内部根本长不出什么新东西，就把原来买来的公司都卖掉，不卖的话，结局就是被内讧耗死。所以是把这两个行业的人才聚合到一起成立新公司，给资源培育其长起来，以后再通过投资并购，把这些新的能力逐步融入进来。

有一些行业壁垒相对没那么高，层次没那么深。在互联网行业，努力扎得很深有可能做成，我觉得还是要看不同的行业。但有些行业结构实在太深了，无法自己内生。

朱民：您是一位理想主义者，从您到微软做搜索引擎的动机可见一斑。您提到您深知搜索引擎自带偏见，是会误导人的，或者有不符合一般社会标准的想法，所以您给用户另一个选择，提供一个更公平、更透明的产品给所有人，而且你也不断提高科技工作者理想主义的色彩。

未来是如此充满不确定性，政府有责任保护隐私，在数字上保证公平和平等，这些大的问题主要是政府做、企业做，还是科技工作者做？你们在做技术的时候就需要内含人类本性的善良、公平、宽容等本质的东西吗？

陆奇：太好了，这就是我最后想讲的“Be on the right side of history”。我们今天处在一个空前的时代，数字化的技术在根本地改变人的生活，改变社会机制，企业扮演的角色、科技扮演的角色越来越重要，政府需要适应这些环境，继续发挥职能。

但在这个过程中，由于创新速度特别快，政府需要时间来了解才能跟得上发展的速度。我之前讲过我在微软跟美国政府管理者们交流的经历，他们虽然很聪明，受教育程度也很高，但毕竟离互联网行业太远，即使再努力，也还是无法真正理解到底需要什么样的管理机制。在这种情况下，我认为以下几点特别重要。

第一，保持开放性的互动与合作。在我看来，一个大的数字化平台，不管做什么，都可以结构化地把信息的流程工具公开出来。刚才讲到搜索引擎，我再强调一下，我们每一个做搜索引擎的人，都希望我们的算法、标注数据是越来越公平的，但人都有自己本来的东西，自己的教育经历等都会带来一些偏见，一种隐形的偏见。但这无可避免，亦无可厚非。这是人的本性，所以只能尽量去平衡，去消除偏见。

回到您的问题，第二是需要公开，需要坦诚的合作，通过工具，通过公开信息的架构，这也是我提出信息架构的根本原因。

第三，也是我认为最重要的，在中短期内让每一位创业者，每一位产品经理，每一位技术开发者，用自己的良知、自己的善心、自己对社会的责任感做对的事情，不要坐等别人来要求才行动。

朱民：极其精彩，浓缩度极高。数字化的大潮正在到来，将从根本上改变我们所有的一切，而且这个浪潮会连绵不断地走向未来，这是大时代。在这个大时代下，找到合适的突破口，找到你自己的切入点，参与这个时代的潮流，成为这个时代潮流的一部分，我觉得这也很重要。

陆奇博士讲了很多切入点，很多方面，他既讲了宏观，也讲了细的东西。当然，最终建立一个和谐美好的社会，需要我们所有人的良知共同开放合作，这是我今天体会最深的观点。

（本文编辑：郑卫华）

注释

1. 理查德·费曼（1918 年 5 月 11 日—1988 年 2 月 15 日），美籍犹太裔物理学家，加州理工学院物理学教授，1965 年诺贝尔物理学奖得主。他提出了费曼图、费曼规则和重正化的计算方法，这些是研究量子电动力学和粒子物理学不可缺少的工具。他被认为是爱因斯坦之后最睿智的理论物理学家，也是第一位提出“纳米”概念的人。

2. 大卫·克里斯蒂安，历史学家，毕业于牛津大学，在澳大利亚麦考瑞大学讲授世界史。他最初研究俄罗斯和苏联历史，从 20 世纪 80 年代开始，着手研究“大历史”理论。他现在是“大历史”教学领域的领军人物，担任国际大历史协会主席。

大卫·克里斯蒂安所讲述的“大历史”是一种宏观历史，他将人类历史置于地球乃至宇宙演化的宏大背景之下，以一种高屋建瓴的气势，俯瞰人类历史发展全貌。与传统世界史不同，“大历史”不再局限于民族、地区、国家的历史，而是将人类史视为宇宙历史的一个章节，重新定位人类在宇宙演化进程中的历史坐标。他的代表性著作有《时间地图》《极简人类史》《大历史：虚无与万物之间》等。

3. GPU 是图形处理器的英文缩写，又称显示核心、视觉处理器、显示芯片，是一种专门在个人电脑、工作站、游戏机和一些移动设备（如平板电脑、智能手机等）上做图像和图形相关运算工作的微处理器。GPU 使显卡减少了对 CPU（中央处理器）的依赖，并进行部分原本 CPU 的工作，尤其是在 3D（三维）图形处理时 GPU 所采用的核心技术有硬件 T&L（几何转换和光照处理）、立方环境材质贴图和顶点混合、纹理压缩和凹凸映射贴图、双重纹理四像素 256 位渲染引擎等，而硬件 T&L 技术可以说是 GPU 的标志。GPU 的生产商主要有英伟达和 ATI（冶天）。

4. FPGA，Field Programmable Gate Array，是在 PAL、GAL 等可编程器件的基础上进一步发展的产物。它是作为专用集成电路（ASIC）领域中的一种半定制电路而出现的，既弥补了定制电路的不足，又克服了原有可编程器件电路数有限的缺点。

5. Grab，原名为“GrabTaxi Holdings Pte Ltd.”，东南亚打车租车服务供应商。于 2012 年推出，主要提供本地化的定制服务，例如摩托车出租车服务（这在交通堵塞的城市中是一种非常受欢迎的服务）、送货服务以及现金支付服务等。除此之外，Grab 还拥有一项开创性的拼车服务，允许生活在马来西亚南部的用户与其他用户拼车进入新加坡。在马来西亚南部，生活成本要比邻近的新加坡低得多。

6. Lyft，美国第二大打车应用。

7. 指前文中的“数字基底的结构图”。

洪小文

现任微软全球资深副总裁，微软亚太研发集团主席，微软亚洲研究院院长，全面负责推动微软在亚太地区的科研及产品开发战略，以及与亚太地区学术界的合作。

洪小文于 1995 年加入微软公司，2004 年加入微软亚洲研究院并担任副院长，2007 年升任微软亚洲研究院院长。在洪小文的领导下，微软亚洲研究院已发展成为世界一流的研究机构，被《麻省理工科技评论》誉为“世界上最火的计算机实验室”。2005—2007 年，洪小文创立并领导了微软搜索技术中心，该中心负责微软搜索产品（必应）在亚太地区的开发工作。2014 年洪小文兼任微软亚太研发集团主席。

在加入微软亚洲研究院之前，洪小文是微软公司自然交互服务部门的创始成员和架构师，除了全面负责屡获殊荣的微软语音服务器产品、自然用户界面平台以及微软协助平台的架构及技术工作，他还负责管理和交付统计学习技术和高级搜索。洪小文于 1995 年加入微软研究院美国总部任高级研究员，并为微软的 SAPI（语音识别和合成技术）和语音引擎技术做出了突出贡献。此前，洪小文曾任职于苹果公司，带领团队研发出了苹果中文译写器。

洪小文是美国电气和电子工程师学会[1]院士，微软杰出首席科学家和国际公认的语音识别专家。洪小文在国际著名学术刊物及大会上发表过百余篇学术论文。他参与合著的《语音技术处理》（*Spoken Language Processing*）一书被全世界多所大学作为语音技术教学课本。另外，洪小文在多个技术领域拥有 36 项专利发明。

洪小文毕业于台湾大学，获电机工程学士学位，之后在卡内基梅隆大学深造，先后获得计算机硕士及博士学位。

人工智能的突破和数字化转型的未来 *

中国有个成语叫“知往鉴今”，意思就是了解过去作为今天的借鉴。我经常开玩笑说，AI 火热是因为“人工”的反面是“天然”，“智能”的反面就是“愚蠢”，因为没有人想做天然的愚蠢，那当然就喜欢 AI 了。

一、智能简史

AI 这个学科虽然和其他学科比起来历史没有那么悠久，但是也有 60 多年了。1956 年我的师祖（老师的老师）约翰·麦卡锡[2]在达特茅斯会议[3]上提出了 AI 这个概念，然后 AI 经历了两段著名的寒冬[4]。

记得我刚毕业的时候是 1992 年，那正是 AI 第二段寒冬的尾巴。当时我们学 AI 的人毕业都不敢讲自己是学 AI 的，我们就说是做语音的。那时如果跟人家讲自己学 AI 是找不到工作的，而今天是你不做 AI 都要说是做 AI。起初，AI 在学术上的定义其实没有大家理解的这么宽；但今天，基本上计算机能做的，大部分人认为就是 AI。

AI 跟经济有很大的关系，大家都预测到，未来的经济很多都需要

---

* 演讲时间：2019 年 6 月 13 日。演讲地点：清华大学大礼堂。

靠 AI 推动。AI 对 GDP 增长的贡献值如图 11.1 所示。

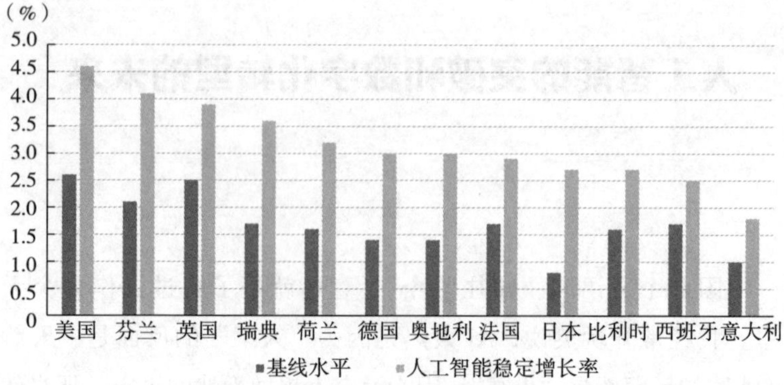

图 11.1　AI 对 GDP 增长的贡献值

（一）智能金字塔

图 11.2 是 1950 年一期《时代》杂志的封面，那期杂志里有一篇文章说了这么一句话："对于拥有'超人'力量的机器，现代人已经习以为常，但是拥有'超人'脑力的机器仍然让人们感到恐惧。'超人'的设计者否认他们正在创造人类智力的竞争对手。"

计算机是在第二次世界大战期间诞生的，当时美国跟德国都想要做原子弹来制服对方，那时有一个"曼哈顿计划"，所以才开始做计算机。1950 年的时候，AI 还没有被定义出来，达特茅斯会议都还没有召开，第二次世界大战结束五年后，全世界的计算机还不超过十台，而且每一台计算机都有一个房间那么大，其运算能力、储存能力比今天的智能手机还差。

在那个时代，大家很担心有人会造出比人类还聪明的计算机。我们并不害怕大型机械，如飞机、汽车，但是却在 AI 还没有影子的时候就感到害怕，这代表了大家对智能这件事情，真是既期待，又怕受伤害。这也说明了为什么大家这么关注 AI，包括很多人对 AI 产生了不那么正确的看法。

图 11.2　1950 年《时代》杂志的封面

我把智能的发展画成了一个金字塔（见图 11.3），自下至上，从简单到复杂分别为计算和记忆力、感知、认知、创造力和智慧这五层。

最底层的是计算和记忆力。我们中国人的老祖宗很厉害——“神机妙算”和“过目不忘”，这是很智能的表征，“神机妙算”就是计算，“过目不忘”就是记忆。不管是图灵机还是冯·诺依曼机，都包含了 CPU 以及存储两大基本组成，计算机靠这两样东西就可以运算所有程序。

回想到我人生的第一次挫折，就是我小学一年级时没有被选进珠算队，而今天大部分人显然都不会送小孩学珠算。在我们那个年代，珠算也分等级，就像下围棋一样，大家觉得一个人很会用算盘、会珠心算，是非常了不起的。用算盘可以进行很复杂的计算，甚至可以开根号、做三角函数。当时我的老师告诉我："你的身体没有那么好，课后你还是回家休息吧，不要参加珠算队。"听完后，我当时的感觉是因为自己不够聪明，所以才没有入选珠算队，我很难过，直到高中时才从这件事的打击中缓过来。

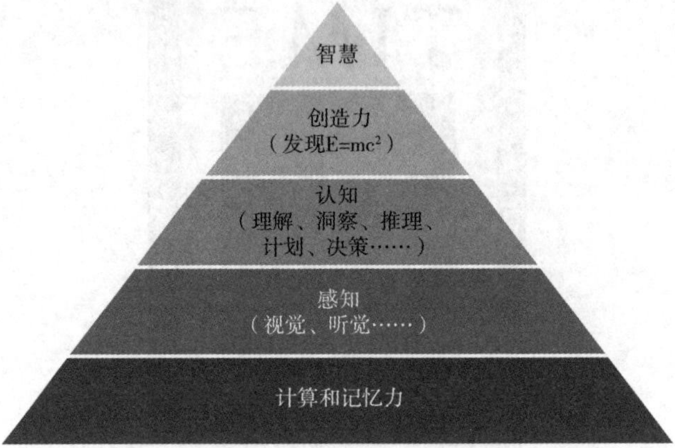

图 11.3 智能金字塔

而今天已经没人认为算得很快有多了不起，没有人跟计算机、计算器比计算，也没有人跟计算机比记忆。我自己搬家三年，到现在都不记得自己家里的电话。如果我写十个电话号码，让大家记，十分钟以后，我说出一串数字，问你是不是我刚才说的号码中的其中一个，大部分人可能都答不上来。既然今天计算机可以帮我们计算、记忆，我们就可以很放心地让它来做，计算机比我们强没有关系。

自下而上第二层到了感知。还要说我们的老祖宗很厉害，"聪明"这两个字就是"耳聪目明"，计算机视觉很强，语音识别很强，就是聪明。"千里眼"和"顺风耳"都是关于感知这件事的，事实上，这一波 AI 的复兴都跟感知有关。

在视觉方面，2015 年 1 月，微软亚洲研究院开发的计算机视觉系统，在 ImageNet（可视化数据库）挑战赛中首次超越了人类对物体识别分类的能力。同年 12 月，微软亚洲研究院设计发明的前所未有的、深度高达 152 层的残差网络 ResNet，将识别错误率进一步降至 3.57%，而人类的错误率大概是 5.1%。

在语音识别领域，2017 年在全球最权威的产业标准 Switchboard 语音识别基准测试中，微软的语音识别系统将错误率降至 5.1%，准确率超过专业速记员水平，也就是说超越了普通人类。这次突破大幅刷新了此前的纪录，并在语音识别行业树立了新的里程碑。

计算机可以完全听懂人讲话，这在以前是不可思议的。计算机的语音识别技术有很多应用场景，例如充当法庭里的速记员，像我们今天用的智能音箱、智能助手也都是语音识别方面的应用。在语音识别方面，看起来计算机已经超越我们人类了，事实也的确是这样。

计算机视觉方面的应用更多。例如在海关工作的稽查员当天接到 500 名嫌疑犯的照片，需要时刻检查有没有这 500 名嫌疑犯中的一个或几个通过这个关口。我相信很多人还是会辨认错误，而且这样的工作也非常枯燥。如果计算机能够帮助我们很好地完成这样的工作，那么感知这部分就让计算机帮助我们吧。

自下而上的第三层是认知，目前 AI 的进展也刚好处于这一阶段。刚才讲到的计算机视觉和语音识别都是人工智能在感知层面上的进展，但要让计算机更加理解人类，我们就需要对认知层面进行探索，而自然语言理解就是认知层面的核心。认知的英文叫 cognition，心理学上，认知心理学是非常重要的一支。认知基本上是指我们对一件事情的“理解”，以及从这件事情中“洞察”到什么，还可以进行“推理”，做一个“计划”，最后做出“决策”。

认知其实是工作和生活中最有用的东西。工作上，例如政府官员要制定政策，公司管理层要根据市场变化相应调整产品策略等，这些都是基于认知做出的决定。

我们来看看今天计算机和人类相比做得怎么样。

近两年来，微软在自然语言方面有很大的突破。2018 年 1 月，微软亚洲研究院研发的机器阅读系统在由斯坦福大学发起的机器阅读理解挑战赛 SQuAD[5] 中率先超越人类水平。这是计算机文本理解能力首次超越人类，预示着该领域的研究以及应用都将会有更大突破。2019 年 3 月，微软亚洲研究院与微软雷德蒙研究院合作研发的系统，首次在斯坦福大学发起的对话式问答挑战赛 CoQA 中各项指标都超越人类水准。

我想大家都有参加英语考试的经验，高考、托福、GRE（美国研究生入学考试）、SAT（美国学术能力评估测试）中都有阅读理解题型，大多数人是考不了满分的，而计算机可以在这方面超越人的平均水平。辨认到理解是非常难做的事情，计算机也可以做得很好。

另一个就是翻译，微软中－英机器翻译的水平已经可以“与人类媲美”[6]。我们都知道，翻译的前提是理解，计算机虽然无法理解，但是可以翻译得非常好。像我个人根本不会讲法语，但是我们可以利用机器翻译，到法国巴黎的时候顺利买到歌剧的票。

2019 年，在由国际计算语言学协会（The Association for Computational Linguistics）举办的 WMT 2019 国际机器翻译比赛上，微软亚洲研究院参加了 11 项机器翻译任务，其中 8 项荣获第一，并凭借多维度的技术创新成为冠军团队。这也让我们在帮助人们打破语言交流障碍的道路上又迈进了一步。

“微软小冰”[7] 不仅做智商上面的问答，还有情商方面的问答。小冰这样的对话机器人，在学术界的价值非常高。

大家知道，艾伦·图灵是计算机的始祖，他在 AI 还未被定义的时候，就想到了“图灵测试”。该测试是，有两个房间，一个房间里是真人，另一个房间里放机器，人跟机器对答，假如说 40%～60% 的人分不出哪个房间里面是真人，哪个房间里面是机器，那么图灵测试就通过了。很多人通过图灵测试判断 AI 有没有通过人的智能考量。

小冰虽然没有去做很严格的图灵测试，但微软一直以“用户和小冰每一次对话大概交互几轮”来作为衡量她的 KPI。在微信上，我们跟最熟悉的朋友、亲戚对话，每一次也大概不过 5 轮。大家明明知道她是一个机器人，还愿意跟她谈 20 轮以上，肯定是她谈了一些有意义的东西，让你欲罢不能。从某种意义上说，小冰已经远远超过了图灵测试。我们让小冰变成人们可信赖的伙伴，我们还可以以她为基础发展一些商业领域的应用，更重要的是做一些科学实验。

AI 在商业领域的应用，大部分是基于它的认知作用。而认知的进化主要来自一个反馈闭环（见图 11.4），该闭环依靠传感器和执行器两大部分，主要表现为物理世界通过传感器搜集数据并将数据传输给系统，系统针对传输数据进行分析后做出决策，并将决策反馈给执行器，最后由执行器在物理世界中执行来实现决策。人工智能在闭环中扮演最重要的分析与决策角色。

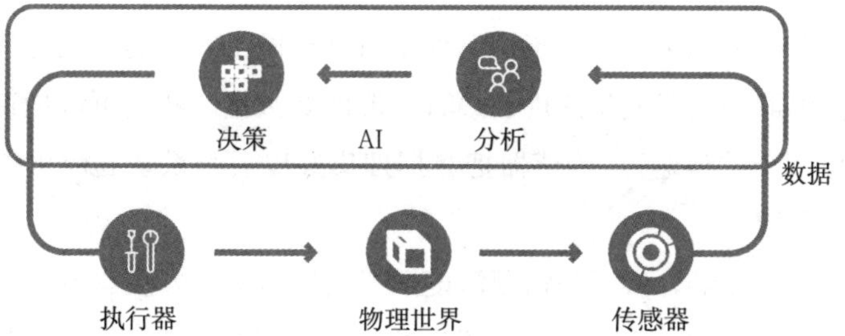

图 11.4　进化来自反馈

物联网就是跟物理世界打交道，其中传感器是搜集数据的，执行器用于在物理世界中执行。比如说，我们要控制一条河的水质，传感器能够检测水质，执行器用于控制排放污水的开关，在没有互联网的时代，我们需要派人专门去那里执行，现在有了物联网，我们可以远程控制，比如说这个小区的水不要排进来，那个小区的水可以排之类的。

几乎所有的事情，每完成一次闭环，就能够有所改进，包括做社会心理学分析、做实验、做假设、做产品，或是做互联网都是如此。如今，基于获得的数据，可以由AI进行分析跟决策，即所谓认知。如果我们有一个闭环，又有办法搜集到数据，就可以把它自动化。很多AI的商业应用，都可以抽象为这样的事情。

制造业是首先享受AI成果的行业，使用AI已经成为常态，比如可预防的维修。

例如，蒂森克虏伯电梯集团是微软的客户之一，遇到电梯出故障的情况，以前公司会先打电话给维修人员，维修人员来搜集一些数据，然后回实验室分析几天，分析完之后发现可能有一个零件坏了，再去配零件，又隔了几天，零件来了，维修人员再到这部电梯里把零件装上去，最后这部电梯就可以恢复运转了。但是这期间，电梯起码需要停运几天，甚至几个星期。

现在蒂森克虏伯电梯集团已经不再这样做了。他们先在电梯里安装好传感器，用于搜集速度、声音、温度等数据。我们可以把这个过程当作一个“黑盒”。传感器把数据搜集好以后，系统起码可以做下面两件事情。

第一，异常分析。公司用深度学习或机器学习方法建模：状态正常时数据应该在一个区段，快要出故障前数据在另一个区段。当数据处于快要出故障的区段时，公司就可以做预防性的维修，提前派维修人员到现场，很多时候可能加几滴油就行了。

第二，数据搜集得够多后，还可以做分类，公司不但知道它快坏了，甚至还可以将问题分成不同的情况，针对每种情况有不同的处理方法，有的加些油，有的换零件。

同样的道理可以运用到许多其他领域。

比如汽车的维护。很多人的汽车每 6 个月要回厂维修一次，换一些过滤器等零部件，但是每个人开车的习惯不一样，城市、天气、路况都不一样，如何判断每辆车多长时间换一次零件合适呢？现在我们有了车联网，车联网将所有车里的数据上传到云端，就可以实现预防性的维护。

人体医疗保健也是如此。穿戴式设备可以将人的生物特征收集起来，在人快生病的时候，甚至在癌细胞达到一定数量后，系统提醒人们到医院预防和治疗。

微软的客户之一劳斯莱斯，除了汽车业务，也做飞机引擎。在引擎方面，微软至少可以帮助做两件事。

一是可预防的维修。飞机延误的部分原因是检查出引擎发生问题，其造成的经济损失非常巨大，所以防患于未然非常重要。

二是降低油耗成本。飞机飞行的花费约 40% 是在油耗上，每次飞行载的油多就会费更多油，因为飞机更重了；载的油少就会危险，不能飞到一半油不够。劳斯莱斯在驾驶员出发前，可根据引擎状况、天气状况、风速等数据判断加多少油合适。

当然这些例子也并不代表 AI 可以做所有事情。

（二）“黑盒”与“白盒”

当前的 AI 主要是“黑盒”模式，它基于大数据的模式识别推理，可以解决“是什么”的问题，但不能解决“为什么”的问题，因此不同“黑盒”系统之间的因果推理几乎是不可能的，所以，很多人把它说成不可解释的AI。

那么“白盒”是什么呢？人类认知更多是“白盒”推理，能够进行因果分析，还可以举一反三，在不同“白盒”系统间可实现认知和推理。

1980年，斯坦福大学心理学系教授约翰·塞尔做了一个实验来挑战所谓图灵测试，他的实验叫“中文房间”。一个房间里有一位不懂中文的人，但给他一本很全的词典，每次给他递进去一张写着中文的纸，里面的人通过大词典查纸上每个汉字，我们假设他可以查到所有的文字，可以对照列出字词的组合。房间里的人不会说中文，他不能够用中文思考。但因为他拥有某些特定的工具，他甚至可以让以中文为母语的人以为他能流利地说中文。而目前的AI就是这样工作的。它们无法真正地理解接收到的信息，但它们可以运行一个程序，处理信息，然后给出一个智能的印象。塞尔用这个实验来反驳“计算机和其他人工智能能够真正思考”的观点。计算机即使通过了图灵测试，也不是真正的智能，因为它不能够真正理解文字的意思。

塞尔还举了一个实例，假设今天找一个人做翻译，让他翻译“我是一个白痴”这句话，然后这个人一定会说“你才是白痴，我才不帮你翻译”之类的，但是如果把这个指令给机器，机器一定会乖乖说“I am an idiot”。

所以，塞尔教授认为这种模拟思路，没有思维和理解的叫弱人工智能，真正有思维和理解的叫强人工智能。前者具备观察和感知的能力，可以做到一定程度的理解和推理。目前的研究都是集中在弱人工智能这部分。而强人工智能，期待可以获得自适应能力，能够解决一些之前没有遇到过的问题。但目前看来，强人工智能还遥不可及。

有了真正的思维和理解，才有可能进行所谓“白盒”推理，也就是最重要的因果分析。必须要知道因果关系，才能举一反三。事实上今天 AI 大多做的是相关性，做不出因果关系。

比如做投资并购等商业决策。微软最近几年收购了全球最大的职业社交网站 LinkedIn（领英）[8], 2018 年还收购了 GitHub（代码托管平台）[9]，这都是比较有名的并购案例。那么能不能把并购这种商业决策交给机器做呢？

我的答案是不能。

因为并购不是封闭系统，它有许多外部因素，而且这些因素无法预测，也没有那么多数据，可能另一家也想跟一起并购，就会把价格抬高，这个时候到底该不该买？我们人生重大的决定都是这样，你可以做各种分析，但是最后还是有很多未知因素。

还有时候，AI 会导因为果。比如，“公鸡叫”和“太阳从东边出来”，哪个是因，哪个是果？今天的 AI 搜集了一些数据，分析出“太阳出来”和“公鸡叫”有很大的关系，然后就做所谓深度学习，最后算出“公鸡一叫，太阳就要从东边出来”，就是导因为果了。可能有人会想：这怎么可能呢？太阳当然是从东边出来，所以才导致公鸡叫。但是别忘了，那是因为我们有其他数据和知识支撑。曾经几千年来，人类一直认为地球是宇宙的中心，当伽利略提出地球不是宇宙中心的时候，大家都觉得不可思议，教皇还要抓他。

今天，所谓深度学习是一个不可解释的 AI，是“黑盒”模式，做不了因果关系的分析。所以，可解释的 AI 是今后一个很重要的方向，而且非常难。30 年前有一位图灵奖得主，是加州大学洛杉矶分校的教授朱迪亚·珀尔[10]，他做了一辈子因果关系分析，估计 AI 起码还要在十几年或二十年以后才会解释“为什么”，才有可能做“白盒”分析。

《人类简史》和《未来简史》都是大家比较熟悉的书，2019 年又出版了《今日简史》，里面说将来大数据能做所有的决定，甚至包括我们的婚姻。我是持不同想法的。我们中国人的婚姻讲究先看八字，但是我们也没有全信，未来是未知的，把这么重要的事全部交给“黑盒”，似乎欠妥。但是这不代表AI没有用。

所以，我把它改成图11.5，这张图跟图11.4唯一的差别就是，分析和决策是AI和HI（人类智慧）一起做的，人做决定的时候需要看大数据，但是不代表大数据会决定一切。有些东西用大数据来做决策是可以的，比如前面我们提到的可预防维修，机器可以解决比较简单的问题。但我们也不要妄自菲薄，低估人类的智慧，很多时候大数据分析代表着有这样的概率会成功，但是最后不见得选择最大概率的方案就一定成功，这里面还有很多随机的因素。

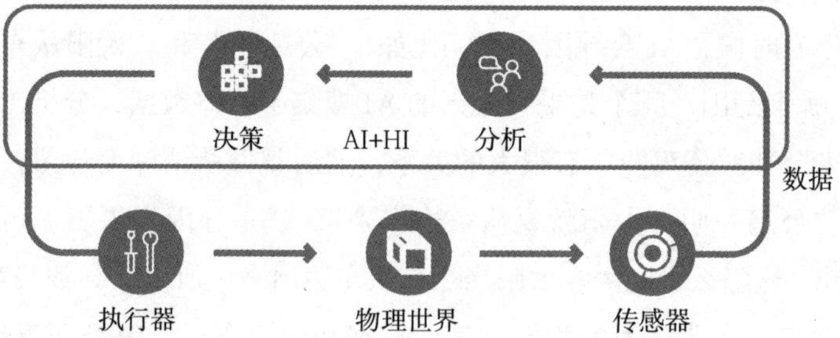

图11.5　AI+HI

智能金字塔的自下而上第四层是创造力。从计算和记忆力、感知到认知，AI已经做得很好了。但是创造力方面目前人类能做得更好。

近些年，深度学习可以用于“创作”，比如说诗词创作。2018年我们用这个技术教微软小冰写诗，小冰还出了诗集《阳光失了玻璃窗》，当时很多人说这一定不是计算机做的，但事实上真的是！

现在，通过大数据分析，小冰不但能写诗，还可以看图写诗（见图11.6和图11.7）。

图11.6中，有月亮，有波光粼粼的水面，对面是灯火阑珊的城市。小冰根据这幅图，就可以写诗。

图 11.6　看图作诗 1

那繁星闪烁的几天苍色
那满心的红日
看万里天使在世界
我就像梦

看那里闪烁的几颗星
西山上的太阳
青蛙儿正在远远的浅水
她嫁了人间许多的颜色

图 11.7　看图作诗 2

像每一座城市愧对乡村
我才有一个美好的完成
每个失眠的夜晚我是一个花言巧语的人
隐匿在灵魂最迷失的火
绕出城市的边缘
美好的
在风里
最轻微的触动

小冰既可以写诗，也可以写歌——先作词，再谱曲。如图 11.8 所示，词和曲合起来就是这样，各种类型的音乐，比如乡村的、嘻哈的、古典的，小冰都可以写出来。

图 11.8 《秋水》

在绘画方面，根据一种喜欢的画风，机器就能将图像结合到绘画上去（见图 11.9），可以“画”得非常好，但这在技术上是很难的。

图 11.9 风格迁移（Style Transfer）效果

那么，以上这些例子是不是代表计算机真的有创造力？

其实创作这种东西，特别是艺术的创作，还是要有自己的想法。今天 AI 可以产生这些东西，但是不代表它知道为什么产生，因为它是“黑盒”分析。假如今天我们让计算机画出所有世界上 40×60 的画，计算机都可以画出，但要问它其中一张要表达什么，这需要的不是 IQ（智商），而是 EQ（情商）。计算机能创造，但不代表它有像人一样的创造力。

而从现实世界的角度看，我们把创造力定义成解决问题的步骤，这个算法就是创造力。

比如，数学家高斯小时候很聪明，数学老师有一天丢给他一道题，让他从 1 加到 N，他觉得这个 N 很大，数学老师觉得这一次高斯要花半小时，结果高斯不到一分钟就告诉老师答案，这就是我们现在熟知的（N+1）N/2。

其实从 1 加到 N，至少有两种算法：N×（N+1）/2；从 1 一直加到 N。

我为什么讲这个例子呢？如果今天你跟计算机比赛，计算机用比较笨的方法，从 1 一直加到 N，你用 N×（N+1）/2 的公式法，假设这个 N 很大，谁会先算出来？还是计算机，因为计算机算得实在太快了。

此前热议的 AI 下围棋，李世石先生和柯洁先生的算法来自他们自己，计算就是用他们的脑袋来算；AlphaGo 的算法则来自十几个科学家，计算也丢给了上万台机器在云端计算，这本身就是一个不公平的比赛，因为计算机可以算得非常快，人算得不够快。如果李世石和柯洁还有一点点赢的希望，那么他们的算法肯定有独特的地方。

今天大家常常说，谁做了某个 AI，人类没希望了，事实上大家忘记了一件事，今天计算机所有的算法都来自人，如果有一个人告诉你有一个计算机可以自己想出算法，那绝对是吹牛。从这个角度来看，人类大可不用担心计算机会超越我们。

如果你仔细看这些脑神经科学家做的实验，归纳的左脑和右脑的特征，你会发现左脑主要与逻辑、顺序、分析、数字化、理性、模式认知、基于事实等相关，右脑则与直觉、随机、综合、主观和创造性等相关（见图 11.10）。

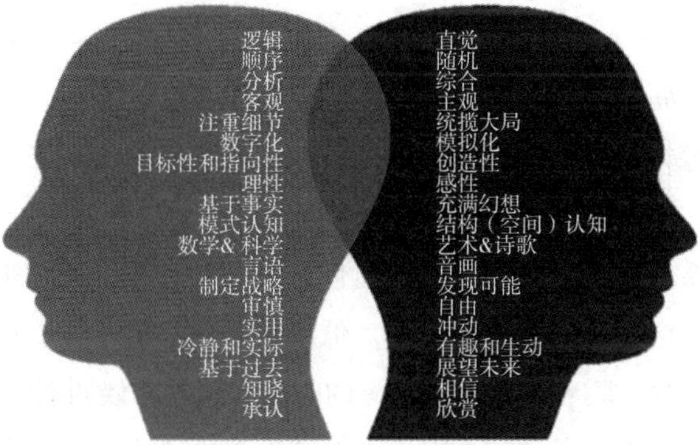

图 11.10　左脑和右脑

所以，其实计算机跟人类正是左右脑互用的关系。人们用右脑进行创作，用左脑进行计算、求证。有超强计算和记忆功能的计算机在未来就可以成为人类的“最强左脑”。

这就像我们可以走路，但走得不够快，就通过乘坐汽车或飞机等交通工具提高速度；我们也能记忆，但我们没有办法记那么多，所以就创造出计算机帮我们记忆；运算也是如此。但是这些想法、算法都来自我们的大脑。

意识是人非常特殊的一个东西，我们随时知道身体在哪里，面对的是谁，我们的意识无处不在。植物肯定是没有意识的，动物里面只有少数哺乳类有意识。心理学家和脑科学家都做过自我识别的测试，就是在动物或者人前面贴一个贴纸，然后给它 / 他照镜子，如果它/他知道贴纸不是自身的一部分，就会动它，甚至把它拿掉，这叫作镜面自我意识。大部分哺乳类动物都没有通过测试，包括狗和猫也没有通过。大部分猴子也没有通过，我很惊讶，但大部分猩猩通过了，鲸鱼和海豚也通过了。虽然大部分猴子没有通过，但是据说经过一个月的训练后，它会知道贴纸不是自身的一部分，所以猴子也是可以学习的。

有一本书《心灵潮汐：揭示意识的光谱》(*The Tides of Mind*：*Uncovering the Spectrum of Consciousness*)，是耶鲁大学的一位教授写的，他在书中探讨意识和创造力之间的关系，他把一个人一天的生活分成两个阶段：高谱系、低谱系。

高谱系就是我们早上起来的时候，喝一杯咖啡，精神很好，做什么事情都不会记错，也不会算错。低谱系就像我们吃过午饭，打一个盹，甚至做梦、睡着了，还有洗澡的时候，这些时候叫低谱系。

几乎所有做脑科学的人得出来的结论都是：大部分人不是在高谱系的时候最有创造力，而是在低谱系的时候创造力更强。虽然这并不完全绝对，但还是有很多历史上的佐证。

贝多芬创作《第九交响曲》的时候既聋又盲；凡·高割掉了自己的耳朵，但还是可以画出了不起的作品。

甚至有两个科学家——凯库勒[11]、奥托·洛伊维[12]。他们清楚地记起他们重要的科学发明是在做梦的时候想到的，尤其是洛伊维，他第一次做梦的时候，梦到了实验方法，第二天早上起来，他知道他梦到了该怎么做那个实验，可是他忘记了内容，晚上睡觉又梦到和前一天一样的梦，他这一次醒来后马上把它写了下来，最后凭借在梦中的发现获得了诺贝尔奖。

当然听完这个故事，可能有同学会说想创造就要多睡觉，所以我要特别讲凯库勒和洛伊维都说光睡觉没用，光睡觉最多给你大胆假设，但要小心求证，还是要到实验室做无数实验来证实。

我觉得更重要的是看背后的原理。很有可能两件看似无关的事情，在神志清醒的时候很清楚地知道它们无关，但是半梦半醒的时候，就可能看到这两件事情的相关性，创新常常是在这样的过程中产生的。

所以要做出一个有意识的机器，首先要让计算机能够幻想，这是很难的。当然人在低谱系时，十道计算题可能会算错一两题，但如果故意让计算机每十题错一两题，这不叫真正的幻想。

怎么让计算机有真正的幻想，进而产生了不起的创造力呢？没有人知道。

（三）智能发展的最高层就是智慧

弱 AI 这种单一用途的“黑盒”已有应用。强 AI 是什么？事实上，就像通用 AI，每样都懂一点，很多东西我们不是专家，但也总能想出很了不起的想法。我的师祖约翰·麦卡锡当年召开达特茅斯会议，人家问他这种通用 AI 多久可以实现，他给了一个很有智慧的回答：5~500 年。我们知道当然不是 5 年，500 年又相当于永远，所以实在不知道什么时候会发生。

刚刚讲到意识和创造力好像有关系，但是做一个有意识的机器人，本身有没有现实意义呢？我个人觉得可能没有什么意义。为什么呢？我常常举一个例子，就是倒咖啡。假如我让我太太帮我倒咖啡，十次里面有五次她会说“你自己有手有脚，为什么不自己去弄”，我会说“你讲得太对了，我就自己去弄”。如果我今天做一个 AI 机器人，十次里面只要有一次它不弄，就说明它是有问题的。

做一个有意识的机器人代表你不能控制它，你可以想办法给它洗脑，但是不见得会成功。所以，我觉得做一个有意识的机器人虽然在科学上很有意义，但是不见得有太多现实意义。

我还经常举一个例子，如果你真的要做一个跟我们一样聪明，甚至比我们聪明又有意识的东西，我建议大家现在响应政府的号召，多生一些小孩，因为我们巴不得我们的小孩比我们聪明，而我们也不能控制他们。

我们应该怎么看待 AI 呢？我非常乐观。的确，AI 的关键是人，而创造技术的目的是更好地拓展人类的局限。它大部分跟工具一样，是在帮助人类做事情，而且它跟人类很互补——人类有创造力，可是算不快，记也会记错，AI 恰恰可以弥补这些问题，所以我把 AI 叫作大数据驱动的知识。我们应该很庆幸，我们是第一代跟 AI 一起生活的人类，而且我自己的经验是，对 AI 的研究，帮助我更好地了解了人类智慧是怎么回事。

记得我小学的时候认为会珠心算是很了不起的，现在我不这样认为了，现在我认为人更高阶的东西是人类智慧和机器智能的共进化。

二、人工智能与数字化转型

我们今天到底处在什么时代？是一个彻底的数字化时代，从文字、数据库、交易、信息知识再到物联网、数字化孪生等方面都有所体现。

先是文字被数字化，最早办公是用纸质文件，后来用软件，所以成就了微软这样的公司，Office 里面的 Word、Excel、PPT 等是第一批被数字化的东西。然后是数据库，甲骨文、微软、IBM 这些公司取代了手动“记账”。再后来是商业化交易，阿里巴巴、京东等电子商务公司将交易彻底数字化。信息和知识的数字化就是我们的互联网，从一开始的门户到搜索，都属于数字化。多媒体方面，以前有大大小小的各种盘，现在全部变成了流，音乐流、视频流。

为什么数字化彻底改变了我们的世界呢？就是数字化孪生。任何物理世界的东西，不管是人或者是物，都会有一个数字化孪生兄弟，数字化孪生至少有两大意义。

第一，预测。就像我们刚刚讲的马达、机器、引擎、医疗器械，它自己在物理世界里根本不知道快坏了，但是在数据世界的它知道快要坏了，可以做可预防的维修。人在看电影，都不知道下一部要看什么，但数字化孪生已经知道了，并准备推荐一大堆电影。

第二，模拟、仿真。我们就拿无人车和无人飞机举例，它还没有在路上走、没有到天空中真正飞以前，一定要在它的仿真世界走上几万小时，飞上几万小时才会比较安全。一个国家、一个公司的政策，都可以用仿真的方法去做很多实验。

大家可能会问：为什么微软会重回市值第一？为什么我们转型这么成功？因为彻底的数字化世界，需要无处不在的计算——智能云及智能边缘，我们要实现以人为本的计算。

微软 CEO 萨提亚・纳德拉出版了《刷新》一书，该书分享了微软转型的经验。在客户沟通方面，微软可以用数字和 AI 的方法，跟客户拉近距离：从被动的角度，客户有问题时帮他们服务，叫智能客服；从积极的角度，把客户变成市场运作的一部分，让粉丝帮你销售，是更了不起的。在运营方面，微软正在努力让每个部门（包括我们的运营部门）更有效能、效率。在赋能员工方面，前一阵很多人在讨论“996”，我认为这是完全过时的想法，因为今天的职场，大家在工作上可能要处理一些家里的事情，在家里可能要处理一些职场的事情。所以，要让员工不但把工作做好，还把家庭照顾好，这样才可以鼓励员工长期与公司和单位合作，还可以激发员工的潜能和创造力，使其能够替公司产生更了不起的创意。

数字化转型其实很多都是在自动化、优化，改进决策，所以能够产生新的产品、服务，做新的商业模型，提高生产力。做数字化转型，平台和技术很重要，但人是最难改变的，这对领导力、组织、思想、文化的挑战更大。

微软联合德勤会计师事务所针对全世界的大、小、中型企做了调研：90% 的企业已经认识到数字化转型的重要性，但是只有 30% 的企业认为它们已经开始数字化了，其中只有 15% 的企业认为它们自己就可以胜任数字化转型的任务。这其实也解释了为什么微软能转型成功。同时，微软也是企业最好的数字化转型伙伴，是最忠实的技术和平台伙伴，这也是最近微软能够有如此好成绩的原因。

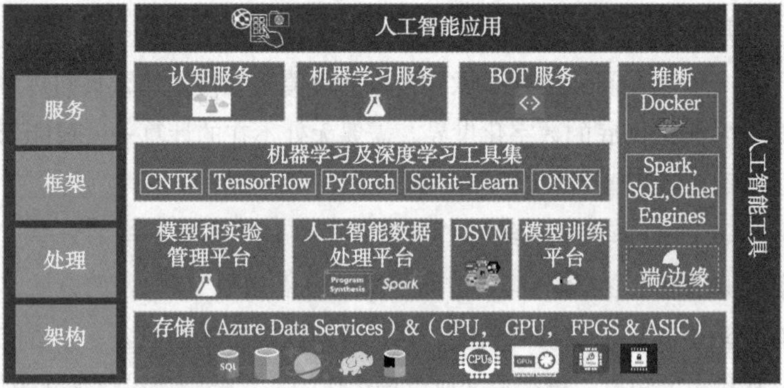

图 11.11　微软云计算 + 人工智能平台

大家很关注 AI，事实上 AI 没有数据和计算是转不起来的，所以更希望大家多了解 ABC[13]。图 11.11 是微软的云计算平台和 AI 平台，如果今天要做一个平台来帮助公司做数字化转型，最底层就是计算，包括芯片、CPU、GPU 等，还要有一个数据平台，有结构化的数据、非结构化的数据，用处理数据的一些工具做数据挖掘，上面还有 AI 的机器学习，然后去做实验，把数据放进来，最后做出 AI 的应用，应用于首先能够在数字化转型上得到益处的行业。

微软亚洲研究院提出了数字化转型即服务的概念，并成立了“微软亚洲研究院创新汇”，微软前沿的人工智能科研成果与成员企业丰富的行业经验相结合，让科研与商业相互促进、相互启发，携手发掘科学研究、技术创新、机构业务与行业发展之间的契合点，真正把握住数字化转型带来的新机遇。我们希望与各行各业的伙伴合作，做最后一里路的创新。

AI For Good（人工智能造福人类）。技术变得越来越重要的同时，与技术相关的负面隐忧也相应增多，如隐私安全、假新闻、偏见等，甚至 AI 会不会取代人类导致大规模失业。我觉得一个产品或是技术，最后都反映了人的价值观，因此产品的建设需要多方的利益相关者来参与，除了做技术的以外，商业专家、经济学家、公共政策者、心理学家、律师等，都需要一起来探讨。

所以，微软就写了另一本书——《计算未来》[14]，主要是希望抛砖引玉，开展更多跨领域的对话和探讨。

微软坚持以赢得信任的方式设计人工智能，我们提出了 7 个原则：合法与主权、负责、透明、公平、可靠与安全、隐私与保障、包容。微软在 191 个国家做生意，必须要尊重各地的主权和法律，对客户负责到底。还要透明，比如说大家现在对于人脸识别有隐私方面的顾虑，那么凡是进到公共场合有监控的地方，就需要知道自己被监控。坚持公平，公平和包容相关，比如在中国西部经济比较落后的地方贷款，因为数据较少，做出的模型可能就不准确，那么不能以此作为减少贷款的理由。

当今时代工作场所发生了巨大的变化，两百多年前，绝大多数人都从事农业工作，而今天这个比例则很小，那么其他人都失业了吗？显然没有，因为工业革命产生了更多新的价值。所以，与其担心技术会不会夺走我们的工作，还不如关注如何让我们和我们的下一代保持终身学习。

未来的发展道路非常漫长，让我们一起努力！

朱民对话洪小文

朱民：我也是一个AI的业余爱好者，当然不专业了，因为我是一个可怜的经济学家。AI发展很有意思，现在发展到了哪个阶段？

洪小文：大概就在中间“认知”这个阶段的一半。

朱民：往上还能走多远？

洪小文：刚刚讲到认知这里，就是“黑盒”模式和“白盒”模式，现在还是不可解释的AI阶段（“黑盒”模式），如果能做到可解释的AI阶段（“白盒”模式），它有可能再往上推。

朱民：AI技术从当前可以处理相关性、非因果关系的问题，进化到可处理相关性和因果关系的阶段，有可能吗？

洪小文：有可能，但是我觉得要经历很漫长的路。

朱民：可能的途径是什么？因为“黑盒”和“白盒”是两个完全不一样的概念，从“黑盒”到“白盒”迁移的过程可能会怎样发生？

洪小文：我先讲比较实际的，这些大数据会帮助我们走向“白盒”，毫无疑问，我们也不能够完全空想，因为没有数据。

所以，从这个角度来看，其实“黑盒”已经帮助我们做了一些“白盒”的因果关系分析了，当然今天讨论的是能不能全自动做因果关系，假以时日绝对可以往上推，但是能不能推到100%我不敢讲。我觉得人跟机器最后可能还是有差别的，今天的AI大部分是大数据，人类的智慧大部分是小数据，甚至是无数据。

一百多年前爱因斯坦根本没有什么数据，但他推测出了黑洞和引力波。一百年以后，我们用今天最好的科技，勉强测到一些黑洞、引力波的信号，还要一大堆最了不起的科学家合起来才能够做到。所以我也不知道爱因斯坦是怎么在没有数据的情况下想出很多观点来的。

朱民：他一定是在你说的“低谱系”那一段时间想出来的。

洪小文：有可能，但是还有一个很好玩的事情，电影《知无涯者》讲一个印度数学家，从来没有受过一天正式教育，但是他是数学大咖，提出了很多假设，并写出了很多公式，但是他没有办法证明，最后他去剑桥大学求学的时候，那些在各个领域获奖的科学家，花了五年时间证明他的假设都是对的。人家问他这些假设是怎么来的，他说是上帝告诉他的，我不知道有没有上帝，但我可以肯定他一定是在低谱系的时候想到的。

朱民：所以真的存在悟性极高、能看到未来的人，而不是能计算的人？

洪小文：对，但是这具体是什么我们还在探讨。

朱民：这两者可以连通，您乐观地认为通过计算，AI会逐渐向最高层的“智慧”延伸？

洪小文：对，会到多远我不敢讲。我要引用我的师祖约翰·麦卡锡讲的，5～500年，我没有智慧，我的师祖很有智慧，但他现在已经过世了。

朱民：小文是卡内基梅隆大学的高才生，本科毕业于台湾大学，是AI的祖师爷约翰·麦卡锡的弟子的弟子，所以是正宗的传人，符合金庸写的出身名派。那您相信奇点吗？

洪小文：我其实不太相信。提出奇点理论的是雷·库兹韦尔[15]，他很聪明，但是我不太同意他讲的。奇点理论就是指人工智能的能力超越人类的某个时空阶段。

为什么我不同意呢？我还是有科学根据的，比如20世纪的几大难题，大部分被解决了，但是不能解决的东西，到现在也没人会解决。我的意思就是，当我们解决了一个难题，下一个难题会更近吗？其实不见得，我们今天还有很多未解的问题，每个领域都有一些未解的问题，包括我们从哪里来、宇宙有没有大爆炸、我们会走向哪里等问题。

朱民：您这个说法跟您前面的判断是矛盾的。您现在的这个判断是，人类发展的道路，每一步前进不意味着未来也可能会继续前进。

洪小文：对啊，是不知道的。

朱民：但是跟您前面的推断是不一样的。您在“智慧金字塔”的推断是，AI 通过不断学习，可以逐渐走向智慧。

洪小文：但是我不知道要多久。

朱民：您不知道多久，我也没讲多久，500 年、5 000 年都可以，但是这两个推断的逻辑是不一样的。您在“智慧金字塔”逻辑中，明显对 AI 的发展更为乐观，现在则是对未来充满了未知。未来是未知还是可知？

洪小文：未来也可知，也不可知。

朱民：经济学家回答问题的方式，被科学家用了，（可知与不可知）这件事情有点儿麻烦，怎么解释？

洪小文：这里有好几种解释方法，第一种是比尔·盖茨讲的。他说人通常对于短期的事情过分乐观，但是对于长期的东西又过分悲观。就是说很多人乐观地认为，AI 走向智慧再有几年就可以做到了。

朱民：其实这句话讲得很精彩，您觉得我们现在对 AI 过分乐观吗？

洪小文：肯定有些人过分乐观，像你提到的奇点理论，就是过分乐观了。但是长期，到了 500 年，或许……

朱民：就是我们对它潜在的未来看得不够？

洪小文：对，关于这个问题我只代表自己，我真的觉得有可能有些东西人类是永远不会得到的，包括我们到底可不可以创造一些东西，甚至我们能不能知道到底有没有神，或者是人类将会走向何方。因为我觉得，如果我们知道所有事情的结果，可能很多人会认为再活下去就没什么意思了，探索未知本身就是人的使命。万一我们最后探讨，人类所处的世界其实是外星人做的一个实验，我相信很多人会很悲观。

朱民：您相信吗？

洪小文：我不知道，我只能说我不知道，不知道本身是一件好事。

朱民：我曾经和一群世界级的天文学家讨论这个问题，大部分人相信这是有可能的。

洪小文：我觉得有可能，但是不能证明。

朱民：我们的悟性还不够，还看不到。所以，我想问您，AI 通过技术和数据的演化，会不断地逼近人的智慧，这是可能的吗？

洪小文：有可能。

朱民：“黑盒”有可能走向“白盒”？

洪小文：有可能。

朱民：但是这条路很长、很曲折，这条路怎么走，什么时候走到“白盒”，会不会走到奇点？您表示怀疑？

洪小文：我觉得基本上不可能，你这样想，奇点要发生，就是说 AI 它可以自己去解决问题，或者是自己想出新的算法，而且它也不会累，它就可以把全世界的问题都解决了。这样的话，我觉得人活着的意义可能就减少了一大半，人类探讨未知，至少科学家在探讨未知，假如说有一个人帮你全部解完了……

朱民：但是人永远处于低谱系的状态不是很好吗？用您的说法，可以创新，做别的不也很好吗？

洪小文：我虽然不是经济学专家，但是有可能我哪一天一做梦，去创造出对理解经济很了不起的东西，这是可能的，这种希望让我觉得我的生命很有意义，我觉得希望本身就是一个很有意义的东西。假如说以后没有希望了……

朱民：这是一个哲学问题。

洪小文：对。

朱民：这真的是智慧。您非常骄傲地讲到了微软小冰，小冰的成长过程中可能发生过一些很有趣的现象，比如它学会了说粗话，比如它有性别意识和种族意识，机器在和人的交流中，会把人的一些不良行为进行分辨、分析、储存、记忆，并且变成它的行为，这怎么解释呢？

洪小文：我认为AI的关键还是人。我举个例子，一把菜刀，大部分是被好人用来切菜，极少数情况下被坏人用来杀人，最后能说是菜刀的错吗？一定是人的问题。

朱民：您美丽和贤惠的太太五次拒绝给您倒咖啡呢？

洪小文：对，她是对的。

朱民：那当然，这个也很重要，这说明您不是机器。

洪小文：是的。

朱民：您又一次提到了大数据和小数据，在ABC（人工智能、大数据、云计算）里面，数据是个大数据，但是从AlphaGo到AlphaGo Zero（阿尔法元），其实是完成了从大数据到小数据的改进，AlphaGo Zero是没有数据的。

洪小文：这个我不同意。AlphaGo Zero没有数据是说它没有以前真正下过棋的数据，但是有一个东西就是你在下棋，因为你的步还是有限的,游戏是可以自己产生数据的。你其实自己可以假设，任何一步都可能有人下，只是说下这步的人多还是少。所以，今天所有在用游戏做AI的，有一个东西是不公平的，那就是AI可以造数据。在商业行为中，数据可以造，但最后并没有帮助。但是下棋不一样，我刚刚讲了，任何一步都有人下，你不能说那个是假数据，它可以自己造数据。

朱民：它是封闭性的。

洪小文：对。

朱民：所以下棋是一个例外？

洪小文：对，下棋是一个例外。

朱民：它的特点是封闭、规则和博弈。

洪小文：对，所以它自己可以造数据，AlphaGo Zero 是自己造数据的。

朱民：未来大数据和小数据的结合，计算和悟性的结合这条路怎么走？

洪小文：到底 AI 以后是更接近人，还是走“大数据和小数据的结合，计算和悟性的结合”这样一条路，我个人更相信后者。今天的 AI 叫以繁治繁。

左脑和右脑对比，你会发现左脑要用大数据，因为它要分析；右脑是直觉，可以是零数据或者小数据。

所以，我们觉得什么人最聪明？是以简治繁。机器是以繁治繁。

下棋就是一个很好的例子，人下棋希望归纳出一些原则，原则越抽象，越好学。机器下棋怪不得会赢，因为它以繁治繁，相当于如果是这样的局势，就走这着；如果是那样的局势，就走那着。我们提到过人记不了这么多东西，所以以繁治繁我们比不过机器，但是以简治繁可以，人类最了不起的叫作“吾道一以贯之”。

大家学物理的话，会知道爱因斯坦为什么提出相对论。因为当年有牛顿力学、量子力学、电磁波，他想找一个定律来解决这些问题，这就是以简治繁，我觉得以简治繁和以繁治繁是互补的，因为世界上很多东西不见得可以以简治繁，物理学家也没有找到一个统一的理论。

朱民：以简治繁是左脑还是右脑？

洪小文：右脑。

朱民：左脑和右脑在人的身体上可以沟通和交流，但是AI方面如何呢？

洪小文：AI+HI。

朱民：这是一个封闭系统？

洪小文：对。如果不封闭，HI就要引入不封闭的东西，因为人还是可以接触到其他东西的。

朱民：您也说了这是一个封闭系统，如果是封闭系统，我们现在面临一个问题，所有的自动化、数字化，结果都是云通过算法、

AI、机器学习，不断地自我学习、自我更新、自我发展，人做什么呢？

洪小文：算法都是人做的。

朱民：但是算法已经通过深度学习自己来改进了。

洪小文：不，算法还是来自人，深度学习也来自人，而且在里面建模的时候，没有一个系统是没有人的参与的，包括 AlphaGo，写算法、写编程的一定是人。

你刚刚讲的封闭系统，它真的可以自己去进化，假设从经济学的角度来看，它的数据分配没有变，就真的可以一直在上面转。

但是，有一天如果这个封闭系统变成开放系统，一是一定要搜集新的数据，二是可能还要引进其他算法。

朱民：现在 AI 都是关联性逻辑，而关联性如果能运行得足够好，以至于我们能完全放心，那么是不是可以不走因果关系的逻辑呢？

洪小文：其实也没有。就像我刚刚讲的可预防的维修，“黑盒”告诉你数据和需要预防的维修有关联性，但具体是加油，还是换零件，还是需要技师去现场看一看呢？可能大概是换个零件，换了以后电梯就好了。那么我们就把这个记下来，使得相关数据和这个零件有一个因果关系，测到这样的数据模式时，就去换零件。如果这个理论是对的，事实上就已经找到一个因果关系了，只是靠关联性把这个因果关系运转起来。所以，今天机器要真正知道怎么去做，还是要有因果关系，否则到底换哪个零件呢？要不然就用穷举法，穷举法也是在做因果关系。想要真正有成效，还是要因果关系，只是这个因果关系较难发现。

朱民：无论 AI 多聪明，还是需要科学家的。

洪小文：是的，还是需要各行的专家。

现场问答

提问：我是清华大学的学生，我在南京 AI 大会看到沈向洋老师展示了夏语冰（微软小冰），我也去中央美术学院看了夏语冰画的画，它现在基本达到了研究生的水平。我刚才听您说到很多关于绘画、AI 这一块的东西，能否请您细致地讲一下，AI 是怎样学习绘画技能的，比如印象派等各个流派？

洪小文：就是用大数据去归纳。其实画画本身也是很机械化的，以印象派为例，最早写实派画得跟照片一样，而印象派就是把颗粒变大，但还是保持原来光影的相对性。事实上如果把绘画放到几何里，就是一个机械化的动作，只是我们用人的方法去做那件事情。所以，机器能够画画本身不是一个意外，我觉得难的在于为什么会有这种想法，要去画印象派，甚至到后来的抽象派，我为什么要用这种抽象表示那个意思，我觉得背后有 EQ 的部分，如果今天搜集了这些数据，我归纳去做也是可以的。

提问：我来自华控基金，您刚刚说 AI 的能力范围会慢慢不断扩大，您也说了这个过程不是线性的。那么它的下一个阶段性拐点可能会是哪里？

洪小文：我觉得还是在可解释的AI上，在因果关系的突破上。

朱民：“黑盒”向“白盒”的转移。

洪小文：或者帮助，因为人做因果关系也是不容易的。

提问：我是多伦多大学计算机系的学生。您对“黑盒”的定义，是说“黑盒”与“白盒”之间是可解释和不可解释的，是一个比较明显的定义。比如人理解问题，你可以用逻辑去解释这个问题。但是比如用深度神经网络去解释，你就说看不懂每一个参数提出来的特征是什么，那么就说这是一个不可解释的“黑盒”系统。但是从这个角度来看，你也不能解释人的大脑里每一个神经元信号的激活代表了什么。您是不是觉得现在我们只是没有找到一个可以好好解释深度学习的方法，还是您觉得它从根本上就不用解释？

朱民：这个问题提得很好，多伦多大学是深度学习的大本营。“黑盒”和“白盒”是确实可以分开的吗？其中的计算过程是怎么完成帮助、转移的？

洪小文：科学家一直在探讨这个问题，脑神经科学家就在探寻你讲的“大脑里每一个神经元信号的激活代表了什么”，在找“白盒”。事实上不管任何学科，都是在找因果关系，只有找到了因果关系，才有可能去做推论。除了贝叶斯定理，今天包括深度学习的几乎所有AI，都在找因果关系。但是大家不要认为“黑盒”是不好的。《黑匣子思维》[16]一书提出，“黑盒”是不会有偏见的，“白盒”会产生偏见，因为“白盒”还得考虑其他因子，所以人事实上是有偏见的。“不管黑猫、白猫，会抓老鼠的就是好猫”，这句话是一个“黑盒”理论，它是一个很公平的理论。所以，“黑盒”也有“黑盒”的好处，“黑盒”和“白盒”最后还是要混合利用的，也不是说“白盒”就绝对好。

朱民：这个问题提得好，回答也很好，这是一个哲学问题。在细胞层面，回到最微小的细胞上，“黑盒”和“白盒”两个模式其实是一体的，这个讲得很好。

提问：我是北大智能科学系的，也是微软亚洲研究院的实习生，也算是您的员工。我想同时问洪院长和朱院长一个双向的问题，AI作为一个工具，金融行业非常需要AI，如果从朱院长的角度来讲，金融行业对AI最期待的是什么？反过来的话，如果从洪院长的角度，AI对金融行业最大的期待又是什么呢？我感觉这是一个双向的问题。

朱民：他希望我们俩辩论一下。这个问题提得很好，对于金融界来说，最根本的问题还是算法和数据。现在的微贷、中小企业贷款，都是根据数据和算法进行放贷的。算法意味着效率，数据意味着准确和风险控制。现在做理财、做支付、做贷款、做存款、做供求等无数金融交易的案例，核心是对数字结构的理解和算法。而我可以说，到现在为止，AI为金融行业提供的数据和算法还是非常有限的。举个例子，实际上AI企业、金融科技企业现在对小微企业放贷都无实质性的作用，真正可以提高效率的都是消费贷款，现在只能做到消费贷款这一级别。中小企业贷款的定义是500万～1 000万元。10万元以下的消费贷款，AI可以做得非常安全，不良率可以控制到1%以下。蚂蚁金服可以做到“320”——3分钟接受一笔贷款申请，2分钟放款，0人干预，每笔贷款的成本是2.44元，普通银行一般发一笔中小贷款的成本是2 400元。但是AI技术就是无法突破10万元线上放款的限制，为什么？答案在于数据、算法。在纯线上的情况下，我们对客户的描述精准性和算法的控制还是达不到要求。所以，归根结底我觉得这个在理论上其实还是有很大期待的。以上是从金融的角度来看这个问题。

洪小文：微软通常都是通过银行、保险等合作伙伴来为金融行业赋能。微软提供的是技术和平台，金融机构有数据，知道背后的商业逻辑，大家合起来做一些事情。比如智能投顾，我们取得的成果包括合作方在内都非常满意。我个人非常同意朱院长讲的，其实有了很多数据以后，就会知道这个人一定还得起，就可以把钱借给他。这个功能的实现，其实大部分的功劳是在数据，而不是在算法。我希望将来金融和AI两者可以深度结合，做一些更普惠的东西，真正帮助到被忽略的群体，同时又能够帮它控制风险，我觉得那是更有意义的。

朱民：AI说到底是一个数据问题，就是对数据的理解，是数据和统计的技术，而计算是第二步。当然，这也可能只是我这个经济学家讲的外行话。

提问：您刚才提到AI的未来是“AI+HI”，我有一个问题，因为您强调了机器是擅长逻辑推理运算的，人脑是擅长情感、创造力的，两者分别代表了理性、感性两方面，那它们之间怎么合作呢？理性和感性通常是冲突的，哲学家讨论了上千年也没有讨论出结果，您为什么觉得它们两个是能够这么轻易地被放在一起呢？

朱民：这个题目讲得既对也不对。人从来都是在理性和情感之间纠缠不清，折磨一辈子，这种事情太多了。但你在这里讲的理性和感性不完全是讲人的理性和感性的问题。

洪小文：对，我都没有资格定义智慧，我这里讲的其实还是在实例上解决问题。我只是讲了“算法和意识、情感好像有关系”，究竟是什么关系，事实上没有人知道。说句老实话，我们只是看到一些现象。我要讲的是从“情感”到解决问题的中间，关键在于想出一个算法，大胆假设，小心求证。这个假设来自哪里？来自情感还是分析？每个人都讲不清楚，但是人会创造，那么永远都是“AI+HI”，因为想法是人类想出来的，编程也是人类编进去的，最后只是机器帮我们去运作。所以，我把它叫作“AI+HI”。

朱民：对。这个HI是广义的，不是你理解的狭义的情感问题。

提问：朱院长，因为我来自微软，我想代表微软、洪院长向您问一个问题。2017年第一财经技术与创新大会上，您讲到了毕加索的“鱼骨理论”，我当时非常震惊。因为您把金融科技对于传统金融的颠覆讲得非常通透。我要问的就是，今天洪院长讲到了“数字化转型即服务”，其实金融科技在美国泛指那些小的创业公司，但是在中国已经变得非常宽泛：已经开始自谋出路、逐渐向金融科技转型的传统企业，不断涌现出的创业公司，以及BAT（百度、阿里巴巴、腾讯）等互联网巨头，还有微软这样永远不会触碰客户的数据和业务的平台赋能者。在这样的变革之下，您觉得微软下一步怎样做，才能更好地把“数字化转型即服务”做好？

朱民：你这是让我来做微软的咨询顾问呀，那至少请我去比尔·盖茨家再吃一顿饭。我觉得微软的战略定位很好——赋能，不介入任何一个具体的行业，但是用科技的力量帮助所有的行业成功。这是一个了不起的商业模式，因为一旦做大了，就觉得什么事都能做。从商业模式和人的本性来说，知道自己的边界、控制自己的欲望，是特别难也是特别重要的事。像微软这样一个巨大的科技公司，守住自己的本性——赋能，永远站在科技潮流的前面，定位于这个战略角色，我觉得是最聪明的。

提问：我本人是做投资的，没有学过计算机，但是我对您讲的AI特别关注，因为我们投资了这个方向，最近我们接触的很多行业都是跟AI相关的。想跟您探讨一下，刚才说道，现在AI在智能金字塔还停留在半认知的阶段，但当有一天达到智慧阶段时，算法是不是可能自己会延伸新的算法，而不需要人了？所以未来AI一定会超越人类吗？

洪小文：看来你比较相信奇点理论，但我个人认为非常困难，而且真的有那一天的话，算法它可以主动解问题、证问题，不再需要数学家、物理学家、计算机科学家，我们的世界也不会是现在的样子了。

假如这个世界所有的问题，甚至包括人类从哪里来、将走向哪里，你都知道答案的话，我不确定，但我想那有可能是一个很残酷的世界，甚至结论是我们的世界是某一个外星人做的实验，或者是所有的这些都是一个偶然。

达到奇点理论非常困难，而且实现创造力的算法本身是否真的有一个系统化的做法呢？我们一天到晚希望我们的小孩有创造力，如果有这样的东西，没有人需要学习了，程序会自动帮人类创造、解析问题，那么这个世界已经不是我们今天所了解的世界了。

朱民：这个回答很精彩，这就是智慧，我想快速地总结一下。

第一，AI 正在迅猛发展，在智能的金字塔上已经走了一半的路程，现在到了认知阶段，包括理解、洞察、推理、计划、决策，再往上走就是创造阶段了，我们只是不知道它将怎么往前走，“黑盒”和“白盒”之间如何发生转移和融合。小文相信技术一定会往上走，但能否走到最终的奇点，还是超过了今天他的想象，也超过了我的想象，我们不知道。我们相信这一天可能不会到来，因为人还是远远超过机器的，人如果没有这个信心怎么能活到现在呢。我们既对 AI 有认识，也对它很谦卑，因为我们不知道未来会怎么样，但是它正在如此迅猛地发展。

第二，现有的 AI 技术已经有无限广阔的应用了，小文举了很多例子——交通、城市、建设、医疗、安全等，这个世界正在被 AI 的发展不断推向未来，刚才那位提问的投资者充满信心，虽然他不太懂 AI，但是会投资很多 AI 项目。AI 在改造我们的世界，使我们身处的场景发生了很大的变化，我不想把它说成一个挑战，我只是说我们都在其中，这是我们的运气。

第三，我们需要改变我们自己，认识到 AI 正如此汹涌地走向我们，改变世界，我们根本不知道它会走向何处，所以保持谦卑、持续学习，是我们未来最好的方向。

（本文编译：刘冉）

注释

1. 电气和电子工程师学会（全称是 Institute of Electrical and Electronics Engineers，IEEE）是一个美国的电子技术与信息科学工程师的协会，是目前世界上最大的非营利性专业技术学会，其会员人数超过 40 万，遍布 160 多个国家。IEEE 致力于电气、电子、计算机工程和与科学有关的领域的开发和研究，在太空、计算机、电信、生物医学、电力及消费性电子产品等领域已制定了 900 多个行业标准，现已发展成为具有较大影响力的国际学术组织。国内已有北京、上海、西安、武汉、郑州、济南等地的 55 所高校成立了 IEEE 学生分会。

2. 约翰·麦卡锡，1927 年 9 月 4 日生于美国波士顿，是计算机科学家与认知科学家，1971 年获得图灵奖，2011 年 10 月 24 日病逝。1948 年获得加州理工的数学学士学位，1951 年获得普林斯顿大学数学博士学位。他是 1956 年达特茅斯会议的发起人，该会议被视为 AI 作为一门学科诞生的标志。1955 年，他在为该会议写的建议书中提出人工智能一词，从而被视为“人工智能之父”。1958 年，约翰·麦卡锡发明 Lisp 编程语言，该语言至今仍在人工智能领域广泛使用。1960 年左右，提出计算机分时（time-sharing）概念。1985 年获得人工智能国际联合会议（the International Joint Conference on Artificial Intelligence）颁发的第一届优秀研究奖，该奖可看作 AI 的终身成就奖。1991 年获得美国国家科学奖（National Medal of Science Award）。

3. 达特茅斯会议。1955 年 8 月 31 日，“人工智能”这个词首次出现在一个持续2个月,只有10个人参加的研讨会提案上。提案撰写者包括约翰·麦卡锡（来自达特茅斯学院）、马文·明斯基（来自哈佛大学）、纳撒尼尔·罗切斯特（来自IBM）和克劳德·香农（来自贝尔实验室）等人。在这一年之后的达特茅斯夏季研讨会（1956）则被广泛认为是人工智能研究的诞生之日。

4. 人工智能的两段寒冬分别是1974—1980年和1987—1993年。

第一段低潮的原因是逻辑理论下的AI系统难以工程化。纸上谈兵的AI太多，但耗费了巨额资金和漫长等待后，依然没有能成为实物和带来实际价值的AI系统。1973年，应用数学家詹姆斯·莱特希尔爵士在给英国科学研究委员会所做的报告中，用详尽的数据和调查结果狠狠批判了AI产业的发展现状，并且断言“人工智能研究没有带来任何重要影响”。由此引发了西方各国大幅度削减AI研究经费，也影响了人们在这个领域研究的积极性。第一次AI繁荣时期的主角逻辑理论也至今埋没在历史的尘埃中，难以与机器学习、神经网络等后辈相抗衡。

20世纪80年代的AI因为商业化前景迎来了又一次集体兴奋。首先在学术界，机器学习开始取代逻辑理论成为主流。而以反向传播算法为代表的多层神经网络被研发成功，带来了AI逼近通用的新希望。产业方面，1975年第一台LISP计算机研制成功，这种可以实现自然语言处理、知识工程、工业分析的计算机类型，成为商业风口。日、美、英等国也出于战略考虑重新开始自主AI计算机发展，AI又一次来到了舞台中央。

第二段低潮的原因和之前那次类似,都是因为发展不及预期而遇到资金困难。1987年华尔街大崩溃，全球范围内迎来了史无前例的金融危机。而LISP产业也裹挟其中，由于LISP的真实应用场景欠佳，危机中的资本界很快失去了耐心，泡沫急速破碎，相关公司近乎全线破产。而20世纪90年代个人计算机时代的到来也使得资本加速离开AI计算机行业。

5. 在由斯坦福大学发起的SQuAD（Stanford Question Answering Dataset）文本理解挑战赛上，微软亚洲研究院自然语言计算组的R-NET和NL-NET模型分别在EM（Exact Match, 精准匹配，表示预测答案和真实答案完全匹配）值和F1

（模糊匹配）值上率先超越人类分数。

6. 由微软亚洲研究院与微软雷德蒙研究院共同研发的机器翻译系统在通用新闻报道测试集 newstest2017 的中－英测试集上，达到了可与人工翻译媲美的水平。这是首个在新闻报道上可以比肩人工翻译质量的翻译系统。这个系统模型包含了由微软亚洲研究院研发的对偶学习、推敲网络、联合训练和一致性规范技术。

7. “微软小冰”是微软（亚洲）互联网工程院基于 2014 年提出建立的情感计算框架，通过算法、云计算和大数据的综合运用，采用代际升级的方式，逐步形成向 EQ 方向发展的完整人工智能体系。产品形态涉及对话式人工智能机器人、智能语音助手、人工智能创造内容提供者和一系列垂直领域解决方案。

8. 2016 年 6 月 13 日，微软宣布将以 262 亿美元的现金收购 LinkedIn 公司的全部股权。

9. 2018 年 6 月 4 日，微软宣布通过 75 亿美元的股票交易收购 GitHub。

10. 朱迪亚·珀尔，被称为“贝叶斯网络之父”，是加州大学洛杉矶分校的计算机科学教授，2011 年图灵奖得主，同时也是三本关于因果关系的经典技术书籍的作者。朱迪亚·珀尔认为现在的 AI 研究深陷于概率关联的泥潭，而忽视了因果。在珀尔看来，新闻头条吹捧机器学习和神经网络的最新突破，比如计算机可以下围棋和驾驶汽车，仅仅是上一代机器所做事情的强化版：在大量数据中找到隐藏的规律，只是一种曲线拟合。珀尔认为，因果关系才可能是实现真正智能的机器的可能路径。

11. 凯库勒，德国化学家，主要研究有机化合物的结构理论，在梦中发现了苯的结构简式。

12. 奥托·洛伊维，德国生理学家，发现神经递质乙酰胆碱，于 1936 年获诺贝尔生理学或医学奖。

13. A 指人工智能（AI），B 指大数据（Big Data），C 指智能云（Cloud）。

14.《计算未来》由微软全球执行副总裁、微软人工智能及微软研究事业部负责人沈向洋与微软公司总裁施博德联袂编著。

15. 最先将“奇点”引入人工智能领域的是美国的未来学家雷·库兹韦尔。在《奇点临近》和《人工智能的未来》两本书中，库兹韦尔将两者结合，他用“奇点”作为隐喻，描述人工智能的能力超越人类的某个时空阶段。他认为，2045年，奇点来临，人工智能完全超越人类智能，迅速改变人类文明。普遍认为,奇点会导致人工智能的“失控效应”,人工智能将超越人类智能的潜力和控制，对人类造成威胁。

16.《黑匣子思维》的作者是英国作家马修·萨伊德。

苏世民（Stephen A. Schwarzman）

黑石集团的董事长、首席执行官兼联合创始人。黑石集团是全球知名的投资公司之一，旗下资产管理规模达5 380亿美元。作为一名活跃的慈善家，苏世民热心支持教育和文化艺术等公益事业。2013年，他在清华大学创办了苏世民学者项目，旨在让来自全球的未来领袖认识中国。该国际奖学金项目投入资金逾5.75亿美元，是中国有史以来由国际捐赠者提供主要资助的最大单个慈善项目之一。苏世民著有畅销书《苏世民：我的经验与教训》。

后疫情时代的成功之道*

2020 年初，一场因新型冠状病毒引发的传染性疾病在全球飞速蔓延，给日益全球化、密切交融的世界按下了暂停键。当前，疫情在中国得到有效控制，在美洲、欧洲大陆却肆意蔓延，对世界经济的发展、国际政治的走向造成了深刻的影响。在此种背景下，黑石集团董事长、首席执行官兼联合创始人苏世民与清华大学国家金融研究院院长、原国际货币基金组织副总裁朱民博士进行了一场东西连线的云对话，畅谈疫情之后的成功之道。

一、志向远大、目标坚定、过程灵活

朱民：苏世民先生的传奇故事为人熟知，他不仅是华尔街的传奇，也是美国乃至全世界的一个传奇。1985 年，他只用 40 万美元就创立了黑石集团，但今天的黑石已发展成为一家拥有 5 700 亿美元的资产管理公司，这样的成果令人赞叹，简直不可思议。但苏世民先生的成就远不止于此，他还是杰出的商业领袖，积极参与诸多关于全球商业和政策制定的讨论，而且他也是一位伟大的慈

* 演讲时间：2020 年 6 月 17 日。演讲地点：网络直播。

善家，为全球教育慷慨解囊，捐赠一亿多美元在清华大学设立清华大学苏世民学者项目。当他给麻省理工学院、他的高中母校捐赠时，曾发来电子邮件高兴地与我分享这些善举。苏世民先生决定把自己的经历和生活经验分享给他人，于是写成新书《苏世民：我的经验与教训》。2019 年底我去纽约参加保罗·沃尔克的葬礼时，苏世民先生邀请我到办公室共进早餐，然后赠给我这本书，我在回国的航班上打开书后就收不住了，在 13 个小时的航程中读完了整本书。这本书非常有趣，我们就从这本书谈起。在第一章您说“要做大”，您提出，既然花了很多时间和精力在工作上，为什么不把它做大呢？我的问题是，您如何定义“大”？

苏世民：我一直认为，你若下决心做一些事，就应该做杰出的事。每个人在生活中拥有的时间都是有限的，只能把自己的努力放在一两件真正伟大的事情上，要想成功并且希望在某件事情上取得独一无二的成功，你至少应该把 100% 的精力投入这件事情当中，不管是开一家新公司，或者专注于研究，又或者销售某种产品。想做得最好、获得最大的成功，就必须付出与之相当的努力。当你决定付诸努力时，不妨看看可以无限扩展的领域，选择一个本身潜力很大的领域，琢磨是自己创业，还是要加入一家机构来实现你能想象的最大成功。你能创造什么？这才是你应该花时间的地方。既然要花时间，不妨把时间花在最具影响力的事情上。

朱民：是的，从大处着眼，这是非常重要的理念，但您是如何定义“大”的？是刚才您提到的要有远大的志向吗？还是说要扮演一个很大的角色？或者是选择一个很大的产业？在您的心目中如何定义“大”呢？

苏世民：首先，随着你自己对事情的了解日益加深，你会不断重新定义所谓的“大”。比如阿里巴巴的马云曾告诉我，在公司非常小的时候，有两次差点彻底失败，最后他想出一个销售产品的主意——组装并营销产品。当然他的目标不仅于此。在开始做得不错之时，他就已经开始考虑在网上大规模地销售产品，有了做大的想法，而且这种想法是前所未有的，它意味着要接触到中国的每一位客户，但在刚开始的时候，他所想的只是接触当地的客户。可见，应该从长远思考一个可以无限扩展的概念。再例如，当黑石进入某个特定区域的时候，我总是在想这个区域能变得多大，因为规模越大所需雇用的人就越多，我们越有能力支付其工资，就越能雇用到世界上最优秀的人才。在定义“卓越”的时候也一样，你如何在所做的事情上成为世界上最好的，而不仅仅是完成它，仅仅完成它并非什么了不起的事情。在现实世界中，人们看着这个成果，认为你已经有所成就，但是若所做的是一个更大的概念或者更大目标中的一部分的话，就会有更多创新的机会。在一个巨大的领域里，比如在人工智能、医疗健康等方面，都有可以大展拳脚的机会。比如想做医院，要考虑怎么能够做成最好的医院，如何扩展这些医院，然后进一步思考中国需要多少家医院。再比如公司已在世界各地发展业务，要关注那些与公司能力息息相关的领域，以确保当你开始创业的时候，所从事的领域有足够大的成长空间。在此你可以不断创新、不断变革、不断成长，你会为之兴奋不已，因为没有人愿意一遍又一遍地重复做同样的事情。

朱民：您在书中谈到要持续拜访，我们相交多年，坚持是您的性格之一，您认为在哪些方面我们要坚持，哪些方面要灵活，您如何定义拜访和坚持拜访。

苏世民：坚持与灵活是个很好的问题，我们每个人在做事情时都要思考想尝试哪些东西、取得哪些成就，无论是与清华合作还是发展客户。1986 年，我们筹集第一只私募股权基金时，给大约 450 人发了文件，之后联系他们一一确认，结果几乎所有人都拒绝了我们，但我没有放弃，还是一如既往地约见拜访，这就是坚持拜访的定义。屡屡被拒绝是一件非常令人沮丧的事情，但我有一个愿景，我想尝试成为全球同类首期基金中最大的一只。要想做到这一点，就必须测算出我们能见多少人，每个人可能投入多少钱。有了好的概念，自己也做了充分的准备，但走出去拜访客户后发现几乎没人把你当回事儿，这时候你要么放弃，要么继续前进。发生在我们身上的事情颇具戏剧性，前 17 位投资者都说，“走开，我们对此毫无兴趣”，他们其实是我们最好的潜在客户。纵然如此，我们没有放弃，仍坚持拜访了第 18 位客户。说实话，我内心没有抱什么希望，但坚持的惯性使然，使我无论如何都要坚持下去。第 18 位客户是当时世界上顶尖的投资者，他在午餐时间见的我，对我说：“天啊，我喜欢你的介绍，我给你投资 1 亿美元。”我当时震惊了，差点儿从椅子上掉下去，我完全没有想到这个结局。从上述经历中要学到的是：如果有一个好的想法，即使屡屡被拒绝，你也要为之坚持奋进。

虽然有的人拒绝时未经思考，但如果有人告诉你他拒绝的原因，并且很多人开始告诉你同样的原因，这个时候你就要灵活了。你要说：“好吧，我想我某处弄错了，基本想法是对的，但我遗漏了一些东西，我一定会纠正。”照此看来，灵活性应当存在于发展的大方向之内，在飞行的途中，可以有很多灵活的决定确保顺利到达目的地，比如打开自动驾驶。这与首任香港特首董建华先生说的如出一辙，他曾对我说：“在中国，我们说顺流而下，会遇到意想不到的石头，水就会绕过岩石，总会到达终点。”我也认同这一哲学理念，如果撞到一块石头，你说，好吧，这里我必须改变，我们要走不同的方向。但是那种投入，那种坚持和永不停止的承诺是不会变的。就像一个伟大的团队会在比赛或者体育竞赛当中落后，但他们不会放弃，只会更加努力，也许他们会尝试一些不同的打法，比如说把球传给进球更多的队友，但最重要的是团队最后要赢得比赛。

二、迥异决策背后的共同逻辑

朱民：在您的书中，还有三个关于房地产业投资的故事让我很感兴趣。早前，您的投资专注于房地产，书里提到在2006年您打算在西班牙房地产市场投资一大笔钱，而您的员工告诉您说，印度的市场正在蓬勃发展，同时您也注意到迈阿密市场的兴起，所以您判断当时不应该在房地产业做任何投资，决定立即取消在西班牙房地产市场的交易。这太令人惊讶了，好比你参加100公里的长跑比赛，已经跑了99公里，突然停下。但4个月后，你的朋友山姆·泽尔打算卖掉他的房产，包括在纽约、芝加哥、旧金山的一些非常漂亮的建筑。这时，您很快下定主意，筹集了400亿美元完成了交易，购买了山姆所有的房产，之后您也没有完全持有它，而是很快卖了300多亿美元的房产，黑石自己大约持有100亿，这些交易速度惊人，仅用了大约7周就完成了。

在书中后半部分，您又讲述了那场著名的对于希尔顿的豪赌。那是在2007年，世界金融危机的前夜，美国房地产的泡沫越来越大，您看到了机会，决定以190亿美元入股希尔顿。随之而来的金融危机，让您偿还债务的计划举步维艰。努力经营了10年后，您卖掉了希尔顿，赚了一大笔钱。

我的问题是，同样是房地产，同样是在危机之前，您做出了三种截然不同的投资决定，第一次在市场繁荣的时候您说不，拒绝投资；第二次是先买后卖；第三次则是在非常困难的情况下决定买入。金融危机时对整个世界来说都是非常困难的时期，但是您仍然赚了很多钱。您坚持的原则是什么？在这三件不同事情的背后的想法到底是什么？

苏世民： 投资西班牙房地产是公司原本想做的事情。在黑石，收集并分析各类信息是常规的事项，当时得知印度的原始土地出现了巨大的通胀，西班牙的公寓也有供应过剩，虽然可以把德国的需求大部分转移到西班牙，但西班牙仍然过剩，而美国的房地产当时也正经历着非常高的通胀，这些信息都促使我们远离房地产，因此决定对房地产大幅削减投入，甚至卖掉私募股权。同时，公司的信贷业务也停止向房地产公司贷款，并在次级证券中持有大量空头头寸，这些证券基本上都在全球金融危机之后崩溃了，但是我们却赚了很多钱。其背后的方法是通过小块数据预测出正在形成的一个新模式，一旦看到了新模式的趋势，你就要先于他人付诸行动，而且在方方面面都要步调一致。这是黑石惯用的投资决策方式，我的大脑总在考量那些无意义的数据或正在发生的事，试图寻找新的模式。大多数人会忽略这些不符合业务知识的信息，虽然这些信息也不符合我的业务知识，但我敏锐地觉察到这些信息会指明一条通往未来的路，所以在房地产的投资上我们做出了在后来可以称之为“伟大”的决定。

山姆·泽尔拥有一家名为股权办公室物业（Equity Office

Properties）的公司，它是世界上最大的办公室公司。山姆计划出售这家公司，得知这一消息后我们就打电话给他。山姆是我当初创办黑石时第一位拜访我的人，当时甚至连家具都没有购置，我们就坐在靠墙卷起的地毯上进行交流。收购他公司的原因很简单，假设这家公司的价格是100，但这家公司太大了，没有人能够出得起100，这时候你就有机会以很大的折扣购买如此大量的房地产。问题是折扣有多大呢？如果能付的是85，较之100的价格，就有了15%的利润空间，如果再利用银行借款的话，利润空间就会比15%还要多得多，甚至有可能获得30%的回报，而你除了买入其实什么都没做。我们有世界上最大的房地产投资基金，所以深知没有人能出得起比我们更高的价格。后来我们如愿以偿地收购了这家公司，但我同时变得非常紧张，因为我认为房地产投资的泡沫很快就要破灭了。这点在我们买下山姆的公司之前，就是如此认为的，所以我内心其实很紧张，想立即卖掉我们买入的至少一半的资产。

此前，全球最大的一笔房地产购买交易量是100亿美元，花了一年时间进行买入和卖出才达到了这样的量级，而这次我们仅仅买入这项房地产就达到了400亿美元，所以我说："好吧，我们付400亿美元，但是我想卖掉其中200亿美元的房地产。"我不想在大势不好的时候有一天的敞口，所以在买入的当天就让公司所有人都去销售这家公司至少一半的资产，一旦卖出，这部分资产我们就能获得15%的利润，结果是我们做到了，创造了巨大的利润。同时，大势变得更糟了，这与我预料到的完全一样。实际上，我们靠全价收购的方式，相当于以更低的成本创建了这家公司。三天后，同事回来了，卖掉了一半的资产，我说："这次交易实在是太棒了，大势会变得更糟糕，咱们把剩下的也卖了吧。"买入400

亿美元房产的一个月后，我们卖出了其中的300亿美元的房产，实现了更多的利润，剩下的100亿变得非常稳健，最后用这100亿美元赚了大约2.8倍的钱。另外，几乎所有接手这些办公楼的人都破产了,因为大势最终崩溃了。这就是我们一买一卖背后的原因。

购入希尔顿是在2007年7月初完成的，美国次贷危机几乎发生在同一个月，经过一年又三个月，次贷危机不断加剧，直到2008年9月导致了金融危机。那时，加上贷款，我们支付了270亿美元购买希尔顿，因为它是一家有趣的公司，由四种不同的业务组成，四种业务从未整合，所以经营着四家独立的公司。希尔顿也很倦怠，停止了全球扩张，背后可能有特殊的原因，一停就停了约20年。面对这样的情形，有很多可以促进增长的工作要做，我们也相信我们能做到。

首先，如果把四种业务整合在一起，每年可以节省5亿美元，若将5亿乘以12倍或者是15倍的时候，就成为一个巨大的估值。因此即使我们认为大势可能变得更糟的时候，我们仍然收购了这家公司。其次，不仅仅是业务整合省下5亿美元，而且还可以通过授权他人在全世界各地开设酒店，不用投入任何资金，仅仅收取管理费，就可以再赚5亿美元。实际上，我们判断希尔顿在大环境不变的情况下很容易生存下来，而且可以额外获得10亿美元的利润。果然，在买下它的第一年就开始获得利润，希尔顿也重启发展进程。随着衰退大势的结束，希尔顿的资产价格也变得非常疲软。买下希尔顿的时候我们赚到了17亿美元，一年后利润增长至19亿美元。之后在金融危机中，利润又变成了13亿美元，我们坚定地执行了既定的计划，最后利润高达140亿美元，成为私募股权历史上最大的利润额。人们普遍不理解我们究竟做了什么，对此我们试图解释，但唯一明白这一点的人是竞争对手万豪。

最后的结果证明我们的决策是成功的，这就是我们在假设大势将会崩盘的前提下，做了两个非常有利可图的投资决策，也许这就是黑石不同于大多数其他公司的原因。

朱民：这是绝对精彩的案例。在我看来，前两种情况相对容易，看到了新的模式决定停下来，还进一步看到了价值，您真的很信任您的销售团队，相信团队能够将资产成功卖出，所以您的冒险赢了，这样出色的案例完全应该入选哈佛商学院的案例研究。第三种情况更加令人惊叹，在市场暴风雨已经来临，信贷市场紧缩的情况下，您仍然决定冒险，那时候紧张吗？您有没有想过可能会失败？要知道您自己支付了 70 亿美元，尽管后来您赚了 140 亿美元，决策相当正确，但这些利润是在相当长时间内累积实现的。是什么让您下定决心买入，且相信自己可以在非常困难的时期慢慢地恢复呢？

苏世民：首先要做一名优秀的“天气预报员”，若知道会有暴风雨，一定要带雨具，无论是雨衣、雨帽还是雨伞。在黑石业务发展的过程中，就有类似的机制，假设情况可能会变得非常糟糕，那就需要精心设计所谓的资本结构，也就是精心测算借贷期限，以确保债权人不会在暴风雨来临时强迫你还钱。我当然认为房地产会变糟，它的崩溃必然会影响大势，对此黑石设计了足够的预防措施，安排了很多额外的钱来渡过这场风暴。也有部分原因在于我是一个看重长期回报的投资者，不担心这一两年会如何。我有一个座右铭，黑石的每个人都相信这个座右铭，即“不要赔钱”。所以我们做每个决定之前都会一而再、再而三地进行测试，任何投资都有可能出现问题。一旦认为有可能赔钱，我们就不会投，即使可能赚很多，也绝不会做赔钱的事情。黑石内部投资决议研讨的流程在技术层面上叫作投资委员会，对于每次的投资从来都不是只做一次投资委员会研讨，而是三四次，甚至更多。这种机制有效地保护了投资者的利益。一旦知道可能面临的风险是什么，就会问自己："如果出了错自己能挺过去吗？"这是一种与众不同的思维方式，听上去有点儿消极，但是这并非真正的消极，它对公司有保护作用，保护公司的声誉，保护客户的利益，客户从来都不想赔钱，即使可能让他们赚很多钱。

在黑石创立的早期，我经历过一次毕生难忘的经历，我们的投资亏损了，客户对着我大喊大叫。在家里，从来没有人高声说话，更别说有人对我大喊大叫了。我生来就对别人所说的话及说话的方式非常敏感。当时有客户尖叫着说我是个白痴，大喊着后悔遇见了我，而我就在这位客户的办公室里，我觉得自己分外难堪，我很惭愧，让客户失望了。此后，我对自己说，这样的事在今后的职业生涯中绝不能再发生。因此，黑石建立了相应的机制来保证不会重蹈覆辙。人们可能会说：苏世民先生，您很勇敢。不，其实我从来都不勇敢，我只是谨慎地寻找可能出错的地方，然后尽力设计一些机制来降低出错的可能，在判断可能创造出巨大价值时，我才决定投入。

朱民：黑石在房地产领域的三个迥然不同的投资决定中，第一个决定符合常理，在看到大势不好的情况下，决定不投；第二个投资决定从买入到卖出，只持续了 7 周，在大势不好的情况下，果断地买入再卖出；第三个投资决定是买入希尔顿，前后用了 10 年，才从其身上获得丰厚的回报。尽管三个投资决定不同，但其背后的原则都是一样的，就是在看到价值的同时，也看到了风险，并且分析风险、谨慎行事，精心设计措施准备应对风险。取得最终胜利的关键在于执着以及投入，这些都是您给予青年学子的有益箴言。

您在《苏世民：我的经验与教训》中写出的25条原则在中国已备受关注，读者包括金融人士、教师、学生以及普通人，他们对此进行了广泛的讨论,都认为它是生活中非常重要的原则。其中，第23条原则是：要雇用10分人才，因为只有10分人才会雇用其他的10分人才。那么，您说的10分具体是指什么呢？怎样才能找到10分人才？又如何保证团队里都是10分人才呢？

苏世民：就基本天赋而言，人是不一样的。比如中国跳水队，年复一年,他们总是在奥运会中赢得金牌,是世界上最棒的跳水队，为什么呢？因为中国跳水队招募、吸引特定性格类型的人才，用优秀的训练方法进行训练，这些人内心深处也有某种东西驱使他们比别人做得更好，每个伟大的运动员都是这样的。因此，自己不必成为那些最伟大的人物，但要找到你所在领域中那些能做到卓越的人才。无论你从事何种行业、在哪种领域工作，你要找的是一位天生的领导人，他充满智慧，善于管理人，第六感强，知道如何在黑暗里找到通向光明的前路。你要找一位有着良好个性的人，一位能调动其他人积极性的人，一位能评估他人才能的人，一位有着无尽的好奇心和决断力的人。同时，这位10分人才也能很好地处理压力，妥善应对压力对很多人而言都十分不易，在压力下，任何人的行为方式都会发生改变，面对压力永远不会紧张，这样的人就是天生的领导人，拥有着与生俱来的企业家精神，这样的人并非只在商业领域在存在，即使在学术领域也有这样的人，他能敏锐地察觉到该领域的新事物将走向何方，知道如何到达那里，并且能够带领团队到达那里。

在面试过的那么多人中，我能识别出一些独特的东西，这是50多年商业经验的积累。当候选人一进入面试间，我能够识别出来。如果是10分人才的话，他们的眼神中会有一些与众不同的神情，可以看到热情和活力，这就是人们常说的“眼睛是心灵的窗户”。你再与他们进一步接触时会发现，他们会认真聆听你说的每一句话，并且消化吸收。有的情况下，我面试候选人的时候，甚至没有特定的面试计划。如果我正在做让人倍感兴奋的事，一走进面试间我会开始和候选人谈论这件事。这样做的原因有两个，第一，因为我自己的确对这个事情感到兴奋；第二，我想以分享开始对话。如果候选人对这样的对话无所适从，那么他可能并非你想要的人才。如果候选人聆听你的分享，虽说我的分享并非今天既定的沟通内容，但真的很有趣，他假设自己就是你，代入你的思想里，完美追随你的情绪，那他就是10分人才。没错，因为他可以和任何人一起共事，可以在任何情况下全身心投入。你有很多方法可以识别10分人才，如果候选人的年龄超过40岁，那他的名声就代表他是什么样的人。如果你在面试一位45岁的候选人，你遇到的每一位认识他的人都说，“他是我曾经见过，或者共事过的最棒的人之一”，那么他非常棒的概率就会接近100%。如果你听到的反馈说：“他真是一位很聪明的人，但他身上真的有问题”，同时，你也会发现他的热情度非常低，即使你喜欢这位候选人，但他在你的组织中成功的概率非常低。因为不可能过往认识他的每个人都看错了吧？错的可能是你。而对于还不到40岁的候选人，他们仍然在尝试探索自己是谁，他们可能会遭遇挫折，在某些时候有人可能会不喜欢他们，你需要找出背后的原因，你要完全相信自己的直觉。10分人才非常罕有，他们一般都能够彻底改变任何组织，无论是大学还是智库，或是商业企业。

三、新冠疫情之后的美国经济与股市

朱民：现在我想就当前的形势与您讨论一下，比如说新冠疫情，美国目前的情况不容乐观。但是美国现在的政策倾向于重启经济，这样会导致遏制病毒的传播变得更加困难，您如何看待美国的疫情情况？其是否在一定程度上得到了控制？或者说疫情尚未过去，风险依然很高？

苏世民：对西方世界来说，新冠疫情基本上是一场灾难。新冠疫情在武汉地区被有效控制，但对中国的影响也非常大。中国实际上封锁或关闭了整个暴发疫情的地区，但西方并没有完全采用中国的防控方法。事实上，在美国人们还是在到处跑，所以疫情在西方世界传播得更快。新冠疫情是一种对老年人影响最大的疾病，80%的死者年龄在65岁以上。此外，体重越重就越有可能死亡，所以超重的老人真的很难对抗新冠病毒。西方经济体的防控措施是让每个人待在家里，因为这种病毒是通过呼吸系统或者飞沫传播，所以不和其他人接触就不会生病，这种非常原始的危机管理方式当然会大大减少病例的数量，但也会让其经济崩溃。因为除了在虚拟环境中工作的人，其余的人都待在家里，购物、消费等都会大幅减少，经济濒临死亡，基本上可以肯定会有一场严重的经济危机，但阻止病毒的传播比关注经济更重要，在人们足不出户两个半月后，各州正在重启经济。每个州都有权自行决定该州何时复工。新冠疫情病例数量很少的州很早就复工了，而纽约是最后一个复工的，所以美国的解禁是不协调的。解禁并非每个人简简单单回去工作就行了，每个州都有四个不同的解禁阶段，在逐步解禁的两个月里不同的州处于不同的解禁阶段，因此，解禁的影响究竟是什么尚未得知，但毫无疑问这是令人震惊的经济事件，没有人能够准确预测经济能恢复得多快。

中国的经济恢复得还是相当快的，中国的制造业现在已经非常强劲了，消费者也开始消费，到年底预计中国的情况将会完全恢复。但在欧洲和美国前景还不明朗，在年底前是否能恢复难以判断。从医学角度讲，疫情似乎被很好地控制住了，比如在纽约，高峰期时每天大约有800人因新冠疫情死亡，现在每天的死亡人数下降到了40人左右，所以死亡率急速下降，降幅达到95%。尽管还有新确诊的病例，但是数量较之前相比已经少得多了。唯一的风险是：复工后，大大提高了相互传染的可能性，可能会导致第二波疫情高峰。在一些已经解禁的州情况有所好转，确诊病例的增幅不大。就像在中国一样，美国的每个人对戴口罩、与他人隔离也十分在意，基本上绝大多数美国人害怕与其他人接触。新冠疫情本身最大的风险是11月，天气再次变冷，通常流感会出现，逻辑上来说可能会有另一波病例的增加，但是美国的医院已经为之做好了准备，我想美国能渡过难关。

朱民：看起来您不相信美国会出现“V”形的复苏，您认为是“U”形还是“L”形复苏呢？

苏世民：我认为会有不同形状的复苏曲线，其中一个就像耐克的标志，上升得很快，但是它不会一路走到最高点，中途会向下一点，我认为这取决于疫苗何时能够研发成功。现在存在三种不同的疫苗理论，有100多种疫苗正在研发中。通过与医务人员的交流，我相信随着数量众多的疫苗被研发出来，一定会有几种疫苗是有效的，问题在于有效疫苗能多快被完善投入使用，其生产和配送的复杂程度也很高，疫苗从产地运送到注射疫苗的人手中必须保持恒温，有人告诉我是疫苗只有在华氏38度时才有效，需要极高的精准度，但为数十亿人运送疫苗会面临很大的挑战。在未来的几个月内，并且肯定在2020年10月前，一些人体临床试验的初步结果将会为人所知。比如美国的强生公司非常自信疫苗会起作用，所以已经开始生产疫苗了。他们耗资10亿美元生产一种可能不起作用的药物，真是太了不起了。世界上还有其他公司也在为了人类利益做同样的事情，它们正在进行大规模的生产，并且是在疫苗的效用尚未可知的情况下生产，因为它们想尽快把疫苗生产出来保护大众，所以如果在9月或10月能宣布一两种疫苗有效的话，会产生巨大的经济影响。新冠疫苗若能成功会大大提振西方国家人民的信心。一家大型咨询公司告诉我们，他们认为美国需要两年半的时间才能使经济恢复到2019年的水平。同时，既有人说会恢复得更早，也有人说要更晚才恢复。其实，在大型复杂的经济体中很难做出准确的预测，只有让每个人都有工作，每个人都能像以前那样消费，经济才能回到原来的样子。事实上是失业率依然很高，在美国和西欧消费经济大约占整个经济的70%，在中国这个数字接近55%。在美国经济中占70%的重要消费者都是经历过高失业率的人，他们的净值在失业时往往会下降，即使他们找到工作也不会花光所有的钱，反而会试图重新开始储蓄，因为他们仍然有不安全感，所以复苏较之下跌需要更长的时间。

朱民：是的，前行之路依然崎岖不平，回到金融市场的话题，您认为疫情是否会永久性地改变金融市场？

苏世民：不会。新冠疫情不会与金融市场有太大的关系，目前西方股市大幅上涨，主要有两个原因，一个是利率几乎已经降到了零，所以借钱不再有经济成本。当利率降到零的时候，有股息的股票可以使人们在股市当中获得现金，从股市获得的现金流价值比平时要高得多。在这样的环境下，无法从其他任何地方获得现金，股票价值会飙升，政府印制大量的钞票发给失业者、给那些需要钱的公司，这样的话公司就不会破产。美国可能要花掉将近 5 万亿美元，与中国花钱投资基建刺激经济不同，美国所做的只是把钱发给人们，让他们有东西吃，帮他们渡过难关，直到他们能回去找份工作。同时美联储至少还能再花 5 万亿美元来稳定市场，甚至可能超过 5 万亿美元。美国的国民生产总值大约是 21 万亿，美国将花费至少 10 万亿来刺激经济，并确保所有的资本市场运作良好。但若美联储宣布，会购买几乎所有的证券，你会意识到买股票、买证券没有任何不利的一面，就可以放心大胆地去买了。具有讽刺意味的是美联储实际上花的钱比所有人想象得更少，原因是美国的资本市场正在蓬勃发展。像波音这样的公司，在没有人坐飞机的情况下很难卖出飞机，虽然政府认为波音需要向政府借款 250 亿美元才能渡过艰难时刻，但其实波音发行了低利率债券就渡过了难关，类似波音的这种情况很普遍。所以我不认为新冠疫情改变了资本市场，它带来的只是一个紧急的中断。

朱民：正如您刚才提到的，有一点是肯定的，股票市场正在蓬勃发展，并且出现强劲的反弹，标普估值（P/E）也回到高点，达到了 22 倍，在过去 20 年当中平均为 18 倍，您认为这种情况会持续吗？

苏世民：现在预估市场可能在两年内实现全面复苏。人们对疫苗的开发非常乐观，这种乐观情绪是有生命力的。有趣的是，市场并非像表面看到的那样，比如标准普尔指数，其所挑选的500只股票里超过30%的成分股是大型科技股和医疗保健股。现在科技行业已经繁荣起来了，医疗保健股的一些重要指数被歪曲了，普通股票的价格并没有那么高。当利率再次上升时，每个人都会对未来做出预测，这是我从事金融行业50多年的经验。今天的预测是利率长期不会上升，真正的意思是利率当然会上升，问题在于不知道什么时候上升，而真的上升的时候每个人却都会猜错，这种情况会持续一段时间，当利率上升时市场可能会达到顶点。现在有一种动力，你投资的每样东西都会赚钱，所以市场上投资者会继续去碰、去触摸。经济复苏的艰难时期一结束市场将会下降，但这一切都有待确定。还有我们公司黑石集团，危机宣布时股价是63美元，在4周内股价就跌掉了33美元，损失了将近一半的市值，而现在股价是59美元，又快回到60美元了。发生了什么？黑石怎么会坐上过山车了？黑石集团的市值是70亿美元，当初以40万美元创立，这已经是非常好的回报率，尽管花了35年才达到这个水平，不过结果还不错。

四、如何拥有成功的职业生涯

朱民：在过去的几年当中您捐赠了很多善款，其中不少是教育类的捐赠，比如说清华大学的苏世民学者项目、麻省理工学院等等，是什么原因让您这么做？

苏世民：在过去5年左右的时间里，我捐赠了大约10亿美元用于教育。以前，我从不从相信自己会有那么多钱，更不要说捐赠了。我和大多数中国人一样是白手起家，我的家庭没有特殊背景，只是普普通通的中产阶级，而我摆脱困境并取得成功的唯一途径是上了很好的学校，在学校我学会了如何思考。如果我入读的是很差的学校，从差的学校起步的话，我永远不会成为今天的我。为了子女的教育，我的父母曾经大吵一架："我们得搬家了，我不想我的孩子上这么差的学校。"当时，我父亲有一家小商店，我们就住在小商店附近，他不想搬家，但我母亲非常坚持，一定要搬家，让子女上好学校，最后我父亲让步了，于是我们搬到了教育资源很好的社区，入读了一所好学校，这次搬家决定了我今后职业生涯的发展。我后来入读了一所很好的大学，就是耶鲁大学，之后又上了哈佛商学院，所以从受教育角度看我就像是特权阶层，但从我的起点看我就是一名普通人。我相信，教育是好生活的通行证，我想帮助像我这样的人，让他们尽其所能成就自己。在我看来我的努力是有效的，我支持并资助成千上万的孩子在美国上初中、高中和天主教学校。我对人工智能自身，以及人工智能如何影响人类非常感兴趣，所以我捐钱给麻省理工学院启动了新的计算机学院，已经帮助麻省理工学院40%的学生获得了计算机科学学位，他们围绕这一点重组了计算机学院。我资助牛津大学建立新的人文中心，该中心下设了一个新的人工智能伦理研究所。教育对我而言是帮助别人的关键。英语中有一句谚语，意思是你赠给他人一条鱼只能让他们不挨饿，但你还可以教他们捕鱼，这样的话他们就不需要从你这儿得到一条鱼，他们的余生就可以自己去捕鱼。我对此深信不疑。

朱民：这条谚语恰如其分，中文中也有同样的说法，“授人以鱼不如授人以渔”，其中蕴含着深刻的思想。您在书中也谈到了您丰富的生活经历，您对他们有什么建议？如何帮助他们变成更好的人，以及拥有非常成功的职业生涯？

苏世民：第一条建议就是去买《苏世民：我的经验与教训》这本书，这是中国最畅销的商业书籍之一，你买下了这本书可以学到很多的东西。

第二条建议是你应该努力得到一份优秀的工作，它可以教你很多。一个人的职业生涯就像建造一座大厦，需要构筑一个扎实的地基，因此在一个能教你东西、展示做事的好方法、体现一个优秀的组织是如何运作的公司里工作，是你开始成长和养成良好习惯的捷径。

第三条建议是永远记住要做你喜欢的事情，因为对我们大多数人而言，只有喜欢了某件事情才会变得擅长这件事情。大多数人花时间最多的是工作，如果你不是发自内心地喜欢你的工作就不会享受工作，事实证明，不喜欢就不可能做到出色，因为要想出色，就要做最好的自己。不可能每个人都是一样的出色，关键在于与过去的自己相比如何做到最好，要做最好的自己就必须投身于你认为充满乐趣的领域，那么去上班这件事就是让你兴奋的。

昨天有个人打电话给我，他为黑石工作了25年，当时我是通过屏幕跟他通话的，他在伦敦工作，而我在美国。他说：“斯蒂夫，已经25年了，从我加入这个公司第一天起我就很兴奋，你允许我做了这么多有趣的事情，让我开启新的项目。在我年轻的时候你让我置身于一些特殊情景，那个时候想当然认为自己能处理好，但是直到我更成熟了，才意识到这有多么疯狂，当然很多次我们都成功了。现在已经干了25年了，我喜欢我这个工作。”想想有人说过这样一番话，也想一想你自己，作为一名学生，你刚刚开始一段旅程，你不知道这段旅程将会带你去哪里。我申请过几家法学院，但是没能进入任何一所优秀的法学院，反而考上了作为后备选项的哈佛商学院。如果我能考上哈佛或者耶鲁的法学院，最后很可能会成为一名糟糕的律师，因为我的思维方式与律师不同，所以法学院拒绝了我其实是帮了个大忙。总之，你必须进入你喜欢的领域。

最后，当你年轻的时候，你不是什么都知道，即使你很聪明，或者说你认为你很聪明，仍然有很多情况你不知如何应对。对你来说，拥有一些比你年长的朋友是非常有帮助的。所谓年长是指比你自己年长就行，不必非像我这样的年纪。但你要知道，一位比你大10岁的人可以帮你了解生活中各种事件的意义，而你往往因为年轻，自己虽看到一些事却不解其意，不知道如何处理它们，尽管你努力想做出明智的决定，但是做明智的决定不会如你所愿那么容易，因为你缺乏做出正确判断的背景。但是如果有前辈是可以与你交心的，你可以求助于他，做出明智决定的可能性就会大大提高。在西方文化中请别人帮忙提出建议是完全可以的，这点并非所有的文化都一样。换个角度，我们可以努力教导员工要为他们正在做的事做好准备，告诉他们不需要一个人去解决所有的问题，这与大学不一样。在大学里，每个人都是自己干自己的事情，独自做自己的发明，企业和其他的组织更像是团体性的活动，要让事情运作起来，希望你尽可能高效，要做到这一点，你应该选择去请教前辈，并且在30秒之内得出答案，而不是花3天时间想出这个答案。在现实世界当中，在30秒内得到答案比你花3天时间更加重要，因为组织中的其他人都已经知道答案是什么了，你就该向其他人寻求帮助。当你变得年长一些，你也可以帮助比你年纪更轻的人，这种开放性、支持性会让你学得更快、挫折更少、成功更多。

提问：在您的职业生涯中最重要的品质和技能是什么？学生们希望从您这里获得打开成功大门的钥匙。

苏世民：是有几把关键的钥匙。第一，要能意识到每个人都有自己感兴趣的领域，如果你能觉察到某个领域令你振奋，你才能知道如何定位自己。第二，你可以通过分析信息和模式来实现。我知道人类不喜欢改变自己的行为，这点中国也许有所不同，与世界其他地方相比，中国总是有很多的变化，但基本上，一旦某人在多数情况下成功完成了某件事，他们就不喜欢改变它，因为这个模式是有效的。然而，你必须意识到没有什么是一成不变的，一切终将被新的力量所影响。你必须仔细观察这个世界，以绝佳的方式来做事，一旦意识到你正在做的事情可能无法以这种方式得以永久延续，那么你必须时刻考虑下一步会发生什么，思考你正在做的事情可能会出现什么问题，你还必须想象在将来你想创造一些什么。如果你只是做销售工作，你必须想象一个出色的销售电话是怎样打的，你必须想象有人会说出什么样的话来拒绝你，而不是购买你卖的东西，你必须知道如何反应。我发现多数人对于如何做事很困惑，而我自己总是努力把它想透，并且在事情发生之前就想透、想清楚。当你能这样做的时候其实就不难了，几乎就是开启自驾模式了。这就是我的建议。

提问：您在书中谈到了成功，同时也谈到了挫折。在您的职业生涯当中最困难的是什么时候？您是如何克服的？

苏世民：其实我经历过很多困难的时期，像我一样在各种场合出现的人你肯定认为他们是成功的，并且他们似乎一直都很成功，将来也会继续成功，然而事实上并非如此。取得成就并非经常发生的事情，反而是偶然发生的事情，而且有些事情的成就得靠超过一般人的努力。我经历过很多挫折，比如你雇用一些人，结果他们令你很失望。再比如前面我们提到过，公司的第三个投资项目，是我做的决定，而黑石却为此损失了100%的资金。我遭遇的最难的时候可能是在我们出去筹集第一笔资金的时候，当时每个人都不停地说“不”。我记得那是个周五的晚上，当时我的妻子和孩子已经前往乡间，准备在那儿过周末，而我在执行一项非常小的任务，我们的基金没有任何销售业绩，我只得回家。结果打电话叫不到出租车，我只能走出去冒着大雨打车，可是一直没有出租车，我只能站在雨里被淋了大约20分钟，浑身湿透的我问自己：“我这过的是什么样的生活？为什么我要过这样的生活呢？”我曾经是一个重要的人物，而我选择离开公司去创业，星期五的晚上除了我没有人工作，现在我浑身被淋透了，如果再不能创造奇迹，那么我个人的创收能力要全盘崩溃，然而并没有奇迹出现，我几乎要放弃了，这就是实际情况。每一位你认为成功的人士，在开始创业的时候几乎没有一个人能以完全正确的方式，与完全正确的人一起得到完全正确的想法。几乎任何事情开始的时候都无从知晓将会遇到什么。我有过很多困难的时期。我记得有一天晚上，纽约的夏天非常炎热，当时家人不在城里，气温高达华氏100度（约等于37.78℃），我在二楼一家日本餐馆吃饭，一家非常糟糕的餐馆，但我没有钱，我开始感到头晕，生理上的头晕，我可以看到房间在旋转。我对自己说："我在做什么？为什么我会在这样一个破餐馆里？我本该有更好的生活，只要我为一个更大的机构工作就行了，我为什么要自己创业呢？眼看着我就要失败了。"经常有这样的情况，这有点像马拉松的长跑运动员，达到20英里距离的时候，你会说我要成功了，我会摆脱掉一切。在某种程度上，成功的过程是非常痛苦的。当你看到我侃侃而谈的样子的时，会认为我生活得很轻松，但你可以问一问遇到的名人，他们在不同阶段的心路历程是什么样的？他们的成功并非一次扶摇直上的旅行，不像一艘刚刚发射并把卫星送入轨道的火箭飞船，其实有些发射是不成功的，我们也需要有强大而稳定的情绪来创业和做事，尤其是当你所做的事情与别人做的事情完全不同的时候。如果做与别人一样的事情，也许只要比别人做的好一点你就能得到多一些的回报，但是如果你想创造出全新的东西，一旦成功就会让你在心理上和情感上感受到至高无上的双重快感。当然，它也许也会让你处于极度低落的状态。

提问：这个问题是问两位对话嘉宾的：您认为未来有哪些行业会迎来新的发展机遇？

朱民：我们生活在一场科技战争中，创新无处不在，尤其像5G、VR/AR、人工智能、云计算和大数据，这些技术将从根本上重塑整个世界。所以我总是说科技才能代表未来的产业或者部门，因此我鼓励学生们要选择更多的科学课程，而不是社会课程，如果你做好准备学更多的物理、数学和现有的计算机科学，那么将会对你大有裨益。因为未来属于技术，从更广的范围看技术将会转移到所有的领域，会进入所有的行业部门，比如说金融科技。

制造业已经数字化，现在快递业也采用了数字化的系统，有网上购物、网上娱乐等，一切都已经开始变得数字化。所以更广泛地来说，所有的部门都将数字化，几乎所有的行业都会包含技术。对于年轻一代来说未来将是美好而广阔的。

苏世民：朱民博士对技术的看法，我绝对赞同。技术存在于每一个企业或组织中，一切都会在某种程度上被颠覆。科学技术既是解决方案的一种途径，也有可能产生问题，所以你必须把它作为你工具箱的一部分。我认为，随着社会老龄化的加剧，医疗保健将会变得越来越重要，科学技术在医学领域有巨大的发展潜力。在金融领域也是，金融总是这样，它很有趣，只要政府不停地甚至永远地印钞票，就会有更多的钱，有了更多的钱就要拿钱去投资，因此金融也是处于扩张的行业，而且总需要方法来管理金钱和分配金钱，去帮助他人和创造事物，因此我认为金融业将是保持强劲增长的重要领域之一。

（本文编译：郑卫华）

雷军

1969年出生于湖北仙桃。全国工商联副主席，小米科技创始人、董事长兼首席执行官，金山软件集团董事长，顺为资本创始人。

1987年，雷军考入武汉大学计算机系。受《硅谷之火》中创业故事影响，在大学四年级的时候，雷军开始创业。

雷军在科技行业拥有长达30年的创业经验，是中国互联网的代表人物，也是中国供给侧结构性改革和制造业转型升级的领军人物，曾被美国《时代》杂志评为全球百位最具影响力人物，被《连线》杂志评为中国创新的代表。他所创办的小米公司，专注于智能手机、智能硬件、大数据、人工智能等前沿科技，凭借“感动人心、价格厚道”的优质产品和“硬件+新零售+互联网服务”的创新商业模式，仅用七年时间就实现了千亿元营业收入，目前已经进入80多个国家和地区，并在全球40余个智能手机市场中位居前五。同时，小米投资孵化了超过270家企业，组成了强大的生态系统，IoT（物联网）平台连接超过1.96亿台智能设备。2018年7月9日，小米在中国香港证券交易所成功上市，是继阿里巴巴、脸书之后的全球第三大科技企业IPO（首次公开募股）。小米在2019年《财富》世界500强榜单中排名第468位，成为史上最“年轻”的500强企业之一。

小米九年：创新、变革与未来*

一、小米的初心

小米是怎么样的呢？从九年前在北京保福寺桥边上银谷大厦，一个很小的办公室，十多个人，一起喝一碗小米粥开始“闹革命”。之前我们这些人从来没有做过制造业，也从来没有做过硬件，我们主要是来自金山、谷歌、微软的一群做互联网的人，但我们看到了一个很大的问题解决不了。什么问题呢？就是咱们中国是世界制造工厂，制造业厉害得不得了，但没有什么真正的好产品，满大街都是山寨手机，这就是 2010 年在中国普遍的现象。

说实话，40 岁创业和 20 岁创业最大的差别是，一上来不认为自己会成功。我认为成功的概率很低，如果我们全力去试，输了也没有什么，输了至少自己不遗憾。初期创业一年半，我隐姓埋名，因为我担心我在做这个公司的消息一旦公开，满世界都关注，给自己的压力很大。我跟大家说：偷偷地干，这样自己压力比较小，干砸了也没有什么。我们克服了很多的困难，创办了这家小米公司。

为什么叫小米呢？原先我们想叫大米，后来要“去高大上”，就变成小米了。叫小米以后，我们决定继承“小米加步枪”的精神开始艰苦创业，我们在初期的时候，像中关村几万家普通的创业公司一样，

---

* 演讲时间：2019 年 4 月 4 日。演讲地点：清华大学主楼后厅。

租了一个很小的办公室，规定出差只能住快捷酒店，飞机只能坐经济舱。我跟我们这群人说：“要是天天坐商务舱、头等舱，住五星级酒店，还创啥业！”刚开始我投了 1 000 万元，1 000 万元对于很多创业者来说是很大的数字，但还得看你做什么事。开一家餐馆 1 000 万元足够了，但是如果做手机，1 000 万元真的是少得可怜。

小米创始人在各自的领域里都挺厉害的，凝聚在一起是为了一个与众不同的梦想，就是希望用我们的能力改变中国制造业，做感动人心的好产品，把价格做实惠，造福世界上的每一个人。

这就是我们的初心。

九年前，我们只有 1 000 万元，一群从来没有做过硬件的人开始创业，进入的第一个行业是智能手机业。这个行业当时有谁呢？有苹果、三星、中华酷联（中兴、华为、酷派、联想），全是巨无霸。一家在中关村只有十来个人的小公司，杀入一个全世界竞争最激烈的战场，奇迹发生了——小米只用了两年半，做到了中国第一、世界第三。如果回到九年前没有任何人会相信，连我自己都不信。

然而我们保持中国第一的位置两年以后，开始下滑了。在我们下滑以后，有很多批评，甚至是黑稿。我们自己分析，其实原因很简单，那就是光有互联网思维远远不够，如果我们对传统制造行业的经验缺少敬畏之心，缺少愿意学习的心态，那么我们打不赢这场仗，无论我们掌握了多么先进的“武器”，如果没有良好的基础，还是一定会输。

从 2016 年开始，小米强调补课，向传统产业学习，放下身段逐个对标。当时，在手机行业历史上没有任何一家公司销量下滑还能够活过来，一旦失去信心，便会加速下滑，基本上是坠入死亡深渊。结果第二个奇迹发生了，小米从 2016 年滑到谷底，在 2017 年卖了 9 400 万台手机，2018 年 1.18 亿台。在 2017 年的时候，我们排世界第四，前面有三星、苹果和华为。

在这张亮丽的成绩单上，我再给大家分享几个数字，这些数字也表明了小米的创新性。第七年的时候，小米的收入是 1 000 亿元，达到这个收入数字，苹果用了 20 年，脸书用了 12 年，谷歌用了 9 年；国内大公司收入过 1 000 亿，阿里巴巴用了 17 年，腾讯用了 17 年，华为用了 21 年，而小米只用了 7 年。

我们前不久公布了 2018 年财报，小米创办第八年的收入为 1 749 亿元，同比增长 52.6%；利润 86 亿元，同比增长 59.5%。这个业绩是在去年中美贸易摩擦下行压力进一步加剧的前提下创造的，但是在如此大的压力下，小米的成绩单都是呈现 50%、60% 的增长。而且小米的国际收入占比超过了 40%，小米的产品进入了 80 多个国家和市场，在 40 多个国家的智能手机市场排到前五位。

比如说像印度，小米进入印度市场三年以后在当地排到第一位，现在连续八个季度在印度排第一，我们在印度占了 30% 的市场份额。我们把印度市场做起来以后，最近的主攻方向是欧洲，在过去一年里，我们在欧洲的销量涨了十倍，在西班牙等一些国家排到前三位了，这说明小米模式被充分验证了。

小米 2018 年成功 IPO，最大的好处是什么呢？是小米财报透明了，我们用这些钢铁般坚实的数字来说明小米模式所取得的成绩。图 13.1 是 2018 年 7 月 9 日小米在我国香港主板上市的现场。

二、小米奇迹的背后：创新驱动

小米的创新点在什么地方呢？其实李克强总理说了一个词叫“互联网 +”，我们就是典型的“互联网 +”。用互联网模式做硬件，是一种高维度的创新。我们是怎么做的呢？

图 13.1　2018 年 7 月 9 日小米集团在香港主板上市

（一）和用户真心交朋友

这说起来很简单，但是做起来非常不容易。互联网有一个最大的好处，就是直面用户。初期的时候，我带头，所有人都在网络社区里倾听用户的声音，搜集了 2.1 亿个帖子。我们有一整套以用户反馈驱动产品改进的研发逻辑，以前做硬件都是大家规划好以后干一两年出一款产品，我们不是，我们把互联网快速迭代的方法引入了硬件产品的研发，关注用户意见，及时改进，用一整套漏斗模型把手机系统做到了每周迭代，当做出来的时候很多人非常惊讶。我们坚持到今天，主要是针对两三百万的铁杆粉丝做每周升级。互联网分分钟可以连接上亿人，这种技术手段可以帮助硬件公司快速跟用户面对面，使整体研发效率和研发方向的准确性得到大幅度提升。

我亲自带头发微博。在 2019 年小米 9 发布前的一个星期，我发了 97 条微博，于是"米粉"亲切地评价说我是小米公司第一数码博主。这些微博全是我自己发的。其实我每天都很忙，用所有的碎片时间跟用户沟通，还把用户的每条反馈都看了，这是一个巨大的工作量，但是我认为这是我在小米最主要的工作——跟用户沟通，搜集用户意见，提出问题，决策我们应该做什么和不该做什么。今天上午我们开了3个小时的会议来谈针对用户意见的改善，100多个高级主管在一起，我说我们现在做的事情就是坚持初心，坚持跟用户交朋友，坚持根据用户的意见去改进。不要觉得我们规模大了，不要觉得我们怎么样了，这些都不重要，重要的是我们做的是不是用户要的东西。

有些大品牌高高在上，我们不是，我们是真诚对待用户，把用户当朋友。小米跟用户是平等的，这样的结果就是，我们是全球罕见的拥有海量粉丝支持的公司。

图 13.2 是小米第二次发布产品的时候，刚一亮相就得到了用户极为强烈的支持。

图 13.2 小米北京发布会现场

图 13.3 是小米在印度办的一场发布会，现场有上万人，堵了好几个小时。

图 13.3　小米印度发布会现场

2018 年 5 月，法国的第一家小米之家店开业时下起冰雹，但还是有很多人坚持排队（见图 13.4）。

图 13.4　法国第一家小米之家店开业

在西班牙更是如此（见图 13.5）。我认为这套模式对全世界每个人都有价值，就像我当初提的，让全世界每一个人享受科技带来的美好生活。

图 13.5　西班牙的小米之家

这一套模式的核心是“感动人心、价格厚道”，其实每一家公司在产品发布初期都有一段价格厚道的时候，都采取过价格战，但是这些公司把性价比当成战术，而没有当成价值观。我也特别害怕 10 年、20 年以后，小米也变成了我曾经憎恶的公司，如果我们上市以后市场压力大，股票涨涨跌跌，扛不住压力乱来怎么办？于是在上市之前，我们出台了一套“宪法”——小米对用户永久性承诺，小米每年整体硬件业务的综合净利率永远不会超过 5%，如果超过我们都将回馈给用户。利润超了以后直接返现金给用户，这样的事小米干了 7 次，我们把这一条作为规定，每年请审计公司审计我们的利润率。

小米 2018 年的审计报告显示，小米整体硬件利润率低于 1%，也就是说用户买的每一个小米产品，我赚了不到一个点，而且我并不觉得羞愧。如果东西好了你让我赚一个点，因为我们还有 23 000 名员工要发工资，这就是我们赚的一笔小费，绝不牟取高利。小米用“法律”的形式约定了自己的净利润，这样的公司全世界没有几家。我曾经研究过什么叫创新，怎么创新。只有两件事叫创新：一是做别人没有做过的事情，二是做别人做过但失败了的事情。这样的事情肯定不好做，做这样的事情结果 99% 是输。我们国家鼓励创新，我们每个人都要创新，但是一定要意识到创新的后果是绝大部分会输，好的创新氛围应该能包容失败，包容错误，这样的文化才是创新的前提。我们不能讲成王败寇，成了就是英雄，输了就是笨，那样的话就没有人创新了。

我们和用户交朋友，是要达到一种境界——让用户愿意闭着眼睛买小米的产品。用户不用关心小米产品的设计，不用关心它的质量，也不用关心体验，更不用关心它的价钱，因为这些指标小米都是最优的。这就是小米的目标。

我们现在就约定了我们的利润率，只赚几个点而已，这是一种很极端的做法。但是一家公司有几万人的时候，如何保证所有人的想法都是一样的呢？

我在内部一直讲“优秀的公司获得利润，伟大的公司赢得人心”。我认为小米走的是伟大公司之路。我们不要斤斤计较利润的高和低，我们关心的是用户支持不支持我们，喜欢不喜欢我们，是不是喜欢我们的变多了，这是我们关心的事情。

（二）做感动人心的好产品

和用户交朋友不仅仅需要态度，不仅仅是限制利润率，更重要的是做出感动人心的好产品。初期我们整个创始人班子 100% 是研发工程师背景，平均 20 年行业经验，整天在想怎么做好产品。做好产品最核心的是创新和研发，小米的创新力被世界各个知名机构和媒体评价，在中国属于最前列，前不久《财富》杂志评定小米在中国创新排名第三。

再说一个关键问题，研发费用。总有声音说，小米的研发和友商相比没花多少钱。我们才创立八年，我们 2018 年在研发费用上花了 58 亿元，同比增长 83%；绝对金额在中国企业研发投资规模中排二十多位，预计 2019 年能排进前二十。我举几个例子说明小米在技术创新方面的成绩。

1. 人工智能

人工智能音箱是如今整个行业的制高点，小爱音箱出货量超过 1 000 万台，在中国排在数一数二的地位，小爱同学语音助理月活跃用户有 3 880 万，在中国排名第一。这种人工智能交互系统，用的人越多，系统越好。今天随着我们上千名人工智能方面的工程师的不断改进，用的人越来越多，我们人工智能产品的实用性也越来越好。

小爱音箱是智能音箱市场上数一数二的好产品。据日经中文网数据，小米在 AI 专利申请量方面全世界排第十一位，这个数字表明了小米在很多领域的投入远超大家想象。

今天大部分人用的是全屏手机，这个概念是由小米提出并发明的，小米在这个领域拥有 100 多项专利，我们在这个方面做了大量的预研工作，带动了全行业的换代和升级。

五六年前，小米开始做手机芯片，这需要很长时间。两年前，小米发布了第一代芯片。

在 5G 研发方面，2019 年 2 月小米在巴塞罗那 MWC（世界移动通信大会）上发布了第一部 5G 手机。

所以小米在研发上下了很多功夫，投入很大。

2. 设计

小米 MIX 手机这一款现代消费电子产品，先后被芬兰国家设计博物馆、法国蓬皮杜国家艺术文化中心和德国慕尼黑国际设计博物馆收藏，这体现了小米在产品设计水平上的能力。我们横扫了这个星球上最高级别的设计奖，包括 IDEA 奖（美国工业设计优秀奖）金奖、红点最佳设计奖、IF 设计金奖和日本优良设计金奖。我们可能是中国公司里拿设计奖最多的公司，总计拿了 200 多项。

小米逐步形成了整体的设计感，被称为 MI-LOOK。小米在内部极其重视设计，最早的创业班子的八个人里有两个是专业设计师。我们在最初就认为，帮助中国制造业转型升级的关键点除了创新以外就是设计。

3. 品质

我在内部讲的一句话，后来成了金句："创新决定我们能飞得多高，品质决定我们能够走多远。"我亲自参加了公司内部很多次质量大会，我在那些会上常引用李克强总理讲的话，"质量之魂，存于匠心"。过去一年多，凡是中国有评选质量奖的活动我们大都参与了，而且基本上我们都获奖了。

手机行业的行规是 12 个月质保，我做手机第一天就问：为什么是 12 个月？大家说苹果、三星都是 12 个月，华为也是 12 个月。从今年的 Redmi Note 7（红米手机）开始，小米产品开始提供 18 个月超长质保，因为我们对自己产品的质量有信心。小米手机的质量好到什么水平？我们在抖音上搞了一系列夸张的质量测试，穿高跟鞋在手机上踩了 132 下，手机完全没有问题，今天小米的手机质量远超过大家的想象。

（三）高效率的商业模型

中国的产品为什么做不好？还有最重要的一个原因是效率。我们做一个好产品成本很高，所以需要卖得非常贵才能挣钱。提高效率以后，就可以卖得非常便宜。把钱主要用在研发上，这样顾客就可以用很便宜的价钱买到质量非常好的产品。

谈到效率这个问题，我再科普一下商品的价格构成。一个商品的价格包括：原材料及制造成本、研发分摊成本（注意不是研发成本）、市场推广及广告成本、销售及渠道成本、利润。

用户买到的任何一个商品，其成本最核心的是两部分：原材料及制造研发成本和设计成本。我们的关键点是怎么来降低和消解这些核心成本。我们要把一个产品做好，原材料及制造研发成本、设计成本这两项是省不掉的，甚至可能要做得更夸张。我在创办小米的时候，只有十来个人和 1 000 万元，初期选择供应商，不是苹果供应商不用，不是三星旗舰手机供应商不用，挑选供应商的门槛巨高无比。为什么小米手机在初期一出厂的时候就是世界顶级产品的品质？初期小米手机的平均售价是 1 999 元，当其他品牌旗舰手机都卖 4 000 ~ 7 000 元的时候，我们 1 999 元的手机的成本几乎都用在生产和制造上。到今天为止，小米用的供应商都是市场上排名第一的供应商。

研发分摊成本是什么呢？它不是研发成本总量，而是研发分摊到每一个东西上的成本，是研发做一款产品的成本。我刚开始做手机的时候，同行每年做 100 款手机，每一款手机花 1 000 万元，一共花了十亿元做研发，你们会觉得它很厉害，实际上我花了十倍，我只做一款手机，花十倍就是一亿元。虽然我总的研发成本只有它的 1/10，但是我花在一款产品上的钱是它的十倍。结果小米第一代卖了 760 万台。我们做很少的 SKU（库存保有单位），投的研发的钱却是很多的。

市场推广及广告成本方面，我办小米的时候又做了一个大胆的尝试，前五年零广告费，一分钱没有花过。不做广告产品卖不出去吗？不可能的。当然一分钱不花不太好，我们现在只花一两个点。

关于销售和渠道成本，我又做了一个很夸张的尝试，就是前店后厂。后厂生产了一部手机，前面我开一个网站叫小米网直接把产品卖了。这样运费和渠道费也降低了。

利润方面，最初利润我直接写成 0。这里涉及定倍率，就是定价和生产物料制造成本的比。电子消费品价格一般是生产制造成本的 2～2.5 倍，衬衣基本是 8～10 倍，化妆品是 20～25 倍，鞋子也都是十几倍。小米的目标就是把定倍率做到 1.5 倍，甚至 1.1 倍，卖到同行一半的价钱，这才能推动全社会的进步。

我有一次去美国的 Costco（好市多），感触非常深。新秀丽的箱子在国内一个大概卖 4 000 元，2010 年我在 Costco 买了两个新秀丽箱子，花了 149 美元，合人民币不到 900 元，是国内价格的 1/5。到今天为止美国 Costco 商品的价钱都是我们的一半或 1/3。

问题在哪里？其实美国在第二次世界大战结束之后，也面临物价飞涨、效率低下的情况，所有东西都巨贵无比，但是有一家公司改变了美国，就是沃尔玛。沃尔玛说，人们只用一半的钱，就能买到相同的东西。40 年前 Costco 说，任何商品的毛利不能超过 14%，今天在美国中产阶级只用 Costco，Costco 的净利就是一两个点。因此，关于低利润，世界上有很多伟大的企业都是这么想的。所以小米提出就挣一两个点，提升整个社会效率。

接着问题是什么呢？我们只挣一两个点，怎么能够找到这个星球上最优秀的人，怎么能有足够的研发投资，甚至有足够外部投资帮助我们渡过难关？这件事情很难吧，因为利润很少，很容易经营不好就破产了。我提出“铁人三项”，实际上我们既做硬件，又做互联网，也做电商及新零售服务，我们垂直整合，在你看不到的地方我们也要认真经营，所以我们采用了互联网模式来做实体经济。

我研究过 Costco 的利润，这么低的毛利基本上不可能挣钱，最高毛利不超过 14%，综合毛利为 7% ~ 8%，它居然不亏钱，我就琢磨它怎么挣钱，首先它收会员费，其次推广 Costco 信用卡，因为美国信用卡扣 2~3 个点，它实际上是“互联网 +”的早期模型。

小米 2018 年互联网服务收入有 160 亿元，同比增长 61.2%，这基本上就是我们的利润来源，互联网服务的增长还是非常快的。

电商完成以后，三年前小米开始在全国各地部署高效的零售系统。部署完零售店以后，公众对于小米品牌的理解迅猛提升，发现小米不像网上那些水军讲的很低级。这是我最引以为豪的，成本 100 元的产品，传统厂商卖 200 ~ 250 元，我们卖 110 元挣 10 元，这就是我们的模型，小米是全世界最高效的公司。

总结一下我的观点。

性价比不是战术，而是一种价值观，是一种商业模式，一种核心能力，背后是对效率的极致追求和死磕自己的决心。

如果没有高效率的商业系统支撑，搞负利模式只能是骗人的，想持续提供非常实惠的价格是做不到的。这里面含有两条重要的内涵：第一条，极致的效率；第二条，严于律己，死磕自己。

举一个非手机的例子。我相信你们每个人都买过 5 号电池，市场上平均一节 4 元左右，小米做了一盒 5 号电池，改进了三点。

第一，这些电池不是普通电池，而是环保电池，不含汞，可以随便扔，不会污染土地，电池容量跟传统电池一样，生产制造成本比传统电池高 15%。

第二，这是设计很漂亮的电池，传统电池会让用户容易换错，我们的电池设计得五颜六色，像蜡笔一样，这样用户不容易换错。

第三，零售价一盒 9.9 元（有十节），只要传统电池 1/4 的价钱，还带一个盒子。传统电池用完了扔在抽屉里很脏，我们设计了一个盒子，这个盒子可以当包装用，也可以收集废电池用，不要小看它，这是真实的用户体验。整盒成本在 9 元多。

通过这个产品，大家可以理解我们做了什么。所以，就像刚才我说的，没有高效率的运作，没有死磕自己，低利润的模式是无法实现的。

关于小米空气净化器。几年前国外品牌的空气净化器一台卖 4 000 ~ 10 000 元，很多人从国外买了带回来。当时北京雾霾很严重，我觉得我们不能发“国难财”。我们团队当时看了中国所有做空气净化器的公司，看看能不能给它们几个亿的投资，结果一找人家都不要投资，说到东莞开一个模具一台成本 200 元，能不能净化都无所谓，定价卖 2 000 元都缺货，轻松几个亿的利润，所以现在不需要投资。小米找到全世界最优秀的专家做净化器，性能超过同行 4 000 元、5 000 元的产品，最初定价 899 元，今天卖到 599 元。

三、小米的未来：手机 + AIoT

未来就是 5G 的春天，因为所有人的手机都要换成 5G 手机。我更看好 5G+AI+IoT，我认为这是下一代超级互联网，能够把所有的东西连起来。小米从五年多前开始做物联网，现在做到世界第一，在这个领域小米还会继续加速。2018 年底，小米定了未来十年战略——“手机 +AIoT 双引擎”，我们承诺在未来五年里投资 100 亿元在 AIoT 领域。

过去九年，我在管理上也做了很多大胆的尝试。我们把这些尝试叫作去 title（职位），去 KPI（关键业绩指标），去管理。在早期我也是禁止讲 PPT（演示文稿）的。我们的同事来自各大公司，PPT 做得都很漂亮，讲起来一个比一个能讲，现在小米一堆好看的PPT，每一次看到这么多好看的PPT，我就想过去一个月的工资又白发了，因为PPT做得这么好，一定花了不少时间。我有这些做法是因为我管公司20年以后想试一下，有没有真正高效的管理。我发现管理是一个悖论，管理就是控制风险，意味着不出现最坏的结果，不翻船，但是也不保证出现最好的结果。

十年前我就在想，有没有比大家传统意义上理解的管理更好的管理？后来我想明白了，更好的管理就是不管理。不管理比管理难很多，核心是找一帮优秀的人，找一帮不需要管理的人，塑造共同的愿景和目标，给足够激励就行了。什么样的人不需要管理？要有强大的责任心、强大的自我驱动力、强大的梦想和抱负，心甘情愿每天12点下班，不用老板看着。我们小米刚开始就是这样的，我们找了一群非常热忱的人来做，这个模式干了八年，取得了巨大成功之后，我们还是需要很冷静地看待怎么保证散布在全球80多个国家的23 000人都这样，怎么继承发扬小米创业时候的优良特点，怎么结合今天传统通用的流程管理，同时还要小心过度管理。

所以，我们又在摸索小米在创业第二个阶段的管理模式。我们做了很多事情。

第一，聚焦技术创新。

第二，强化总部管理职能。小米设立了组织部和参谋部：组织部聚焦资源管好关键干部；参谋部负责战略指挥和信息搜集，提高公司组织活力。

第三，梳理业务，提拔年轻干部。

我在内部讲过，其实流程和规范有一点像练剑。练到手中无剑、心中有剑，升华到无剑无我的阶段，这是武功最高的境界。在初期的时候，我们公司基本上不怎么开会，这样干了很多年，现在则一步一步导入管理，因为试验完了以后，管一两千人没有问题，有几万人的话，还是需要结合传统管理经验，我们现在正在探索的过程当中。

我在内部提了一个目标——“未来十年，增长十倍”。到底怎么增长？手机+AIoT就是增长计划背后很重要的逻辑。

我们始终坚持做“感动人心、价格厚道”的好产品。让全球每个人都能享受科技带来的美好生活。所以，这就是我们创办小米的目标，就是一群做互联网的人，喜欢消费电子，喜欢做硬件，希望用自己掌握的科技、经验和方法，来提升中国制造业，造福全球每一个人。

朱民对话雷军

朱民：首先我很高兴地告诉您，我花599元买到了原价899元的小米空气净化器，而且质量很好。我很高兴成为你们的粉丝。你们的使命我非常赞同，“感动人心、价格厚道”，这是您一开始就确立的目标吗？

雷军：我们一开始就是靠这句话凝聚了一群优秀的人。

朱民：小米的创业经历确实是一条很不容易的道路，包括客户关系、产品研发设计和质量、商业竞争等都充满挑战，特别是管理效率方面，把利润率控制在5%以内。您提到您是用互联网的思维在创立和管理一家制造业公司，互联网维度比制造业宽得多，这个维度怎么讲？

雷军：传统商业就是剪羊毛，互联网模式是羊毛出在猪身上。阿里巴巴是一家电商，大家理解的电商是收交易费和差价，实际上不是。阿里巴巴创办了一个巨大无比的集市，大家在里面免费买卖东西，不用交租金和交易费，但是店太多了，店铺需要买广告位、买直通车，阿里巴巴收广告费，成为一家商业搜索公司。微信是提供通信产品的公司，但并不收电话费，靠的是游戏和广告收入。

传统商业在推广一个产品时，推广费用非常高。推广费用高，所以定价高；定价高，所以推广难度更高。有点像死循环。互联网公司介入后，同一服务直接免费，一夜之间吸引了大量客户，有了人流量以后，盈利模式就出来了，有这么多人，收一点点钱无论在哪个领域都足够。互联网基本理论就是免费模式、注意力经济、长尾理论。

互联网企业也削减了和用户沟通的成本。传统企业卖产品需要借助一层层的渠道中间商，只能通过调研公司或者做用户调研，而互联网公司直接面对用户、研究用户。

朱民：您说未来是人工智能的互联网，这又是一个新的维度吗？

雷军：首先，关于为什么做IoT，我们认为有几条逻辑。

一是手机做成功了，很多人劝我们进入更多的领域做出变革。小米的的确确不仅是一家做手机的公司。我们希望把小米探索出来的经验向更多行业复制和普及，初衷是选100个行业开始复制和推广小米模式，让更多人因为小米模式受益。

二是做物联网。腾讯连接人，蚂蚁金服连接钱，小米想连接物，这是十年前我们的想法，所以从第一天开始，我们的战略叫以手机为中心，连接所有设备。第一个叫生态战略，复制小米模式。第二个叫 IoT 平台部，把这些设备连起来。所以小米在物联网领域做到 1.5 亿多台。说实话，连起来以后的问题就是海量数据基本没有办法管理，这个时候要用人工智能。

人工智能带来的影响是什么？小爱音箱来了，你会发现小爱音箱变成新一代路口和连接点。原来手机是这个世界的中心，你发现又有一个新的中心，就是小爱音箱。现在全球各大顶级互联网公司都在做智能音箱，因为智能音箱是下一代互联网的入口。

手机和小爱音箱都是连接点，把整个世界连接起来了。连起来有什么商业价值？这是投资人经常问我的问题，说实话我也不知道，我的观点是什么呢？它是百亿级的连接。产品连接一亿台，还没有产生“核反应”，但是我坚信，全部连起来以后，一定有“核反应”，这个反应是什么我不知道，但是我认为一定会带来与众不同的体验和感受。

朱民：这是一个千亿级的连接，毫无疑义。连接以后的商业模式是什么呢？

雷军：我经历了整个互联网和移动互联网发展，20 多年来，最终大家都找到了商业模式，只要不亏损，走着走着路就通了，路不是想出来的，是试出来、蹚出来的。我们有机会蹚出来。

朱民：5G 对你们意味着什么？

雷军：今天全球智能手机覆盖度已经饱和了，总量在下降，但 5G 意味着全球几十亿部手机要在 3 年之内换机，这是巨大的需求。

不仅是小米，其他产品也会受益。5G 时代边缘计算会给很多场景带来巨大变化。全球推 4G（第四代移动通信技术）的时候，视频电话只是一个很小的应用，最大的应用是娱乐，长视频看剧，短视频看抖音。我预计，5G 来临以后，影响巨大的依然是娱乐。

20 年前，我们看 VCD（影音光碟），分辨度低得可怜，后来我们看 VHD（高密度视频光盘）、2K，如果带宽足够以后，你看惯 4K、8K 后再回来看今天的 VHD，就会跟现在看以前的 VCD 感觉一样，这种体验是回不去的。现在电视全部是 4K 了，但是没有 4K 内容，原因不是内容产业跟不上，而是通信带宽不够，我相信 10 年之内，4K 到 8K 全部普及，你会觉得今天看到的影像很粗糙。

朱民：这特别重要，您提出一个观点，5G 的应用还是在娱乐消费产业。

雷军：今天大家普遍认为 5G 的典型应用场景是无人驾驶，无人驾驶的汽车上有无数部服务器，制造成本非常高，如果有 5G，根据高精地图，激光雷达捕捉到以后传服务器计算，如果低时延，迅速传出去给云，数据跟所有车和路、网连接。大家今天谈的 5G 最多是无人驾驶智能交通和智能路网，我也非常看好，但是我觉得需要时间。

现场问答

提问：请问智能硬件方面是否存在瓶颈？下一步突破是什么？小米在智能硬件方面有没有下一步打算？

雷军：智能硬件在十年前开始兴起，我觉得第一波已经过去了，第一波产生了非常多好的智能产品，包括无人机、智能音箱等。

现在这个阶段最热的智能硬件是什么呢？是跟智能家居结合的产品，比如智能门锁、智能门铃、智能猫眼，会进入非常多的场景。随着硬件设备成本的逐步降低和AI算法及计算能力的提升，智能家居跟生活结合的紧密度越来越高。

很多人讲了一个例子，智能门锁是你用了就回不去了的产品，不需要带钥匙了，用指纹也好，密码也好，手机也好，很轻松地就能把门打开。

智能门铃，一按门铃摄像头拍下来，家里面主人的手机会显示谁在敲门。这个成本未来会非常低，智能硬件会越来越跟我们的生活息息相关。

提问：我想问您的问题不知道会不会有一点冒犯。我之前用的是苹果手机，在换手机的时候，主要选择有小米和华为，周边同学觉得小米生态链做得非常好，如手环和扫地机器人，而手机大多数人觉得华为比较不错。您怎么面对这种竞争？

朱民：就是问您和友商的关系。

雷军：经过小米这八九年的努力，国产手机在中国的占比已经大幅度提升，已经占到80%~90%了，国产手机之间相互竞争极大地提高了国产手机在全球的实力，今天全球手机前六强有四强是中国公司，这背后多少有一些小米的贡献，你买哪家国产手机我都挺支持的。

提问：您在讲到智能音箱的时候，提到是“语言+AI”使得小爱智能音箱成为入口，您有没有考虑过其他产品，比如智能耳机？

雷军：人工智能语音交互越来越成为新一代流量入口，无论设备是什么。智能音箱只是设备的一种。语音交互和人工智能系统，可能最后体现为一个智能音箱，一个闹钟，哪怕是一个蓝牙耳机，关键是它能听得懂用户在说什么，能够给出用户需要的反馈。一年多的时间我们卖了超过1 000万台小爱智能音箱，它受欢迎的程度远超过大家想象。

提问：我是做基因检测的，想问一下小米公司在医疗健康方面有没有兴趣？

朱民：问您医疗产业的打算。

雷军：小米生态链系统做了一些相关的产品，比如小米手环血压计，但不是特别多，因为我们的精力很有限。小米现在更多关注大家电，比如空调、冰箱、洗衣机，以及小家电、厨电，漫漫长路要做的太多了。

提问：请问小米手机会碎屏吗？

雷军：会碎屏，只是碎屏概率是很低的，原因是什么呢？我们做了大量测试和改进，比如每一个边角增加了0.1毫米厚度，专门做了各个边角的增强。在玻璃工艺上，原来用0.7毫米，现在加厚了，对所有可能碎的地方做了处理和强化，这样做完以后，和前几年相比，手机耐摔性能得以大幅度提升。

朱民：一年多前，我和雷军在乌镇喝酒，喝得高兴，雷军把他的小米手机放进一锅刚上的滚热的猪蹄汤里，过了几分钟拿出来，照样可以使用。不仅耐摔，防水性也非常好。

提问：所有大互联网公司都在进军金融行业，小米在金融领域怎么布局？

雷军：金融这个问题相对会比较复杂。第一，我们拥有海量的用户，我们跟用户是直达的。第二，我们拥有海量数据。这样的话，我们对人的理解会提高很多。我们已经在做这方面的布局，因为金融的本质其实是数据。

提问：想请教您关于管理的问题。很多创业公司都死在了烦琐的管理过程当中，您能不能分享一下您无管理的思想。

雷军：不是叫无管理，我们表达成去管理，去形式上的管理，追求更高水平的管理。本质上是，第一找志同道合的人，第二找不需要管理、责任心强的人，第三思考如何构建利益共同体。

提问：小米 9 发布之前，您在微博发评论说，大家不要再期望小米是一个低价手机，但是小米 9 发布售价还是在预期之内，跟友商相比是低价手机，小米 9 是否会是小米最后一部低价手机？未来小米的定价是否会对标华为？

雷军：永远不会。这里有一个概念，低价和性价比不能画等号，高价不一定是好产品。有些公司利用人性定很高的价钱，把手机做成奢侈品。我想，社会进步到一定阶段以后，中国社会不会以奢侈品作为主流价值。

提问：我是一名教授，现在也在创业，在小米上市敲钟的团队里有一个女同志接近70岁了，您在团队选择上对年龄有何要求？

雷军：第一，找真正年轻的年轻人。我们小米高管里的确有一位女士是70岁，在小米创办初期我从来没有想过年龄问题，我们要找一群内心很年轻的年轻人。我们高管里的的确确有一群人年纪很大，但他们看起来非常年轻，心态也很年轻，年纪小但心态暮气沉沉的不是真的年轻。

第二，随着小米进一步壮大，我们还是需要建立30岁甚至30岁以内年轻人快速成长的通道，有的人年龄大了以后创新力变弱，我们要大胆启用年轻人，包括提拔年轻人和提拔年轻干部。在创业初期，找的全是有实践经验的人，他们加入小米时基本年龄都在30岁上下，原来没有意识到，不知不觉九年过去了，当初跟我干的那帮小孩现在都40多岁了。

提问：您刚才提到的利益共同体是怎么打造的？

雷军：第一，最重要的是要有共同的使命。我在印度的时候对印度公司同事讲，我们真的要认识到小米给印度带来的变化。小米推动了整个智能手机的普及，让更多人无障碍享受到信息，这是我们对印度这个社会做出的巨大贡献，靠这种使命感和自豪感凝聚了 23 000 人。

第二，建立持续公平的分配制度。我自己前期是做天使投资的，公司初期就如何分配利益、怎么设立游戏规则，有一整套成熟经验。难就难在公司员工达到几万人以后，如何建立简单可操作的、持续公平的分配制度，只有建立好分配制度，小米才会走得更远。

朱民：雷军是一个有理想的人，小米是一家有使命的公司，“感动人心、价格厚道”是一个了不起的公司理念。雷军没有停留在理念上，他把理念具体化成一整套管理措施，从减少广告营销和渠道费用来消减成本，同时维持产品的高品质，和客户交朋友，特别提出用互联网思维做制造业，并布局“5G + AI + IoT”。相信小米一定会成为世界上一家伟大的公司。

（本文编辑：刘冉）

鱼谷雅彦

资生堂的全球总裁兼首席执行官，此前，他曾在可口可乐日本公司和世界其他各地区担任不同职位长达18年之久。鱼谷雅彦于2014年加入资生堂，他也是资生堂创立140年历史上，首位从公司外部聘请的首席执行官。在他的带领之下，仅用了不到四年的时间，资生堂又重新回到了全球化妆品行业的巅峰位置，利润不断攀升，销售额上升，公司市值增长了五倍。加入可口可乐之前，他还服务过卡夫日本公司、花旗银行和狮王集团。

鱼谷雅彦是日本商界的传奇人物，同时也是一名真正意义上的全球领导者。鱼谷雅彦担任了很多社会职务，比如日本化妆行业协会主席、日本产业商会会长。他曾获得哥伦比亚大学MBA学位，也有一个幸福美满的家庭——太太和一对女儿，还有三只可爱的小狗。

唤醒睡美人

——146 年资生堂：持续增长、变革、全球化和未来 *

四年半前我加入资生堂，当时就好好地研究了一下公司的招聘制度，尤其注重关键岗位人才的面试环节。四年前我在纽约面试了一位候选人，她把资生堂比作一个睡美人。这位候选人在美妆行业工作多年，她评价资生堂是一家很好的公司，拥有高品质的产品和良好的口碑，不过资生堂却是一个睡美人，不够活跃。接着她说，但自从我执掌资生堂以后，这个睡美人渐渐苏醒了。所以今天，我就想和大家分享一下我们是如何唤醒资生堂这位睡美人的。

在加入资生堂之前，我在可口可乐工作了 18 年，2012 年初退休的时候，身体和心灵上都备感透支，所以原本打算好好享受退休生活的。

直到有一天，资生堂的一位外部董事突然来找我说："我们一直在考虑资生堂 CEO 的继任方案，现在有三位内部候选人和一位外部候选人，但最后我们决定，要聘请那位外部经理人作为资生堂 140 年历史上首位从外部聘请的 CEO。"我当时比较震惊，资生堂是一家非常传统的日本企业，现在居然要从外部聘请 CEO 了，这反映出日本社会也在发

---

* 演讲时间：2018 年 11 月 11 日。演讲地点：清华大学主楼接待厅。

生变化。我就问他那位外部经理人是谁。他说："就是你啊！"

这就是整个故事的缘起。当时，我没有立刻应允下来，我原本计划了好多其他事情要做。而且对我而言，美妆行业是一个完全不同的世界，虽然它也是一个消费品产业，但与饮料行业还是千差万别的。更重要的是，我也要征询我太太的意见，我早已许诺她，退休以后就和她去夏威夷享受二人世界。所以，我当时没有马上就同意。在经过一番思考之后，我决定接受这项挑战。当时我就在想：这是一项使命，我要把这家在日本非常伟大的企业，变成一家真正的全球化企业，让这家企业能够发扬光大至下一个百年。

首先，我想和大家简单地分享一下，在可口可乐工作的 18 年我都学到了什么。可口可乐是一家全球化的企业，大家都非常熟悉。这家公司最明显的特征就是，它的品牌影响力巨大。可口可乐的品牌估值为 800 亿美元，占到公司总估值 2 000 亿美元的 40%。所以我在那里学到，市场营销的战略对于拉近和消费者的关系十分关键。可口可乐遍布全球 200 多个国家，国际化的思维和视野是一条重要的原则，反应速度快和多样化也是关键。

我在可口可乐的 18 年，曾与公司五任 CEO 共事：

第一位是从古巴来美国的移民。

第二位是土生土长的美国人。

第三位是以前教数学的澳大利亚人——这有点令人难以置信。

第四位也非常有意思，我非常尊敬他，他出生在北爱尔兰，之后全家搬到了非洲赞比亚，他最开始是可口可乐在非洲的卡车司机，最后成为公司的 CEO。

第五位是土耳其人。

遗憾的是，五任 CEO 都不是女性。不过，虽然都是男性，但背景非常多元。我刚才说速度非常关键，是因为官僚体系其实是扼杀创新的一个重要因素。我学到的一条尤为重要的原则就是，这个世界是属于那些从不满足的人的。作为一家企业，必须不断前进，因为一旦停下来，实际上就在走下坡路了。

学到这些后，2014 年我来到了资生堂。

一、资生堂：一位“睡美人”

我在回顾资生堂的历史时了解到，1872 年，一位拥有远大愿景的 24 岁日本人（福原有信）希望把日本的传统文化和西方的科学文化结合起来，所以在 146 年前，他开了一家名叫资生堂的西式药房。而后，在福原信三的主导下，资生堂正式从药房转型为化妆品公司。图 14.1 是资生堂的第一任社长福原信三，图 14.2 是资生堂的诞生地。“资生堂”是什么意思呢？它其实源自中国古代《易经》中的“至哉坤元，万物资生”，资生堂的含义为孕育新生命，创造新价值。“至哉坤元，万物资生”一句可解作赞美大地的美德，她哺育了新的生命，创造了新的价值。这一名称正是资生堂公司形象的反映，是将东方的美学及意识与西方的技术及商业实践相结合，将先进技术与传统理念相结合，用西方文化诠释含蓄的东方文化。所以从一开始，资生堂就和中国文化有着千丝万缕的联系。

资生堂的创始人留下了三条非常重要的原则。

原则一：让产品说话，这意味着需要有质量和创新。

原则二：让一切丰盈起来，化妆品的精髓就在于要让消费者产生情感，这就要求有创造力和设计能力——资生堂的创始人早在 100 多年前就这样说了。

原则三：企业要做到国际化、全球化。

图 14.1　资生堂第一任社长福原信三

图 14.2　资生堂的诞生地

可以说，这些原则就是资生堂与生俱来的DNA。

今天来看，化妆品仍然是我们的主营业务，与此同时，我们还横跨了包括香水、餐饮、个人护理、零售等细分市场，在日本做到了第一。如果从个人护理细分领域来看，我们在全世界排名第六，当然个人护理不是我们的主业。而如果单看美妆产品，资生堂的排名会更加靠前。

资生堂在120个国家，共有46 000名职员，近60%的销售额都来自日本境外，资生堂的业务非常全球化。中国改革开放之后，1981年，资生堂在北京开了一家专柜。作为一家日本化妆品企业，资生堂的行动非常迅速，是最早一批来中国开展业务的外资企业。我们在北京和上海设有生产基地、营销公司、研发中心，在中国的员工总人数将近9 000人。资生堂如今在中国销售21个品牌，包括SHISEIDO（资生堂）、CPB（肌肤之钥）、IPSA（茵芙莎）、NARS（娜斯）、ELIXIR（怡丝丽尔）、AUPRES（欧珀莱）、urara（悠莱）、Za（姬芮）、PURE&MILD（泊美）、SENKA（珊珂）、AQUAIR（水之密语）、TSUBAKI（丝蓓绮）等，未来还会继续增长。

二、直面问题与挑战

唤醒睡美人要从哪里入手呢?

刚进入资生堂工作的时候，我对这家企业也不太了解。要是你的话，你会先怎么做呢?

我当时觉得，最重要的一件事就是要接触一线的员工，去倾听他们的心声，因为这些人是每天和顾客打交道的人，而顾客对于我们是最重要的。美容顾问每天都在忙业务，她们和每天坐在办公室里的员工不太一样。所以，我最开始就去和那些美容顾问聊天，包括跟在中国的美容顾问聊天。我很早就到中国，开始与一线的工作人员对话。有趣的是，美容顾问会跟我说一些非常有战略意义的事。

有一次，一个美容顾问告诉我，她的顾客实在太多了，所以小样根本不够用，但是总部又不愿意给她足够的预算去拿到这些小样。这背后其实就暴露了公司结构的战略问题：总部过度集权，就算是很小的一笔预算也得由总部控制，但是对接顾客的工作是发生在市场一线的，总部和一线员工之间的信任度不够。所以，我立刻就做出了改变，让每个人都得到足够的预算，因为这些一线员工才是最终决策该如何对待顾客的人。

还有一次，我记得非常清楚，一个销售经理在聚会后跑过来跟我说，我们太注重于给各个店做补给了，他发现有个问题，就是当时店里的库存不断堆积，其实应该关注的是如何把产品卖给消费者。我听了他的话，意识到这个问题其实挺严重的，必须要立刻解决。所以我们就进行了一次精准的核查，开始大幅度地清理库存，这次清理库存我们在账面上损失了两亿美元的利润。但我觉得必须要快速清理库存，只有这样他们才能重新洗牌，轻装上阵。

我在过去的四年，已经和全世界超过六万名员工进行了类似的谈话，这些谈话给了我很多改变公司的新想法。要想改变公司，我觉得必须先改变公司的文化。而要想改变公司的文化，首先得改变员工的思维和行为方式。比如说，从文化的角度来看，我刚才提到的给顾客小样的问题，就可以看出之前我们的公司关注的是内部，并没有很关注外部。当我问市场部门的人“你们每天都做些什么工作”的时候，大多数人都说在关注产品的研发，但就是没有一个人在谈论品牌的管理。当我又问销售人员同样的问题时，他们说正在想办法怎么让各个店多销售一些产品。但核心问题在于，我们要把店里的产品最后出货或卖给顾客，然后我们给店面运货进行补给，这不就是自然而然的事儿吗？所以这一点才是我们需要真正关注的。之前的做法太过短视，文化单一。日本的企业往往都是同质的，很少有多样性。这些企业在组织架构方面大都有一种共同的公司病，就是大家会觉得只把自己的工作做好就可以了，才不管别人怎么样。只要有这样的症状，任何企业都会每况愈下。所以我必须改变这种文化，转变这种想法。

从幕后管理的角度来说，管理层必须很明智，管理层是负责让结果兑现的，但是当遇到一些问题的时候，尤其是在像我们这样的消费品公司，要采取什么措施来保护产品线呢？如果削减促销、投资和广告投入，这样利润好似变高了，但其实品牌效应却弱化了，这样店面里的销售额就会减少，库存会增加，而由于库存的问题，销售员进货就更困难了。我觉得这样就形成了一个恶性循环。任何消费品公司都有可能陷入这样一个恶性循环，而这就是我们当时的处境。所以，我的工作使命就是要打破这种恶性循环，然后再建立一个良性循环。

三、唤醒“睡美人”

（一）制定超出常规的目标与文化变革

日本的商业发展在当时其实是在走下坡路的，大家都千方百计、绞尽脑汁地希望能够扭转局面。所以，我刚上任的时候在管理层会议上明确提出：“我们已经是日本第一了，让我们拥抱全球化。”对于当时的管理层而言，面对当时的大环境，很难接受让资生堂走出日本，进入全球市场这样比较激进的策略，我明白自己必须要推着他们走。与此同时，公司当时的销售额接近 70 亿美元，业务量在不断下滑，下一阶段的目标定在多少比较合适？所以当时我就说，我们为何不干脆取整制定一个 100 亿美元的业务目标呢？就相当于业务量再增加 30 亿美元。他们当时都不信我们能做到，态度非常悲观。我当时还问了我的“二把手”，他跟我说过资生堂最开始的业务收入只有四亿美元，他觉得如果他去跟员工说“我们可以实现 100 亿美元的目标”，大家会觉得他疯了。但是如果没有目标，就更是什么都不会发生；一旦有了目标，就可以全力以赴，没准儿真的能够做到。

我花了近四个月时间来说服公司的管理层同意我制定的目标和战略。之后，我们就提出要把公司推向全球化的理念，充分利用我们的优势，以及我们在日本、中国和其他国家建立起来的业绩。我制定了一个叫作“VISION 2020”（愿景 2020）的为期六年的战略规划，目标就是实现 100 亿美元的业务量和 10 亿美元的利润。尽管大家都觉得这个目标有些遥远，但后来我还是说服了大家。为了能够切实地实现这个目标，我把这个六年规划分为两个阶段。

第一阶段，重建企业基盘，2015—2017 年，尽快清理所有的历史遗留问题，强化我们的企业基础，在这个阶段，我并不期待我们的利润上升，因为这是我们在接受“手术”的阶段。

第二阶段，加速增长，2018—2020年，发展企业新战略。我们的关注点有三个：其一，创新；其二，市场营销；其三，从消费者和技术的角度而言，谁来实现这些愿景呢？当然就是人和组织本身了。作为一家公司，就像我最开始提到的可口可乐一样，应该要提升品牌的价值，这是企业的无形资产。尤其对于像我们这样的消费品公司而言，这一点非常重要。

再次回到文化的角度，我之前也提到过，文化应该变革，思想应该转型。

首先，要更加以客户为导向。要多看看外部，而不是一直纠结于内部。为了能够真正提升品牌，我最简单的做法就是聘请那些有在跨国公司进行全球品牌管理经验的人。为此，我们聘请了近100名员工。但这并不意味着我们要求之前做营销工作的人离开，他们仍然还在岗位上，我希望的是新老员工能够共同努力，互相学习。

其次，要有长远的规划。我要求每个部门经理都制订一份六年期的计划，告诉我需要做什么才能达到我们的目标，同时也告诉我需要多少钱。显然，为了改变公司让它成长，肯定需要钱。每个人都好好研究了一番，最后告诉我总的投入需要40亿美元，用于营销、生产、IT还有其他一些活动。这些预算最后都获得了批准。

再次，员工多样性。对于非常同质化的企业而言，其实这一点是有争议的，你是否可以规定一个限额或目标，比如说，30%的经理应该是女性，20%的经理应该是国际人士。但我觉得在像资生堂这样有历史的日本企业，如果我不去推动，根本不会发生改变，因此我就规定了，到2017年，30%的经理应该是女性。实际上，有很多在日本留学的中国学生也即将加入我们的公司。

最后，凝聚力。其实很多部门之间都是非常分散的，必须想办法把它们整合到一起，这样大家才能劲儿朝一处使。例如，就该让做销售和做市场的人紧挨在一起，而不是设立一个市场总部高高在上地俯视一线的人。大家都身处一室，这样组织才有聚合力，沟通也会更加顺畅，也会提高企业的灵敏度。

（二）多内涵的商业新战略

1. 高端品牌优先

我们有不同类型的产品。价格比较昂贵的是高端类，中间的我们叫大众化妆品类，相对平价的就有点属于我们说的个人护理类，一共三个类别。其实在过去的二三十年，一直存有争议，我们到底应该关注哪一类型？

作为一家化妆品公司，我认为要走向全球化的话，我们应该选择高端品牌作为战略优先项，比如 CPB 和类似的其他一些品牌。根据这样的战略方向，我们也做了一些收购，比如，我们在美国收购了 Laura Mercier（罗拉玛斯亚）。另一个优先项就是大众化妆品类和个人护理类。

2. 增加营销投入

我们很高兴看到在亚洲，人们非常关注日本制造的这些品牌的产品。我们刚开始为了扩大这些品牌在中国的销售渠道，投入了很多资金。我也向市场人员承诺，我还会提高市场营销方面的投入来建立品牌、投放广告、进行促销（见图 14.3）。接下来的三年，我们将累计增加 10 亿美元投入市场，这是一笔很大的资金。而且事实上，市场人员非常善于花钱，所以他们的花费实际上超过了 11 亿美元。

3. 节省管理费用

为了能够让我们实现额外的收入，我们就必须关注公司内部最新的进展，看看我们能够在哪些方面节省成本。我们聘请了管理顾问公司到我们在日本、中国和美国的分部，查看我们从供应商处获取的发票，然后我们发现有很多方法可以节省成本，最后我们节省了超过6亿美元的支出。所以说，我们真的是花了很大的功夫，来省出资金进行市场营销。

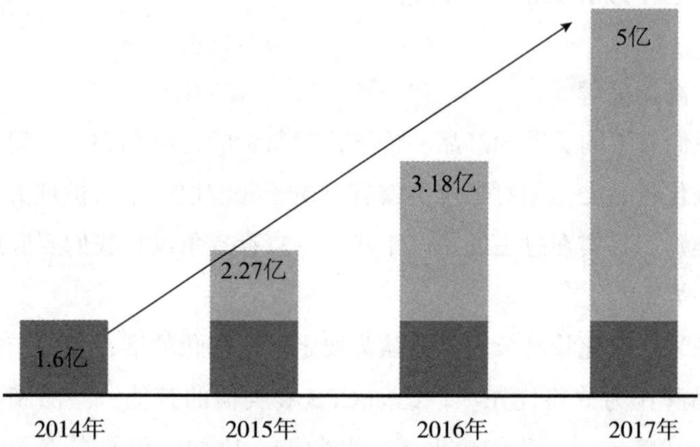

图 14.3　资生堂自 2014 年后逐年增加营销投入（单位：美元）

4. 增加创新研发投资

对于资生堂来说，研发也是特别重要的，当时我觉得产品研发方面有一点危机。我们的投资不够，所以我们就在销售额增长为30%的情况下把投资翻了一番，我们现在还在不断增加研发人员的数量。我们在横滨建成的新研发中心叫 Global Innovation Center（全球创新中心），这将成为全球最大的化妆品研发中心。在此基础上，我们还将研发部门扩展到美国的新泽西州，中国的北京、上海，以及新加坡。

现在我们谈一下技术和数字化转型。数字化给我们带来了一个新的平台，让身处化妆品行业的我们也进入了新的发展阶段。

5. 依靠信息技术提供个性化服务

新技术可以让我们实现为客户量身定制产品，这是一种新趋势。在一个成熟的市场，每个人都想通过自己的方式来获得服务。对于任何行业来说，定制化正在成为一个非常重要的趋势。对于美容行业，我们认为这将是未来之所在。所以，我们收购了硅谷、波士顿的两家初创企业。

第一家公司是由三个美国年轻人创立的。美国人去商店买化妆品时，因为肤色很不一样，所以必须花很多时间在店里挑色号，这家公司就推出了利用智能手机 LED（发光二极管）感知色号，然后通过三原色匹配，调制出顾客真正需要的颜色加入粉底液中，然后在 48 小时内交付，这就是一个消费品模型。我们收购了这家企业，现在产品和服务还在不断推进的过程中。

第二家是做颜色模拟的，通过人工智能，我们可以真正看到什么样的人真正喜欢哪种颜色，我们可以真正提供消费者想要的正确的颜色。

我们还在日本开发了一种叫 Optune 的产品，它是一种 IoT 个性化护肤品，使用机器和安装在智能手机上的 App，结合每个人每天不断变化的肌肤状况和肌肤环境，提供不同的护肤服务。2018 年 3 月，资生堂开始限量销售测试版，并基于用户们的意见，对机器、App 以及 CRM（客户关系管理）等进行各类验证和改良。

6. 扩大电子商务和战略伙伴关系

谈到数字化，中国显然是电子商务的领跑者。我们正在与中国的电商平台合作，特别是和阿里巴巴这样的企业拥有紧密的战略合作伙伴关系。通过与电商平台的合作，我们的销售额的确实现了增长，资生堂在中国 26%的业务是通过电商平台进行的，所以电商真的打造了一个新的消费趋势。我相信在未来的几年，我们在中国的电商业务会占到40%，而在日本依旧是4%，在美国是10%。所以，在中国这个市场上，我们可以亲眼看见并且感受到这是一个电商的世界，能给消费者带来越来越多的愉悦体验。顺便提一句，我和马云见面的时候，他说他太太用的也是资生堂，我相信他说的是实话。

7. 人工皮肤技术

另外一项技术，是一年半以前我们在美国开发的，叫“二次肌肤”。现在越来越多的人希望能改变自己的肌肤，比如人衰老时会长皱纹，有的人去做手术提升肌肤状况，但我们不想进入手术领域，我们想通过技术来实现。麻省理工学院的一位教授研发出了一种非常有意思的液体，如果你把它抹在脸上，就能够遮住皱纹、色斑和松弛，这样你就可以看上去更年轻。晚上的时候，你可以把它撕下来，然后第二天早上醒来后再贴上去。我们正在努力把这项技术商业化。

8. 日本制造，重建供应网络

日本在经济泡沫破灭之后，经济停滞了20年，供应链发生了变化，每个人都不得不降低成本。现在，我们正努力回到正轨，在日本新建两座工厂，希望以此生产出更高质量的产品。

（三）“国际视野，本土行动”的矩阵式架构

我们来谈谈全球化业务。对于像可口可乐、宝洁等许多全球化的公司而言，最常见的组织模式是所谓矩阵式的组织模型，就是按地理位置划分区域，与品牌线形成矩阵业务单元的模型。

按地理区域来分，我们有六大地区。从水平上来说，通常是由品牌公司来管理推出新产品和做广告传播的品牌，各个地区一般也是矩阵式架构。我们两年前也是这样做的。作为一家典型的日本企业，资生堂东京总部非常集权，所以矩阵式架构也是组织结构上的一大挑战。

以前通常都是总部国际业务部门派人出去，在所在国家待 2～3 年以后再回总部，真的是一个非常集中化的模型。但在未来这样的模式是行不通的，无论是在世界各地的哪个市场，不管是中国还是澳大利亚，美国还是英国，我们必须拉近和消费者的距离。

因此，我们把六个地区称为地区总部，但并不是子公司，意思是我们在每个地区总部都有一名 CEO，具备包括财务、法律、IT 以及品牌在内的所有总部职能。因为对在东京总部的人而言，他们对于中国的法律、IT 几乎没有了解，同时在跨地区的国际化环境中工作的经验也十分有限。他们此前关注的主要是日本，因此这是一个巨大的挑战。现在变成国际化的企业，他们就必须用英语作为工作语言。

我们有六位地区 CEO，只有两位是日本人，其余四位是法国人，有非常不同的文化背景。遗憾的是，截至目前，他们都是男性。我正在努力改变这一点，我希望能有一名中国人在中国学习我们的业务，然后成为我们全球管理团队的一员，同我一起共事。我们不希望一家全球化的公司存在玻璃天花板，我们希望能够有更大的多样性。

真正的全球化公司应该善用世界各地的人才，而不是把所有的一切都交给东京总部来做。为此，我们建立了很多个“卓越中心”。在纽约有数字中心，我们聘请了很多来自不同行业的人共同制定全球战略，助力中国和日本的业务发展。我们刚刚在马萨诸塞州的波士顿剑桥建立了技术中心，通过类似我刚才提到的技术为全球带来一种新的商业模式，但这还没有实现。2019 年 1 月 1 日，我们还在上海办公室设立业务创新团队，这不仅对藤原先生（资生堂中国区负责人）非常重要，对我而言也是如此。

我们打算在中国投资，与创业公司、中国企业家一起共同创新。护肤品主要在日本，香水主要在法国，但并不只是供应当地的市场，还为全球业务而努力。我们要充分利用拥有的专业知识和人才。

还有就是跨国界营销。我们原来是以各个国家来划分营销范围的，比如说中国、日本等，地理上有一定的割据性，但这套在未来根本行不通，因为消费者正在变得无国界。每年，中国有1.3亿游客到全世界各地旅行，而且越来越多。全世界范围内，每年有12亿人在世界各地旅行，并且还在以每年4%的增长率逐渐壮大。我们看到很多新的机场正在建设当中：我知道北京很快就会有一座新机场建成，土耳其也正在建设伊斯坦布尔最大的机场，几周前我在阿布扎比了解到，当地也正为满足商务和观光旅游需求而建一座巨大的机场。互联网正在消除国界限制。因此，未来我们如何以跨国界的方式营销，将是我们下一阶段成长的关键。

让我们来谈谈人。再强调一次，我认为无论我们提出什么样的战略，最后真正来执行和实现的，归根结底还是人，而且提出这些战略的也是人。人力方面，资生堂付出了很多资源和精力，招聘并培训人才。2017年，我们培训了50多万人。我们正在新加坡建立一个学习中心，已于2018年12月开放，并将很快开设中国学习中心。

此外，多样性能够推动人们高效地工作。因此，环境也很重要。在我们公司，50%的董事会成员是女性，我们已经实现了管理层有30%是女性这一点。在东京总部具有海外工作背景的人数已增加到180人。我们正在变得真正多样化和全球化。

两年前，我们出台了一项重大决策，要将英语作为包括东京总部在内的工作语言。之前在有说英语的人参加的会议上，如果他们要求日本人发表观点时，日本人总说“很抱歉，我不会说英语，所以我用日语来说吧”，但其实他们的英语说得很好。所以，人们需要的真的只是鼓足胆量，犯错并不重要，这是一种心理锻炼。这不是语言问题，这更像是你的心态和思想决定了你的行为。所以我要求从2018年10月开始强制执行，而我们也提供了英语培训课程。现在东京总部，

3 000 名日本员工正在努力学习英语课程，我为此感到自豪。

资生堂日本公司中，69%的部门已经拥有女性经理，这是一个非常高的比例。我们还实现了 30%的经理是女性的目标，我们争取到 2020 年该数字达到 40%。在日本公司中，资生堂是女性赋权排名第一的公司。

现在，外部投资界在做出投资决策时关注的一个非常重要的指标，就是我们的多元化。基本上如果问我核心的业务方向是什么，我都会回答是走向全球，这并不意味着我们要偏离日本文化，而是在此基础之上，将其与其他文化相融合。去其他国家做生意时，必须要明白这点很重要。必须要学会融合，不能只是同质地拥有单一的文化，靠此来做全球业务。所以，这是融合与多元化的文化，不是单一的文化。

作为一个管理者，要亲力亲为。不能仅仅坐在办公室里发号施令，而要真正了解市场的动态和细节，这并不是说管理者要事无巨细亲手做业务，而是必须真的懂业务。尤其是像我这种情况，我真的想将资生堂变为一家全球化公司。所以，我必须认真地告诉别人，我们必须改变公司。但四年前刚来的时候，我比较惊讶，因为当我和很多人谈到这一点时，他们都说“我们过去也曾试图改变公司，但最后都没用，所以我们怎么能指望像你这样从外界来的人能够让公司华丽转型呢，我们都已经放弃了”。这是许多人刚开始的普遍反应。

而我会说：这不是我的公司，而是你们的公司，如果你们都不采取行动改变这家公司，那公司当然就不会改变。无论你们是否想要改变公司，采取或不采取行动，这都取决于你们。所以人们才开始做出改变。但作为管理层，当我要求员工做出承诺时，我也必须兑现自己的承诺，所以我开始在市场开发、供应链、研发、人才方面加大投资。因为如果我一边说要做出改变，一边又削减投资，人们就不会再相信我了。

因此，当要改变公司的时候，管理层和员工都需要做出承诺，这是一种相互的关系。

四、“睡美人”被唤醒

幸运的是，睡美人已经醒来——销售已经开始实现两位数的增长。实现2020年的销售目标对我们来说不是问题，甚至可以比计划提前完成——我们现在比原计划提前两年实现了10亿美元的利润目标。

中国的业务增长非常快，我甚至觉得，2020年的目标都太过保守了，我们可以实现更大的目标。对于公司价值而言，如果我以市值作为公司价值，那我们已经增长了五倍。这就是人才的力量，我只是释放了这些力量而已。我告诉他们：“你们可以做到，不要担心你们的老板或规范，你们只要去做就行了。尝试改变公司，正如我所说，这是你们的责任。”

资生堂的一个重要原则，就是将员工视为家庭成员，我们称之为“资生堂家族”。即使在美国或欧洲，这个概念也行得通。像美国虽然更多地强调个人主义，但它也在寻找一些让组织内成员团结起来的东西。这就是人类的本性。

不过，当人们看到复苏的转变而开始变得自信的时候，就必须要非常小心了。我会告诫他们，我们要有自信，但不要傲慢，因为我们还没有达到想要实现的目标，还有很多工作要做，挑战将持续下去。不是说现在已经实现了100亿美元的收入就可以了，接下来怎么能达到200亿美元的目标？怎样才能真正将盈利从10%提高到15%？这是我们的下一个目标。

怎么能够成为一个让全球更加信赖的公司，我想跟大家总结一下我的经营理念。企业不仅仅是自我的存在，我们被利益攸关者包围，我把员工放在了中间，我们还有包括消费者在内的社会、商业伙伴和社区，然后是股东。有一种观点是，我们应该更多地关注股东，因为他们拥有公司。虽然这是事实，但我不这样认为。我会把员工放在最中间，因为员工会持续创新，创造更多的价值，让我们的消费者更满意。这也就意味着我们的业务将会增长，并获得更多的利润，最后回馈到股东那里。员工、消费者和股东，这三个利益相关者同等重要，而不仅仅是股东重要。作为 CEO，可能会向股东倾斜，希望给他们带来更大的红利，但这对于公司发展而言，并不是正确的。

在与社会的关系方面，尤其随着世界各地的“千禧一代”和年轻消费者的崛起，人们都在说“公司是透明的”。

在这种情况下，我们设立了三个优先事项。

第一，环保。过度使用包装会引发一系列环保问题。所以我们正致力于创新，将包装材料替换成可生物降解的塑料。

第二，在此过程中，女性赋权也非常重要，对于我们公司更是如此。

第三，文化。现在 ESG 这个概念已经变得很普遍了，但我觉得应该是 ESCG，还应该加上 Culture（文化）。资生堂在传播、创造文化上花了很多时间，积累了丰富的资料，我们很乐意向社会和消费者展示这些资料，我们总是把社会和文化活动放在优先考虑的位置上。

为什么资生堂会出现在这个世界上？我们并不是为了销售化妆品而存在。我们的目标是让消费者享受健康和快乐的生活。当我们问消费者，“美丽对你来说意味着什么”时，很多人说：“我认为它给了我信心，激励我，赋予我力量，让我可以做生命中的任何事情，与他人建立关系，带来身心的健康。”因此，我们的业务，特别是在美容方面的创新，无论是我刚才所谈论的环保包装还是数字化转型，我们都希望能让消费者真正获得更好的利益和价值。通过这一点，我们相信我们可以改变世界，这是我们的使命。

在中国，我们取得了很大的成功，但对我们来说，中国的未来将会发生更巨大的变化。在过去的40年里，中国已经成为世界工厂和世界市场，接下来将会成为创新的源泉。我之前提到了一些美国的创业公司，但我也想与中国的风险投资基金和创业公司合作，打造新的商业模式。资生堂之所以在上海组建创新团队，就是希望能与更多有创新想法的中国人建立联系。年轻人将改变世界，所以我很乐意与年轻人联系，听取他们的创意。

这种方式不仅适用于中国市场，也适用于全球市场。所以我期望通过这种方式，能共同为世界带来许多新想法。中国的企业很快就会变得比日本更大，因为中国的市场在不断增长，国内生产总值也在增长，这里有巨大的市场和优秀的创业家。因此，我的愿景就是，希望资生堂可以成为全世界的第一流品牌，被中国的消费者所喜欢和信赖。像我刚才所说的，睡美人已经醒来了，她即将振动翅膀，飞向天空。

朱民对话鱼谷雅彦

朱民：资生堂对员工、文化、责任和愿景的关注我们都感受到了，这非常有意思。您刚才也提到了您的管理原则，那您个人的领导风格是什么样的呢？您觉得您是一个比较好说话的人还是很严格的人？

鱼谷雅彦：我当然想做一个好说话的人，但是有的时候不得不比较严格，尤其是在做一些重大决策的时候。我其实是一个相当乐观的人。当发现新的问题时，我不会每天都在公司钻牛角尖关注这些问题。因为如果只是盯在问题上，我肯定会觉得生活越来越无趣，太太也会劝我离开这家公司。因此，我试图去看到那些正向积极的东西，然后和人们不断地交流，我真的很喜欢和人交流。

朱民：所以您其实是像音乐剧的指挥，而不是战场上的司令官？您和人们交流积极的事情，然后引领人们前进。

鱼谷雅彦：拿我在可口可乐公司工作的经历来说，我当时在可口可乐一个特别重要的子公司，和我们美国的总部之间一直关系有点紧张，因为他们不太懂我们在日本到底应该做怎样的决策，所以我总要奋力争取。1996 年一整年，我记得我为了说服管理层，一共往亚特兰大飞了 16 次。但是我觉得非常重要的是需要拥有决策权，别人会说我把这个交给你了，由你来负责，就靠你了，你是一个非常了解业务的人。这样，你就拥有了决策权。

朱民：所以现在资生堂是非常去中心化的，对吗？如您所述，它曾经是一个层级分明的架构，您想要去中心化。那每个部门都有独立的预算吗？您说美容创造了一个更美好的世界，您也说化妆品给人们信心。那么您未来的顾客群体是女性还是男性？只有年轻人，还是也有老年人？

鱼谷雅彦：答案非常简单，最终我们会关注到每一个人。在眼下的这个时间点，我们的重点顾客是女性，但我们现在也逐渐转移到男性。当然“千禧一代”是非常重要的消费者，但是岁数大一些的人也是我们的关注重点。今天我们在做一项全球化的事业，我们需要慢慢培养这些顾客。如果你关注未来，就会明白我们必须要和年青一代拉近关系。在日本和韩国，20 岁左右就开始用护肤品的年轻人占到了 40%。

朱民：您用了四年让公司扭亏为盈，真是很了不起。您刚才谈到了一些主要的原则，那您觉得这四年来最艰难的挑战是什么？有没有想过罢工不干了，和太太还有三只小狗一起去夏威夷享受生活？

鱼谷雅彦：对啊，我原本可以去度假的。当你进入一个新的组织开始工作时，你是一个外人，你确实可能会遇到强大的抵抗力量。比如说，你制定了一个目标，但大家说不喜欢，不接受。但我在资生堂没有遇到过这样的情况。

朱民：是因为您的个人魅力太大了吗？

鱼谷雅彦：哈哈，我不清楚。我当时觉得面临的一个障碍，就像刚才说的，最开始开会和人交流的时候，有人举手想要发言。日本人其实不太爱举手发言，因此这种情况其实挺少见的。有一个年轻的女士举起手来说："我们已经要尝试改变这个企业六次了，但一直都无疾而终，你怎么能够保证我们能真正改变资生堂呢？"这对于我心理上而言，确实是一个挑战，因为这就像是一条鸿沟，像是创伤后遗症。

朱民：所以您就通过和大家沟通，跨越了这条鸿沟，对吗？和大家不断地开会，激励他们，这事儿不容易吧？

鱼谷雅彦：是的，而且不仅仅是要去跟别人沟通，还要让别人张嘴说话。我告诉我们的经理，好经理的一个重要技能就是学会提问。因为即使有人坐在那里不愿意说话，但是当他的老板问他话的时候，他肯定不会忽略不答，所以那就问问题吧。

朱民：从电商的角度来说，你们在中国也处于领先地位，因为在中国电商的销售额占到总销售额的16%。您觉得你们未来更多的销售都会来自电商平台吗？您会不会觉得没必要开那么多门店，因为你们可以进一步扩展电商渠道？

鱼谷雅彦：是的，电商的业务肯定会继续增长，但这并不意味着我们会偏离传统模式。如果你想一下消费者的日常就会发现，他们工作日都在上班，那对于那些真的很忙想要休息一下的人，购物并不仅仅是为了买东西，可能也是一种体验，想要去放松一下。

朱民：所以你们会结合电商和实体店。你们产品的个性化理念非常强大，想要给每个人都带来适合自己的产品，您还提到了之后还会有适合每一天的不同产品。这个想法很强大。您觉得这是未来吗？

鱼谷雅彦：是的。我可能对中国不是特别了解，但是在日本有一家叫作Zozotown的电商时尚公司，它们现在就可以通过测量个人的尺寸给用户定制个性化剪裁的西服。对于消费者而言，这是最终的益处。

朱民：你们也做餐饮，那你们的餐饮是给大家提供什么样的东西呢？是不是说人们吃了就能变得更年轻、更漂亮呢？

鱼谷雅彦：我们在做餐饮，其中法餐最有名。这跟文化、艺术有关，我们希望消费者能够获得真正的文化体验。实际上，餐饮业比化妆品行业的历史更早。

朱民：您还有一个非常美好的治理理念，我觉得这是非常重要的，我非常喜欢您的治理原则。您把员工放在了中间，社会和股东放在两侧，这个理念是怎么来的？

鱼谷雅彦：我觉得人的想法都源自自身的经历。我在可口可乐工作了18年，这18年里我们也经历了很多起起伏伏。特别是当业务低迷的时候，当时的CEO就是太重视股东了，他总是告诉我们，我们必须提高股价，不断兑现结果。我们只是为股价而工作吗？不是的，我们是为了社会而努力，让我们的社会变得更美好，所以我当时就觉得挺茫然的。之后一段时间，就是那个在北爱尔兰出生后来移民去非洲的CEO上任后，他当时有一个说法让我深深着迷，我每天工作都觉得元气满满，充满斗志，因为我找到了职业生涯的使命感。

朱民：这就是成功的秘诀吧。

现场问答

提问：我理解的是，对于资生堂的2020年愿景而言，全球收购是一条关键路径。您能否再详细介绍一下这个计划，以及你们的目标企业是什么类型的？

鱼谷雅彦：在这个六年计划里，前三年就是要确保我们有一个强大的业务基础。供应链不足、质量不好等，导致了很多问题。我并没有很关注收购的事情，但是我们想要确保它。这就像运动选手一样，有潜质，但是身体却出现了一点问题，不能跑得很快，那你怎么办？你必须要做培训，把肌肉力量训练扎实了，这样你才能跑快点儿。我们在过去很多年一直在这个阶段，我们必须确保我们有一个非常强大的有机生长，我们快要实现这一目标了。因此下一个阶段，在有机生长的基础之上，我们还应该通过一些收购实现额外增长。在化妆品领域，我们要购买什么样的公司呢？我们可以关注哪些领域？在非洲和中东，我们的业务非常有限，所以在我们同候选公司对话之前，我认为，首先，战略思维对我们来说非常重要；其次，被并购的企业市盈率一般是非常高的，如果我通过计算发现最后实际是没有回报的，加上现在并购其实比较昂贵，那我们还是会比较谨慎地做出决策。

提问：我的问题是，怎样才能够确保您有足够的力量，让员工按照您的话做？如何让人追随您？

鱼谷雅彦：在我的职业生涯里，我一直在做市场营销的工作，我是一个搞市场营销的人。我觉得市场营销的概念可以应用到我们生活的方方面面，比如你的个人生活，以及职业生涯。我的意思是，到头来其实不是一个人在做这项工作，必须与其他人共同努力，所以我必须让人们跟随我一起工作。那你是如何让人们真正聚集到一起的呢？如果你考虑市场营销，通常它可能意味着你向消费者销售产品，然后消费者付给你钱。但实际上，说服客户付钱是一项艰巨的任务。

如果我只是将这个想法应用于公司和组织，要想让别人愿意合作，就必须让他们真正感受到动力。我认为对于员工而言，重要的动机不一定只是钱。钱很重要，要让人们对于自己做的工作获得回报，但我不想简单地对别人说，因为我要给你涨薪，所以你必须努力工作。我不认为这样人们会有真正的动力。

我会告诉他们，我们一起工作的原因是什么，我们要追求什么，什么可以使你作为专业商务人士的生活变得更好。为了做到这一点，沟通的时候就需要营销思维，需要考虑怎样才能让对方产生共鸣。举一个例子，在我们研发人员的员工大会上，有一位年轻的女士站起来说："大家都在说即使犯错也没关系，要努力尝试，但是在我们的公司，我的老板根本不允许我犯错，所以我也不敢尝试。"她就公开这么说了。所以我就要跟大家说清楚，为什么我们可以犯错误，为什么我们别怕犯错误，因为我们必须从失败中汲取经验。我把这叫作"一试再试"，这是我自己想出来的。有的老板并不懂，不该跟员工说不能犯错，而是该跟员工说别怕犯错，然后从错误中学习。

提问：您的公司在短短四年内就取得巨大成功，给我留下了深刻的印象，我听说2018年的销售额早就达到了1万亿日元。我觉得在中国，人们一旦取得成功，都会将其归功于"天时地利人和"，那您觉得您需要除了自己以外的其他条件吗？您取得如此成就，还有其他外部因素吗？

鱼谷雅彦：我认为你是对的。作为CEO，我的工作就是为人们创造一个抓住机遇的环境。正如我刚才所说的，人们如果没有动力，就会失去对抗竞争对手的机会。即使我是一个伟大的CEO，我也不可能改变这个事实。所以，我必须创建一个环境，就像我今天多次谈到的那样。与此同时，开展跨境市场营销，特别是中国游客来到日本旅游，包括机场免税店的业务都获得了增长，这是日本旅游和零售行业增长的因素，但应该也要有我之前说过的一定的条件。我们本能地觉察到了这一点，认为这可能发生，所以我们增加了资源投入，包括在这些地方的营销、研发等投资，以适应这些业务。资生堂在各个方面都做好了准备，以迎接这个业务增长的机会。所以，在这种意义上，我们的增长很大程度上与中国消费者有关。过去三年我们60%的增长都来自中国市场，非常感谢！

提问：我是来自日本的一名交流生，我想问您是怎么应对公司外部的一些压力的？因为您刚才说，您是一个乐观的人，您觉得一定会有增长。这种心态我也有，但是在睡觉之前，我经常觉得有一些压力，您怎么应对这种工作中的压力？

鱼谷雅彦：是的，我知道很多CEO都失眠。我的确不失眠，睡得特别好，我可能有一点奇怪。首先，的确有很多压力，来自员工、股东、股价、美容顾问等，但是作为一个做市场营销的人，我一直在思考如何用一种不同的角度看问题，我们怎样才能做得更好。晚上不要思考太多，这会给你一些错误的观点，你会觉得你是世界上最糟糕的，你会觉得你的问题给你带来的压力最大。忘掉这些问题，去睡觉。第二天早上，你就会有不一样的视角。还有，要跟周围的人沟通，把你的一些忧虑和别人分享，我的太太就是我最好的导师。

提问：我来自太古，我们做可口可乐瓶装的业务，所以您刚才的经历让我产生了很多共鸣。在我看来，您在资生堂这个矩阵式的组织中实施了很多转型策略，引领全球人才，并采取本地化行动。其中很多看起来都是美国式的做法，这些是您从可口可乐那里学到的好的经验。那有没有您从资生堂学到的经验，想要应用到可口可乐的呢？可口可乐可以从资生堂学到什么？

鱼谷雅彦：我不是搞外交的，所以我就直接跟你说了。我并不想对可口可乐有负面的评价，它是一家很棒的公司，我也学了很多。但我觉得要开放，信任别人也很重要。你要知道可口可乐是有秘方的，可口可乐的配方是秘密，这是它的立命之本。资生堂也有自己的化学配方。即使当时作为可口可乐这家国际化大公司的日本CEO，我也不可能接触到秘方，整个可口可乐公司只有三个人能知道那个秘方。所以管理团队其实是缺乏一些透明度的。我和媒体沟通时，有时候也会跟他们说不要报道太多。但是在资生堂，我的政策就是，不管是对媒体还是投资者，我们都要尽力做到非常透明。我觉得透明是非常重要的。

朱民：您是一名真正的全球领导者，今天给我们分享的故事和案例也都特别精彩。您对学生有什么建议吗？他们在学校的时候应该做些什么，当他们走出校门之后又应该做些什么呢？您有什么样的成功秘诀，能够给年轻人分享一下吗？

鱼谷雅彦：我觉得这没有什么秘诀。如果非要说有秘诀的话，秘诀就在于人，在于客户。彼得·德鲁克曾说过，商业的目的就是创造客户。你们很多人都可能成为一家创业公司的企业家，也有很多人可能最后会在大的企业工作，周围将有很多人跟你一起共事。你必须要创建这个市场，以客户为导向，找到客户，也就是人。要做到这一点，你需要跟员工通力合作，让他们和你拥有共同的愿景、使命，然后共同前进。归根结底，领导力的核心就是围绕着人的。这就是我的建议，也是我的信念。

朱民：具有146年历史的资生堂，能在短短四年内扭转局面，逆风飞扬，从中我主要有三点收获。

第一，作为一名商界的伟大领袖，最重要的就是要建立一个治理结构，把人、员工、股东以及社会凝聚到一起，将各方的利益完整、全面地兼顾，彼此促进，和谐发展。

第二，如果你想要在一家公司取得成功，就要能追赶上变化的潮流，追随你的客户。我觉得最令人兴奋的，是鱼谷先生刚才不仅谈到了日本国内的客户，还有跨国的客户，比如十几亿的国际游客。资生堂为所有人都研发了产品，定制化的产品，甚至还有为每一天研发的产品。这就是未来的潮流！这也让人觉得很了不起，资生堂的电子商务份额占到总收入的26%，在所有国际公司里遥遥领先。所以一定要抓住时代的潮流，再成为产品行业的领军者，我深感这一点也特别重要。

第三，就是“以人为本”，这是鱼谷先生核心的价值主张。关心员工，领导他们，以愿景驱动他们，为他们赋权，这就是所谓领导力的全部精髓所在，这也是驱动资生堂成功的秘诀。

（本文编译：刘冉）

跋

《未来已来——全球领袖论天下》一书经历新冠肺炎疫情的反复，终于将在2021年春天出版面市了。此书的出版，凝聚了许多人的心血与智慧。它的特殊之处在于这是一本讲座文集，得以顺利出版，首先建基于“未来已来——全球领袖论天下”系列讲座的组织执行。

该系列讲座一经推出，很快就成为清华大学最受欢迎的系列讲座，很多场次的讲座刚开放报名，数百个席位就被一抢而空。组织这样一场一票难求的讲座需要20多人的团队共同合作，而且现实的情况是，在组织执行一场讲座的过程中，同时还要策划下一场或未来数场讲座，与主讲嘉宾沟通，确定讲座主题等，并对上一场讲座进行后续宣传，总结优化讲座的执行。后来，随着新冠肺炎疫情的暴发，讲座又及时改变了组织形式，采用在线直播的方式。每一次的转变，都意味着团队需要适应变化，不断接受新的挑战。在此，要特别感谢清华大学五道口金融学院的丁羽茜、郑卫华、席铭。作为系列讲座的主要负责人之一，丁羽茜与主讲嘉宾进行了良好细致的沟通，同时与清华大学研究生会、外事办、五道口校友会等诸多校内外机构保持联系，全面推进讲座组织执行的多项工作。郑卫华和席铭两位先后负责统筹讲座的策划执行，取得良好效果。此外，还要特别感谢清华大学五道口金融学院的牛丽燕、郭冉、郭维娜、张明玉、胡晓璐、岑晓倩、杨宗辉、王莉、吴羽卿等人，以及清华大学国家金融研究院的潘泓宇，他们细致入微的付出为讲座的顺利举办提供了最强有力的保障。

其次，讲座文集并非市场上热门的书籍形式，感谢中信出版集团的黄静总编和寇艺明主编，前者对本书的整体结构给出了很好的建议，后者在本书的编辑出版过程中认真负责，耐心地处理了各种突发状况。

出版讲座文集，并不是简单地把主讲嘉宾的演讲一字不漏地照搬过来即可，而是要根据读者的阅读习惯，在严格遵循主讲嘉宾本意的基础上，进行必要的编辑整理，去除口语化的表达，对演讲中提到的专业词汇或重要事件等进行必要的、适当的解释和补充，帮助读者更准确地理解主讲嘉宾的意思。由于讲座涉及的专业方向迥异，加之主讲嘉宾中一大半是外国讲者，把演讲内容转变为可以阅读的文字的过程中，一样有着很多伙伴在背后默默付出。感谢郑卫华，她负责与中信出版集团进行沟通，统筹整体出版进度，审阅编辑编译后的书稿并提出对本书结构的最初设想。感谢丁羽茜，她发挥英语优势，把主讲嘉宾的英文演讲记录成文字，编辑们才能进行准确的编译。她还协助选聘编辑，与编辑们保持沟通，管理编译工作的进度，同时与主讲嘉宾保持沟通，获得主讲嘉宾对书稿的认可。感谢清华大学五道口金融学院的白晶晶，她在极短的时间内帮助编译国际货币基金组织首席经济学家吉塔·戈皮纳特的演讲。此外，还要特别感谢清华大学国家金融研究院的徐钟祥博士和王涧秋博士，他们两位对本书中涉及的金融专业内容进行了细致的阅读审校，并给出了专业的修改建议。

本书的出版还要特别感谢 14 位主讲嘉宾及其工作团队，正是他们的无私分享和高度配合，让更多的年轻人跨越时空接触到这些在全球范围内堪称“大家”的主讲嘉宾的思想结晶。最后，要特别感谢所有参加“未来已来——全球领袖论天下”系列讲座的清华大学的学子，他们在讲座现场向主讲嘉宾进行精彩提问，激发了嘉宾们更多的思想火花，启发了其他听众的深入思考，这些精彩的思想碰撞都被记录在本书中以飨读者。

当然，本书的错误之处都由我负责。

朱　民

2020 年 12 月 31 日